Schriftenreihe des Zentralinstituts für Regionalforschung
der Friedrich-Alexander-Universität Erlangen-Nürnberg

Neue Folge · Band 2

Petra Zimmermann-Steinhart (Hrsg.)
Regionale Wege in Europa
Föderalismus – Devolution – Dezentralisierung

Weitere Informationen über den Verlag und sein Programm unter:
www.allitera.de

Bibliographische Information der Deutschen Bibliothek

Die Deutsche Bibliothek verzeichnet diese Publikation
in der Deutschen Nationalbibliographie;
detaillierte bibliographische Daten sind im Internet
über <http://dnb.ddb.de> abrufbar.

Dezember 2006
Allitera Verlag
Ein Verlag der Buch&media GmbH, München
© 2006 Buch&media GmbH, München
Umschlaggestaltung: Kay Fretwurst, Freienbrink
Herstellung: Books on Demand GmbH, Norderstedt
Printed in Germany
ISBN 10: ISBN 3-86520-234-9
ISBN 13: ISBN 978-3-86520-234-5

Inhalt

Petra Zimmermann-Steinhart
Einleitung 7

Regionale Parteien und Parlamente

Peter Bußjäger
Autonomie zwischen Umsetzungszwang, Harmonisierungsdruck und
Beteiligungsföderalismus: Landesparlamentarismus in Österreich 10

Gerhard Hirscher
Regionalparteien in Deutschland: Rahmenbedingungen, historische und
aktuelle Beispiele 37

Stephanie Weiss
Regionale Parlamente und Parteien in der Tschechischen Republik 58

Michael Münter
Regionale Parlamente und Parteien: Großbritannien 71

Jürgen Henkel
Die Idee der Regionen und Regionalparteien in Rumänien 96

Günther Pallaver
Regionale Parlamente und Parteien in Italien
Transformationsprozesse, Trends und Perspektiven 115

Impulse und Denkanstöße – welche Bedeutung haben Regionen im europäischen Kontext?

Roland Sturm
Ist der Föderalismus europafähig? 151

Udo Margedant
Regionen in Europa 162

Peter März
Was konstituiert eine Region? 169

Siegfried Balleis
Europäische Metropolregion Nürnberg 179

Hans-Georg Wehling
Konstituierende Faktoren der Region 184

Jürgen Dieringer
Europäisierung, Regionen und die neuen Mitgliedstaaten der EU 195

Die Beziehung der regionalen Ebene zur nationalen Ebene

Karl-Heinz Lambertz
Die Beziehungen der regionalen zur nationalen Ebene in Belgien 216

Martin Große Hüttmann
»Der deutsche Föderalismus schläft wie Dornröschen«: Die Bundesstaatsreform der zweiten Großen Koalition und ihre lange Vorgeschichte 228

Petra Zimmermann-Steinhart
Die Beziehungen der regionalen Ebene zur nationalen Ebene in
Frankreich 255

Autorinnen und Autoren 268

Petra Zimmermann-Steinhart
Einleitung

Der vorliegende Band »Regionale Wege in Europa. Föderalismus – Devolution – Dezentralisierung« geht aus einer internationalen, interdisziplinären und vergleichenden Tagung hervor, die im Oktober 2005 im Kloster Banz stattfand.

Der erste Abschnitt des Bandes beschäftigt sich mit regionalen Parlamenten und regionalen Parteien in Österreich, Deutschland, Tschechien, Großbritannien, Rumänien und Italien. Peter Bußjäger geht in seinem Beitrag der Frage nach, welche Auswirkungen die österreichische EU-Mitgliedschaft auf die Handlungsspielräume der österreichischen Landtage hat. Am Beispiel des Vorarlberger Landtags zeigt er einerseits den Anteil der durch die EU induzierten Gesetzgebung des Landtags und andererseits weitere Faktoren, die zur Einengung der Handlungsspielräume der regionalen Ebene – und hier vor allem der Regionalparlamente – im Föderalstaat führen. Die österreichischen Entwicklungen sind durchaus vergleichbar mit Tendenzen, die zum Beispiel auch in der Bundesrepublik Deutschland zu beobachten sind, wie Gerhard Hirscher am Beispiel des Zusammenspiels von Regionalparteien und Regionalparlamenten aufzeigt. Anders verhält es sich im Fall des schottischen Parlaments, wo solche Tendenzen auf Grund der erst vor relativ kurzer Zeit erfolgten Devolution von Aufgaben nicht abzusehen sind, wie Michael Münter verdeutlicht. Hier stellt sich sehr viel stärker die Frage, inwieweit ein Ungleichgewicht zu ungunsten der englischen Abgeordneten im Westminster-Parlament festzustellen und zu beurteilen ist. Am Beispiel von zwei mittel- und osteuropäischen Ländern zeigen Stephanie Weiss und Jürgen Henkel vergleichbare Perspektiven in Tschechien beziehungsweise Rumänien auf. Während der Beitrag zu Rumänien die Minderheitenproblematik in den Kontext der Regionalisierung stellt, liegt der Fokus des Beitrags zur Tschechischen Republik auf dem Zusammenspiel von institutionellen Rahmenbedingungen und der Entwicklung des Parteiensystems. Einen ebenso institutionalistisch geprägten Ansatz verfolgt Günther Pallaver in seiner Analyse des italienischen Systems.

Der Vergleich der Fälle zeigt zweierlei. Erstens beobachten wir bis auf den Fall Großbritanniens eher die Tendenz, dass vor allem die Legislativen auf regionaler Ebene an Einfluss und Handlungsspielraum verlieren. Zweitens zeigt sich, dass eine starke Formalisierung der Entscheidungsprozesse nicht unbedingt dazu führt, dass sich die Handlungsspielräume der regionalen Ebene erweitern, sondern dass eher eine gegenläufige Tendenz festgestellt werden kann.

Der zweite Abschnitt des Bandes, »Impulse und Denkanstöße«, stellt die Frage in den Mittelpunkt, welche Bedeutung die Regionen im EU-Kontext haben und nimmt – zum Teil implizit – die Frage noch einmal auf, welche Bedeutung die EU für die Regionen hat. In diesem Zusammenhang stellt Roland Sturm die Frage nach der »Europafähigkeit« des deutschen Föderalismus und zeigt drei mögliche Handlungsoptionen auf. Udo Margedant, Peter März und Hans-Georg Wehling diskutieren die Bedeutung des regionalen Konzepts aus historischer und politikwissenschaftlicher Sicht. Dabei stellt Hans-Georg Wehling die Frage nach der Perspektive der Begriffsdefinition und der Funktion der Region in den Mittelpunkt, während Peter März dieser Frage unter einer eher kulturell bezogenen Sichtweise am Beispiel Bayerns nachgeht und Udo Margedant beide Komponenten in den EU-Kontext einbettet. Dass der Begriff und die Funktion der Region sehr heterogen sein können, verdeutlicht Siegfried Balleis am Beispiel der Metropolregion Nürnberg. Jürgen Dieringer fasst diese Problematik unter theoretischer Perspektive zusammen, setzt sich mit der »Regionenblindheit« der klassischen Integrationstheorien auseinander und diskutiert das Konzept der »Europäisierung« am Beispiel der Mittel- und Osteuropäischen Länder (MOEL).

Der dritte Abschnitt des Bandes befasst sich mit den Beziehungen zwischen regionaler und nationaler Ebene. Hier analysieren Karl-Heinz Lambertz, Martin Große Hüttmann und Petra Zimmermann-Steinhart die Fälle Belgien, Deutschland und Frankreich. Am belgischen Fall lässt sich zeigen, dass Europäisierung nicht automatisch zu einem Bedeutungsverlust der regionalen Ebene führen muss, sondern dass die Bedeutung der Region stark von ihrer Funktion abhängt. Der Föderalismus hat in Belgien eine ähnliche Funktion wie die Devolution in Schottland und Wales, wo beide Ausprägungen ein Auseinanderfallen des Staates verhindern sollen. Dementsprechend bedeutend sind die neu geschaffenen subnationalen Einheiten. Im relativ homogenen und auf Symmetrie angelegten deutschen Föderalismus finden wir hingegen ganz andere Voraussetzungen und nur wenig Gemeinsamkeiten mit dem belgischen Fall. Dies lässt sich auch am französischen Beispiel nachvollziehen, wo sich regionale Handlungsspielräume auf Grund von Homogenitätsbedürfnissen und anderer Funktionen von Regionen trotz fortgeschrittener Dezentralisierung nicht zwangsläufig erweitern.

Die Tagung hatte sich zum Ziel gesetzt, sich dem Begriff und den Funktionen von Regionen unter verschiedenen Gesichtspunkten in Form von Impulsreferaten, Fachvorträgen und Diskussionen – im Plenum und auf Podien – zu nähern und diese zu analysieren. Im Zentrum aller Beiträge standen der Vergleich und die Rückkoppelung an die Herangehensweisen der unterschiedlichen Disziplinen. Das Anliegen dieses Bandes ist es, die fruchtbare Heterogenität der Tagung aufzunehmen und weiterzuentwickeln. Daher unterscheiden sich die Beiträge in diesem Band, die aus den überarbeiteten Manuskripten hervorgegangen sind, zum Teil erheblich in ihrer Länge und Ausgestaltung.

Dank gilt der Hanns-Seidel-Stiftung, die die Tagung finanziert und in ihren Räumlichkeiten im Kloster Banz ermöglicht hat. Ebenso möchten wir uns bei der Dr. German Schweiger Spende sowie bei Oberbürgermeister Dr. Siegfried Balleis und Ministerpräsident Karl-Heinz Lambertz für die großzügige Unterstützung der Veröffentlichung bedanken. Ohne die tatkräftige Hilfe des Zentralinstituts für Regionalforschung wären weder Tagung noch Publikation möglich gewesen, daher gilt ein besonderer Dank Dr. Petra Bendel und ihrem Team, Christine Scharf und Marianne Haase. Marianne Haase hat die Manuskripte in ein druckfähiges Layout versetzt und sich um die technischen Fragen dieser Publikation gekümmert. Hierfür sei ihr sehr gedankt.

Erlangen im August 2006

Peter Bußjäger
Autonomie zwischen Umsetzungszwang, Harmonisierungsdruck und Beteiligungsföderalismus: Landesparlamentarismus in Österreich

1. Einleitung: Die These von der Abdrängung der nationalen Parlamente aus dem EU-Willensbildungsprozess

Zu den Standardthesen der europapolitischen Diskussion gehört, dass die europäische Integration zu einer Abdrängung der nationalen Parlamente aus dem politischen Willensbildungsprozess geführt hat (Schreiner 2002a: 356; Mayer 2002: 187; Bauer 2005: 633; Öhlinger 2004: 84). Gewinner der Verflechtung der Entscheidungsebenen im europäischen System seien die Exekutiven auf europäischer, nationaler und – teilweise – auch auf regionaler Ebene, die Verluste an eigener Gestaltungskraft durch Partizipation an der Willensbildung jenseits des Nationalstaates eintauschen konnten. Zu den Verlierern werden in unterschiedlichem Ausmaß nationale und regionale Parlamente gezählt[1], die Einschränkungen ihrer Zuständigkeiten akzeptieren mussten, ohne dafür im Gegenzug eine maßgebliche Rolle an der Willensbildung auf europäischer Ebene spielen zu können (Schreiner 2002b: 374). Die Parlamente konnten demnach ihre Kontrollfunktion gegenüber den Exekutiven nicht derart intensivieren, dass die europapolitischen Aktivitäten der Regierungen stärker kontrolliert oder in einem besonderen Maße rechenschaftspflichtig geworden wären (Schreiner 2002c: 394).

Weitere Entwicklungen auf der Ebene jenseits des Nationalstaates verheißen eine zusätzliche Entparlamentarisierung, wenn man etwa die Entscheidungsebene *World Trade Organisation* (WTO) einbezieht (Bußjäger 2003: 173; Öhlinger 2004: 86).

Gilt dieser pessimistische Befund auch für die österreichischen Landtage? In einem Kleinstaat wie Österreich ist es müßig zu diskutieren, ob das Parlament auf der nationalen Ebene oder die Landesparlamente von der Europäisierung (d.h. den Auswirkungen der europäischen Integration auf die Nationalstaaten und ihre Untergliederungen) stärker betroffen sind. Angesichts der relativ schwachen Kompetenzausstattung der österreichischen Landtage trifft sie ein Kompetenzverlust naturgemäß härter.

2. Autonomie und Umsetzungszwang: Die Bindung der Landesgesetzgebung durch EU-Recht

a) Grundsätzliches zu Umsetzung und Vollzug von EU-Recht im Bundesstaat

Auf Grund der gegenüber der bundesstaatlichen Kompetenzverteilung »quer« verlaufenden Zuständigkeitsverteilung zwischen der Europäischen Union und den Mitgliedstaaten sind Richtlinien nicht selten sowohl vom Bund als auch den neun Ländern umzusetzen. Dafür gibt es eine Reihe praktischer Beispiele.[2] In einem solchen Fall ist das Tätigwerden sowohl des Bundesgesetzgebers als auch der neun Landesgesetzgeber erforderlich, die möglichst gleichartige Umsetzungsnormen hinsichtlich der Richtlinie anstreben sollten.

Dieses Phänomen wird in Österreich als »Faktor 10« bezeichnet. Der Argumentationstopos »Faktor 10« wird unter diesem Aspekt häufig bemüht, um die Unzweckmäßigkeit dieser Kompetenzverteilung zu begründen und für eine Ansiedlung der Kompetenz zur Umsetzung von EU-Recht ausschließlich auf der Bundesebene zu argumentieren.[3]

Tatsächlich dürfen bestehende Umsetzungsprobleme nicht kleingeredet werden: Nicht selten gibt es Unklarheiten über die Zuständigkeiten zur Umsetzung von EU-Recht sowie Differenzen darüber, welche Regelungen zur Umsetzung getroffen werden müssen.[4] Es darf ebenfalls nicht verkannt werden, dass für Wirtschaftsunternehmen unterschiedliche Umsetzungen unzweckmäßig sind, auch wenn dies vom Gemeinschaftsrechtsgesetzgeber, indem er sich des Instruments der Richtlinie bedient hat, in Kauf genommen wird.

Der Status der Umsetzung von Richtlinien in österreichisches Recht ist durchaus unterschiedlich, wie sich aus nachfolgender Tabelle ergibt:

Tabelle 1:
Säumigkeit von Bund und Ländern bei der Umsetzung von Binnenmarkt-Richtlinien[5]

Datum	07.10.2003	25.05.2004	30.11.2004	01.06.2005
Umzusetzende Richtlinien	1535	1531	n.v.	1604
Nicht umgesetzte Richtlinien	71	27	33	29
Kompetenz des Bundes	63	17	21	14
Kompetenz des Bundes und der Länder	6	10	12	15
Kompetenz der Länder	2	0	0	0
Ranking	15 (EU-15)	6 (EU-15)	6 (EU-25)	16 (EU-25)

Die Darstellung stellt zweifellos unter Beweis, dass »Faktor 10« tatsächlich existiert: Ein nicht unwesentlicher und in der Tendenz steigender Anteil der hier untersuchten Binnenmarkt-Richtlinien ist sowohl vom Bund als auch von den Ländern umzusetzen. Manche der daraus voreilig gezogenen Schlussfolgerungen werden jedoch relativiert: Ein Nachweis, dass die föderalen Strukturen Österreichs für schlechte Umsetzungsergebnisse verantwortlich sind, kann auf sie jedenfalls nicht gegründet werden, vor allem auch deshalb nicht, weil die Zahl der nicht rechtzeitig umgesetzten Richtlinien insgesamt abnimmt.

Der hier abgebildete Umsetzungsstand im europaweiten Vergleich ist allerdings deshalb nicht unproblematisch, weil er lediglich auf einen augenblicksbezogenen Stand der Notifizierungen der Richtlinienumsetzungen durch die Mitgliedstaaten verweist und daher keine exakte Aussage über die tatsächliche *Performance* eines Mitgliedstaates bei der Umsetzung von EU-Recht zulässt.[6] Nicht zuletzt aus diesem Grund sind auch die gegen einen Mitgliedstaat geführten Vertragsverletzungsverfahren zu berücksichtigen, wobei die Verurteilungen durch den Europäischen Gerichtshof (EuGH) einen durchaus aussagekräftigen Indikator darstellen. Betrachtet man die bisherigen Verurteilungen Österreichs durch den EuGH, so ergibt sich, was das Bund-Länder-Verhältnis betrifft, folgender Stand:

Tabelle 2:
Verteilung der Verurteilungen Österreichs vor dem EuGH auf Bund und Länder (Stand: 01.06.2005)

	Zahl	Bund	Bund/Länder	Länder
Säumigkeit der Gesetzgebung	17	7	10	–
Fehlerhafte Vollziehung	11	9	–	2

Es zeigt sich, dass in einem durchaus maßgeblichen Anteil von Angelegenheiten eine Säumigkeit beider Träger von Gesetzgebungshoheit festzustellen war. Hingegen gab es jedoch kaum Fälle, in welchen eine Verurteilung ausschließlich auf Fehler im Zuständigkeitsbereich der Länder zurückzuführen war.

Dies wird auch durch folgende Tatsache unterstrichen: Am Ende eines Verfahrens, in dem es um die Säumigkeit eines Landes geht, steht eine allfällige »Ersatzvornahme« durch den Bund, also die Devolution gemäß Art. 23d, Abs. 5 B-VG. Es ist bemerkenswert, dass die Bestimmung, die es dem Bund – verhältnismäßig spät – ermöglicht, nach einer Verurteilung Österreichs durch den EuGH die erforderlichen Maßnahmen zu setzen, erst ein einziges Mal Anwendung gefunden hat.[7]

b) Souveränitätsverlust auf der Gliedstaatenebene

Zu den gängigen Stehsätzen der verfassungspolitischen Diskussion in Österreich zählt die Aussage, dass mit dem Beitritt Österreichs zur EU zahlreiche Kompetenzen auf die EU-Ebene übergegangen seien. Besonders häufig wird dabei – zumeist unbewusst rekurrierend auf den einstigen Kommissionspräsidenten Jacques Delors[8] – davon gesprochen, dass mittlerweile etwa 80 % der nationalen Kompetenzen auf die europäische Ebene übergegangen seien. Abgesehen davon, dass diese Aussage nicht dem Inhalt des von Delors tatsächlich Gemeinten entspricht[9], finden sich dafür vor allem noch keine empirischen Belege. Bisher vorliegende Studien stellen zwar einen unterschiedlich hohen Europäisierungsgrad der öffentlichen Aufgaben fest, doch indizieren sie nicht jenes Ausmaß nationalen Souveränitätsverlusts, wie er verschiedentlich vermutet wird und von dem sogar die Zerstörung des bundesstaatlichen Systems befürchtet wird (Schmidt 1999: 385f.; näher dazu: Bußjäger/Larch 2004).

Auch die bisher vorliegenden empirischen Untersuchungen über die Bindung der Landesgesetzgebung durch Richtlinien der Europäischen Union ergeben ein differenziertes Bild. Tatsächlich bewegte sich in den Ländern das Ausmaß, in dem durch Landesgesetzgebung Richtlinien umgesetzt wurden, vermutlich zwischen 15 und 30 % aller von den Landtagen beschlossenen Gesetzen (Bußjäger/Larch 2004: 7f.).

Die *Performance* Österreichs hinsichtlich der Umsetzung von EU-Recht wird durch die bundesstaatliche Kompetenzverteilung zwar nicht verbessert,[10] jedoch auch nicht wesentlich verschlechtert. Der zweifellos erforderliche Aufwand, der aus der Umsetzung von EU-Recht für die Landesgesetzgebung folgt, ist mit den Vorteilen abzuwägen, die sich aus der dadurch möglichen harmonischen Einpassung des EU-Rechts in das jeweilige Landesrecht aus legistischer Sicht ergeben (Müller 1999: 27f.). Des Weiteren ist auf die Erhaltung möglicher Gestaltungsspielräume auf der Landesebene hinzuweisen.[11]

c) Betroffenheit eines regionalen Parlaments am Beispiel des Vorarlberger Landtages.

Der prozentuelle Anteil der ausschließlich EU-induzierten Gesetzgebung beträgt somit etwas mehr als 21 %. Rechnet man die teilweise EU-induzierte Gesetzgebung hinzu, so ergibt sich ein Europäisierungsgrad der Landesgesetzgebung von knapp unter 30 %.

Tabelle 3:
Der Anteil von EU-Rechtsumsetzung an der gesamten Zahl der erlassenen Gesetze[12]

Jahr	Ausschließlich EU-induzierte Gesetzgebung	Teilweise EU-induzierte Gesetzgebung	Sonstige Gesetzesbeschlüsse
2000	6	2	12
2001	4	2	13
2002	4	1	16
2003	2	2	12
2004	4	1	13
Gesamt	20	8	66

3. Harmonisierungszwänge im bundesstaatlichen System

Europäisierung ist freilich nicht der einzige Grund der Aushöhlung gliedstaatlicher Autonomie. Diese wird auch durch bundesstaatliche Harmonisierungszwänge eingeschränkt. Zwar finden auch in einem System wie Österreich mit einer äußerst flexiblen Verfassung formelle Kompetenzübertragungen auf den Bund in nennenswertem Umfang vergleichsweise selten statt. Die massivste Beschränkung der Zuständigkeiten der Länder in den letzten zehn Jahren seit dem EU-Beitritt dürfte die 2003 fixierte Kompetenz des Bundes zur Regelung des Tierschutzes gewesen sein.

Viel bedeutender sind sonstige Harmonisierungszwänge, die aus dem kooperativen Föderalismus resultieren, wie zum Beispiel akkordierte Verwaltungsreformpakete, die auf der Ebene der Exekutiven ausverhandelt und von den Parlamenten in Bund und Ländern nachvollzogen werden (müssen).[13]

Eine detaillierte Befassung mit diesen Harmonisierungszwängen muss hier freilich unterbleiben, da sie das Thema sprengen würde. Da sie jedoch in einem engen Konnex mit dem zunehmend eingeschränkten autonomen Handlungsspielraum der Regionen stehen, seien sie hier angeführt. Es sei auch erwähnt, dass viele dieser Harmonisierungszwänge EU-induziert sind: So wirken sich die im Österreichischen Stabilitätspakt verankerten Maßnahmen, die die gesamtstaatliche Erfüllung der europäischen Konvergenzkritierien garantieren sollen, zweifellos maßgeblich beschränkend auf die autonomen Gestaltungsspielräume der Länder aus.

Schließlich sei auch erwähnt, dass der Bund – nicht unähnlich der Rahmengesetzgebung in Deutschland – in Österreich seine Kompetenz als Grundsatzgesetzgeber im Regelfall überschießend wahrnimmt und im Gegensatz zur Intention des Instruments der Grundsatzgesetzgebung unter Berufung auf gesamtstaatliche Einheitlichkeit den Ländern nahezu jeglichen Ausführungsspielraum nimmt. Dass die Länderexekutiven an einem solchen Spielraum mitunter gar nicht interessiert sind, gehört zu den Merkwürdigkeiten der Grundsatzgesetzgebung; ein Resultat freilich, das in Deutschland ebenfalls nicht ganz unbekannt ist.

Es sei in diesem Zusammenhang erwähnt, dass unter den 94 vom Vorarlberger Landtag in der XXVII. Legislaturperiode 1999–2004 verabschiedeten immerhin 12 Ausführungsgesetze zu Grundsatzgesetzen waren, wobei wohl ca. die Hälfte dieser Grundsatzgesetze wiederum durch EU-Recht determiniert waren. Hier stellt sich zweifellos die Frage, weshalb sich der Bund nicht aus der Regelung zurückzieht, wenn ohnehin europäische Vorgaben von den Ländern zu erfüllen sind.

4. Beteiligungsföderalismus als Alternative?
a) Die Ländermitwirkung in Europaangelegenheiten im B-VG und den Vereinbarungen gemäß Art. 15a B-VG

Das System der Ländermitwirkung nach dem vom B-VG vorgezeichneten Weg verläuft im Prinzip ähnlich wie die Mitwirkung des Nationalrates (NR). Gemäß Art. 23d, Abs. 1 B-VG trifft den Bund eine Informationspflicht gegenüber den Ländern über alle Vorhaben im Rahmen der Europäischen Union, die den selbständigen Wirkungsbereich der Länder berühren oder sonst für sie von Interesse sein könnten.

Diese Informationspflicht des Bundes wird durch die Möglichkeit der Länder, den Bund durch eine einheitliche Länderstellungnahme zu binden, ergänzt. Voraussetzung ist, dass sich die einheitliche Länderstellungnahme auf ein Vorhaben bezieht, in dem die Gesetzgebung Landessache ist. Weitere Beschränkungen gibt es nicht, insbesondere muss sich das Vorhaben nicht ausschließlich auf Landeskompetenzen beziehen.

Liegt dem Bund eine einheitliche Länderstellungnahme vor, so ist er bei Verhandlungen und Abstimmungen in der Europäischen Union an diese Stellungnahme gebunden. Der Bund darf davon nur aus zwingenden außen- und integrationspolitischen Gründen abweichen (Art. 23d, Abs. 2 B-VG).

Schließlich erlaubt Art. 23d, Abs. 3 B-VG der Bundesregierung, soweit ein Vorhaben im Rahmen der Europäischen Union in den Gesetzgebungsbereich der Länder fällt, die Mitwirkung an der Willensbildung im Rat an einen von den Ländern namhaft gemachten Vertreter zu übertragen. Auch hier ist nicht gefordert, dass lediglich Bereiche ausschließlicher Landeskompetenz berührt sind.

Gemäß Art. 1 der Vereinbarung zwischen den Ländern über die gemeinsame Willensbildung in Angelegenheiten der europäischen Integration ist eine Integrationskonferenz der Länder (IKL) eingerichtet worden. Die Aufgabe der IKL ist es, gemeinsame Länderinteressen in Angelegenheiten der europäischen Integration wahrzunehmen und über wichtige integrationspolitische Fragen zu beraten.

Gemäß Art. 2 sind die Länder in der IKL durch den jeweiligen Landeshauptmann und den Landtagspräsidenten vertreten. Jedem Land kommt gemäß Art. 3 eine vom Landeshauptmann abgegebene Stimme zu, sodass der Landtagspräsident rechtlich zum Beiwagen des jeweiligen Landeshauptmannes gemacht wird.[14]

Die Stellungnahmen der IKL gelten als einheitliche Länderstellungnahmen. Freilich monopolisiert die Vereinbarung die Abgabe einheitlicher Länderstellungnahmen nicht bei der IKL. Obwohl die IKL in dringenden Fällen auch durch Umfrage ihre Beschlüsse treffen könnte (Art. 3 Z 1), werden die einheitlichen Länderstellungnahmen in der Praxis nicht im Wege der IKL, sondern ausschließlich, ohne Beteiligung der Landtage, im Wege der Länderexekutiven oder allenfalls über die Landeshauptleutekonferenz koordiniert (Bußjäger/Larch 2005: 33).

Seitens des Bundes wurden diese einheitlichen Länderstellungnahmen bisher stets akzeptiert. Es gab keinen einzigen Fall, in dem eine solche Stellungnahme mit der Begründung zurückgewiesen wurde, dass sie nicht im Rahmen der IKL koordiniert worden wäre (vgl. Rosner 2000: 68).

Tatsächlich lässt sich auch argumentieren, dass es die Bundesverfassung den Partnern Bund und Länder überlässt, im Wege einer Vereinbarung die näheren Modalitäten der Ländermitwirkung zu regeln. Die dafür vorgesehene Vereinbarung überlässt den Ländern die Frage der internen Koordination. Die Vereinbarung der Länder ihrerseits trifft keine Regelung, dass nur Stellungnahmen der IKL als einheitliche Länderstellungnahmen gelten. In diesem Sinne geht auch die überwiegende Meinung in der Wissenschaft davon aus, dass die bestehende Praxis verfassungskonform ist, wenngleich die Rechtsfrage nach wie vor strittig ist (vgl. Rosner 2006; zweifelnd: Öhlinger 1999).

Bemerkenswert beim Zustandekommen einheitlicher Länderstellungnahmen ist, dass eine Zustimmung auch nur der Mehrzahl der Länder nicht gefordert ist. Verlangt wird lediglich, dass kein Land ausdrücklich opponiert. In der Praxis ist das Nichtzustandekommen einer einheitlichen Länderstellungnahme, wenn eine solche von einem Land initiiert wird, vergleichsweise selten.[15] Dies bedeutet, dass sich die fachlich spezialisierten Organe in den Länderexekutiven im Regelfall auf einen gemeinsamen Standpunkt einigen können.

Aus den genannten Rechtsgrundlagen ergibt sich, dass die Landtage bei den institutionalisierten Entscheidungsabläufen eine nur marginale Rolle spielen. Die Landtagspräsidenten können wohl an den Beratungen der IKL teilnehmen, können aber nicht eigenständig votieren, was die IKL aus Sicht dieser Akteure einigermaßen unattraktiv macht (Schreiner 2002c: 392ff.). Bei der informalen Abstimmung im Wege der Landesexekutiven sind die Landtage ohnehin ausgeblendet.

b) Informationspflichten der Landesregierung

Die Landesverfassungen verankern verschiedentlich,[16] analog zu den Informationsrechten der Länder gegenüber dem Bund (Art. 23d, Abs. 1 B-VG) bzw. des Nationalrates und des Bundesrates (Art. 23e, Abs. 1 B-VG) gegenüber der Bundesregierung, Informationsrechte der Landtage gegenüber den Landesregierungen.

Die Informationsrechte sind unterschiedlich ausgestaltet. Sie beziehen sich entweder

- auf Informationen über »Vorhaben« im Rahmen der europäischen Integration, die der Bund dem Land mitgeteilt hat oder sonst von wesentlichem Interesse für das Land sind,[17]
- Vorhaben im Rahmen der europäischen Integration, die von landespolitischer Bedeutung sind und wesentliche Interessen des Landes unmittelbar berühren[18] oder
- Vorhaben im Rahmen der europäischen Integration, die Angelegenheiten betreffen, in denen die Gesetzgebung Landessache ist.[19]

In Oberösterreich und der Steiermark sind die Informationspflichten der Landesregierungen nicht auf jene »Vorhaben« beschränkt, die der Bund dem Land mitgeteilt hat, vielmehr sind die jeweiligen Landesregierungen verpflichtet, dem Landtag bzw. dem zuständigen Ausschuss selbsttätig Informationen über Vorhaben zu liefern, die die übrigen Kriterien (Gesetzgebungszuständigkeit des Landes, landespolitische Bedeutung bzw. Berührung wesentlicher Interessen des Landes) erfüllen.

Sämtliche Rechtsvorschriften nehmen offenkundig bewusst Anlehnung an den Begriff des »Vorhabens« wie ihn die österreichische Bundesverfassung in den Art. 23d, Abs. 1 und Art. 23e, Abs. 1 B-VG verwendet. Der Begriff des »Vorhabens« ist unter teleologischen Gesichtspunkten weit zu fassen. Vorhaben sind gewiss nicht nur bestimmte, geplante Rechtsakte der Europäischen Union, wie etwa Richtlinien oder Verordnungen – sonst hätte es sich angeboten, diese konkret zu benennen, sondern eben sämtliche Entwicklungen in der Europäischen Union, die von den Organen der EU oder von den Mitgliedstaaten bewusst initiiert werden. Man wird dem Begriff des »Vorhabens« die Absicht gestaltend zu wirken unterstellen müssen. Zu betonen ist nochmals, dass nicht nur ein von der Kommission oder einem anderen Organ der EU initiiertes Projekt ein »Vorhaben« ist, sondern auch solche Aktivitäten, die von einem Mitgliedstaat gesetzt werden. Auch Initiativen Österreichs im Rahmen der Europäischen Union zählen daher zu den informationspflichtigen »Vorhaben«.[20]

c) Bindung der Landesregierung durch Beschlüsse des Landtages oder von Ausschüssen

In den Landesverfassungen Burgenlandes, Oberösterreichs, Salzburgs, der Steiermark, Tirols und Vorarlbergs wird den Landtagen, neben den oben angeführten Informationsrechten, die Möglichkeit eingeräumt, an die Landesregierungen bindende Stellungnahmen in Angelegenheiten der EU abzugeben (Schäffer 1997: 124ff.). Des Weiteren werden für Fragen der europäischen Integration in diesen Bundesländern eigene Europa-Ausschüsse eingerichtet.

Die Formulierungen über die bindenden Stellungnahmen der Landtage (oder der jeweiligen Europa-Ausschüsse) sind relativ ähnlich, bei zahlreichen Unterschieden im Detail: Verschiedentlich ist die Möglichkeit der Landesregierung, von den bindenden Stellungnahmen oder Entschließungen des Landtages oder des Ausschusses abzuweichen, in Anlehnung an Art. 23d, Abs. 2 B-VG, an »zwingende außen- oder integrationspolitische Gründe« gebunden. Diese Gründe dürften für die Landesregierungen wohl kaum vorliegen.[21] Ein anderes Mal darf nur aus »zwingenden, die Länderinteressen insgesamt betreffenden Überlegungen abgegangen werden«.[22] Es kommt aber auch vor, dass die Landesregierung nur »grundsätzlich« an den Beschluss gebunden ist und im Falle ihrer Abweichung hiervon nur begründungsverpflichtet ist.[23]

Die Bundesländer Kärnten, Niederösterreich und Wien haben keine vergleichbaren Regelungen in ihre Landesverfassungen eingefügt, obgleich in Wien eine Europa-Kommission eingerichtet wurde, die über die Möglichkeit zur Stellungnahme verfügt. Man wird allerdings davon ausgehen können, dass die Landtage auch in diesen Ländern Angelegenheiten der Europäischen Union zum Gegenstand von Entschließungen an die Landesregierungen machen können. Die Landesregierungen sind diesfalls ihren Landtagen politisch verantwortlich (Schäffer 1997: 129).

Die praktischen Unterschiede erweisen sich denn auch als vernachlässigbar: In Vorarlberg, Salzburg und Oberösterreich haben die Landtage bislang in keinem Fall von der Möglichkeit der Erstattung einer bindenden Stellungnahme oder Entschließung Gebrauch gemacht.

In Tirol dagegen wurden in der 11., 12. und 13. Gesetzgebungsperiode insgesamt 12 Entschließungen des Ausschusses für Föderalismus und Europäische Integration formuliert. Allerdings waren alle Entschließungen mit nur einer Ausnahme lediglich Schreiben, die die Zurkenntnisnahme europäischer Richtlinien von Seiten des Ausschusses bestätigt haben.[24]

Eine Entschließung mit einer Stellungnahme zur Position des Landtages erfolgte nur bezüglich des Liegenschaftsverkehrs, insbesondere zum Erwerb von Zweitwohnsitzen.[25]

Im Burgenland wurden 1998 insgesamt vier Entschließungen des Landtages verabschiedet.[26]

In der Steiermark hat es ebenfalls bereits mehrere Anwendungsfälle der Bestimmung gegeben. Dabei ist zu unterscheiden, ob diese Stellungnahmen gemäß § 3 Abs. 3 LVG in Reaktion auf die Information seitens der Landesregierung erfolgen oder ob der EU-Ausschuss gemäß § 3 Abs. 5 LVG von sich aus eine Stellungnahme formuliert. Nur im ersteren Fall wird eine Bindung der Landesregierung angenommen.

d) Einrichtung besonderer Ausschüsse

Wie aus den Darlegungen unter c) hervorgeht, besteht in sämtlichen der fünf Länder, die eine Bindung der Landesregierung durch Beschlüsse der Landtage bzw. von Ausschüssen kennen, die Möglichkeit, dass sich an Stelle des Landtages ein spezifisch dafür eingerichteter Europa-Ausschuss artikuliert. Der Europa-Ausschuss hat ganz offenbar die Funktion, den Landtag von sehr rasch zu entscheidenden Angelegenheiten zu entlasten und eine Beschlussfassung durch mit europapolitischen Fragen besonders vertrauten Abgeordneten zu ermöglichen. Damit soll die notwendige Flexibilität der Landtage in europapolitischen Angelegenheiten gewährleistet werden.

e) Praxis: Die Abdrängung der Landtage aus dem Länderbeteiligungsverfahren

Die Praxis der Ländermitwirkung erfolgt, wie dargestellt, im Regelfall über die Länderexekutiven. So eine vorgängige Information der Landtage überhaupt erfolgt, haben diese auf Grund ihrer geringen strukturellen Ressourcen keine Möglichkeit, steuernd einzuwirken (Mayer 2002: 187). Ihre Rolle bei der Erarbeitung einheitlicher Länderstellungnahmen ist daher gleich null. Es lässt sich mit guten Gründen annehmen, dass sich in den »Westminster-Systemen« unter den Ländern eine vom Landeshauptmann mitgetragene Meinung mit der der Mehrheit des Landtages deckt. Eine parlamentarische Diskussion erfolgt jedoch nicht. Im Regelfall wird sich nicht einmal der Regierungschef vor seiner Landtagsfraktion für eine bestimmte Meinung rechtfertigen müssen. Auch eine nachträgliche Information ist nicht üblich. Das bedeutet: Die Landtage erhalten die einheitlichen Länderstellungnahmen nicht einmal zur Kenntnis.

Diese Praxis der Abdrängung der Landesparlamente aus der Willensbildung im Rahmen der Europäischen Union ist das Gegenteil von dem, was mit der Verankerung des Länderbeteiligungsverfahrens in den Vereinbarungen gemäß Art. 15a B-VG angestrebt worden war. Ihre Einbindung im Wege der Landtagspräsidenten in die IKL hätte dafür sorgen können, dass das Abstimmungsverhalten der Landeshauptleute stets mit den Interessen des Landtags korreliert und die Landtage gleichzeitig und von vornherein über den gesamten Informationsstand verfügen (Schreiner 2002a: 359). An Stelle dieses Verfahrens, das die österreichischen Landtage immerhin noch besser als die deutschen Landtage nach der dortigen Rechtslage stellen würde (Mayer 2002: 189), werden die Landtage nicht einmal im Nachhinein über die gefassten Beschlüsse informiert.

Freilich ist einzuräumen, dass das komplizierte Verfahren der IKL auf Grund der knappen Fristen, die im Regelfall zur Verfügung stehen (Unterlerchner 1997: 110), von vornherein für eine flexible und rasche Koordination der Länderstandpunkte ungeeignet war (Unterlerchner 1997: 50). Es sei dahingestellt, inwieweit sich die Länder auf der Grundlage der im Vorfeld des EU-Beitritts gemachten Verhandlungserfahrungen nicht für die Umsetzung eines weniger komplizierten Modells hätten einsetzen müssen. Insgesamt fehlte es wohl nicht an Hinweisen dafür, dass die Standpunkte der Länder (und vor allem auch der Landtage) in EU-Angelegenheiten auf Grund der kurzen Entscheidungsfristen rasch und effektiv beschlossen werden müssen (Unterlerchner 1997: 50). Tatsache bleibt, dass die Unzulänglichkeit des institutionalisierten Verfahrens letztlich mit den Ausschlag dafür gegeben hat, dass die Landtage im Verfahren der Ländermitwirkung so gut wie keine Rolle spielen.

Andere Gründe liegen auch darin, dass sich Europapolitik häufig »jenseits des Politischen«[27] abspielt, sodass sie insgesamt auch wenig Basis für eine politische Profilierung von Funktionsträgern in einem Parlament bietet (Mayer 2002: 187).

f) Beschlüsse der Landtage bzw. von Ausschüssen gegenüber der Landesregierung in europapolitischen Angelegenheiten

In jenen Ländern, in denen spezifische Ausschüsse von den Landesverfassungen berufen werden, bindende Stellungnahmen gegenüber den Landesregierungen zu artikulieren, wird das Instrument nur vergleichsweise selten genutzt.[28] Gelegentlich kommt es jedoch vor, dass die Landtage auf Grund selbständiger Anträge sonstige Stellungnahmen als Entschließungen an die Landesregierung formulieren.[29] Die Landesregierung ist dem Landtag für die Erfüllung der Forderungen der Entschließung politisch verantwortlich. Diese Verantwortlichkeit erschöpft sich jedoch sehr häufig darin, bei der Bundesregierung oder anderen Organen des Bundes für eine bestimmte Angelegenheit einzutreten. Eine Verantwortlichkeit dafür, dass diese Bemühungen auch erfolgreich sind, ergibt sich daraus nicht.

Insgesamt zeigt sich, dass die Landtage zu europapolitischen Themen sehr selten aktiv werden. Wenn, dann handelt es sich um Angelegenheiten, die in der Bevölkerung einen gewissen Nachhall haben. Die so genannte Dienstleistungsrichtlinie ist ein treffendes Beispiel dafür.[30] Die Erfolgsquote solcher Aktivitäten ist noch nüchterner zu sehen: Im politischen System Österreichs haben die Landtage lediglich die Kompetenz, ihre jeweilige Exekutive zu binden. Zudem ist eine gewisse Aussicht auf Erfolg auf der europäischen Ebene überhaupt nur dann gegeben, wenn die Entschließung des Landtages oder des dazu befugten Europa-Ausschusses als Grundlage für eine einheitliche Länderstellungnahme dient, die dann vom Bund in den Verhandlungen und Abstimmungen im Rat vertreten werden kann.

Dabei kommt es wiederum entscheidend darauf an, dass bereits auf der Beamtenebene, in den Sitzungen der Ratsarbeitsgruppen, die Länderstellungnahme berücksichtigt werden kann und gegebenenfalls auch ein Ländervertreter in der österreichischen Delegation präsent ist. Diese Parameter finden in den Beschlüssen der Landtage freilich kaum Berücksichtigung, wobei nicht klar ist, inwieweit sie sich dieser spezifischen Probleme überhaupt bewusst sind.

Was die Einrichtung von Europa-Ausschüssen betrifft, so zeigt die Praxis, dass sie als flexibles und rasch agierendes Sprachrohr der Landtage weitgehend ungenützt bleiben. Lediglich in der Steiermark und Tirol sind es die Ausschüsse, die sich zu Wort melden. Im Übrigen äußert sich, wenn überhaupt, der Landtag selbst. Die entsprechenden Vorberatungen finden häufig ebenfalls nicht in den Europa-Ausschüssen, sondern in den Fachausschüssen statt (Mayer 2002: 191). In den Europa-Ausschüssen werden dagegen viel eher grundsätzliche europapolitische Debatten abgehalten, die der Information der Abgeordneten dienen. Diese Praxis hat, auch wenn sie dadurch das Instrument des Europa-Ausschusses entwertet, doch auch ihren Sinn: Sie unterstreicht, dass es die Fachausschüsse sind, die sich »europäisiert« haben und die sich durch die Europäisierung auch nicht ihre Aufgaben entreißen lassen wollen. Dennoch verbleibt als Resümee, dass es weder den Landtagen noch den Ausschüssen gelingt, europapolitisch eine besondere Rolle zu spielen.

Das Schicksal der Abdrängung aus europapolitischen Angelegenheiten teilen die österreichischen Landtage freilich auch mit dem österreichischen Nationalrat: So hat der nach Art. 23e, Abs. 5 B-VG zur Erstattung verbindlicher Stellungnahmen gegenüber der Bundesregierung berufene Hauptausschuss des Nationalrates allein im Jahr 1995 18 derartige Beschlüsse gefasst, in den weiteren Jahren von 1996 bis 2004 jedoch insgesamt nur noch

18. Dazu kommen vier weitere Beschlüsse des EU-Unterausschusses.[31] Auch hier hat sich offenbar Ernüchterung über die Möglichkeiten parlamentarischer Mitwirkung in europapolitischen Angelegenheiten breitgemacht.

g) Europapolitische Aufgaben der Landtagspräsidenten

Die realpolitische Machtlosigkeit der Landesparlamente hinsichtlich der Teilnahme an der konkreten Willensbildung auf europäischer Ebene weicht etwas von der in einem unterschiedlich hohen Ausmaß ausgeübten Partizipation der Landtagspräsidenten im institutionalisierten und nichtinstitutionalisierten Rahmen ab:

Ausschuss der Regionen (AdR)

Die Vertretung des Landeshauptmannes im AdR stellt in vielen Fällen einen wesentlichen Teil europapolitischer Aufgaben der Landtagspräsidenten dar. Die Länder haben nämlich der Bundesregierung gemäß Art. 23c, Abs. 4 B-VG je einen, der Österreichische Städtebund und der Österreichische Gemeindebund insgesamt drei Vertreter vorzuschlagen. Die Bundesregierung ist an diese Vorschläge gebunden (Unterlerchner 1997:130).

In vielen Fällen nehmen die Landeshauptleute, die in diese Funktion berufen werden, nicht selbst an den Sitzungen teil, sondern übertragen sie dem Landtagspräsidenten. Dies verdeutlicht im Übrigen auch die verhältnismäßig geringe Wertschätzung, die das große, aber relativ machtlose Gremium seitens der Landeshauptleute erfährt. Die Krux des AdR liegt in seiner Machtlosigkeit: Die Institution verfügt über keine effizienten Mitwirkungsrechte – lediglich das im Europäischen Verfassungsvertrag vorgesehene Klagerecht an den EuGH wegen Verstoßes gegen das Subsidiaritätsprinzip[32] hätte eine deutliche Aufwertung mit sich bringen können. Untersuchungen haben ergeben, dass die Kommission die Rolle des AdR ernst nimmt[33] und rasch die Gewohnheit angenommen hat, auf dessen Stellungnahmen zu reagieren und die Ansichten des AdR häufig zu übernehmen (Jefferey/Keating 2004: 76f.). Hingegen ist es bemerkenswerterweise aber gerade der Ministerrat (also die Vertreter der Mitgliedstaaten!), der gegenüber dem AdR »wohlwollende Gleichgültigkeit« an den Tag legt und sich bisher insbesondere geweigert hat, auf die Stellungnahmen des AdR zu reagieren (Jefferey/Keating 2004: 77). Außerdem sagt die Anzahl der berücksichtigten Stellungnahmen des AdR nicht alles über die Qualität seines Durchsetzungsvermögens aus. Die quantitative Analyse gibt keine Hinweise darauf, ob die Berücksichtigung der Stellungnahmen etwa nur deshalb erfolgt ist, weil sich andere, machtvollere Akteure auch in diesem Sinne geäußert haben.

Versammlung der Parlamente von Regionen mit Gesetzgebungshoheit (CALRE)
Die Landtagspräsidenten nehmen des Weiteren – auch hier in unterschiedlichem Ausmaß – an den Sitzungen der CALRE[34] teil. Die CALRE ist im parlamentarischen Bereich das Pendant zu den Regionen mit Gesetzgebungskompetenz (REGLEG).[35] Die Organisationen vertreten Regionen mit eigener Gesetzgebungshoheit und stellen für die Glieder eines Bundesstaates wichtige Einflusskanäle auf der europäischen Ebene dar. Da diese Regionen durch ihre Gesetzgebungshoheit auch einen verhältnismäßig hohen Grad gleichgelagerter Interessen aufweisen, können sie für die Länder mitunter ein wichtigeres Forum als der AdR darstellen.

Bemerkenswerterweise ist die Präsenz der deutschsprachigen Landesparlamente in der CALRE höchst unterschiedlich: Die deutschen Landtage sind, von wenigen Ausnahmen abgesehen, kaum vertreten.[36] Die Präsenz der österreichischen Landtage ist vergleichsweise höher, jedoch kaum mit der Präsenz der Vertreter der Regionen und autonomen Gemeinschaften Italiens bzw. Spaniens vergleichbar. So ist in der Praxis ein deutliches Übergewicht der Regionen aus dem Süden Europas erkennbar, was sich auch in der Interessenartikulation und der Themenauswahl niederschlägt.

Ein weiteres bemerkenswertes Kennzeichen ist die mangelnde Koordination zwischen REGLEG und CALRE. Obgleich beide Organisationen im Wesentlichen gleichgelagerte Interessen vertreten und zur effizienten Wahrnehmung ihrer gemeinsamen Interessen auch stärker zusammenarbeiten müssten, findet eine Koordination nur sehr bedingt, eine Kooperation praktisch überhaupt nicht statt. Dies geht eher zu Lasten der CALRE, die zwar einen sehr wichtigen Ansatz der Vernetzung von Regionalparlamenten darstellt, aber noch keinen wirkungsvollen Weg der gemeinsamen Interessendurchsetzung gefunden zu haben scheint. Die REGLEG dürfte insgesamt auch über den größeren Einfluss verfügen (Pahl 2003: 468). Zumindest vermochte sie es eher als die CALRE, sich in den Diskussionen im Konvent zur Zukunft Europas ins Blickfeld zu rücken. Auch dies kann man als bezeichnend für die Rolle der regionalen Parlamente in Europa sehen.

COSAC
Eine dritte Form der Partizipation der Vertreter von Regionalparlamenten auf der europäischen Ebene ist bisher ein Projekt geblieben: Seit Jahren bemühen sich die Vertreter der Regionalparlamente mit Gesetzgebungshoheit, vor allem unterstützt durch die CALRE, um eine Einbindung in die Beratungen der Konferenz der Europaausschüsse (COSAC).[37] Über einen Beobachterstatus ist die CALRE bisher nicht hinausgekommen.[38] Die angestrebte Einbindung von Vertretern der Regionalparlamente in die nationa-

len Delegationen konnte bislang ebenfalls nicht erreicht werden.[39] Freilich erweist sich die COSAC selbst als ein wenig schlagkräftiges Gremium. Insgesamt ist das Ausmaß der Interessendurchsetzung der nationalen Parlamente also nach wie vor äußerst bescheiden.

h) Europapolitische Kontakte der Landtage und ihrer Ausschüsse

Networking bedeutet unter den gegebenen Umständen, dass Parlamente nicht nur mit »ihren« Regierungen in Kontakt treten und diese binden, sondern auch unabhängig von einer zentralstaatlichen Steuerung eigene Kontakte mit Regionen anderer Staaten knüpfen. Die Liste der diesbezüglichen Aktivitäten der österreichischen Landtage ist beachtlich, sie können jedoch nicht mit den vielfältigen und flexiblen Kontakten der Regierungen mithalten.[40]

Die Kooperation von Parlamenten kann nämlich, was Effizienz und Flexibilität betrifft, strukturell nicht mit der informellen Koordination von Regierungen Schritt halten: Parlamentarische Koordination ist im Regelfall auf eine möglichst breite Basis ausgerichtet, die auch Gruppierungen, die sonst eher am Rande stehen, mit einbezieht. Dies zwingt freilich dazu, Beschlüsse in einem solchen Unverbindlichkeitsgrad oder von solcher Selbstverständlichkeit zu fassen, dass sie von praktisch allen Parteien des politischen Spektrums mitgetragen werden können. Im Ergebnis erschöpfen sich daher derartige Kooperationen im Regelfall in mehr oder minder weitläufigen Anregungen an die Regierungen, in bestimmter Hinsicht tätig zu werden.

Auch wenn trotz dieser widrigen Umstände bereits vergleichsweise gut arbeitende, mehr oder weniger institutionalisierte[41] Einrichtungen mit grenzüberschreitendem Charakter geschaffen wurden, so hat dies noch nicht zu einer Koordination von Parlamenten in gesamteuropäisch bedeutenden Angelegenheiten geführt (wie etwa der Transitverkehr im Alpenraum).

i) Zwischenresümee

Die voranstehenden Analysen lassen ein zwiespältiges und ernüchterndes Resümee geboten erscheinen: Ein europapolitisches Engagement der österreichischen Landtage ist zwar vorhanden, ist aber mit der Durchsetzungsfähigkeit der relativ stark europäisierten Länderexekutiven nicht vergleichbar. Das formale Funktionieren[42] der rechtlichen Instrumente der Beteiligung der Landtage in europapolitischen Angelegenheiten darf über die Defizite nicht hinwegtäuschen: Die Landtage haben zwar Zugang zu den Informationen über »Vorhaben« im Rahmen der Europäischen Union, können diese jedoch mangels ausreichender Kapazitäten nicht verwerten. Obgleich sie die rechtliche Möglichkeit haben, die Landesregierungen europapolitisch zu binden, können sie dies in der Praxis mangels politischer Stärke gegenüber der Exekutive und auf Grund mangelnder personeller Kapazitäten kaum durchsetzen.

Eine gewisse Ausnahme stellen die Landtagspräsidenten dar, die sich im Wege der Landtagspräsidentenkonferenz oder im Wege der CALRE vergleichsweise stark in die europapolitische Diskussion einbringen können. Freilich teilt die CALRE in gewisser Hinsicht das Schicksal der regionalen Parlamente in der Europäischen Union: Sie sind vergleichsweise machtlose Institutionen, was in etwas abgeschwächter Weise auch für die nationalen Parlamente, im konkreten Fall den Nationalrat, gilt. Die Legitimation der Landtage, mit ihrer ohnehin schwachen Kompetenzausstattung, ist auf Grund der Europäisierung in besonderem Maße bedroht.

Damit ist die Frage nach Gegenstrategien aufgeworfen, die sich als umso dringlicher erweist, als die Landesparlamente durch zukünftige Herausforderungen noch stärker als bisher unter Druck gesetzt werden können.

5. Europa und Parteien auf regionaler Ebene

In der Literatur wurde bisher wenig beachtet, wie sich Europa auf die Parteien in den Regionen auswirkt. Damit sind weniger die klassischen Regionalparteien gemeint, wie sie vorzugsweise in Regionen mit einem ausgeprägten Autonomiebewusstsein oder -bedürfnis existieren (z. B. in Katalonien, im Baskenland, in Südtirol oder in Belgien). Angesprochen sind vielmehr die Regionalorganisationen von bundesweit agierenden Parteien.

Ein europäisches Parteiensystem gibt es nur in Ansätzen. Im Europäischen Parlament agieren Zusammenschlüsse der nationalen Parteien. Die Partei auf nationaler Ebene steht noch immer im Fokus des Parteiensystems. Sie ist es letztlich in Österreich, die eine europapolitische Haltung formuliert. Eigenständige europapolitische Wege gehen die Parteien in den Ländern in den wenigsten Fällen.

Möglicherweise ist die Schwäche der Landesparlamente in europapolitischen Fragen auch aus diesem Umstand zu erklären: Europapolitik wird als eine Angelegenheit der Zentrale wahrgenommen. Die Regionalorganisationen widmen sich demgegenüber den lokalpolitischen Themen, übersehend, dass die Europäisierung gerade auch in diese Bereiche, etwa in der Daseinsvorsorge, eingreift.

Dies ist freilich auch darauf zurückzuführen, dass die nationalen Parteien selbst noch wenig europapolitische Kompetenz entwickelten. Die Exekutivlastigkeit der Europapolitik führt auch zu einer Ausgrenzung der parlamentarischen Parteien.

6. Ausblick

a) Eine neue Rolle für die nationalen und regionalen Parlamente in der Rechtsetzung auf europäischer Ebene?

Die schon angedeuteten Defizite, die durch die Entparlamentarisierung der Rechtsetzung in Europa entstehen, waren maßgeblich Anlass dafür, im Rahmen des Europäischen Verfassungskonvents Überlegungen hinsichtlich einer Stärkung der Position der nationalen und regionalen Parlamente im Prozess der europäischen Rechtsetzung anzustellen. Diese Überlegungen fanden in zwei Protokollen im Anhang des – vorläufig gescheiterten – Europäischen Verfassungsvertrag ihren Niederschlag wie folgt:

- Gemäß Titel I Art. 1 des Protokolls N° 1 über die Rolle der nationalen Parlamente in der Europäischen Union ist vorgesehen, dass alle Konsultationsdokumente der Kommission den nationalen Parlamenten der Mitgliedstaaten direkt von der Kommission zugeleitet werden.
- Nach Titel I Art. 2 werden alle an das Europäische Parlament und den Ministerrat gerichteten Gesetzgebungsvorschläge gleichzeitig den nationalen Parlamenten der Mitgliedstaaten übermittelt (so genannter »Frühwarnmechanismus«).
- Gemäß Titel I Art. 3 können die nationalen Parlamente der Mitgliedstaaten nach dem im Protokoll N° 2 über die Anwendung der Grundsätze der Subsidiarität und der Verhältnismäßigkeit vorgesehenen Verfahren eine mit Gründen versehene Stellungnahme zur Übereinstimmung eines Gesetzgebungsvorschlags mit dem Subsidiaritätsgrundsatz erstatten.
- Das Protokoll N° 2 über die Anwendung der Grundsätze der Subsidiarität und der Verhältnismäßigkeit präzisiert in den Artikeln 3 und 4 die Informationspflicht der Kommission.
- Gemäß Art. 6 des Protokolls kann jedes nationale Parlament oder jede Kammer eines nationalen Parlaments binnen sechs Wochen nach dem Zeitpunkt der Übermittlung eines Gesetzgebungsvorschlags seine Bedenken darlegen, weshalb der Vorschlag mit dem Subsidiaritätsprinzip nicht vereinbar ist. Dabei obliegt es den jeweiligen nationalen Parlamenten, gegebenenfalls die regionalen Parlamente mit Gesetzgebungsbefugnissen zu konsultieren.
- In Art. 7 ist verankert, dass, wenn von nationalen Parlamenten und Kam-

mern nationaler Parlamente, die mindestens ein Drittel der Gesamtzahl der Stimmen (jedes Parlament hat zwei Stimmen) repräsentieren, eine begründete Stellungnahme abgegeben wird, die Kommission ihren Vorschlag zu überprüfen hat. In besonderen, hier nicht weiter relevanten Fällen genügt es, wenn ein Viertel der Stimmen entsprechende Bedenken moniert.
- Schließlich können gemäß Art. 8 von einem Mitgliedstaat im Namen seines nationalen Parlaments oder einer Kammer dieses Parlaments Klagen wegen Verstoßes gegen das Subsidiaritätsprinzip an den Europäischen Gerichtshof erhoben werden.

Das in den angesprochenen Protokollen vorgesehene Verfahren im Zusammenhang mit dem Frühwarnmechanismus setzt, da die Fristen extrem knapp bemessen sind, an die Umsetzung enorme Anforderungen. Die nationalen Parlamente müssen nicht nur innerhalb von sechs Wochen reagieren, sondern auch eine beträchtliche Zahl von Verbündeten suchen.

In einem System mit dezentralisierter Gesetzgebung wird ein rasches, flexibles Reagieren für die betroffenen regionalen Parlamente dadurch noch zusätzlich erschwert, dass sie sich erst intern koordinieren müssen und sich erst noch an das nationale Parlament bzw. eine Kammer desselben wenden müssen.

Etwas besser ist es hinsichtlich der Klagen wegen Verstoßes gegen das Subsidiaritätsprinzip bestellt, da gemäß Titel III Art. 365, Abs. 6 eine Frist von zwei Monaten vorgesehen ist. Allerdings sind die Landtage nicht selbst klagebefugt. Dies steht vielmehr dem Nationalrat oder dem Bundesrat zu, wobei wohl nur letzterer als Ansprechpartner für die Landtage in Betracht kommen kann.

Aus diesen Tatsachen ergibt sich die Notwendigkeit, einen möglichst einfachen rechtlichen Mechanismus zu entwickeln, der eine wirksame Artikulierung der Interessen der österreichischen Landtage überhaupt erst ermöglicht. Diese rechtlichen Grundlagen alleine werden jedoch nicht ausreichen, begleitend dazu müssen auch infrastrukturelle Voraussetzungen geschaffen werden.

In den jeweiligen Landtagen muss Vorsorge dafür getroffen werden, dass sie einen Zugriff auf die jeweiligen Ressourcen der Landesregierung haben, um eine qualifizierte Beurteilung zu erhalten und um ihr Verhalten im Interesse der besseren Wirkung mit der Exekutive abstimmen zu können. Aber auch ein Zugang zu den Ergebnissen der Prüfungen des Nationalrats und des Bundesrats ist sicherzustellen.

b) Europapolitische Beteiligung jenseits des Verfassungsvertrages

Die beiden Protokolle teilen nun freilich ein vorläufig ungewisses Schicksal, sodass unklar bleibt, ob sie jemals in Kraft treten. Dies kann jedoch aus folgenden Gründen dahingestellt bleiben: Wenn die nationalen Parlamente in den kommenden Jahren überhaupt irgendeinen nennenswerten Einfluss auf der europäischen Ebene ausüben wollen (geschweige denn den verloren gegangenen Einfluss wieder gewinnen wollen), dann müssen sie sich ohnehin gegenüber den Regierungen emanzipieren und eigene Kommunikationskanäle zu den Organen der EU aufbauen. Mit anderen Worten: Sowohl nationale als auch regionale Parlamente werden in jedem Fall danach trachten müssen, die an die Regierungsgesetzgebung verlorene Souveränität wenigstens zum Teil zurück zu gewinnen.

Sofern in absehbarer Zeit kein institutionalisiertes Verfahren entwickelt wird – und vieles spricht dafür, dass dies nicht der Fall sein wird –, werden informelle Kanäle und Einflussmöglichkeiten gesucht und gefunden werden müssen, anhand derer die Interessen der Parlamente auf die EU-Ebene transportiert werden können.

Solche Kanäle existieren derzeit andeutungsweise in Form der COSAC, die jedoch bisher auch auf Grund der mangelnden Rechtsverbindlichkeit ihrer Beschlüsse, aber auch deshalb, weil das Organ auf Einstimmigkeit ausgerichtet ist, keinen nennenswerten Einfluss geltend machen konnte. Auf Grund ihrer Nichtzulassung zur COSAC sind die Landtage von diesem Einflusskanal sowieso ausgeschlossen.

Überhaupt gilt generell: Was bereits für die nationalen Parlamente ein Problem darstellt, ist es erst recht für die regionalen Parlamente. Auf Grund seiner Machtlosigkeit ist dabei auch der Ausschuss der Regionen für die österreichischen Landtage nur ein bedingt tauglicher Partner. Hier wäre allenfalls eine gewisse Aufwertung durch das in Art. 8, Abs. 2 des Subsidiaritäts-Protokolls verankerte Klagerecht an den EuGH nach Erlass eines Gesetzgebungsaktes wegen Verstoßes gegen das Subsidiaritätsprinzip zu erhoffen gewesen (Eppler 2005: 620f.).

Außerdem scheint der AdR auf Grund der Heterogenität der in ihm versammelten Entitäten für regionale Parlamente mit Gesetzgebungsbefugnissen, wie es die österreichischen Landtage sind, nur ein bedingt taugliches Sprachrohr zu sein. Zu gewissen Hoffnungen gibt freilich Anlass, dass der Ausschuss der Regionen bemüht ist, durch Aufbau eines Netzwerkes mit den regionalen Parlamenten der Mitgliedstaaten Profil zu gewinnen. Ein derartiges Netzwerk könnte, mit dem Ausschuss der Regionen im Mittelpunkt, eine Chance sein, auf informellem Wege aus dem Schattendasein heraus zu finden (Eppler 2005: 625).

Die regionalen Parlamente müssen sich des Weiteren vielmehr direkt koordinieren und über eine möglichst große Zahl von Kanälen Einfluss ausüben. Dabei ist die CALRE nur eine von mehreren möglichen Alternativen. Entscheidend ist vor allem die Fähigkeit zur Netzwerkbildung. Diese stellt an parlamentarische Organe besonders hohe Anforderungen: Während Regierungen üblicherweise das dynamische Element in der Staatsorganisation verkörpern, die es gewohnt sind, rasch und flexibel zu reagieren, ist dies bei Parlamenten nicht so leicht möglich. Die Vielzahl der in den Parlamenten vertretenen Parteien reflektiert eine ebensolche Vielzahl von Interessen, die, wenn überhaupt, nur mit einem erheblichen Aufwand zu koordinieren sind. Ebenso befinden sich auch die Präsidenten regionaler Parlamente, im Vergleich zu Mitgliedern der Regierungen, in einer ungleich schwierigeren Lage: Es wird von den Präsidenten erwartet, nicht nur eine Mehrheitsmeinung eines Parlaments zu repräsentieren, sondern das Parlament als solches. Realpolitisch ist es für Parlamentspräsidenten daher regelmäßig nicht leicht, eine Meinung, die nicht von der überwiegenden Mehrheit des Repräsentativkörpers getragen wird, auf der internationalen Ebene zu vertreten.

Wie können diese Schwierigkeiten, die der erfolgreichen Netzwerkbildung in der Praxis entgegenstehen, überwunden werden?

1. Zunächst wird von den Parlamenten – dies gilt für nationale wie für regionale Parlamente – in Zukunft größere Flexibilität gefordert sein: Ständige Ausschüsse müssen zumindest in Eilfällen in der Lage sein, auf europapolitische Fragen rasch antworten zu können, also Stellungnahmen mit Bindungswirkung an die jeweiligen Exekutiven richten können (vgl. Sturm 2001: 128). Die zu diesem Zwecke eigentlich eingerichteten Europa-Ausschüsse könnten auf diese Weise Profil und eine Legitimationsbasis gewinnen (Mayer 2002: 191).
2. Legislativ- und Exekutivapparate müssen auf der regionalen Ebene eng zusammenarbeiten. Die Landesparlamente werden auf absehbare Zeit in Österreich nicht die ausreichenden Ressourcen haben, um sich vollständig von den Exekutivapparaten emanzipieren zu können. Folglich müssen sie einen Zugriff auf deren Ressourcen gewinnen. Dies wird umso leichter sein, als in zahlreichen Fällen die Regierungsapparate der Länder und die Legislativen gegenüber der europäischen Ebene gleichgelagerte Interessen verfolgen.
3. Die Landtage müssen ihre europapolitischen Kontakte soweit ausweiten, dass sie sich nicht erst im Ernstfall ihre Partner suchen müssen. Die Partnerregionen sollten bereits vorher bekannt sein. Dadurch gewinnen bisherige Freundschaftstreffen mit anderen Parlamenten eine neue Le-

gitimationsgrundlage abseits freundnachbarlicher Gesprächskultur und gegenseitigem Kennenlernen. Die Landtage müssen sich daher auch auf europäischer Ebene mit den entsprechenden Vertretungen der Regionen auseinandersetzen. Trotz aller Unzulänglichkeiten und Unterschiede der Institutionen sind der Ausschuss der Regionen und die CALRE nun einmal jene Instrumente, die zur Verfügung stehen und deren sich die österreichischen Landtage bedienen müssen.

7. Zusammenfassung

Angesichts dieser Situation liegt die Empfehlung für die Parlamente nahe, sich jene europapolitischen Kompetenzen anzueignen, die erforderlich sind, um im europäischen Wettbewerb bestehen zu können. Wenn die Parlamente als eigenständige Akteure Anerkennung finden wollen, müssen sie aus ihrem Schattendasein herausfinden. Dass dies im gegebenen österreichischen Kontext alles andere als leicht ist, liegt auf der Hand: Es ist schlechthin unrealistisch zu glauben, dass die Landtage, parallel zu den Landesregierungen, Verwaltungsapparate aufbauen können, die zur Beratung in Angelegenheiten der europäischen Integration dienen. Es werden daher andere Strategien erforderlich sein, auf die in diesem Beitrag näher eingegangen werden konnte. Von entscheidender Bedeutung wird es jedenfalls sein, dass die Landtage einen landesverfassungsgesetzlich gewährleisteten Zugriff auf die personellen und strukturellen Ressourcen der Landesexekutiven in europapolitischen Angelegenheiten gewinnen können.

Dies allein wird jedoch nicht ausreichen. Die österreichischen Landtage werden lernen müssen, auf der europäischen Ebene gezieltes *networking* zu betreiben. Auf Grund der räumlichen und kulturellen Nähe zu den deutschen Bundesländern und der traditionell guten Kontakte bietet sich hier eine Chance, den bisherigen Auftritt in Europa zu verbessern.

Anmerkungen

[1] Diese These gilt nur insoweit, als sich regionale Parlamente nicht im nationalen Diskurs über die Kompetenzübertragungen von der nationalen auf die regionale Ebene schadlos halten konnten, wie dies in einigen Mitgliedstaaten der EU der Fall ist, wie z. B. in Belgien, Spanien oder Italien.

[2] Man denke etwa an die Umsetzung der »Seveso II-Richtlinie« (Richtlinie zur Beherrschung der Gefahren bei Unfällen mit gefährlichen Stoffen (96/82/EG)), die sowohl Bundes- als auch Landesrecht betrifft (dazu näher: Bußjäger 2003b: 20f. mit weiteren Nachweisen). Eine ähnliche Situation ergibt sich aber auch im

Falle der so genannten »SUP«-Richtlinie, die hinsichtlich der Umweltprüfung von Plänen und Programmen von Bund und Ländern umzusetzen ist oder die Anti-Diskriminierungs-Richtlinie (RL 00/43/EG) zur Anwendung des Gleichbehandlungsgrundsatzes ohne Unterschied der Rasse oder der ethnischen Herkunft; RL 00/78/EG zur Festlegung eines allgemeinen Rahmens für die Verwirklichung der Gleichbehandlung in Beschäftigung und Beruf.

3 Siehe etwa Holoubek: »[...] bei überwiegend europarechtlicher Determinierung macht eine Aufteilung auf zehn Umsetzungsautoritäten jedenfalls keinen Sinn.« (2004: 142).

4 Eine solche Unsicherheit prägte längere Zeit die Diskussion über die Umsetzung der Umweltinformations-Richtlinie. Seitens verschiedener Länder wurde dazu die Auffassung vertreten, dass die bestehenden Auskunftspflichtgesetze den Vorgaben der Richtlinie bereits Rechnung tragen würden.

5 Die Daten beruhen auf Erhebungen von Frau Dr. Mirjam Hick, Bregenz, die sie freundlicherweise dem Institut für Föderalismus, Innsbruck, zur Verfügung gestellt hat.

6 Der Autor dankt Dr. Karl Irresberger, Bundeskanzleramt, für diesen im Rahmen der Diskussion dieses Beitrags am 3. Juni 2005 in Graz gemachten Hinweis.

7 Mit Verordnung der Bundesregierung über den Schutz von Bediensteten des Landes Kärnten sowie der Gemeinden und Gemeindeverbände dieses Landes gegen Gefährdung durch biologische Arbeitsstoffe, BGBl II 2002/173, musste dieses Instrument bisher ein einziges Mal eingesetzt werden.

8 Der ehemalige Kommissionspräsident Jacques Delors führte in einer Rede vor dem Europäischen Parlament am 15.06.1988 (Anhang 2, Nr. 2–366/172) an, dass 80 % der nationalen Gesetze in spätestens 10 Jahren nur mehr Ausführungsgesetze zu Rechtsakten der Gemeinschaft sein würden. Vgl. dazu auch Bußjäger/ Larch (2004: 1).

9 Tatsächlich meinte Delors, dass in spätestens 10 Jahren mehr als 80 % der Wirtschafts-, Steuer- und Sozialgesetze nicht mehr national, sondern im Rahmen der Gemeinschaft beschlossen würden (EG-Magazin (1988) Heft 6: 11).

10 Man denke in diesem Zusammenhang nur an das immer wieder gebrachte spektakuläre Beispiel der Umsetzung der Datenschutz-Richtlinie (Richtlinie zum Schutz natürlicher Personen bei der Verarbeitung personenbezogener Daten und zum freien Datenverkehr (95/46/EG)) durch das DSG 2000 des Bundes und durch neun Landes-Datenschutzgesetze, die durch die Kompetenzrechtslage auf dem Gebiet des Datenschutzes, die dem Bund lediglich die Zuständigkeit hinsichtlich des Schutzes digital erfasster Daten zuweist (§ 2 DSG 2000), bedingt ist.

11 Beispiele für derartige Gestaltungsspielräume sind etwa die Umsetzung der SUP-Richtlinie auf der Landesebene, aber auch die Anti-Diskriminierungs-Richtlinie. Diese Richtlinien geben Mindeststandards vor, die den zur Umsetzung Verpflichteten erlauben, höhere Standards vorzusehen.

12 Mit der Auswertung ist die XXVII. Legislaturperiode des Vorarlberger Land-

tages von Oktober 1999 bis Oktober 2004 erfasst. Die Angaben beziehen sich auf das Jahr, in denen der jeweilige Gesetzesbeschluss kundgemacht wurde.

[13] Das Verwaltungsreformgesetz 2001 des Bundes und die im Konnex dazu erlassenen Landesgesetze waren dafür ein Beispiel.

[14] Wie der Darstellung von Schreiner (2002a), der als damaliger Präsident des Landtages von Salzburg mit diesen Fragen aktuell befasst war, entnommen werden kann, gab es in der Vorbereitung der Bund-/Länder-Vereinbarungen durchaus auch andere Alternativen, nämlich eine Übertragung des Mitwirkungsrechtes der Länder in Angelegenheiten, die in die Gesetzgebungszuständigkeit der Länder fallen, auf die Landtage. Die Dominanz der Landeshauptmänner auf der Länderebene war es schließlich, die eine stärkere Mitwirkung der Landtage zu Fall brachte.

[15] Dieser Eindruck des Verfassers wurde von Dr. Andreas Rosner, Verbindungsstelle der Bundesländer, bestätigt.

[16] Keine Regelung existiert in Kärnten, Niederösterreich und Wien.

[17] Art. 83 Bgld LV; ähnlich § 2 Sbg LVG über die Mitwirkung des Landes Salzburg im Rahmen der europäischen Integration, LGBl 50/1993; ähnlich § 3 T LVG über die Mitwirkung des Landes Tirol in Angelegenheiten der europäischen Integration, LGBl Nr. 17/1993.; ähnlich Art. 55 Vlbg LV.

[18] Art. 3 OÖ LVG an der Beteiligung des Landes Oberösterreich an der europäischen Integration, LGBl 7/1994.

[19] § 3 Stmk LVG über den Ausschuss für europäische Integration, LGBl Nr. 48/1992.

[20] Nur am Rande sei bemerkt: Die umstrittene Frage, ob denn der Nationalrat hinsichtlich der Aufnahme von Verhandlungen mit der Türkei über einen EU-Beitritt gegenüber der Bundesregierung eine bindende Stellungnahme hätte formulieren können, stellt sich für das Verfahren der Ländermitwirkung gar nicht. Zweifellos handelt es sich bei Beitrittsverhandlungen um ein »Vorhaben« im Rahmen der Europäischen Union. Dieses Vorhaben ist im Falle seiner Realisierung, also dann, wenn ein Beitrittsvertrag abgeschlossen wird, durch Gesetze auch im Bereich der Länder (Gleichstellung türkischer Staatsangehöriger mit anderen EU-Bürgern) umzusetzen. In diesem Sinne haben die Länder auch zum vergangenen »Vorhaben« EU-Erweiterung einheitliche Länderstellungnahme abgegeben (siehe unter 3.a).

[21] Vgl. Art. 83 Bgld LV; ähnlich Art. 55 Vlbg LV.

[22] Art. 5 OÖ LVG über die Beteiligung des Landes Oberösterreich an der europäischen Integration. Ähnlich § 3 Sbg LVG über die Beteiligung des Landes Salzburg an der europäischen Integration.

[23] § 3 Stmk LVG über den Ausschuss für europäische Integration. Ähnlich § 4 T LVG über die Beteiligung des Landes Tirol in Angelegenheiten der europäischen Integration.

[24] Die Angaben beruhen auf Erhebungen des Instituts für Föderalismus, Innsbruck, im August 2005.

25 Siehe Entschließung des FEI/06.10.1993.
26 Diese betrafen die Erweiterung der Europäischen Union (LAD-VD-E206/33-1998), die Aufhebung der Beneš-Dekrete (LAD-VD-I385/152-2000), Maßnahmen im Bereich des LKW-Transitverkehrs im Burgenland (LAD-VD-M235/614-2003) sowie die Dienstleistungsrichtlinie (LAD-VD-M110-10060-3-2004).
27 Damit ist gemeint, dass sich Europapolitik häufig eben gerade nicht als »Politik« darstellt, sondern als bürokratischer Entscheidungsprozess in der Komitologie, in den Arbeitsgruppen auf Ratsebene, der die Ergebnisse der politischen Entscheidungsträger im Rat bereits weitgehend vorformuliert.
28 Wie eine Erhebung des Instituts für Föderalismus, Innsbruck, im August 2005 ergeben hat, kommt dies in der Praxis lediglich in den Landtagen von Tirol und der Steiermark vor.
29 So das Ergebnis der Umfrage des Instituts für Föderalismus, Innsbruck, bei den Landtagen.
30 Die Stellungnahme der Länder zur Dienstleistungsrichtlinie wurde als einheitliche Länderstellungnahme gemäß Art. 23d Abs 2 B-VG im Wege der Landeshauptleutekonferenz koordiniert. Jene Landtage, die sich dieses Themas bereits angenommen hatten, konnten lediglich den Beschluss der Landeshauptleutekonferenz akklamieren, aber keine eigenständige Positionierung bilden.
31 Erhebungen des Instituts für Föderalismus, Innsbruck, vom August 2005.
32 Art. 8 des Protokolls Nr. 1 über die Anwendung der Grundsätze der Subsidiarität und der Verhältnismäßigkeit.
33 Quantitative Analysen haben ergeben, dass die Stellungnahmen des AdR eine Erfolgsquote von 37 % bei Verordnungen und 45 % bei Richtlinien aufweisen (Aviolo/Santini 2004: 95).
34 Die CALRE ist eine relativ lose strukturierte Organisation, der nach ihrer Eigendefinition sämtliche Parlamente von Regionen Europas mit Gesetzgebungshoheit angehören. Eine formelle Mitgliedschaft in dieser Organisation gibt es allerdings nicht. Sie fungiert als eine Art Interessenvertretung. Unter Zugrundelegung der Definition der CALRE gehören ihr somit neben den neun österreichischen Ländern die 16 deutschen Bundesländer, 20 italienischen Regionen, 17 Autonome Gemeinschaften Spaniens, drei Regionen und drei Gemeinschaften Belgiens, Schottland, Wales, Nordirland, die Aland Inseln (Finnland) sowie Madeira und die Azoren (Portugal) an.
35 Der REGLEG gehören im Prinzip dieselben Regionen wie der CALRE an. Lediglich die Regierung von Nordirland, die von Westminster praktisch suspendiert ist, ist nicht vertreten. (vgl. Pahl 2004: 81ff.).
36 Eine dieser Ausnahmen stellt insbesondere Baden-Württemberg dar, dessen Landtagspräsident Peter Straub zu den wesentlichen Motoren der CALRE zu zählen ist.
37 Die COSAC (Conference of Community and European Affairs Committees of Parliaments of the European Union) ist ein informelles Organ, das von Ver-

tretern des Europäischen Parlamentes sowie der nationalen Parlamente der Mitgliedstaaten besetzt wird. Sie ist nach ihrer Bezeichnung eine Konferenz der Europa-Ausschüsse der Parlamente der EU. Sie setzt sich zusammen aus der maximal sechsköpfigen Delegation des Europäischen Parlamentes sowie aus den maximal ebenfalls sechsköpfigen Delegationen der Parlamente der EU-Mitgliedstaaten (vgl. Pahl 2004: 80). Nach der Geschäftsordnung der COSAC sind die Vertreter regionaler Parlamente nicht zugelassen. Eine schon seit mehreren Jahren laufende Debatte über eine Einbindung von Vertretern regionaler Parlamente, die vor allem von Deutschland unterstützt wurde, konnte zu keinem Abschluss gebracht werden.

[38] Die CALRE ist in den Beratungen der COSAC seit 2004 als Beobachter zugelassen.

[39] Eine schon seit mehreren Jahren laufende Debatte über eine Einbindung von Vertretern regionaler Parlamente, die vor allem von Deutschland unterstützt wurde, konnte bisher zu keinem Abschluss gebracht werden. Widerstand besteht vor allem seitens verschiedener Nationalstaaten, wie vor allem Spanien, die durch eine Einbeziehung regionaler Parlamente in die Außenbeziehungen eine Anerkennung separatistischer Tendenzen befürchten.

[40] Siehe dazu allgemein die jährlichen Berichte des Instituts für Föderalismus über den Föderalismus in Österreich.

[41] Erwähnenswert sind hier vor allem der so genannte »3er-Landtag« bestehend aus Tirol, Südtirol und Trentino. Siehe dazu näher den Beitrag von Siegele in diesem Band. Institutionalisiert ist in gewisser Hinsicht auch die Parlamentarierkommission der Bodenseekonferenz, gewissermaßen das parlamentarische Pendant zur – freilich aktiveren – Internationalen Bodenseekonferenz auf Regierungsebene.

[42] Die formale Einhaltung der Verfahren steht auch im Hintergrund der Aussage, dass das länderinterne Informationsverfahren zwischen den Landtagen einerseits und der Exekutive andererseits »problemlos« funktioniert (vgl. Institut für Föderalismus 2004: 136).

Literatur

Aviolio, Giuseppe/Santini, Alessandro 2004: The Committee of the Regions in the EU-Policy-Making-Process: Actor or Spectator? In: Toniatti, Roberto/Woelk, Jens (Hrsg.) (2004): An Ever More Complex Union. Baden-Baden.

Bauer, Michael W. 2005: Europausschüsse – Herzstück landesparlamentarischer Beteiligung in Angelegenheiten der Europäischen Union. In: Europäisches Zentrum für Föderalismusforschung (Hrsg.) (2005): Jahrbuch des Föderalismus 2005. Baden-Baden.

Bußjäger, Peter 2003a: Der Fall WTO. In: juridikum 2003 (4): 169–173.

Bußjäger, Peter 2003b: Katastrophenprävention und Katastrophenbekämpfung im Bundesstaat. Wien.

Bußjäger, Peter/Larch, Daniela 2004: Landesgesetzgebung und Europäisierungsgrad. Innsbruck.

Bußjäger, Peter/Larch, Daniela 2005: Grundlagen und Entwicklungen der bundesstaatlichen Instrumente in Österreich. Innsbruck.

Edtstadler, Karl 2005: Die Mitwirkung der Länder in Europaangelegenheiten – Österreich. In: Bußjäger, Peter/Hrbek, Rudolf (Hrsg.) (2005): Projekte der Föderalismusreform – Österreich-Konvent und Föderalismuskommission im Vergleich. Wien.

Eppler, Annegret 2005: Der Ausschuss der Regionen im Jahr 2004 – zukünftiger Mittelpunkt eines »Netzwerks« zwischen EU-Institutionen und Regionen? In: Europäisches Zentrum für Föderalismusforschung (Hrsg) (2005): Jahrbuch des Föderalismus 2005. Baden-Baden.

Holoubek, Michael 2004: Verfassungs- und Verwaltungsreform. In: Matis, Herbert/Stiefel, Dieter (Hrsg.) (2004): Österreich 2010. Die wirtschaftliche und soziale Zukunft unseres Landes. Wien.

Institut für Föderalismus (Hrsg.) 2004: 28. Bericht über den Föderalismus in Österreich (2003). Wien.

Jeffery, Charlie/Keating, Michael 2004: Der Ausschuss der Regionen im künftigen institutionellen Gefüge der Europäischen Union. In: Ausschuss der Regionen (Hrsg.) (2004): Die regionale und lokale Dimension beim Europäischen Verfassungsprozess. Brüssel.

Mayer, Stefan 2002: Regionale Europapolitik. Die österreichischen Bundesländer und die europäische Integration. Institution, Interessendurchsetzung und Diskurs bis 1998. Wien.

Müller, Johannes 1999: Allgemeine Umsetzungsprobleme des EU-Rechts auf Landesebene. In: Pernthaler, Peter (Hrsg.) (1999): Auswirkungen des EU-Rechts auf die Länder. Wien.

Öhlinger, Theo 1999: Kommentar zu Art. 23d B-VG. In: Korinek, Karl/Holoubek, Michael (Hrsg.) (1999): Österreichisches Bundesverfassungsrecht (Loseblattausgabe seit 1999). Wien.

Öhlinger, Theo 2002: Die Transformation der Verfassung. In: Juristische Blätter, 2002 (1): 2–11.

Öhlinger, Theo 2004: Parlamente als Erfüllungsgehilfen der EU. In: juridikum 2004 (2): 84–87.

Pahl, Marc-Oliver 2003: Die Rolle der Regionen mit Gesetzgebungskompetenzen im Konventsprozess. In: Europäisches Zentrum für Föderalismusforschung (Hrsg.) (2003): Jahrbuch des Föderalismus 2003. Baden-Baden.

Pahl, Marc-Oliver 2004: Regionen mit Gesetzgebungskompetenzen in der Europäischen Union. Baden-Baden.

Rosner, Andreas 2000: Koordinationsinstrumente der österreichischen Länder. Wien.

Rosner, Andreas 2006: Drei Rechtsfragen der Mitwirkung der Länder in Angelegenheiten der europäischen Integration (in Vorbereitung).

Schäffer, Heinz 1997: Information und Entscheidungsabstimmung zwischen Landesparlament und Landesregierung. Das österreichische Beispiel. In: Merten (Hrsg.) (1997): Die Stellung der Landesparlamente aus deutscher, österreichischer und spanischer Sicht. Berlin.

Schmidt, Manfred G. 1999: Die Europäisierung der öffentlichen Aufgaben. In: Ellwein, Thomas/Holtmann, Everhard (Hrsg.) (1999): 50 Jahre Bundesrepublik Deutschland. Opladen.

Schreiner, Helmut 2002a: Die Mitwirkung der Länder im Zuge der EG-Integration. In: Schausberger, Franz (Hrsg.) (2002): Engagement und Bürgersinn. Wien/Köln/Weimar.

Schreiner, Helmut 2002b: Subsidiarität oder Zentralismus? In: Schausberger, Franz (Hrsg.) (2002): Engagement und Bürgersinn. Wien/Köln/Weimar.

Schreiner, Helmut 2002c: Die europapolitische Rolle der Landesparlamente in Österreich. In: Schausberger, Franz (Hrsg.) (2002): Engagement und Bürgersinn. Wien/Köln/Weimar.

Sturm, Roland 2001: Föderalismus in Deutschland. Berlin.

Unterlerchner, Josef 1997: Die Mitwirkung der Länder am EU-Willensbildungsprozeß. Wien.

Gerhard Hirscher
Regionalparteien in Deutschland: Rahmenbedingungen, historische und aktuelle Beispiele

1. Vorbemerkung: Echte und unechte Regionalparteien in Deutschland

Die Gliederung der Bundesrepublik Deutschland in Länder ist unbestrittener Teil der Staatlichkeit unseres Landes. Als »demokratischer und sozialer Bundesstaat« (Art. 20, Abs. 1 GG) genießt der föderale Aufbau in Deutschland besonderen verfassungsrechtlichen Schutz. Angesichts dieses historisch und staatsrechtlich in Deutschland tief verwurzelten Grundelementes ist zu erwarten, dass auch auf dem Feld der politischen Willensbildung, im *Input*-Bereich unseres politischen Systems, diese föderalen Elemente wiederzufinden sind. Dies könnte sich bei den politischen Parteien auf zwei Arten manifestieren: Zum einen ist zu erwarten, dass die Parteien selbst eine starke bundesstaatliche Gliederung aufweisen. Dies ist in der Tat der Fall, aber von Partei zu Partei unterschiedlich und auch in der Forschung mit uneinheitlicher Intensität bearbeitet worden. So wurde der föderale Aufbau der CDU wohl ausführlicher behandelt als bei anderen bundesweit aktiven Parteien.[1] Für die Parteienforschung ist es ein interessantes Feld, die Rolle einzelner Regionalverbände innerhalb ihrer Gesamtpartei im Detail zu untersuchen, aber alles in allem stand auch in der Wissenschaft eher die Erforschung der Parteien auf der zentralstaatlichen Ebene – vor allem als Regierungsparteien im Bund – im Mittelpunkt des Interesses.

Zum anderen könnte sich die Bundesstaatlichkeit auch in der Bildung einzelner regionaler Parteien manifestieren. Hierfür gab und gibt es genügend Beispiele in anderen Ländern. In Deutschland hingegen scheint für die Herausbildung von Regionalparteien nie ein wirklich fruchtbarer Boden vorhanden gewesen zu sein. Daher soll im Folgenden versucht werden, in knapper Form einige der Gründe dafür zu beschreiben. Hierfür werden kurz zwei gescheiterte deutsche Regionalparteien betrachtet. Etwas näher ausgeführt werden sollen die Überlegungen in der Folge anhand zweier gegenwärtig aktiver und durchaus erfolgreicher Parteien in Deutschland, die am ehesten als Regionalparteien beschrieben werden könnten: die PDS und die CSU. Es ist zu fragen, ob diese Parteien überhaupt Regionalparteien sind, wie die Rahmenbedingungen ihres politischen Wirkens aussehen und wie ihre Zukunftsaussichten als regionale Interessenvertreter sein könnten.

Dabei soll folgende grundlegende These vertreten werden: Im deutschen politischen System gibt es keinen Platz für echte Regionalparteien. Dieser Platz wäre möglicherweise vorhanden, wenn der föderale Charakter des Landes größer wäre, wenn also die Länder und ihre Parlamente größere politische Gestaltungskompetenzen hätten. Diese sind aber im Laufe der Jahrzehnte durch die Verfestigung eines »kooperativen Föderalismus« noch kleiner geworden. Weiter soll – aus historischen wie systematischen Gründen – unterschieden werden zwischen »echten« Regionalparteien und »unechten« Regionalparteien: Echte Regionalparteien stellen sich dem vollen politischen Wettbewerb (mit anderen Regionalparteien oder überregionalen Parteien) ausschließlich (oder zumindest zu einem weitaus überwiegenden Teil) in einer klar definierbaren Region eines Landes. Dies können in der Bundesrepublik Deutschland ein Land oder mehrere, in der Regel benachbarte Länder, sein. Zur weiteren Konkretisierung der These soll hier davon ausgegangen werden, dass bei einer echten Regionalpartei mindestens 90 % der Mitglieder als auch der bei Wahlen erzielten Stimmen aus dieser definierbaren Region stammen. Im Deutschland der Gegenwart würde die PDS – zumindest bis Anfang 2005 – diese Bedingung erfüllen.

Eine unechte Regionalpartei wäre demnach eine Partei, die zwar ebenfalls nur in einer definierbaren Region kandidiert, die aber aufgrund eines Konkurrenzausschlusses einem anderen politischen Wettbewerb wie im Gesamtstaat unterliegt. Ein Gebietskartell minimiert die Zahl der Wettbewerber. Bei der CSU war und ist dies der Fall: Als Teil der Union bildet sie zwar mit der CDU im Deutschen Bundestag eine Fraktionsgemeinschaft und tritt auf der zentralen Ebene als einheitlicher Akteur auf, indem sie auch nur zusammen mit der CDU Regierungen bildet. Auf der regionalen Ebene – in Bayern – hat sie allerdings mit der CDU ein Gebietskartell vereinbart, das vorsieht, dass die CSU nur in Bayern und die CDU ausschließlich im Rest Deutschlands kandidiert. CDU und CSU treten bei keiner Wahl gegeneinander an. Insofern ist die CSU Regionalpartei, aber als Teil der Gesamt-Union auch Filiale einer bundespolitischen Kraft. Definitionsgemäß muss der Anteil der CSU an Mitgliedern und Stimmen außerhalb Bayerns also 0 % sein – sieht man von den Sonderfällen von Gastmitgliedern oder Freundeskreisen der CSU außerhalb der Landesgrenzen ab. Die Tatsache, dass die CSU von ihrer Selbstanlage her auf das Land Bayern beschränkt, sie aber gleichzeitig fester Teil eines größeren politischen Gefüges ist, rechtfertigt für unsere Analyse die Benennung als »unechte« Regionalpartei. Eine »echte« Regionalpartei wäre sie dann, wenn sie sich über die Grenzen Bayerns ausdehnen würde (wie es 1976 und 1989/90 in der Diskussion war) oder (was in der Praxis wohl die Folge einer solchen Entscheidung wäre) die CDU in Bayern gegen die CSU antreten würde. Beides ist gegenwärtig eher unwahrscheinlich. Vergleichbares wäre denkbar beim Antreten einer anderen bürgerlichen politischen Kraft, die versuchen wollte, einen ähnlichen politischen Marktbereich abzudecken.

Im Folgenden soll untersucht werden, wie sich der Charakter als »echte« oder »unechte« Regionalpartei konkret für die politischen Handlungsmöglichkeiten ausgewirkt hat und welche Folgen dies für die Zukunft haben könnte.

2. Historische und systematische Ergänzungen

2.1 Regionalparteien und Länderparlamente

Regionalparteien brauchen Regionalparlamente. Unabhängig davon, ob und wie intensiv diese Parteien auch auf der zentralen politischen Ebene aktiv sind, müssen sie regionale Volksvertretungen als Aktionsbasis haben. Für Deutschland ist es daher offensichtlich, dass die Länderparlamente eine entscheidende Basis für Regionalparteien sind. Die Stellung dieser Landesparlamente determiniert daher auch den Stellenwert und die Entfaltungsmöglichkeiten dieser Parteien. Für die konkrete Rolle der deutschen Parteien ist daher ein wichtiger Faktor vorgegeben: Der Bedeutungsverlust der Landesparlamente[2], der im Laufe der Entwicklung des politischen Systems Deutschlands immer größer wurde, engt natürlich auch den Spielraum der Parteien ein. Für die landesweit aktiven Parteien bedeutet dies, dass die zentrale Ebene als Aktivitätsfeld immer wichtiger wird. Für Regionalparteien hat dies zur Folge, dass ihre Heimatbasis immer weniger attraktiv wird und dass diese immer weniger Machtbasis für ihre Aktivitäten sein kann. Insofern ergibt sich aus der Entwicklung des föderalen Systems in Deutschland ein immanenter Zwang für regionale Parteien aller Art, einen wichtigen Teil ihrer politischen Arbeit auf die zentrale Ebene auszurichten, um Bedeutungsverluste zu vermeiden.[3]

Aber auch ohne diesen systemimmanenten Zwang wäre es für regionale Parteien wenig sinnvoll, sich als reine »Landesparteien« zu positionieren. In jedem politischen System, in dem ein großer Teil der Entscheidungen auf zentraler Ebene fällt, muss eine Regionalpartei auch in der Zentrale als Machtfaktor präsent und handlungsfähig sein. In Deutschland würde mancher diesen Zwang zwar bei oberflächlicher Betrachtung als geringer ansehen als etwa in Frankreich oder Großbritannien, er ist hingegen zweifelsohne auch hierzulande vorhanden und hat sich im Laufe der politischen Geschichte der Bundesrepublik sicher verstärkt. Unabhängig davon, ob wir es in Deutschland heute wirklich mit einem »verkappten Einheitsstaat« (Abromeit 1992) zu tun haben oder nicht – die politische Handlungslogik erfordert für Regionalparteien aller Art ein starkes Standbein in der politischen Zentrale.

2.2 Gescheiterte Regionalparteien: Die Beispiele DP und BP

2.2.1 Die Deutsche Partei (DP)

Der Bundesstaat Bundesrepublik Deutschland, der sich staatsrechtlich auf die Länder gründet, hätte eigentlich – zumindest theoretisch – ab seiner Gründung 1949 ein großes Betätigungsfeld für erfolgreiche Regionalparteien sein können. Wie uns die historische Entwicklung gezeigt hat, war dies auf lange Sicht aber nicht der Fall. Zwei kurzfristig erfolgreiche, aber mittelfristig gescheiterte Beispiele aus der deutschen Parteiengeschichte sollen hier kurz angesprochen werden, um Möglichkeiten und Grenzen für regionale Parteien im deutschen Parteiensystem näher analysieren zu können.

Die »Deutsche Partei« (DP) (vgl. Schmollinger 1983: 1025–1111) hatte ihren regionalen Schwerpunkt im Gebiet um Hannover. Historisch in Kontinuität zur »Deutsch-Hannoverschen Partei, die seit 1866 im Preußischen Landtag und zeitweise auch im Reichstag vertreten war, wurde sie 1945 als »Niedersächsische Landespartei« (NLP) gegründet. Nach der Gründung des Landes Niedersachsen benannte sie sich im Sommer 1947 in »Deutsche Partei« um. Damit war auch eine Akzentverschiebung ihrer Arbeitsschwerpunkte verbunden: Stand vor der Landesgründung die Vereinigung aller niedersächsischen Landesteile im Mittelpunkt der Parteiprogrammatik, so dehnte sie nach der Umbenennung in DP ihre Aktivitäten auf die Länder Schleswig-Holstein, Hamburg und Bremen aus. Ihre Programmatik war eine Mischung agrar-konservativer und antiliberaler Programmelemente und versuchte daneben auch, ehemalige Wehrmachtsangehörige und Vertriebene anzusprechen. Damit werden schon die Problembereiche der Partei deutlich, die ihr Wettbewerbsnachteile gegenüber anderen Parteien und vor allem der CDU eingebracht haben dürften. Einerseits niedersächsische Regionalpartei, andererseits der Versuch, auch in anderen Ländern Fuß zu fassen. Auf der einen Seite Schwerpunkte im ländlichen – vor allem protestantisch-welfischen – Niedersachen, auf der anderen Seite wollte sie Stimmen auch in der Stadt Hannover und sogar in Hamburg und Bremen holen. Einerseits Interessenvertretung für die bodenständige niedersächsische Landbevölkerung, andererseits Ansprechpartner für Flüchtlinge und Vertriebe zu sein

– die Konflikte schienen von vornherein in der Gründungslogik der Partei angelegt zu sein. Immerhin gelang es ihr, anfangs Wähler aus dem rechtskonservativen Bereich anzuziehen, wozu Übertritte einiger prominenter Mitglieder der »Deutschen Konservativen Partei/Deutsche Reichspartei« (DKP-DRP) beitrugen. Allerdings war die DP nicht nur in der ersten Regierung Niedersachsens vertreten, sondern konnte sich auch zunächst in der Bundespolitik etablieren. Dies wurde der DP wie anderen Kleinparteien zumindest bei der Bundestagswahl 1949 auch dadurch erleichtert, dass es dort noch keine 5-%-Hürde auf Bundesebene gab. Ihre bekannteste Führungsfigur, Heinrich Hellwege, war ebenfalls in der Bundesregierung vertreten wie Hans-Joachim von Merkatz und Hans-Christoph Seebohm. Bis 1961 war die DP an Regierungskoalitionen im Bund als Juniorpartner der Union beteiligt.

Der Niedergang der DP war aber nicht aufzuhalten und hatte sich schon lange angekündigt. Weit davon entfernt, in Niedersachsen die dominierende Partei zu werden – noch weniger in den anderen Ländern, in denen sie antrat –, wurde ihre politische Perspektivlosigkeit im Laufe der Jahre immer deutlicher. Offensichtlich war, dass sie der Union als erfolgreicher Regierungspartei im Bund, die rechts von der Mitte immer mehr an Wählerpotenzial aufsog, nichts entgegenzusetzen hatte. Hatte sie bei der Bundestagswahl 1949 auf Bundesebene gerechnet noch 4,0 % der Stimmen geholt, waren dies 1953 noch 3,3 % und 1957 noch 3,4 %. Wachstumspotenzial war also nicht vorhanden; im Bundestag stagnierte man 1957 wie schon 1949 bei 17 Sitzen. Das Aufsaugen durch die CDU wurde 1960 demonstrativ durch den Übertritt von neun Abgeordneten, darunter Seebohm und Merkatz, zur CDU, unterstrichen. Das Ende der Regionalpartei DP war damit besiegelt.

Dennoch wies die DP interessante Aspekte im Hinblick auf ihre Einordnung als Regionalpartei auf. So holte sie bei den Bundestagswahlen 1949, 1953 und 1957 in mehreren Ländern respektable Ergebnisse. So bekam sie 1949 nicht nur in Niedersachsen 17,8 %, sondern auch in Bremen 18,0 %, in Hamburg 13,1 % und in Schleswig-Holstein 12,1 %. Den Löwenanteil ihrer Stimmen holte sie 1953 erneut in Niedersachsen mit 11,9 % und in Bremen mit 17,0 %, aber auch da bekam sie noch 5,9 % in Hamburg und 4,0 % in Bremen. Sogar 1957 erhielt sie in Niedersachsen noch 11,4 % und in Bremen 13,8 %, in Hamburg aber immer noch 4,7 % und in Schleswig-Holstein 3,8 % (vgl. Schmollinger 1983: 1091). In diesen vier Ländern erzielte sie auch bei Landtagswahlen in den 50er Jahren ihre besten Ergebnisse. Sie trat auch in anderen Ländern an, holte dort aber nur symbolische Resultate, so etwa 4,9 % in Berlin 1954 oder 1,7 % in Nordrhein-Westfalen 1950 (vgl. Schmollinger 1983: 1090). Dies unterstreicht die Versuche der

DP, sich aus ihrer anfänglichen Hülle als reine oder »echte« Regionalpartei zu befreien. Darauf deuten auch die Mitgliederzahlen hin: Zwar kamen – wenn man den Quellen trauen darf – schon 1952 35.000 ihrer 45.000 Mitglieder aus Niedersachsen und dieser Anteil blieb in Niedersachsen bis 1960 auf diesem Niveau. Aber daneben hatte die DP auch Mitglieder außerhalb ihrer Schwerpunktländer, 1956 waren dies in Bayern, Berlin, Nordrhein-Westfalen und Rheinland-Pfalz insgesamt 3240 und 1960 3700 (vgl. Schmollinger 1983: 1097). Aber auch diese Zahl blieb unter der 10-%-Marke und würde im Sinne unserer Definition weiterhin den Charakter der DP als »echte« Regionalpartei unterstreichen.

Interessant war der folgende Versuch, sich im politischen Geschäft zu halten. Der Rest der DP fusionierte im April 1961 mit der Flüchtlings- und Vertriebenenpartei GB/BHE und bildete die »Gesamtdeutsche Partei« GDP. Die Reste der Regionalpartei DP versuchten ihr Heil also im Versuch eines Zusammenschlusses mit einer Partei, die von Genese und Programmatik her das genaue Gegenteil einer Regionalpartei war, nämlich die deutschlandweite Interessenvertretung der überall in den Westzonen gestrandeten Flüchtlingen und Vertriebenen. Als diese GDP bei der Bundestagswahl 1961 scheiterte, war ihr politisches Ende gekommen, auch wenn Reste von GDP und DP als Splittergruppen weiter existierten.

2.2.2 Die Bayernpartei (BP)

Auch die »Bayernpartei« (BP), die von der Entstehung und der Programmatik her auf den ersten Blick noch deutlicher als Regionalpartei gelten konnte, verschwand etwa um dieselbe Zeit von der politischen Bühne. Gegründet im Oktober 1946 in München konnte sie an den ersten Landtagswahlen in Bayern noch gar nicht teilnehmen, weil die amerikanische Besatzungsmacht ihre Kandidatur untersagte, da sie der BP separatistische Tendenzen unterstellte. Damit hatte die BP zunächst einen Nachteil gegenüber der CSU, die damals bereits aktiv war. Sie blieb eine »bayerisch-partikularistische Protestbewegung« (Mintzel 1983: 395–489), die sich vorwiegend auf den altbayerischen Mittelstand stützte. Von ihrer programmatischen Verortung her tat sie sich schwer, mit den Entwicklungen nach 1949 mitzuhalten. Ihr radikalföderalistischer Provinzialismus und ihr Kampf gegen die »Überfremdung« Bayerns gaben ihr – im Gegensatz zur DP – von vornherein keine Chance, außerhalb Bayerns nennenswerte Resonanz zu finden. Sie wurde aber trotz dieses verspäteten Starts rasch zu einer bedeutenden politischen Kraft in Bayern und holte bei der Bundestagswahl 1949 in Bayern 20,9 % (das entsprach 4,2 % bundesweit) und war mit 17 Sitzen im Bundestag vertreten. Bei der Landtagswahl 1950 holte sie in Bayern

17,9 % der Stimmen und 39 Sitze im Landtag. Bis 1958 war die BP nach der CSU und SPD drittstärkste Partei in Bayern; bei den Landtagswahlen 1954 konnte sie 13,2 %, 1958 immerhin 8,1 % holen; bei den späteren Landtagswahlen landete sie unter 5 % (vgl. Mintzel 1983: 446). Von 1954 bis 1957 war sie an der »Viererkoalition«, der einzigen bayerischen Regierung gegen die CSU, zusammen mit SPD, BHE und FDP beteiligt und stellte mit Josef Baumgartner den stellvertretenden Ministerpräsidenten. Ihre Mitglieder – Anfang der 50er Jahre über 25.000 – hatte sie ausschließlich in Bayern; 80 % davon in Altbayern (vgl. Mintzel 1983: 469). Damit ist klar ein Kriterium der Einordnung als »echte« Regionalpartei erfüllt.

Spätestens Ende der 1950er Jahre hatte die Krise der BP aber bereits begonnen, die sich intern vor allem an der Frage der Haltung zur Bundesstaatlichkeit, der Rolle Bayerns im Bund und der Haltung zur CSU entzündete. Als die Wahlergebnisse bei Bundestagswahlen schlechter wurden, wurde bei der BP deutlich, dass man die Rolle der Interessenvertretung Bayerns in Bonn angesichts der Konkurrenz mit der CSU nicht auf diesem Niveau aufrechterhalten konnte. Nach dem Zerfall der Viererkoalition 1957 und der Verwicklung in Affären und Prozesse (»Spielbankenaffäre«) war das Ende der BP abzusehen, vor allem weil ihre Wählerschaft in wachsendem Maße von anderen Parteien, vor allem der CSU, aufgesogen wurde. Auch ihre Rolle im Bundestag schmolz dahin; schon in der ersten Legislaturperiode bildete sie mit dem »Zentrum« eine Fraktionsgemeinschaft namens »Föderalistische Union«, um sich mehr Mitwirkungsmöglichkeiten im Parlament zu verschaffen. Ob dies ihrer Rolle als alleiniger bayerischer Interessenvertreter geschadet hat, ist unklar; möglicherweise hat dies aber in der öffentlichen Wirkung auch dazu beigetragen, ihr ein Alleinstellungsmerkmal vor allem in der Konkurrenz zur CSU zu nehmen. Für die Bundespolitik wurde sie jedenfalls von der bayerischen Bevölkerung immer weniger als nützliche Vertretung gesehen. Bei der Bundestagswahl 1953 hatte sie in Bayern noch 9,2 % geholt – das entsprach 1,7 % bundesweit – und zog so letztmals in den Bundestag ein. Auch in der Landespolitik schwand ihre Rolle rasch: 1962 konnte sie ein letztes Mal in den Landtag einziehen, 1966 scheiterte sie bei diesem Versuch. Nach mehreren Abspaltungen fiel sie auf den Status einer Splitterpartei zurück. Sie ist allerdings mit etwa 3.500 Mitgliedern nach wie vor aktiv und tritt bei überregionalen Wahlen an (so erhielt sie in Bayern 1,6 % bei der Europawahl 2004 und 0,5 % bei der Bundestagswahl 2005). Ein Zuwachs an politischer Bedeutung erscheint gegenwärtig aber sehr unwahrscheinlich.

DP wie BP wurden also Opfer des Konzentrationsprozesses im deutschen Parteiensystem in den 1950er und frühen 1960er Jahren und konnten in ihrer Rolle als Regionalpartei nicht überleben. Auch die Bayernpartei, die aufgrund ihrer Struktur und ihrer Konzentration auf Bayern als »echte« Regionalpartei bezeichnet werden kann, war diesen allgemeinen Trends nicht gewachsen. Die BP ist wohl das schlagendere Beispiel für die Schwierigkeit einer Regionalpartei, im realen politischen System der Bundesrepublik Deutschland als rein regionale Interessenvertretung zu überleben. Bei allen föderalistischen und gelegentlich separatistischen Tendenzen, die nach 1945 in der bayerischen Bevölkerung zu verzeichnen waren, sahen doch immer mehr Wähler aus diesem Spektrum ihre Interessen besser bei der CSU aufgehoben, die sich zwar auch als bayerische Partei verstand, aber von Anfang an unmissverständlich in die Unionsfamilie eingebunden als Teil einer gesamtdeutsch agierenden Partei auftrat. Der Charakter als echter Regionalpartei engte also den Spielraum der BP in der realen Politik sehr stark ein. Aber auch die DP war dieser Entwicklung gegenüber letztlich chancenlos: Sie war zwar aufgrund ihres Aufbaus anfangs noch eher eine echte Regionalpartei, zugleich hat sie versucht, sich nicht nur in einem Land ihre politische Basis aufzubauen. Dies war aber wohl zu inkonsequent, um überleben zu können: Der genuin regionale Charakter wurde dadurch – und erst recht durch den späten Zusammenschluss mit GB/BHE – immer weiter verwässert, aber das Potenzial zur weiteren Ausdehnung auf andere Teile Deutschlands war auch nicht vorhanden. Beide Parteien sind letztlich Opfer anderer, systemweiter und genereller Entwicklungen geworden. Das Schicksal von DP und BP lässt den Schluss zu, dass die Dynamik des politischen Systems der Bundesrepublik Deutschland immer weniger und im Laufe der Zeit überhaupt keinen Raum für eine machtvolle Rolle von Regionalparteien bot – insbesondere wenn es sich im Sinne unserer Definition um »echte« Regionalparteien handelt. Die Beschränkung auf ein Land scheint in diesen Fällen genauso wenig geholfen zu haben wie die Versuche des Übergreifens auf benachbarte Regionen. Dies galt zumindest für die bestehenden Konkurrenzsituationen, in denen sich DP und BP im bürgerlich-konservativen Lager befunden hatten.

Ob dies auch im Parteiensystem des beginnenden 21. Jahrhunderts nach wie vor gilt oder ob es möglicherweise neue Spielräume für Regionalparteien gibt, soll anhand der Beispiele PDS und CSU kurz diskutiert werden.

3. Regionalparteien heute – andere Rahmenbedingungen?

3.1 Die PDS

Lange Zeit schien die PDS im wiedervereinigten Deutschland das Muster einer erfolgreichen Regionalpartei zu sein. Als Restbestand der alten SED war sie von vornherein auf die Gebiete der ehemaligen DDR als Kernland festgelegt. Aufgrund dieser historischen Prägung ist es auch angebracht, sämtliche Länder, die heute die ehemalige DDR ausmachen, als Region zu bezeichnen. Für den Sonderfall Ostdeutschland ist jedenfalls auch für die nächste Zeit diese Form länderübergreifender Identitätsbildung in Teilen der Bevölkerung zu erwarten.

Der empirische Beleg, dass es sich bei der PDS bis in die jüngste Zeit eindeutig um eine Regionalpartei handelt, ist ebenfalls nicht allzu schwer zu finden. Der PDS war es nicht gelungen, außerhalb der neuen Bundesländer nennenswerte Wahlergebnisse zu erzielen; oftmals war sie zu Wahlen dort gar nicht angetreten (vgl. Arzheimer/Falter 2005: 248f.). In den neuen Bundesländern hingegen hat sie – bei teilweise großen Schwankungen und beachtlichen Unterschieden zwischen den Ländern – hohe Ergebnisse erzielt. Sie ist in allen Landtagen Ostdeutschlands vertreten und in Mecklenburg-Vorpommern und Berlin an der Regierung beteiligt; in Sachsen-Anhalt hatte sie lange Zeit eine SPD-geführte Minderheitsregierung toleriert. Sie ist in allen Landtagen der neuen Länder vetreten und war dort stets eine der drei größten Parteien. Die starken Wahlergebnisse im Osten haben allerdings nicht immer für einen reibungslosen Einzug in den Bundestag gereicht. So konnte sie 2002 nur mit ihren zwei gewonnenen Direktmandaten in den Bundestag einziehen; vier gewonnene Direktmandate hatten ihr schon 1994 aufgrund der Sonderregelung im deutschen Wahlrecht den Einzug in den Bundestag bei einem Ergebnis von 4,4 % ermöglicht.

Auch was die Mitglieder angeht, ist die Größenverteilung bei der PDS eindeutig. Konnte die PDS Anfang der 1990er Jahre noch weit über 100.000 Mitglieder halten, sank der Wert 1998 unter diese Marke. Mittlerweile dürfte die Partei weniger als 60.000 Mitglieder umfassen. Damit musste die PDS zwar einen dramatischen Rückgang ihrer Mitgliederzahlen hinnehmen, sie steht damit aber immer noch besser da als die anderen Parteien, die in Ostdeutschland aktiv sind. Außerdem war die überwiegende Zahl ihrer Mitglieder immer in den neuen Ländern aktiv: Waren von den insgesamt 146.742 Mitgliedern im Jahr 1992 gerade 617 im Westen ansässig, so stieg dies an auf 4.378 im Westen von insgesamt 65.569 Mitgliedern im Jahr 2003. Aber im Verhältnis blieben dies geringe Werte: 1994 betrug der Anteil an Westmitgliedern 1,51 %, 1998 stieg er auf 3,08 % und erhöhte sich in den Jahren 2002 und 2003 auf 6,64 % bzw. 6,67 %. Damit schien aber eine gewisse Sättigungsgrenze erreicht zu sein, was der PDS-Führung auch bewusst war. War das Konzept der Ausbreitung in die alten Bundesländer immer schon intern umstritten gewesen, so sprach die Parteiführung nach der Bundestagswahl 2002 offen davon, dass die Westausdehnung gescheitert sei. Ein nennenswerter zusätzlicher Anstieg von

Mitgliedern in Westdeutschland war also nicht mehr zu erwarten. Da der Anteil von Mitgliedern außerhalb der Kernregion Ostdeutschland bei der PDS stets deutlich unter der 10-%-Marke blieb, ist damit ein weiteres konstitutives Element einer »echten« Regionalpartei erfüllt.

Eine neue Entwicklung trat für das deutsche Parteiensystem im Frühjahr 2005 ein, die auch Auswirkungen auf die Rolle und das Selbstverständnis der PDS hatte. Gegen die Reformpolitik der rot-grünen Bundesregierung und vor allem gegen die von Bundeskanzler Schröder forcierte Politik der »Agenda 2010« bildete sich spätestens seit Ende 2004 wachsendes Protestpotenzial, das sich auch um Kerngruppen aus der Gewerkschaftsszene immer mehr organisatorisch verfestigte und schließlich in die Gründung der »Wahlalternative Arbeit und Soziale Gerechtigkeit« (WASG) mündete. Diese holte bei den Landtagswahlen in Schleswig-Holstein am 20. Februar 2005 0,8 % und in Nordrhein-Westfalen am 22. Mai 2005 0,9 % der Stimmen. Nachdem Schröder und SPD-Chef Müntefering nach der verlorenen Landtagswahl in Nordrhein-Westfalen am 22. Mai 2005 vorgezogene Neuwahlen des Bundestages für den Herbst 2005 ankündigten, bildete sich für diese neue Linke eine Chance, überraschend in wenigen Monaten bei den Bundestagswahlen antreten zu können. Damit stellte sich für die PDS das Problem, ob ihr damit eine Konkurrenz aus dem linken Parteienspektrum entstehen könnte. Nach intensiven Verhandlungen gelang es beiden Parteiführungen aber, in einer gemeinsamen Liste für die Bundestagswahlen am 18. September 2005 anzutreten und eine unmittelbare Wettbewerbssituation zu vermeiden. Die PDS benannte sich nach heftigen internen Diskussionen sogar auf einem Sonderparteitag am 17. Juli 2005 um und nennt sich nun »Die Linkspartei«. Der alte Name PDS erscheint nur noch im Parteilogo »Die Linke.PDS« (mit rotem Pfeil statt des i-Punkts). Dies geschah vor allem unter dem Druck, nur zusammen mit der neuen WASG eine echte Chance zu haben, mit einer größeren Fraktion in den Bundestag einziehen zu können. Allerdings war ein Zusammenschluss zu einer gemeinsamen Partei nicht möglich; dies ist für die Zeit nach der Bundestagswahl vorgesehen und soll bis 2007 bewerkstelligt werden. Es ist allerdings noch keineswegs klar, ob dies in der Praxis funktioniert und ob das gemeinsame Projekt Linkspartei, unter derem Namen die gemeinsame Gruppierung aus PDS und WASG immerhin 8,7 % der Zweitstimmen und 8,0 % der Erststimmen bei der Bundestagswahl holte, künftig überleben wird oder ob es an inneren Konflikten zugrunde geht. Am 6. Dezember 2005 wurde ein Kooperationsabkommen zwischen PDS und WASG unterzeichnet, das die »freie Vereinigung« einer gesamtdeutschen linken Partei durch Parteitagsbeschlüsse und Urabstimmungen bis zum 1. Juli 2007 bewerkstelligen soll.

Bis dahin sollten beide Parteien nirgendwo konkurrierend antreten (vgl. FAZ 2005).

Klar ist aber, dass sich der Charakter der PDS (nunmehr Linkspartei) bei einem Zusammenschluss beider Parteien verändern dürfte, insbesondere, wenn sie auch im Westen Ergebnisse über 5 % erzielen könnte, was ihr bei der Bundestagswahl schon in einigen Bundesländern im Westen gelang. Die WASG hatte im Westen Ende 2005 schon über 10.000 Mitglieder; der »Spiegel« gab am 5. Dezember 2005 die Zahl der WASG-Mitglieder mit insgesamt 11.335 in den Ländern an, wozu bundesweit weitere 3.000 Vereinsmitglieder kommen (vgl. Der Spiegel 2005). Sollte sie diese oder eine noch höhere Zahl in einen Gesamtblock einbringen, dann wäre dies eine Gewichtsverschiebung innerhalb der Linkspartei, da die PDS schon wegen ihrer überalterten Mitgliederstruktur auch in den nächsten Jahren mit rückläufigen Mitgliederzahlen in Ostdeutschland rechnen muss. Auch die Zusammensetzung der Bundestagsfraktion ist so heterogen, dass es für die Linkspartei/PDS schwierig werden dürfte, ihre eigene Identität dort wiederzufinden. Von den 54 Abgeordneten sind 35 Mitglieder der Linkspartei/PDS, 12 der WASG und sieben parteilos (vgl. Die Welt 2005). Auch dadurch wird öffentlichkeitswirksam demonstriert, dass die neue Linkspartei keine rein ostdeutsche Partei mehr ist. Damit könnte das Ende der alten PDS als Regionalpartei besiegelt sein. Der Linkspartei/PDS könnte so der entscheidende Erfolgsfaktor verloren gehen, der zu ihrer Etablierung im deutschen Parteiensystem nach 1989 geführt hat.

3.2 Die CSU

Die CSU, die seit den ersten Landtagswahlen 1946 mit Ausnahme der Jahre 1954 bis 1957 in Bayern immer an der Regierung war, wird oft als Muster einer Regionalpartei gesehen. Im Laufe der Nachkriegszeit hat sie sich zur »bayerischen Staats- und Mehrheitspartei« (Mintzel) entwickelt und ist zur dominierenden Partei in Bayern geworden, die seit 1962 mit absoluter Mehrheit im Landtag regiert. Zugleich war sie als bayerische Regionalpartei über die gesamte Nachkriegsgeschichte im Bundestag und in den Phasen von Bundesregierungen mit Unionsbeteiligung auch dort vertreten.

Bereits wenige Monate nach dem Kriegsende bildeten sich in Bayern (die Schwerpunkte waren Würzburg und München) Zusammenschlüsse christlicher Politiker mit dem Ziel, eine christliche und demokratische Partei für Bayern zu gründen. Offiziell wurde die »Christlich-Soziale Union in Bayern« von der amerikanischen Militärregierung am 8. Januar 1946 als Neugründung auf Landesebene zugelassen. Diese Parteigründung »zwischen Tradition und Neuorientierung« (Mintzel 1990: 200) als Versuch der

Bildung einer christlich-konservativen Sammlungsbewegung konnte sich rasch etablieren, wenn auch von Anfang an Richtungs- und Flügelkämpfe an der Frage ansetzten, inwieweit an die alte BVP (Bayerische Volkspartei) personell und inhaltlich angeknüpft werden sollte. In dieses Spannungsfeld stieß mit der Bayernpartei (BP) ein neuer Konkurrent, der erst am 29. März 1948 von der amerikanischen Militärregierung lizenziert worden war. Sie verschärfte nicht nur die internen Konflikte der CSU, sondern brach auch tief in ihr Wählerpotenzial ein: Nach dem Gewinn von 52,3 % der Stimmen bei den ersten Landtagswahlen in Bayern 1946 konnte die CSU bei der Bundestagswahl 1949 nur noch 29,2 % und bei der Landtagswahl 1950 noch 27,4 % der Stimmen in Bayern auf sich vereinen – größtenteils Verluste, die die BP für sich verbuchen konnte. Deutlichstes äußeres Zeichen der vor allem durch die BP verschärften Schwächung der CSU war die Bildung der »Viererkoalition« unter dem SPD-Ministerpräsidenten Wilhelm Hoegner bestehend aus SPD, FDP, BP und Gesamtdeutscher Block/BHE, der einzigen Regierung gegen die CSU in Bayern bis zum heutigen Tage. Bei Gründung dieser Koalition unter Beteiligung der BP war deren beste Zeit allerdings bereits vorbei; der Zerfall dieses Bündnisses äußerst heterogener Partner war absehbar. Das hervorragende Ergebnis der CSU bei der Bundestagswahl 1957 (57,2 %) hatte augenfällig demonstriert, dass die Krise der CSU überwunden war. Insbesondere unter der Führung Hanns Seidels, des langjährigen Wirtschaftsministers und bis zu seiner schweren Erkrankung von 1957 bis 1960 bayerischen Ministerpräsidenten, wurde nicht nur die Entwicklung Bayerns zu einem modernen Industrieland, sondern auch die organisationspolitische Modernisierung der CSU aktiv betrieben (vgl. Mintzel 1990: 205f.). Auf dieser Basis konnte Franz-Josef Strauß, der 1961 den Parteivorsitz von Hanns Seidel übernahm und ihn bis zu seinem Tod am 3. Oktober 1988 innehielt, aufbauen.

Während die Wahlergebnisse bei Bundestagswahlen seither – bis auf 1998 und 2005 – über der 50-%-Marke blieben, dauerte dieser Weg auf Landesebene etwas länger. Aber auch dort gelang es nach 1957, die Wähler der kleineren Parteien abzuwerben und die Parteien in Koalitionen an sich zu binden. Die Wahlergebnisse in Bayern stiegen kontinuierlich an und lagen mit der Landtagswahl 1970 erstmals deutlich über 50 %. In den sechziger Jahren gelang der CSU also der erste Schub in der »Homogenisierung der Wahllandschaften«, indem sie besonders in Altbayern den größten Teil der BP-Wählerschaft für sich einnehmen konnte. Der zweite Schub setzte, so Mintzel, nach Bildung der SPD/FDP-Koalition in Bonn 1969 ein, was nun dazu führte, dass die CSU auch auf der Ebene aller Regierungsbezirke das Niveau der absoluten Mehrheit erreicht hatte. Mintzel fasst das so zusammen: »Der Untergang der fränkischen und städtischen Wählerhochburgen der SPD und FDP durch die ›Landnahme‹ der CSU und das weit weniger dramatische Abschleifen der CSU-Hochburgen in den altbayerisch-ländlichen Räumen bedeuteten [...] *eine gesamtbayerische Nivellierung der Wahllandschaft Bayerns auf dem Niveau der absoluten Mehrheit*« (Hervorhebung im Original) (Mintzel 1991:125–180).

Dieser Aufstieg der CSU zur »Hegemonialpartei« stand in engem Zusammenhang mit dem Ausbau einer landesweiten modernen Organisation der Partei, worauf ebenfalls vor allem Mintzel hingewiesen hat (vgl. Mintzel 1991).[4] Im Zuge der politisch-kulturellen Homogenisierung wurde die CSU zu einer »wirklich gesamtbayerischen Partei«; ein – wie Mintzel betont – »Novum in der neueren bayerischen Landes- und Parteigeschichte« (Mintzel 1991: 143). Parallel zu dieser Homogenisierung der Wahllandschaft gelang es der CSU, auch die Organisationslandschaft in ihrem Sinne auf alle bayerischen Traditionsräume auszudehnen. Beginnend mit der organisatorischen Modernisierung in den sechziger und vor allem den siebziger Jahren konnte die CSU bis 1985 den gesamten bayerischen Raum mit ihrer Organisation erfassen und in fast allen Gemeinden präsent sein.

Daneben zeigte sich die große bundespolitische Bedeutung der Partei zum einen verkörpert und wesentlich durchgesetzt vom Parteivorsitzenden und seit 1978 auch bayerischen Ministerpräsidenten, Franz-Josef Strauß, zusammen mit der CSU-Landesgruppe im Deutschen Bundestag, zum anderen auch durch die hohe quantitative Vertretung der CSU im Bundeskabinett der Regierungen Kohl nach 1983. Der unerwartete Tod von Franz-Josef Strauß am 3. Oktober 1988 löste zahlreiche Spekulationen darüber aus, ob die CSU in der Lage sein würde, ihre unangefochtene Position in Bayern sowie ihren großen Einfluss in Bonn aufrechtzuerhalten. Die CSU trug das Ihre dazu bei, ihre Vormachtstellung zu erhalten und konnte mit der Wahl Theo Waigels zum Vorsitzenden der CSU (und kurz darauf durch dessen Eintritt in das Bundeskabinett als Finanzminister in einer für die Regierung Kohl schwierigen Phase) und Max Streibls zum Ministerpräsidenten die Führungsfrage so rasch lösen, dass sich schädliche Diskussionen über die Wahrung des Straußschen Erbes und des Gewichts der CSU in München und Bonn gar nicht erst entfalten konnten. Bei der Landtags- und der Bundestagswahl im Jahr 1990 konnte die CSU wiederum klar die 50-%-Marke überspringen. »Angesichts der Unwägbarkeiten im Zuge der personellen Veränderungen nach dem Tod von Franz-Josef Strauß [...] und der Herausforderung durch die Republikaner 1989 und 1990 hat [...] das Ergebnis der Landtagswahl am 14. Oktober 1990 und der Bundestagswahl am 2. Dezember 1990 die grundsätzliche Fähigkeit der CSU zur Konsolidierung dieser Position – entgegen mancher anders lautender Meinung – klar bekräftigt«(Oberreuter 1992: 30).

Eine zentrale Voraussetzung für diese Entwicklung war, dass das Gebietskartell mit der CDU erhalten blieb und dass alle Gedankenspiele um eine Änderung der Konkurrenzsituation durch ein bundesweites Antreten als »vierter Partei« folgenlos blieben. Die CSU behielt ihren Charakter als »unechte« Regionalpartei im Unionsverbund, was ihr auch im wiedervereinigten Deutschland eine bedeutende Rolle sicherte.

Die Legislaturperiode von 1990 bis 1994 brachte der CSU heftige Herausforderungen und interne Konflikte. Im Herbst 1992 geriet der bayerischen Ministerpräsident Max Streibl in die Schusslinie: Vorwürfe, er habe ungerechtfertigte private Zuwendungen von Unternehmern erhalten, die auch für die CSU gespendet hatten, weiteten sich rasch – durch eine aggressive Berichterstattung in den Medien unterfüttert – zur so genannten »Amigo-Affäre« aus. Nicht nur die Massierung dieser Vorwürfe, sondern auch die Reaktionen Streibls sowie nach einigen Monaten das rückläufige Vertrauen führender Personen in der CSU, dass der Amtsinhaber den weiteren Strapazen auf dem Weg zur Verteidigung der absoluten Mehrheit in Bayern noch würde gewachsen sein, führten dazu, dass die Führungsfrage in Bayern immer deutlicher gestellt wurde. Streibl stellte schließlich im Februar 1993 sein Amt zur Verfügung und löste damit einen kurzen Zweikampf zwischen dem Parteivorsitzenden Theo Waigel und dem bayerischen Innenminister, Edmund Stoiber, aus, den Stoiber vor allem wegen des großen Rückhalts bei der Landtagsfraktion und zahlreichen bayerischen Parteigliederungen für sich entscheiden konnte. Am 28. Mai 1993 wurde Stoiber schließlich zum Nachfolger Streibls als Ministerpräsident gewählt; er verzichtete jedoch auf seinen Posten als stellvertretender Parteivorsitzender. Waigel blieb Vorsitzender und Bundesfinanzminister.

Schon nach dieser ersten Phase der Krise zeigten sich rasch Konsolidierungstendenzen in der Partei: Zunächst funktionierte auch die neue »Doppelspitze« Waigel/Stoiber gut. Vor allem durch den Wechsel im Amt des Ministerpräsidenten kam nun auch in Bayern in den Augen zahlreicher Beobachter wieder neuer Schwung in die Landespolitik. Die öffentlichen Debatten um »Amigo-Affären« und interne Krisen ließen hingegen die Umfragewerte nach unten gehen und die Befürchtung steigen, die CSU sei in einer Abwärtsspirale gefangen, die ihre Sonderrolle gefährden könnte. Die Europawahlen vom 12. Juni 1994 brachten mit 48,9 % noch kein optimales Ergebnis, aber die Landtagswahlen vom 25. September 1994 ergaben dann eine deutliche Bestätigung der absoluten Mehrheit der CSU (52,8 %). Auch das Ergebnis der Bundestagswahl vom 16. Oktober 1994 bestätigte diese Grundtendenz für die CSU: Trotz eines knappen Wahlsieges für die Koalition aus Union und F.D.P. auf Bundesebene konnte die CSU mit 51,2 % der Zweitstimmen ihr Ergebnis im Vergleich zur Bundestagswahl von 1990 in Bayern fast halten. Dies entsprach auf Bundesebene 7,3 % der Zweitstimmen und damit mehr als die 6,9 %, die die FDP erreichte. Damit lag die CSU nun auch erstmals im vereinten Deutschland auf Bundesebene vor der FDP.

Die neue Legislaturperiode, die vorerst die letzte der CSU in der Regierungsverantwortung in Berlin sein sollte, war von wachsenden internen Konflikten gezeichnet, die nicht zuletzt die unterschiedlichen Rollen der CSU im Land und im Bund unterstrichen. Konnte in Bayern durch aus Privatisierungserlösen finanzierten Innovations- und Technologieförderprogrammen enormer Schwung entfacht werden, entspann sich angesichts der Finanz- und Europapolitik der Bundesregierung ein wachsender Konflikt zwischen der Staatsregierung und Berlin, der auch in immer stärkere persönliche Konflikte zwischen Edmund Stoiber und Theo Waigel im Frühjahr kulminierte. Zwar wurden verbal die ärgsten Kontroversen im Vorfeld der Bundestagswahl 1998 entschärft, aber auch dieser heftige Abgrenzungskurs konnte nicht verhindern, dass die Union die Wahl verlor und die CSU ihr schlechtestes Ergebnis seit 1949 einfuhr. Die Landtagswahlen vom 12. September 1998, die die CSU-Führung bewusst vor die Bundestagswahl gelegt hatte, brachten mit 52,9 % zwar einen Wert deutlich über der 50-%-Marke. Bei diesen Bundestagswahlen zwei Wochen später konnte sich die CSU hingegen nicht vom negativen Bundestrend abkoppeln. Zwar trug sie mit 47,7 % erneut weit überproportional zum Gesamtergebnis der Union bei, verlor weit weniger als die CDU und wurde erneut drittstärkste Kraft im Parteiensystem, blieb aber hinter dem Landtagswahlergebnis klar zurück und erreichte das schlechteste Ergebnis bei Bundestagswahlen seit 1949. Auch der Abstand zwischen Bundestags- und Landtagswahlergebnis der CSU war mit 5,2 % so groß wie zuletzt in den 1960er Jahren – damals allerdings in umgekehrter Relation bei besseren Bundestagsergebnissen. Theo Waigel zog am Tag nach der Bundestagswahl die Konsequenz, indem er seinen Rücktritt als Parteivorsitzender ankündigte.

In der Folge wurde Edmund Stoiber, der nun auch den Parteivorsitz übernahm, zur unumstritten dominierenden Figur der CSU. Aber auch im Bund, der jetzt von einer rot-grünen Bundesregierung regiert wurde, wollte er sich einbringen und profilierte sich von Anfang an als »Speerspitze der Opposition«. Die CSU konsolidierte sich in Meinungsumfragen wie in Wahlergebnissen – so holte sie bei der Europawahl im Juni 1999 mit 64,0 %

das prozentual beste Ergebnis ihrer Parteigeschichte –, sodass es angesichts der durch Spendenaffäre und Führungskrise geschwächten CDU nur eine Frage der Zeit war, bis Stoiber sich als Kanzlerkandidat anbieten würde. In der Tat wurde er gemeinsam mit der CDU in großer innerparteilicher Harmonie zum Kanzlerkandidaten nominiert. Zwar gewann die Union die Wahl nicht, aber die CSU profitierte dennoch von der Kandidatur Stoibers: mit 58,6 % holte sie eines der besten Ergebnisse der CSU bei Bundestagswahlen. Auch nach der Bundestagswahl blieb der demoskopische Zuspruch hoch und bei den Landtagswahlen im September 2003 erzielte die CSU mit 60,7 % erneut ein überdurchschnittliches Ergebnis unter Stoibers Führung. Damit erreichte die CSU eine Zweidrittelmehrheit der Mandate im Bayerischen Landtag, was es in der bayerischen Nachkriegsgeschichte noch nie gegeben hatte.

Mit diesen Ergebnissen hatte die CSU dokumentiert, dass sie nach wie vor unangefochten als bayerische Mehrheitspartei agieren konnte. Insofern fiel das Datum der vorgezogenen Bundestagswahl vom 18. September 2005 in eine historische Stärkephase der CSU, die für diese Wahl zu optimistischen Erwartungen berechtigte. Umso enttäuschender war das Ergebnis, das mit 49,2 % weit hinter den Erwartungen blieb. Hierfür konnte eine Reihe von Gründen angeführt werden, die zum Teil in Bayern lagen. Aber unabhängig davon hat das Ergebnis schlagartig das Ende der Stärkephase der CSU eingeleitet und insbesondere nach der Weigerung Stoibers, entgegen einer ursprünglichen Zusage als Wirtschaftsminister ins Kabinett einer großen Koalition zu gehen, unvermittelt die Diskussion um die Nachfolge eröffnet. Für die CSU bleibt die Aufgabe, sich bis zur nächsten Landtagswahl im Herbst 2008 so zu positionieren, dass sie ihren einzigartigen Charakter als Landespartei mit bundespolitischem Anspruch weiter aufrechterhalten kann. Strukturell sind ihre Voraussetzungen zum Erhalt ihrer speziellen Rolle als Regionalpartei im Unionsverbund gut: Die Mitgliederzahlen sind – trotz geringer Verluste – nach wie vor hoch; die CSU war weit weniger vom Rückgang der Mitgliederzahlen betroffen als FDP, PDS, CDU oder SPD. Die Verankerung der CSU in allen Regionen Bayerns und in allen Bevölkerungskreisen ist noch sehr groß. Innerhalb der Unionsfraktion nimmt die CSU-Landesgruppe nach wie vor schon quantitativ eine bedeutende Stellung ein. Aber die größere Volatilität der Wählerschaft macht es auch für die CSU schwerer, bei Wahlen mehr als 50 % zu erzielen, um aufgrund ihrer dominanten Stellung in Bayern ihre Sonderrolle auch künftig aufrechterhalten zu können. Auch der Erhalt ihres Status als »unechte« Regionalpartei wird für die CSU schwieriger als früher.

4. Zusammenfassung: Haben Regionalparteien in Deutschland eine Zukunft?

In Deutschland gibt es gegenwärtig noch zwei Regionalparteien. Unklar ist, ob dies auch so bleiben wird. Trotz aller konjunkturellen Probleme der CSU im Herbst 2005 scheint es bei ihr am wahrscheinlichsten, ihren Charakter als Regionalpartei auch weiterhin erhalten zu können. Dabei könnte ihr die Eigenschaft als »unechte« Regionalpartei sogar helfen, da sie – wenn sich die Konkurrenzbedingungen nicht ändern – auch künftig allein als bayerische Variante der Union auftreten kann. Dabei könnte sie weiterhin die Vorteile der politischen Arbeitsteilung nutzen, die darin liegen, dass sie in München wie in Berlin als eigenständiger Akteur auftreten und dabei eigene Akzente setzen kann, die sowohl CSU wie CDU nutzen können. Eben diesen Vorteil hat eine »echte« Regionalpartei nicht; sie steht im Land wie im Bund einer breiteren Konkurrenz gegenüber und muss größere Hürden überwinden, um sich langfristig zu etablieren. Die bisherige politische Geschichte Deutschlands hat gezeigt, dass dies im Prinzip nicht möglich ist.

Daher ist es auch aus diesem Blickwinkel völlig offen, wie sich die weitere Entwicklung der PDS/Linkspartei vollzieht. Bis zum Sommer 2005 konnte man die PDS noch relativ klar als »echte« Regionalpartei klassifizieren, da sie sich *de facto* auf ihre Kernregionen in Ostdeutschland zurückgezogen hatte, dort hohe und oft wachsende Wahlergebnisse verzeichnete und keine Schwesterpartei für entsprechende politische Arbeitsteilung in Sicht war. Theoretisch wäre eine solche Positionierung möglich, wenn sich PDS und WASG zu einer wirklichen politischen Einheit zusammenschließen würden und die ehemalige PDS in diesem Bündnis versuchen würde, eine Art CSU des Ostens zu spielen. Vom praktischen wie vom programmatischen und politisch-kulturellen Gesichtspunkt aus gibt es aber wohl zahlreiche Hindernisse für eine solche Entwicklung. Insofern ist der Wahlerfolg 2005 für die PDS/Linkspartei nicht ohne Risiko, da sie für den Fall einer weiteren Zusammenarbeit oder gar eines Zusammenschlusses mit der WASG endgültig ihren Charakter als Regionalpartei einbüßen könnte. Damit wäre ein wichtiger, für den Erfolg der PDS in der Vergangenheit nicht unerheblicher Faktor verschwunden. Inwieweit dieser durch programmatisch-ideologische Elemente kompensiert werden könnte, ist unklar. Der historische Vergleich erinnert jedenfalls an die zu späten Versuche von DP und BP, durch die Fusion mit anderen Partnern dem drohenden Fall in die Bedeutungslosigkeit zu entgehen.

Für die Existenz einer Regionalpartei ist das Vorhandensein einer fest definierbaren Region eine notwendige Bedingung. Dies kann auch – wie die Geschichte nach 1990 zeigt – eine mentale oder virtuelle Region sein, die Landes- und Territorialgrenzen überschreitet. Dennoch sollte man nicht übersehen, dass dies eine notwendige, aber keine hinreichende Bedingung ist. Nicht jede Region in Deutschland brachte dauerhafte Regionalparteien hervor. Außerdem kann eine Regionalpartei auch wieder verschwinden, selbst wenn wesentliche Elemente eines regionalen Bewusstseins weiter vorhanden sein sollten. Sie kann natürlich auch verschwinden, wenn sich dieses regionale Bewusstsein verändern sollte. Insofern wären mentale Veränderungen in den neuen Ländern auf mittlere und längere Sicht für die PDS so oder so gefährlich. Die CSU als »unechte« Regionalpartei ist da den Schwankungen im bayerischen Regionalbewusstsein, das sich in Zeiten wachsender Migration möglicherweise rascher verändert als früher, weniger stark ausgeliefert.

In jedem Fall muss eine Regionalpartei darauf achten, ihre regionalen Alleinstellungsmerkmale zu behalten. Die größte Gefahr wäre die Aufweichung der politischen Marke, wie sie etwa die DP durch ihre Fusion mit dem soziologisch wie programmatisch deutlich differierenden GB/BHE unternommen hat. Wenn eine Regionalpartei von sich heraus wesentliche Elemente ihres Charakters aufgibt – sei es durch Ausdehnung auf andere Regionen, durch programmatische Neuorientierungen oder durch eine Fusion mit anderen Regionalparteien –, kann dies tödlich sein.

Gleichzeitig hat das deutsche Beispiel gezeigt, dass eine Regionalpartei keine Provinzpartei sein darf. Eine Regionalpartei, die die Interessen der Region nicht auch und vor allem glaubhaft auf der Ebene des Zentralstaats vertritt, hat letztlich keine Existenzberechtigung. Dies gilt heute *realiter* auch für die Vertretung auf europäischer Ebene. Daher muss eine überlebensfähige Regionalpartei auch in der EU vertreten sein. All dies erfordert hohen Aufwand und setzt die Hürden für das Überleben von Regionalparteien hoch – so hoch, dass sich insbesondere »echte« Regionalparteien heute in Deutschland kaum mehr neu etablieren dürften. Bei aller Volatilität der Wählerschaft ist dies ein stabilisierender Faktor des deutschen Parteiensystems.

In den letzten Jahren und Jahrzehnten ist in Deutschland die Entwicklung zu mehr Nivellierung und Zentralisierung in unserem System immer wieder beklagt worden. Nach langen Jahren der Inaktivität wurden in den letzten Jahren immerhin sehr ernsthafte Versuche zur Reföderalisierung und zur Entflechtung des Bundesstaates unternommen. Auch wenn die erste Bundesstaatskommission im Dezember 2004 gescheitert war, wurden einige ihrer Vorschläge von der Großen Koalition aufgegriffen – es besteht also Hoffnung, dass diese Debatte nicht am Ende ist (vgl. Borchard/Margedant 2004; Sturm 2004: 85–98). Könnten also eine intensivere Wiederbelebung föderaler Elemente und die Stärkung der Länder zur Wiederbelebung von Regionalparteien führen? Für die PDS/Linkspartei könnte diese Entwicklung zu spät kommen, wenn sie den Versuch der Etablierung als bundesweite Linkspartei konsequent fortführt. Andernfalls, für den Fall des Scheiterns des Zusammenschlusses mit der WASG, könnte dies auch für die Linkspartei/PDS noch einen leichten Aufwind bedeuten, wenn sie an die Zeit von vor Sommer 2005 anknüpfen könnte – möglicherweise durch Rückbenennung. Dies erscheint als Strategie zum Erhalt ihrer Kernwählerschaft in Ostdeutschland nicht ganz ausgeschlossen. Für die WASG hingegen scheint – sollte sie nicht mit der Linkspartei/PDS fusionieren – ein Überleben fraglich; als Regionalpartei wird sie sich kaum etablieren können und als gesamtdeutsche Linkspartei stünde sie in Konkurrenz zur Linkspartei/PDS.

Für die Rolle der CSU wäre eine Reföderalisierung sicher günstig, aber für das langfristige Überleben nicht entscheidend. Neugründungen von Regionalparteien sind – wie erläutert – kaum vorstellbar. Aber eine Stärkung der Länder und eine Entflechtung der Kompetenzen könnten dazu führen, dass sich die etablierten Parteien stärker föderalisieren und manche Landesverbände der Parteien eine stärkere Bedeutung bekämen als bisher. Wer die Notwendigkeit der Stärkung des Föderalismus in Deutschland bejaht, wird dies nicht als negatives Szenario einstufen. Wenn die Reform des deutschen Föderalismus wirklich voranschreitet, dann werden wir zwar keine neuen Regionalparteien, aber möglicherweise stärker regionalisierte Parteien bekommen. Wahrscheinlich ist dieses Szenario wohl aber nicht: Unter den Rahmenbedingungen der Telepolitik kommt es mehr denn je auf die Politiker und Parteien der Spitzenebene an; die Akteure in der politischen Zentralebene geraten leichter ins öffentliche Bewusstsein, schon weil die Aufnahmefähigkeit der breiten Öffentlichkeit begrenzt ist. Selbst bei etwas größerer politischer Aktivität und Kompetenz der Länder und ihrer Regierungen hätten es deren Exponenten in der Summe schwer, gegenüber den Vertretern der Zentralebene Beachtung zu finden. Auch künftig werden wir es also kaum mit Regionalparteien zu tun haben, sondern eher mit regionalen Varianten stromlinienförmiger Einheitsparteien mit der Ausnahme bayerischer und ostdeutscher Sonderakzente.

Anmerkungen

1. Als Beispiel vgl. Schmid 1990.
2. Vgl. als Überblick: Kühne 2004: 72ff.
3. Vgl. Sturm 2003. Zur Debatte um die Reform des Bundesstaates in Deutschland vgl. (mit weiterführenden Hinweisen) Fischer/Hirscher/Margedant/Schick/Werner 2004.
4. Diese »Modernisierung« der CSU lief laut Mintzel in drei Phasen: 1955 bis 1961/62 (Reformphase mit zahlreichen innerparteilichen Widerständen), 1961/62 bis 1971/72 (Rascher weiterer Ausbau des Parteiapparates und der Parteiorganisation) und nach 1971/72 (Verbesserung des Informations- und Kommunikationssystems und der technischen Ausstattung).

Literatur

Abromeit, Heidrun (1992): Der verkappte Einheitsstaat. Opladen.

Arzheimer, Kai und Falter, Jürgen W. (2005): »Goodbye Lenin«? Bundes- und Landtagswahlen seit 1990: Eine Ost-West-Perspektive. In: Falter, Jürgen W./Gabriel, Oscar W./Weßels, Bernhard (Hrsg.) (2005): Wahlen und Wähler. Analysen aus Anlass der Bundestagswahl 2002. Wiesbaden: 244–283.

Borchard, Michael/Margedant, Udo (Hrsg.) (2004): Föderalismusreform – Vor der Reform ist nach der Reform? Eine erste Bilanz der Arbeit der Bundesstaatskommission. Sankt Augustin.

Der Spiegel (2005): Linkspartei: Zehn Prozent Irre. Heft 49:42.

Die Welt (2005): Spitzen von Linkspartei und Wahlalternative treiben Fusion voran. 7. Dezember.

Fischer,Thomas/Hirscher, Gerhard/Margedant, Udo/Schick, Gerhard/Werner, Horst (2004): Föderalismusreform in Deutschland. Ein Leitfaden zur aktuellen Diskussion und zur Arbeit der Bundesstaatskommission. Gütersloh.

Frankfurter Allgemeine Zeitung (2005): Vereinbarung zur Parteireform. 7. Dezember.

Kühne, Hartmut (2004): Auslaufmodell Föderalismus? Den Bundesstaat erneuern – Reformblockaden aufbrechen. München: 72ff.

Mintzel, Alf (1983): Die Bayernpartei. In: Stöss, Richard (Hrsg.) (1983): Parteien-Handbuch. Die Parteien der Bundesrepublik Deutschland 1945–1980. Band 1 AUD–EFP. Opladen: 395–489.

Mintzel, Alf (1990): Die Christlich-Soziale Union in Bayern. In: Mintzel, Alf/Oberreuter, Heinrich (1990) (Hrsg.): Parteien in der Bundesrepublik Deutschland. Bonn:199–236.

Mintzel, Alf (1991): Regionale politische Traditionen und CSU-Hegemonie in Bayern. In: Oberndörfer, Dieter/Schmitt, Karl (Hrsg.) (1991): Parteien und politische Traditionen in der Bundesrepublik Deutschland. Berlin: 125–180.

Oberreuter, Heinrich (1992): Die CSU nach der Bundestagswahl 1990. In: Eisenmann, Peter/Hirscher Gerhard (Hrsg.) (1992): Die Entwicklung der Volksparteien im vereinten Deutschland. München: 27–34.

Schmid, Josef (1990): Die CDU. Organisationsstrukturen, Politiken und Funktionsweisen einer Partei im Föderalismus. Opladen.

Schmollinger, Horst W. (1983): Die Deutsche Partei. In: Stöss, Richard (Hrsg.) (1983): Parteien-Handbuch. Die Parteien der Bundesrepublik Deutschland 1945–1980. Band 1 AUD–EFP. Opladen:1025–1111.

Sturm, Roland (2003): Föderalismus in Deutschland. München.

Sturm, Roland (2004): Föderalismusreform – eine Bilanz der Zwischenbilanz. In: Borchard, Michael/Margedant, Udo (Hrsg.) (2004): Föderalismusreform – Vor der Reform ist nach der Reform? Eine erste Bilanz der Arbeit der Bundesstaatskommission. Sankt Augustin: 85–98.

Stephanie Weiss
Regionale Parlamente und Parteien in der Tschechischen Republik

Nach Regionalisierungsprozessen in Westeuropa seit den 1970er Jahren (vgl. Sharpe 1993) wurden zwei Jahrzehnte später auch in Ostmitteleuropa ähnliche Staatsreformen eingeleitet. Diese jüngste Regionalisierungswelle in Ostmitteleuropa hatte – bei aller Verschiedenheit der konkreten Ausprägung, länderspezifischen Traditionen und Motive – zunächst einen gemeinsamen Ausgangspunkt: die Demokratisierung der ehemals sozialistischen Staatswesen.

In der Tschechischen Republik bzw. der Tschechoslowakei setzte eine Debatte über eine Dezentralisierung des Staates im Zuge der »Samtenen Revolution« gleich nach 1989 ein. Als Träger traten hier vor allem die neuen politischen Eliten auf, von denen viele ehemalige Dissidenten waren. Grundidee war dabei, durch eine Machtteilung zwischen verschiedenen politischen Ebenen die junge Demokratie stärker absichern zu können. Gleichzeitig wurde mit einer neu zu schaffenden regionalen Ebene die Hoffnung verbunden, auch ein »Mehr« an Demokratie und zivilgesellschaftlicher Beteiligung zu ermöglichen. Die frühe Debatte über regionale und lokale Selbstverwaltung ist somit auch als Reflex gegen den »Demokratischen Zentralismus« zu sehen (vgl. Dieringer/Sturm 2005: 56). Abgesehen vom ostmitteleuropäischen Kontext gehört es aber zu den Standardargumenten für Dezentralisierung bzw. Regionalisierung, dass sie die Legitimität von Politik erhöhe und mehr Bürgernähe bringe.[1] Wie neu geschaffene Regionen in der Praxis funktionieren und welche tatsächlichen Folgen Regionalisierung hat, ist durch den länderspezifischen Kontext bedingt. Für die im Jahr 2001 gegründeten tschechischen Regionen und ihre gewählten Regionalparlamente werden im Folgenden zunächst diese institutionellen und gesellschaftlichen Rahmenbedingungen vorgestellt. Ein zweiter Abschnitt des Beitrags beschäftigt sich mit den Spezifika der regionalen Parteienlandschaften, die im Zuge der Einführung der regionalen politischen Vertretungsebene entstanden sind.

1. Institutionelle Ausstattung, Rolle und gesellschaftliche Rahmenbedingungen der tschechischen Regionen

In der Tschechischen Republik wurden im Jahr 2000 bzw. 2001 vierzehn politische Regionen bzw. Kreise (*kraje*) gegründet, die in der Verfassung verankert sind.[2] Oberstes Organ der Region ist die gewählte Regionalvertretung, die wiederum den Regionalrat und dessen Vorsitzenden (*hejtman*) als Exekutive wählt.

In die Zuständigkeit der selbstverwalteten Kreise fallen sowohl eigenständige Aufgaben als auch übertragene Aufgaben der Staatsverwaltung. Seit im Zuge einer umfangreichen Regional- und Verwaltungsreform zum 1. Januar 2003 auch die Bezirke (*okres*) als traditionelle Ebene der Staatsverwaltung aufgelöst wurden, gibt es abgesehen von unsystematisch entstandenen dekonzentrierten Ablegern der Staatsverwaltung keine staatliche Repräsentanz »vor Ort«.

Die Regionen haben ihre Kompetenzen von der nationalen Ebene erhalten. Diese Aufgaben müssen dabei eigens gesetzlich festgelegt werden, da sonst das Prinzip der Gemeindezuständigkeit gilt. Die beiden Selbstverwaltungsebenen Region und Gemeinde sind dabei formal nicht hierarchisch. Diesem Prinzip widerspricht allerdings, dass mit der Aufhebung der Bezirke die Gemeindeaufsicht teilweise auf die Kreise übertragen wurde (Vidláková 2004: 56); über eine Gesetzesänderung wird derzeit noch beraten. Das Beispiel verdeutlicht, dass die Verwaltungsreform im Detail noch nicht abgeschlossen ist und sich aus der Praxis immer wieder Anpassungserfordernisse ergeben.

Heute verfügen die Regionen über eigene Entscheidungskompetenzen und gewisse Autonomiespielräume in den folgenden Bereichen:[3] Regionalentwicklung (Verabschiedung von Entwicklungsplänen, regionale Wirtschaftsförderung); Tourismus; Schulwesen (Entscheidung über das Netz von Schulen und die Stärke verschiedener Schulzweige; Verwaltung der Schulen); Gesundheits- und Sozialwesen (Errichtung und Verwaltung von Krankenhäusern und Sozialeinrichtungen); Umweltschutz; Einrichtung von Nationalparks; Kultur (Museen, Theater) sowie Verkehr (Bau und Wartung von Straßen).

Die Finanzierung dieser Aufgaben gehört – wohl nicht allein in Tschechien – zu den kontroversesten Themen der Regionalreform. Im ersten Jahr nach ihrer Gründung erhielten die Regionen nur zweckgebundene staatliche Zuweisungen, d. h. sie hatten noch keine Gestaltungsspielräume für ihre eigene Politik. Seit dem Jahr 2002 sind die Regionen an den gesamtstaatlichen Steuereinnahmen beteiligt; zuletzt wurde dieser Anteil

Ende 2004 auf knapp 9 % erhöht. Die Verteilung dieser Mittel auf die einzelnen Regionen wird nach Größe und Wirtschaftskraft gewichtet; eine eigene Steuererhebung der Regionen existiert nicht (Just/Matyaš 2004: 30). Die Verwendung der Gelder in den Regionen ist vor allem durch laufende Ausgaben bestimmt, die sich aus den Aufgaben der Regionen wie der Verwaltung der Schulen und Krankenhäuser ergibt. In der Praxis konnte beispielsweise der Kreis Ústecký in Nordböhmen im Jahr 2004 über 18 % der ihm zugeflossenen Finanzmittel frei verfügen und hier eigene Prioritäten für Investitionen setzen.[4]

Die Rolle der Regionalvertretungen bzw. der Regionen im gesamtstaatlichen politischen Entscheidungsprozess lässt sich wie folgt umreißen: Die zweite Parlamentskammer in Tschechien, der Senat, repräsentiert nicht die Regionen. Vorschläge, den 1996 gegründeten Senat entsprechend umzubauen, fanden keinen politischen Konsens. Allerdings haben die Regionalparlamente das Recht, Gesetzesinitiativen in die erste Kammer des Parlaments, das Abgeordnetenhaus, einzubringen und auf diese Weise regionenspezifische Anliegen auf nationaler Ebene zu thematisieren. In der derzeitigen vierten parlamentarischen Legislaturperiode seit 2002 wurde davon 33mal von Seiten eines oder mehrerer Kreise Gebrauch gemacht; als Gesetz verabschiedet wurden sieben dieser Vorschläge.[5] Darüber hinaus ist gesetzlich bestimmt, dass staatliche Organe Angelegenheiten, die die Tätigkeit und Interessen der Regionen berühren, zuvor mit diesen erörtern sollen (Grospič 2003: 270).

Die Aufsicht über die Kreise wird vom Innenministerium bzw. von den fachlich zuständigen Ministerien durchgeführt; dabei geht es um die Überprüfung, ob Verwaltungsakte und Verordnungen der Kreise den Gesetzen entsprechen. Hinsichtlich der Beziehung der regionalen zur nationalen Ebene ist zudem die Befugnis der Regionalvertretungen von Bedeutung, bei Kompetenzkonflikten mit dem Staat Verfassungsbeschwerden einzureichen. Anlass für solche Konflikte gibt – neben noch unklaren Kompetenzabgrenzungen – nicht zuletzt die zentralistische Verwaltungskultur in Tschechien, die den Kompetenztransfer bzw. die Beteiligung regionaler Akteure teilweise, d.h. auch sektoral unterschiedlich, ausbremst.[6]

Bezüglich der internationalen bzw. EU-Ebene ist das Recht der Regionen zu nennen, über internationale Zusammenarbeit mit anderen Regionen bzw. die Mitgliedschaft in internationalen Organisationen zu entscheiden. Diese Kooperation muss inhaltlich auf die Bereiche eigener regionaler Zuständigkeiten begrenzt bleiben. Die tschechischen Regionen sind beispielsweise im Ausschuss der Regionen und beim Kongress der lokalen und regionalen Gebietskörperschaften beim Europarat vertreten; die Mehrzahl der Regionen hat zudem Verbindungsbüros in Brüssel eingerichtet. Seitens regionaler Akteure wird aber vor allem die Bedeutung bilateraler Zusammenarbeit als wichtig eingestuft. An erster Stelle der Motive stehen dabei der Erfahrungsaustausch und der *Know-how*-Transfer mit anderen Regionen (Drulák 2004: 22). Organisatorisch ist diese internationale Kooperation auf Regionenebene so geregelt, dass es in 80 % der Regionenverwaltungen eigene Abteilungen für Außenbeziehungen gibt; bei den anderen ist dieses Ressort direkt beim *hejtman* angesiedelt (Drulák 2004: 31). Anders sieht es hingegen mit den Ausschüssen der Regionalvertretungen aus: In den gering professionalisierten Regionalvertretungen sind Ausschüsse für Auslandsbeziehungen oder EU-Angelegenheiten eher die Ausnahme.[7]

Neben diesen institutionellen und verwaltungskulturellen Rahmenbedingungen ist für eine Charakterisierung der tschechischen Regionen auch ihre gesellschaftliche Einbettung von Bedeutung. Zwar haben die Regionen trotz finanzieller Beschränkungen und Konflikten in der Kompetenzabgrenzung in den ersten fünf Jahren Funktionsfähigkeit erlangt, sie sind jedoch mit einer geringen Akzeptanz durch die breite Bevölkerung konfrontiert. Die Erwartungen einer höheren Partizipation und Legitimität von Politik durch Regionalisierung haben sich so nicht erfüllt. Bei den regionalen Gründungswahlen im Jahr 2000 beteiligten sich nur 33 % der Wahlberechtigten, vier Jahre später sank die Zahl auf knapp 30 %. In dieses Bild passen auch Meinungsumfragen, die auf einen geringen Informationsgrad der Bevölkerung über die Aufgaben der Regionen und ihre Politik sowie auf verbreitetes Desinteresse schließen lassen.[8] Möglicherweise lassen sich diese Muster auch teilweise als Relikte aus der Entstehungszeit der Regionen interpretieren (s.u.), die sich aus mangelndem Kontakt mit den nun funktionsfähigen Regionen fortschreiben (Illner 2005: 6). Unabhängig von seinen Ursachen bleibt das Legitimitätsdefizit eine der großen Herausforderungen der Regionen.

Als Erklärung für die bisher schwache Verankerung der politischen Regionen in der Bevölkerung lassen sich mehrere Aspekte anführen, die zusammenwirken: Die Umsetzung der Regionalisierung in Tschechien erfolgte durch zentralstaatliche Akteure verzögert und weitgehend »von oben«. Nur aus dem mährischen Landesteil gab es Anfang der neunziger Jahre regionalistische Impulse und mobilisierbare Identitäten für eine neue territoriale Selbstverwaltungsebene. Dieser Regionalismus war historisch-kulturell begründet: Er stand für die Wiederherstellung der historischen Länder (Mareš 2003: 44), die von der kommunistischen Regierung 1949 aufgelöst worden waren, und nährte sich aus der Kritik des negativ perzipierten Zentrums Prag. Zum politischen Hauptträger wurde die »Bewegung für selbstverwaltete Demokratie/Gesellschaft für Mähren und Schlesien« (HSD-SMS), die eine weitere Föderalisierung der Tschechoslowakei forderte und dabei personell an eine ähnliche Bewegung aus der Zeit des Prager Frühlings um 1968 anknüpfte. Bei den ersten freien Wahlen im Jahr 1990 wurde sie im Tschechischen Nationalrat mit 10 % der Stimmen drittstärkste Partei und konnte auch in der tschechoslowakischen Föderalversammlung Mandate erlangen.[9] Nach der Spaltung der Tschechoslowakei im Jahr 1993 war aber eine Föderalisierung der Tschechischen Republik politisch diskreditiert. Damit war auch die HSD-SMS um ihr Hauptziel gebracht. Die Partei zersplitterte bis Mitte der neunziger Jahre wegen Richtungsstreitigkeiten in einen Teil, der sich zur politischen Mitte hin geöffnet hat und einen radikalisierten Teil (Mareš 2003: 49).

Zwar hatte der mährische Impuls neben dem Demokratisierungsanliegen einen Anteil daran, dass Selbstverwaltung – auf einer zunächst nicht eindeutig bezeichneten Zwischenebene (»Länder oder Kreise«) – in die rasch erarbeitete tschechische Verfassung von 1992 aufgenommen wurde.[10] Nach der Ausdifferenzierung des tschechischen Parteiensystems und einer zunehmenden parteipolitischen Polarisierung – auch über die Frage einer Regionalisierung – blieb sie aber Verfassungsschuld bis 1997 bzw. 2000/2001.[11] Während dieser Verzögerung und politisierten Auseinandersetzung ging auch die Unterstützung durch die breitere Bevölkerung verloren, die im demokratischen Aufbruch noch mobilisierbar gewesen war. Absprachen zwischen den Parteien über konkrete Regionengrenzen (Blažek 2000: 311) stärkten schließlich eher die öffentliche Wahrnehmung, dass es den Parteien bei Regionalisierung um die Beschaffung neuer Parteiposten gehe. Die so begründete Skepsis gegenüber den Regionen deckt sich mit einer stark verbreiteten Parteien- und Politikerverdrossenheit in Tschechien. Auch nach den Regionalwahlen 2004 wurde bei Meinungsumfragen die Nichtbeteiligung hauptsächlich mit Politikverdrossenheit und mangelndem Vertrauen in die Politiker begründet.[12] Mit Blick auf räumliche Identitätsbezüge in der Bevölkerung ist schließlich von Bedeutung, dass die Einteilung der Regionen keinen historischen oder sozio-kulturellen Mustern folgt (Illner 2003: 122). Insgesamt sind Identitäten in Tschechien sehr viel kleinräumiger orientiert. Zudem wurde in einigen Fällen die (historische) böhmisch-mährische Landesgrenze übergangen, was aber bereits dazu geführt hat, dass einige Gemeinden den Wechsel in einen anderen Kreis gefordert und nach parlamentarischer Billigung vollzogen haben.[13]

Ungeachtet der Absenz identitärer Bezüge zu den neuen Regionen haben innerhalb der Zivilgesellschaft teilweise organisatorische Anpassungsprozesse stattgefunden, die pragmatisch begründet sind. Hierzu gehört beispielsweise die Erwartung, dass die politische Bedeutung der Regionen zunehmen wird und sie als neue Lobby-Ebene unumgänglich sind. Für Organisationen des *non-profit*-Sektors sind die Regionen darüber hinaus zunehmend als Geldgeber interessant.[14] Insgesamt gibt es hier ein gewisses Potenzial, die regionale Gesellschaft zu aktivieren, was wiederum von der Zugänglichkeit der jeweiligen Regionaladministration und der jeweiligen politischen Akteure abhängt.

2. Charakteristika der regionalen Parteienlandschaft in Tschechien

Regionalwahlen in Tschechien haben erstmals im Jahr 2000 und anschließend 2004 stattgefunden; sie werden in allen Kreisen außer Prag gleichzeitig ausgerichtet.[15] Mit Blick auf die beiden bisherigen Wahlperioden sind für die Regionalwahlen und die regionalen politischen Akteure zwei Merkmale charakteristisch: Die Wahlen hatten bisher erstens den Charakter einer gesamtstaatlichen Entscheidung, regionenspezifische Themen spielten eine untergeordnete Rolle. Zweitens sind die Regionalvertretungen vor allem eine Arena für die Parteien, die auch im stabilisierten parlamentarischen Parteiensystem vertreten sind.

Insbesondere von der seit 1998 in Prag regierenden Sozialdemokratischen Partei (ČSSD)[16] und ihrem Hauptantagonisten, der liberal-konservativen Demokratischen Bürgerpartei (ODS), wurde der Wahlkampf thematisch als Entscheidung zwischen beiden Parteien aufgezogen (vgl. ausführlich zu den Regionalwahlen Weiss 2005). Im Ergebnis waren die Wahlen sowohl 2000 als auch 2004 ein Votum gegen die Regierungspartei ČSSD. Beide Male ging die ODS, die lange Jahre Hauptgegner einer Regionalisierung war, gestärkt hervor. Unmittelbare Folgen auf nationaler Ebene für die Regierungsagenda oder -personalia bzw. innerparteilich hatten die jeweiligen Wahlausgänge aber nicht.

Der Bezug auf die nationale Ebene wurde schließlich bei den Wahlen 2000 durch das gute Abschneiden der so genannten »Viererkoalition« deutlich, einer Verbindung der konservativen Christdemokraten (KDU-ČSL) mit drei kleineren konservativen Parteien. Ihr Zusammenschluss im Vorfeld der Regionalwahlen war vor allem gegen die Zusammenarbeit der Sozialdemokraten und der oppositionellen ODS im so genannten »Oppositionsvertrag« gerichtet: Für die Stützung der sozialdemokratischen Minderheitsregierung erhielt die ODS Mitspracherechte in wichtigen politischen Fragen sowie bedeutende Ämter. Kritisiert wurde dabei vor allem die Intransparenz politischer Verantwortung. Dass die beiden Parteien, die sich zuvor (und auch nun wieder) erbittert bekämpft hatten, zum eigenen Machterhalt[17] zusammenarbeiteten, zog auch die Glaubwürdigkeit der Politik in Mitleidenschaft.

Für die regionale Ebene ist vor allem ein Ergebnis dieser Zusammenarbeit von Bedeutung: Entsprechend einer Vereinbarung[18] des Oppositionsvertrags haben beide Parteien die Anhebung der Sperrklausel für die Regionalwahlen von drei auf 5 % parlamentarisch durchgesetzt. Sie argumentierten, auf diese Weise eine »effektive Verwaltung« zu ermöglichen. Ihr Versuch, diese Hürde für Wahlkoalitionen zu multiplizieren, scheiterte allerdings. Im Wahlgesetz ist ferner festgelegt, dass parteilose Kandidaten nicht individuell kandidieren dürfen, sondern sich in Listen zusammenschließen müssen.

Das so geänderte Wahlrecht, aber auch der Bezug auf die gesamtstaatliche Ebene verstärken eine Tendenz, die das zweite Charakteristikum der regionalen politischen Vertretungsebene darstellt: Von der Zusammensetzung her sind die Regionalvertretungen vor allem eine neue Arena der traditionellen, im Parlament vertretenen Parteien und zwar im Vergleich zur nationalen Ebene bisher unter umgekehrten parteipolitischen Vorzeichen. Andere Gruppierungen konnten im Jahr 2004 zusammen beispielsweise nur 4,7 % der insgesamt 675 Mandate erlangen.

Trotz dieser Dominanz der »großen Politik« auch in den Regionen gibt es drei Aspekte einer regionalen Dimension der Parteienlandschaft, die sich folgendermaßen differenzieren lassen:

1. Hier stellt sich zunächst die Frage, ob sich der oben erwähnte mährische Regionalismus zu Beginn der neunziger Jahre auf der Ebene der Kreise niedergeschlagen hat. Nennenswert ist einzig die Gruppierung »Parteilose für Mähren«, die personell an den Mitteflügel dieser Bewegung anknüpft und die Regionen als territoriale Gebietseinheit akzeptiert (Mareš 2003: 82). Sie konnte nur bei den ersten Regionalwahlen im politischen »Zentrum« Mährens, dem Kreis um Brünn (Brno), knapp 7 % der Stimmen erlangen. Heute gibt es auf Regionenebene keine politische Vertretung explizit moravistischer Subjekte, die eine weitergehende territoriale Autonomie fordern würden; auch für die Zukunft ist hier kein größerer Aufschwung zu erwarten. Dieser Befund erklärt sich daraus, dass die regionalistische Mobilisierungskraft Anfang der neunziger Jahre eng im Kontext des postsozialistischen Gesellschaftswandels und der neuen politischen Freiheiten nach dem Zusammenbruch des kommunistischen Systems stand. Neben den überraschenden Wahlerfolgen hatten sich beispielsweise bei der Volkszählung 1991 auch rund 13 % der Bevölkerung im tschechischen Landesteil zu der neu eingeführ-

ten Kategorie der »mährischen Nationalität« bekannt.[19] Eine mährische Identität auch politisch als weitergehende Föderalisierung umzusetzen, war allerdings nur bis zur Teilung der Tschechoslowakei gesellschaftsfähig; territoriale Identitäten fungierten – abgesehen von der tradierten Abgrenzung zum Pragozentrismus – auch als Orientierungsangebot in Zeiten des Umbruchs. Bei der Volkszählung im Jahr 2001 ordneten sich nur noch 3,6 % der mährischen Nationalität zu. Unterhalb der Ebene der politischen Mobilisierbarkeit existiert aber auch heute ein mährisches kulturell-gesellschaftliches Sonderbewusstsein (Mareš 2003: 90), das aber auch von der politischen Mitte »aufgefangen« wird, wie nachfolgend erläutert wird.

2. Durch sozioökonomische und gesellschaftliche Unterschiede zwischen dem böhmischen und dem mährischen Landesteil erklärt sich eine weitere regionale Dimension im tschechischen Parteiensystem, die sich auf allen politischen Vertretungsebenen zeigt: So haben die gesamtstaatlich vertretenen konservativen Christdemokraten einen ausgeprägten Wählerrückhalt im stärker katholisch und agrarisch geprägten Mähren, der sich auch in einem traditionalistischen Parteiflügel widerspiegelt (Mareš 2003: 90). Die Christdemokraten sind dabei auch die Partei, die jenseits einer Föderalisierungslösung kontinuierlich für Dezentralisierung und Selbstverwaltung zugunsten Mährens eingetreten ist und somit auch als Konkurrenz zur HSD-SMS auftrat.

3. Abgesehen von diesem mährischen Fokus gibt es schließlich drittens eine Reihe von Gruppierungen, die sich als Unabhängige verstehen und räumlich wie thematisch auf eine Region begrenzt sind. Charakteristisch für die Kandidaten ist, dass sie überwiegend aus der Kommunalpolitik kommen; teilweise spielen zudem Abspaltungen von Parlamentsparteien wie der ODS eine Rolle. Bedeutendes Gründungsmoment solcher Gruppierungen ist meist das Selbstverständnis als Anti-Parteien-Bewegung (Mareš 2003: 220), die in der Tschechischen Republik auch auf gesamtstaatlicher Ebene immer wieder Popularität erlangt.[20]

Mit dieser expliziten Abgrenzung gegenüber den traditionellen Parteien tritt auch die »Vereinigung unabhängiger Kandidaten« (SNK) an, die einen Sonderfall der Unabhängigen bildet, da sie in allen Regionen antritt und – auf niedrigem Niveau – eine Rolle spielt: Sie ist z. B. als einzige Gruppierung in drei Regionalregierungen mit vier Regionalräten vertreten. Dabei ist für sie charakteristisch, dass sie nicht nur regionenübergreifend antritt, sondern auch »von unten nach oben« über die politischen Vertretungsebenen aufsteigt, d.h. sie konnte nach ersten Erfolgen bei Kommunalwahlen und den Regionalwahlen 2000 auch Mandate im Senat und bei den Europawahlen 2004 erlangen und tritt im Jahr 2006 auch bei den Wahlen zum Abgeordnetenhaus an.

Als Ausblick ist für die Akteursgruppe der Unabhängigen festzuhalten, dass sie auf Kreisebene durchaus Wachstumspotenzial haben. Dass sie sich als Alternative zu den traditionellen Parteien und damit als näher zur Zivilgesellschaft präsentieren, trifft sich auch mit Vorstellungen in der Bevölkerung. Bei einer Umfrage sollten beispielsweise Eigenschaften des »idealen« Kreisabgeordneten gewichtet werden. Hier rangierten ganz oben die »gute Moral« der Regionalvertreter (98 %) und die der Kenntnis der regionalen Probleme (93 %). Die Mitgliedschaft in einer politischen Partei war hingegen nur für 11 % der Befragten wichtig.[21]

Im Vergleich der Regionalwahlen 2000 und 2004 ist es zu einem Anstieg von unabhängigen bzw. regional gebundenen Kandidatenlisten gekommen. Ihr Ergebnis hat sich aber im letzten Jahr verschlechtert: Sie gewannen 4,7 % aller Mandate (Vertretung in 9 von 14 Kreisen) gegenüber 6,2 % im Jahr 2000. Dies ist vor allem darauf zurückzuführen, dass sie sich gegenseitig Stimmen entzogen haben und viele Gruppierungen – gerade die SNK – häufig knapp an der Sperrklausel gescheitert sind.[22] Die weitere Entwicklung wird entscheidend davon abhängen, ob es den unabhängigen Akteuren zukünftig gelingt, sich zu konsolidieren und zusammenzuarbeiten. Dennoch sind aber hinsichtlich der grundsätzlichen Strukturierung – der Dominanz der Parlamentsparteien – in naher Zukunft keine Verwerfungen zu erwarten.

Ausblick

Die tschechische Regionalisierung erfolgte im Rahmen eines unitarischen Staates. Auf politischer und administrativer Ebene sind die im Jahr 2001 gegründeten Regionen funktionsfähig geworden, sie nutzen erste Spielräume für regionale Politik. Dabei auftretende Kompetenzstreitigkeiten mit der nationalen Ebene sind dabei einerseits durch die zentralistische Verwaltungskultur begründet, andererseits aber parteipolitisch unterlegt; seit der Existenz der Regionen gibt es gegenläufige Mehrheiten auf regionaler und nationaler Ebene.

Während aber die Regionen vor allem für die herkömmlichen Parlamentsparteien eine neue Politikarena geworden sind, sind sie gesellschaftlich und durch regionale Identitäten nur sehr schwach verankert. Unter dem Aspekt der demokratischen Partizipation bzw. *Input*-Legitimität ist durch Regionalisierung bisher kein nennenswerter Mehrwert entstanden.

In Teilen gründet die Skepsis der Bürger über bzw. ihr Desinteresse an den Regionen gerade darin, wie die großen politischen Parteien auf nationaler wie regionaler Ebene agieren. Auf regionaler Ebene haben daher vor allem unabhängige Anti-Parteien-Bewegungen gewisse Wachstumschancen. Für die Regionen bleibt längerfristig die Herausforderung der gesellschaftlichen Einbindung. Ob es gelingt, die Regionen gesellschaftlich zu beleben, hängt aber zukünftig auch davon ab, ob regionale politische Akteure bereit und fähig sind, die Zivilgesellschaft zu unterstützen und zu mobilisieren und Partnerschaft in der regionalen Politik tatsächlich umzusetzen.

Anmerkungen

[1] Europäische Instrumente für Regionalisierung und Dezentralisierung. Die Europäische Charta der regionalen Selbstverwaltung, Bericht von Peter Rabe, Vizepräsident des Kongresses, Strasbourg, 23.6.2003 (Conf/Kazan (2003) 8), http://www.coe.int/T/d/Com/Dossiers/KGRE-Sitzungen/2003-07-kazan/CON F%20KAZAN%20%282003%29%208%20RABE%20G.asp.

[2] Ústava České republiky (Verfassung der Tschechischen Republik), 16.12.1992, Art. 8 und 99.

[3] Zákon o krajích (Kreisgesetz), alte Fassung vom 12.4.2000, §14 Abs.2; LaPlant/Baun/Lach/Marek 2004: 43. Einige Befugnisse der damals noch nicht existierenden Kreise und auch die Beziehung der regionalen zur lokalen Selbstverwaltungsebene wurden bereits in der Verfassung von 1992 festgelegt.

[4] Ústecký kraj. Informace Ústeckého kraje a krajského úřadu, 26.8.2005: 4.

[5] Zákon o krajích §35; Společná česko-slovenská digitální parlamentní knihovna, http://www.psp.cz/sqw/tisky.sqw?STR=1&O=4&PT=K&N=1&F=N&D=1,2, 16&RA=20&TN=5. Das Initiativrecht ist auf Basis eines ungeschriebenen Parteienkompromisses in die Verfassung eingegangen.

[6] Zákon o krajích §35. Erfolg hatte z. B. eine Verfassungsbeschwerde gegen staatliche Eingriffe in das Wirtschaften der Kreise (Grospič 2003: 274); anhängig ist derzeit eine Klage gegen ein Gesetz, das den Kreisen untersagt, ihre Krankenhäuser in privatrechtliche Gesellschaften zu überführen.

[7] Per Kreisgesetz festgelegt ist die Einrichtung eines Kontroll- und eines Finanzausschusses, sowie eines Ausschusses für Bildung und Arbeit (Zákon o krajích, § 78). Ausschüsse für internationale Beziehungen haben die Vertretungen der Kreise Pardubický, Moravskoslezský, Olomoucký und Zlínský.

[8] Factum Invenio, Prag, Pressemeldung vom 25.10.2004: Hodnocení vzniku krajů a působení krajských zastupitelstev. www.factum.cz.

[9] Bei den Parlamentswahlen in der Tschechoslowakei hatten die Wähler drei

Stimmen: Sie wählten zum einen – je nach Landesteil – den Tschechischen bzw. Slowakischen Nationalrat; zum anderen die Volkskammer und die Nationenkammer der Föderalversammlung.

[10] Nach Yoder (2003: 277) machte die konservative Christdemokratische Partei (KDU-ČSL) ihre Zustimmung zur Verfassung davon abhängig, dass eine selbstverwaltete mittlere Ebene zwischen Zentralstaat und Kommunen festgeschrieben wird. Die Christdemokraten sind besonders stark im mährischen Landesteil verankert, vgl. den zweiten Abschnitt dieses Beitrags.

[11] Die neuen »Dissidenten-Eliten«, die nach dem Zusammenbruch der kommunistischen Tschechoslowakei die Regierung übernahmen, wurden mit den Wahlen 1992 aus dem politischen Leben verdrängt. Ab 1992 bis 1997 dominierte die liberalkonservative Demokratische Bürgerpartei (ODS) mit dem Ministerpräsidenten und Parteivorsitzenden Václav Klaus die politische Agenda. Aus pragmatischen und ideologischen Gründen fungierte die Partei als Hauptgegner einer Regionalisierung in Tschechien. Siehe ausführlich dazu: Weiss 2006.

[12] Centrum pro výzkum veřejného mínění, Prag, Pressemeldung vom 7.3.2005: Volební (ne)účast, www.cvvm.cz; Factum Invenio, Prag, Pressemeldung vom 27.10.2004: Důvody účasti a neúčasti v krajských volbách, www.factum.cz .

[13] Zákon o změnách hranic krajů (Gesetz über die Änderung der Regionengrenzen), Nr. 387/2004 Sb.

[14] Interview mit einem Vertreter einer Kreisorganisation des *Non-Profit*-Sektors in der Region Ústecký, 16.6.2005, Ústí nad Labem/Tschechien. Ein Teil der Organisationen des Nichtregierungssektors lehnt aber eine direkte bzw. institutionalisierte Einbindung in die Politik der Regionen aus Gründen der Unabhängigkeit ab.

[15] Prag hat einen Sonderstatus als Hauptstadt und Region. Die Wahlen finden mit den Kommunalwahlen statt.

[16] Zum Zeitpunkt der Regionalwahlen 2000 war die Sozialdemokratische Partei bereits zwei Jahre als Minderheitsregierung im Amt. Auf vertraglicher Basis wurde sie von der Demokratischen Bürgerpartei gestützt. Seit den Wahlen 2002 regieren die Sozialdemokraten gemeinsam mit den Christdemokraten und der Freiheitsunion mit einer knappen Mehrheit von 101 zu 99 Mandaten.

[17] In dieser Phase der Zusammenarbeit versuchten beide auch, eine Änderung des Wahlsystems für die Parlamentswahlen hin zur Mehrheitswahl durchzusetzen, was allerdings misslang.

[18] Toleranční patent, Společné prohlašení delegací ODS a ČSSD; Dohoda č. 2 o základních parametrech změny volebního systému uzavřena mezi ČSSD a ODS. Prag, 14.1.2000; Zákon o volbách do zástupitelstev krajů (Wahlgesetz), Nr. 130/2000 Sb.

[19] Berichte zur Entwicklung von Staat und Recht in der ČSFR. Hrsg. vom Vorstand des Collegium Carolinum München, 4. Quartal/1991: 14; Berichte zu Staat und Gesellschaft in der Tschechischen und in der Slowakischen Republik. Hrsg. vom Vorstand des Collegium Carolinum, Heft 3/2001: 11.

[20] Z.B. die Bewegung »Děkujeme-odejdete« (Danke – Ihr könnt abtreten), die sich aus ehemaligen studentischen Akteuren des politischen Umbruchs von 1989 rekrutierte und die im Jahr 2001 im Kontext der Besetzung des tschechischen Fernsehrats gegen die etablierten Parteien protestierte. Siehe Weiss 2001.

[21] Centrum pro výzkum veřejného mínění, Prag, Pressemeldung vom 15.11.2004: Jaký by měl být člen krajského zástupitelstva? Vztah kvlastnímu kraj, www.cvvm.cz. Bei dieser Umfrage konnten 15 Eigenschaften als wichtig, neutral oder unwichtig eingestuft werden.

[22] Server des Statistischen Staatsamtes zu den Regionalwahlen: http://www.volby.cz/pls/kz2004/kz6?xjazyk=CZ&xdatum=20041105.

Literatur

Blažek, Jiří/Boeckhout, Sjaak (2000): Regional Policy in the Czech Republic and EU Accession. In: Bachtler, John/Downes, Ruth/Gorzelak, Grzegorz (Hrsg.) (2000): Transition, Cohesion and Regional Policy in Central and Eastern Europe. Aldershot.

Dieringer, Jürgen/Sturm, Roland (2005): Gesellschaftliche Regionalisierung? Zur Nachhaltigkeit EU-induzierter Dezentralisierungsprozesse in Mittel- und Osteuropa. In: Europäisches Zentrum für Föderalismusforschung (Hrsg.) (2005): Jahrbuch des Föderalismus Bd. 6. Baden-Baden: 50–69.

Drulák, Petr (2004): Podíl obecních a krajských samospráv na zahraniční politice ČR. Praha: Ústav mezinárodních vztahů (Zpráva z výzkumného projektu MZV ČR).

Grospič, Jiří (2003): Zákon o krajích (krajské zřízení). In: Svoboda, Karel/Grospič, Jiří/Vedral, Josef/Kužvart, Ladislav (2003): Zákony o územní samosprávě. Praha: 253–312.

Illner, Michal (2003): Czech Regions Facing European Integration. In: Srubar, Ilja (Hrsg.) (2003): Problems and Chances of the East Enlargement of the EU. Hamburg: 112–127.

Illner, Michal (2005): Krajské elity o novém krajském zřízení. Praha (Manuskript vom November 2005).

Just, Petr/Matyáš, Michal (2004): Kraje čtyři roky »po« se potýkají zejména snedostatkem financí. In: Parlamentní zprávodaj 11–12: 28–30.

LaPlant, James T./Baun, Michael/Lach, Jiri/Marek, Dan (2004): Decentralization in the Czech Republic: The European Union, Political Parties, and the Creation of Regional Assemblies. In: Publius: The Journal of Federalism 34 (1) (Winter 2004): 35–51.

Mareš, Miroslav (2003): Moravistické strany a hnutí. In: Mareš, Miroslav (Hrsg.) (2003): Etnické a regionální strany v ČR po roce 1989. Brno: 22–98.

Sharpe, L.J. (1993): The European Meso: An Appraisal. In: Sharpe, L.J. (Hrsg.) (1993): The Rise of Meso Government in Europe. London u.a.: 1–39.

Weiss, Stephanie (2001): Schön abgestraft. Der Geist der samtenen Revolution und die Mattscheibe: Die Tschechen wollen mehr als nur Fernsehen fürs Volk. In: Frankfurter Rundschau Nr. 19 vom 23. Januar 2001.

Weiss, Stephanie (2005): Tschechien nach den zweiten Regionalwahlen: Regionalisierung der Politik und Politisierung der Regionen. In: Europäisches Zentrum für Föderalismusforschung (Hrsg.) (2005): Jahrbuch des Föderalismus Bd. 6. Baden-Baden: 475–488.

Weiss, Stephanie (2006): Wie tief greift Regionalisierung in Tschechien? Ausgangslage und gesellschaftliche Dimension der Regionen nach dem EU-Beitritt. In: Niedermeier, Hans-Peter/Pehle, Heinrich/Sturm, Roland (Hrsg.) (2006): Die neue Europäische Union. Die Osterweiterung und ihre Folgen. Opladen: 295–310.

Vidláková, Olga (2004): Die neuen Kreisverwaltungseinheiten in der Tschechischen Republik. In: Der Donauraum (Themenheft Dezentralisierung und regionale Neugliederung in Mitteleuropa): 49–57.

Yoder, Jennifer A. (2003): Decentralisation and Regionalisation after Communism: Administrative and Territorial Reform in Poland and the Czech Republic. In: Europe-Asia Studies, 55 (2): 263–286.

Michael Münter
Regionale Parlamente und Parteien: Großbritannien

1. Einleitung

Im Vergleich mit anderen westeuropäischen Staaten sind in Großbritannien regionale Parlamente eine relativ neue Einrichtung. Vor zehn Jahren hätte es keinen entsprechenden Länderbeitrag in einem akademischen Sammelband gegeben. Zwar gab es regionale Parteien – genauer Regionalparteien, d.h. Parteien, die zu gesamtstaatlichen Wahlen nur in einer Region des Landes antreten, am bekanntesten sicherlich die *Scottish National Party* (SNP) sowie die walisische *Plaid Cymru* (PC), aber es existierten keine gewählten Vertretungskörperschaften auf regionaler Ebene. Dies hat sich nach dem Erdrutschsieg der *Labour Party* bei den Unterhauswahlen 1997 und der darauf folgenden Regierungsübernahme durch Premierminister Tony Blair grundlegend geändert.

Im folgenden Beitrag stehen drei Aspekte im Mittelpunkt der Betrachtung: Erstens wird ein Überblick über die asymmetrische Ausgestaltung der Dezentralisierung in Großbritannien präsentiert.[1] Zweitens stehen die Parlamente im Fokus und zwar sowohl hinsichtlich der Wahlergebnisse wie auch der bisherigen Politikergebnisse. Abschließend werden – drittens – einige Herausforderungen bzw. potenzielle Konfliktpunkte der Zukunft vorgestellt und diskutiert.

2. Das asymmetrische Arrangement der britischen Dezentralisierung

Mit dem Regierungsantritt *New Labours* im Mai 1997 ist ein Prozess tiefgreifender Verfassungsreformen in Gang gesetzt worden, der in der britischen Geschichte seinesgleichen sucht, und der nicht umsonst als »period of unprecedented constitutional change« (Hazell 1999: 230) bezeichnet worden ist. Dabei gilt es zu beachten, dass die Dezentralisierung des Landes – die Devolution, um den englischen Begriff hierfür einzuführen – nur ein Element des sehr viel umfassenderen Gesamtprozesses darstellt (Sturm 1999; Oliver 2003; Johnson 2004; Jowell/Oliver 2004). Das zentrale Merkmal der Devolution ist die Asymmetrie der Arrangements (nicht nur) für Schottland und Wales, zu deren Erklärung mehrere Faktoren angeführt werden können. Nicht zuletzt ist hier auch die historische Entwicklung zu nennen, denn diese Asymmetrie hat eine lange Tradition. Das bedeutet, dass es zwischen Schottland und Wales schon immer Unterschiede etwa hinsichtlich der Kompetenz- und/oder Ressourcenausstattung gegeben hat und dass Schottland dabei stets die umfangreicheren Rechte besaß.

Als kurzer historischer Exkurs (ausführlich Münter 2005) sei darauf verwiesen, dass die Dezentralisierung nicht erst Mitte der 1990er Jahre auf der politischen Tagesordnung des Vereinigten Königreich stand: Nachdem schon die Eingliederung in den englischen Herrschaftsbereich – im walisischen Fall 1536 bzw. 1542, im schottischen Fall 1707 – höchst unterschiedlich verlief, war der Ausgangspunkt der Dezentralisierung[2] die Einrichtung eines eigenen Territorialministeriums für Schottland im Jahr 1885. Durch die Etablierung des *Scottish Office* wurde die administrative Anerkennung der Eigenständigkeit des Landesteils erreicht, ein Status, den das südwestliche Pendant erst 1964 mit dem *Welsh Office* erlangte. Von Mitte der 1960er Jahre bis zum Ende der folgenden Dekade kam es zur Hochphase des so genannten keltischen Nationalismus, der sich in sehr guten Wahlergebnissen der *Scottish National Party* und *Plaid Cymrus* niederschlug. Die im Jahr 1979 stattfindenden Referenden über die Einführung regionaler Versammlungen in Schottland und Wales gingen dennoch verloren. Neuen Schwung erhielten die Dezentralisierungsbestrebungen Mitte der 1990er Jahre aus dem Norden des Königreichs, als sich eine große Anzahl politischer und gesellschaftlicher Akteure (u. a. *Labour Party, Liberal Democrats*, Gewerkschaften, Kirchen, Frauengruppen) in der *Scottish Constitutional Convention* zusammenfanden und für die Devolution stark machten. Der Regierungswechsel im Mai 1997 brachte dann mit *New Labour* eine Partei ins Amt, die im Wahlkampf ein umfassendes Verfassungsreformprogramm versprochen hatte und nach dem Machtwechsel rasch daranging, dieses umzusetzen. So fanden schon im September 1997 Volksabstimmungen über die jeweiligen Grundzüge der Devolution statt, die in Schottland fast eine Zweidrittelmehrheit erreichten, in Wales jedoch nur mit hauchdünnem Vorsprung (50,3 %) positiv beschieden wurden (Ergebnisse bei Jung 2001: 162). Nicht zuletzt in diesen unterschiedlichen Zustimmungsraten zeigten sich die größere Eigenständigkeit Schottlands und die dort anzutreffende tiefere politische wie gesellschaftliche Verankerung der Dezentralisierungsbestrebungen. Deshalb ist es nicht verwunderlich, dass sich die Differenz der Landesteile – zu deren Erklärung neben den genannten Aspekten auch eine Reihe struktureller Faktoren beitragen

(Übersicht bei Münter 2005: 242) – in den unterschiedlichen institutionellen Ausprägungen der Devolution nach 1997/99 niedergeschlagen hat. So stellt sich das Zwischenresultat der Dezentralisierung im Jahre 2005/06 keineswegs als Zufallsprodukt dar, sondern die mitunter beklagte Asymmetrie (exemplarisch Hurd 2002: 5) ist bewusst geplant und umgesetzt worden. Sie dokumentiert sich in folgender Tabelle, die das schottische und walisische Dezentralisierungsmodell vergleicht.

Tabelle 1: Vergleich zentraler Aspekte der Devolution für Schottland und Wales

	Schottland	Wales
Bezeichnung der Körperschaft	Parlament	Nationalversammlung
Kompetenzen	primäre und sekundäre Legislativkompetenz, Exekutivkompetenz	sekundäre Legislativkompetenz Exekutivkompetenz
Kompetenzaufteilung	Allzuständigkeitsvermutung in Schottland	Allzuständigkeitsvermutung in Westminster
Wichtigste Politikfelder	Gesundheit, Bildung, Kommunalverwaltung, Justiz und Polizei	Gesundheit, Bildung, Kommunalverwaltung, walisische Sprache
Hauptfinanzierung	Blockzuweisung	Blockzuweisung
Eigene Steueroption	Ja	Nein
Zahl der Mitglieder (Direkt/Liste)	129 (73/56)	60 (40/20)
Wahlsystem[3]	Additional Member System (AMS)	Additional Member System (AMS)
Selbstauflösungsrecht des Parlaments	Ja	Nein
Bezeichnung der Regierung	Scottish Executive	Welsh Assembly Government
Bezeichnung des Regierungschefs	First Minister	First Secretary
Kreation des Regierungschefs	Nominierung (= Wahl)	Automatismus

Quelle: Eigene Darstellung nach HMSO 1998a; 1998b.

In Schottland gibt es seit 1999 ein Ein-Kammer-Parlament (*The Scottish Parliament*, SP), dem 129 Abgeordnete (MSP) angehören. Im Gegensatz dazu hat Wales kein »echtes« Parlament, sondern eine Nationalversammlung (*The National Assembly for Wales*, NAW) mit 60 Sitzen. Das in beiden Landesteilen neu eingeführte Wahlsystem, das *Additional Member System* (AMS) verbindet die relative Mehrheitswahl in Einerwahlkreisen mit kompensatorischen Elementen in Form von Regionallisten (ausführlicher s.u., Abschnitt 3). Nicht nur die Benennung der neuen Institutionen, sondern auch die Kompetenzen der beiden parlamentarischen Versammlungen unterscheiden sich deutlich voneinander. Das schottische Parlament hat in den dezentralisierten Politikfeldern volle primäre und sekundäre Rechtsetzungsbefugnisse, d.h. es kann sowohl eigene Gesetze verabschieden (*Acts of the Scottish Parliament* = primäre Legislativkompetenz) als auch alle Satzungen, Verordnungen, Ausführungsbestimmungen o.ä. beschließen (= sekundäre Legislativkompetenz; teilweise liegt diese auch bei der schottischen Regierung). Die walisische Versammlung hat dagegen nur sekundäre Rechtsetzungsbefugnisse, d.h. sie kann keine eigenen Gesetze beschließen. Die primäre Gesetzgebung für Wales findet weiterhin im Unterhaus in London statt.

Wie die Kompetenzen, so variieren auch die dezentralisierten Politikfelder sowie die grundsätzliche Herangehensweise an diesen Aspekt. Dabei ist festzuhalten, dass die Londoner Regierung vom Beginn des Prozesses an klar gemacht hat, dass das schottische Parlament und die walisische Nationalversammlung dem Westminster-Parlament untergeordnet sind – London behält sich also die allumfassende Kompetenz zur Rechtsetzung vor, grundsätzlich auch in allen dezentralisierten Politikfeldern.[4] Gleichwohl sind insbesondere im schottischen Fall die übertragenen Bereiche von beträchtlichem Umfang, wobei die *Labour*-Regierung einen für britische Verhältnisse außergewöhnlichen Ansatz wählte: Der *Scotland Act* listet lediglich diejenigen Politikfelder auf, die nicht an das SP übertragen sind, was bedeutet, dass alle nicht explizit benannten Bereiche automatisch in schottischer Kompetenz liegen. Im Text des *Scotland Act* liest sich dies recht nüchtern: »Subject to section 29, the Parliament may make laws, to be known as Acts of the Scottish Parliament« (HMSO 1998a: Art. 28 I). In Artikel 29 und 30 wird dann auf die »reserved matters« verwiesen, also diejenigen Bereiche, in denen *Westminster* weiterhin exklusiv tätig wird. Sie sind in den Anhängen 4 und 5 des Gesetzes ausführlich aufgelistet, wobei letzterer nicht weniger als 18 Seiten umfasst.[5] Auch wenn die Devolution rein rechtlich betrachtet jederzeit wieder umkehrbar ist (Münter 2005: 16–22) und sich diese Kompetenzzuweisung durchaus wieder ändern kann, so wird man doch von einer kleinen verfassungspolitischen Revolution sprechen können, da nun zumindest *de facto* die politische Allzuständigkeitsvermutung in Edinburgh und nicht mehr in London liegt. Die wichtigsten nach Schottland übertragenen (d.h. also nicht in den »reserved matters« genannten) Politikfelder sind Gesundheit, Bildung, Kommunalverwaltung, Wohnen/Raumplanung sowie weite Bereiche der Innenpolitik, wie etwa das Justizwesen und die Polizei. In Bezug auf die internen organisatorischen Kompetenzen ist anzufügen, dass das schottische Par-

Regionale Parlamente und Parteien: Großbritannien

lament unter bestimmten Voraussetzungen (HMSO 1998a: Art. 3 I) ein Selbstauflösungsrecht vor Ablauf der üblicherweise vierjährigen Legislaturperiode besitzt.

Im walisischen Fall stellt sich die Kompetenzzuweisung anders dar. Die übertragenen Politikfelder sind im *Government of Wales Act* einzeln und explizit namentlich aufgeführt (HMSO 1998b: Anh. 2). Die wichtigsten der insgesamt 18 Bereiche sind auch hier Gesundheit, Bildung, Kommunalverwaltung, Wohnen/Raumplanung sowie die Zuständigkeit für Fragen der Kultur und der walisischen Sprache. Anders als das schottische Parlament hat die walisische Nationalversammlung kein Selbstauflösungsrecht, d.h. die vierjährige Wahlperiode ist in jedem Fall zu Ende zu führen.

Auch bei Betrachtung der Exekutive weicht die institutionelle Ausgestaltung voneinander ab, wenngleich sich in der politischen Praxis bereits jetzt eine deutliche Annäherung des walisischen an das schottische Modell konstatieren lässt. Die schottische Regierung (*Scottish Executive*) wird vom *First Minister* – in Abgrenzung zum *Prime Minister* der britischen Regierung – geführt, der vom Parlament »nominiert« (HMSO 1998a: Art. 46) und formal von der Queen ernannt wird. In der politischen Praxis ist diese Nominierung ein funktionales Äquivalent zur parlamentarischen Wahl des Regierungschefs. Der *First Minister* beruft (und entlässt) die weiteren Mitglieder des Kabinetts, die alle dem Parlament angehören müssen. Einzige Ausnahmen hiervon sind die beiden höchsten Kronanwälte in Schottland (*Lord Advocate* und *Solicitor General*), die formal auch Mitglieder der Regierung sind.

In Wales sind Nationalversammlung und Exekutive *de jure* nicht voneinander getrennt, sondern die NAW ist ein so genannter »body corporate« (HMSO 1998b: Art. 1 II) also als eine Art Gesamtgremium, welches sowohl parlamentarische als auch exekutive Funktionen übernimmt. Diese Konzeption ist stark an die Funktionsweise der britischen Kommunalverwaltung angelehnt. Somit existiert in Wales (bisher), anders als in Schottland, *de jure* keine »echte« Exekutive als rechtlich abgetrenntes und eigenständiges Organ, sondern es gibt lediglich einen Exekutivausschuss des Parlaments (*Welsh Assembly Government*). Dieser führt die Geschäfte des Parlamentes und setzt sich aus dem *First Secretary* (hier wieder in Abgrenzung zum schottischen *First Minister*) und weiteren *Assembly Secretaries* zusammen. Allerdings wird der *First Secretary* nicht von der Versammlung nominiert oder gewählt, sondern der Vorsitzende der größten Fraktion übernimmt automatisch dieses Amt. In der politischen Praxis in Wales hat sich die Exekutive schon früh »verselbständigt« und ein *de facto* eigenständiges Organ gebildet. Der Angleichungsprozess an das schottische Modell zeigt sich auch in der Tatsache, dass der walisische Regierungschef seit dem Jahr 2000 wie sein schottischer Kollege den Titel *First Minister* trägt, ohne dass dies *formaliter* neu geregelt worden wäre.

Finanziert wird die Devolution durch eine Blockzuweisung aus London, über deren Verteilung SP und NAW autonom im Rahmen klassischer parlamentarischer Haushaltsberatungen entscheiden. Zudem besitzt das schottische Parlament als weitere Finanzierungsoption die (bisher noch nicht eingesetzte) Möglichkeit zur Variierung der Einkommensteuer, d.h. es kann den Steuersatz für die schottischen Steuerpflichtigen um bis zu 3-%-Punkte nach unten oder oben verändern. Wie das schottische Parlament bzw. die walisische Nationalversammlung, deren Abgeordnete im Frühsommer 1999 zum ersten Mal gewählt wurden, mit ihren recht unterschiedlichen Kompetenzen umgegangen sind und welche Politikergebnisse sie produziert haben, ist Gegenstand des folgenden Abschnitts. Zu Beginn desselben wird aber zunächst das Augenmerk auf die Wahlergebnisse in beiden Landesteilen gerichtet.

3. Die Parlamente im Fokus: Wahlen und Politikergebnisse

3.1 Wahlen

Für eine Betrachtung und Analyse der Ergebnisse der Regionalwahlen ist von grundlegender Bedeutung, sich das neue Wahlsystem noch einmal zu vergegenwärtigen. Es stellt eine deutliche Abweichung vom relativen Mehrheitswahlsystem (*First-Past-The-Post*, FPTP) dar, welches klassischerweise in Großbritannien angewendet wird, u.a. bei den Unterhauswahlen. Wie schon erwähnt, verbindet das *Additional Member System* (AMS) die relative Mehrheitswahl in Einerwahlkreisen mit kompensatorischen Elementen in Form von Regionallisten (Miller 1999: 303–306; Dunleavy/Margetts 2004; Curtice 2004; Lundberg 2006). Ziel des neuen Systems ist es, eine den Stimmanteilen der Parteien besser entsprechende (proportionalere) Verteilung der Mandate zu erreichen.

In Bezug auf Schottland bedeutet dies, dass von den 129 Abgeordneten des schottischen Parlaments »nur noch« 73 mittels einfacher Mehrheitswahl in Einer-Wahlkreisen gewählt werden. Die übrigen 56 Mandatsträger (je sieben MSPs in acht Wahlregionen) ziehen über regionale Parteilisten ins Parlament ein. Jeder Wähler hat zwei Stimmen: die erste für den Wahlkreiskandidaten und die zweite für die regionale Parteiliste. Die Listenmandate werden in den acht schottischen Regionen grundsätzlich im Verhältnis zur Zahl der – in der jeweiligen Region – abgegebenen Zweitstimmen verteilt. Allerdings werden bei der Berechnung der Listenmandate die in der jeweiligen Region bereits gewonnenen Direktmandate berücksichtigt. Konkret heißt das: Je mehr Direktmandate eine Partei bereits in der Region (z. B. North East Scotland) gewonnen hat, desto weniger (zusätzliche) Listenmandate wird sie normalerweise in dieser Region erhalten, auch wenn sie einen recht hohen Anteil an Zweitstimmen verbuchen kann.[6] Im Ergebnis führt AMS aber nicht wie das personalisierte Verhältniswahlsystem in Deutschland zu einer beinahe »maßstabsgetreuen« Abbildung des Wählerwillens, allerdings ergibt sich eine deutlich proportionalere Sitzverteilung im Verhältnis zu den Gesamtstimmen der Partei (also Wahlkreis- und Listenstimmen) als durch die relative Mehrheitswahl. Die Einführung eines solchen gemischten Wahlsystems war im Grundsatz schon in der *Scottish Constitutional Convention* vereinbart worden (SCC 1995: 21) und gilt als weitreichendes Zugeständnis der *Labour Party* an die kleineren Partner in der SCC, vor allem die Liberaldemokraten. *Labour* verzichtete durch das kompensatorische Verrechnungsverfahren und die relativ große Zahl der Listenmandate faktisch auf die Möglichkeit, mit Stimmenanteilen von z. T. deutlich unter 50 % eine absolute Mandatsmehrheit zu erreichen. Solche Disproportionalitäten sind beim einfachen Mehrheitswahlsystem durchaus üblich, wie das Ergebnis der britischen Unterhauswahl 2005 wieder einmal unter Beweis stellte (*Labour* gewann mit 35,2 % der Stimmen 55 % der Mandate, Mellows-Facer u. a. 2005: 8). Die Wahrscheinlichkeit, dass es durch die Auswirkungen des neuen Wahlsystems im schottischen Parlament zu einer Koalitionsregierung kommen würde, war somit hoch.

Bei der Betrachtung des walisischen Falles zeigt sich, dass die Asymmetrie der Modelle bis in Einzelelemente des Wahlsystems hineinreicht, denn Wales hat eine von Schottland abweichende Verteilung zwischen Direkt- und Listenmandaten. So werden hier 40 Abgeordnete (*Assembly Member*, AM) in Wahlkreisen und lediglich 20 weitere (jeweils vier AMs in fünf Wahlregionen) über regionale Parteilisten bestimmt. Während sich die prozentuale Verteilung im nördlichen Landesteil auf 57:43 beläuft, so liegt sie im Westen gar bei 67:33. Vom Gesamtergebnis der Mandatsverteilung her betrachtet, gilt deshalb für Wales noch stärker als für Schottland: Die Disproportionalität der Mehrheitswahl in den Wahlkreisen kann trotz der kompensatorischen Funktion des Verrechnungsverfahrens der Listenmandate nicht aufgewogen werden. Im Verhältnis von Gesamtstimmen zu Gesamtmandaten bleibt somit ein verzerrender Effekt zu Gunsten derjenigen Parteien bestehen, die in den Wahlkreisen stark sind. Dies war durchaus im (machtpolitischen) Sinne der *Labour Party*. Sie konnte einerseits Kompromissbereitschaft und Zugehen auf ein proportionaleres Wahlsystem demonstrieren und versuchte andererseits sicherzustellen, dass sich ihre traditionelle Stärke in den Direktwahlkreisen auch in der NAW und im SP niederschlag.

Die jahrzehntelange Dominanz der *Labour Party* in Schottland hat sich in den Wahlergebnissen von 1999 und 2003 ausgedrückt (Miller 1999; Burnside u. a. 2003; Denver 2003; Mackay 2003; Mitchell/Bradbury 2004; Denver/Hands 2004). Die Resultate belegen zudem, dass sich der verzerrende Effekt des Wahlsystems tatsächlich einstellte und dabei wie zu erwarten *Labour* begünstigte.

Tabelle 2: Wahl zum schottischen Parlament, 6. Mai 1999 (Wahlbet. 58,1 %)

	Wahlkreise (73)		Regionallisten (56)		Gesamt (129)	
	Stimmen	Mandate	Stimmen	Mandate	Stimmen	Mandate
Labour	38,8 %	53	33,6 %	3	36,2 %	56
SNP	28,7 %	7	27,3 %	28	28,0 %	35
Cons	15,6 %	0	15,4 %	18	15,5 %	18
LibDem	14,2 %	12	12,4 %	5	13,3 %	17
Green	---	0	3,6 %	1	1,8 %	1
SSP	1,0 %	0	2,0 %	1	1,5 %	1
Andere	1,7 %	1	5,7 %	0	3,7 %	1

Quelle: Leeke/Cracknell 2003: 9f. Anmerkung: SSP = Scottish Socialist Party.

Tabelle 3: Wahl zum schottischen Parlament, 1. Mai 2003 (Wahlbet. 49,4 %)

	Wahlkreise (73)		Regionallisten (56)		Gesamt (129)	
	Stimmen	Mandate	Stimmen	Mandate	Stimmen	Mandate
Labour	34,5 %	46	29,4 %	4	32,0 %	50
SNP	23,7 %	9	20,9 %	18	22,3 %	27
Cons	16,6 %	3	15,6 %	15	16,1 %	18
LibDem	15,3 %	13	11,8 %	4	13,6 %	17
Green	---	0	6,9 %	7	3,4 %	7
SSP	6,0 %	0	6,7 %	6	6,4 %	6
Andere	3,8 %	2	8,7 %	2	6,2 %	4

Quelle: Leeke/Cracknell 2003: 8, 10. Anmerkung: SSP = Scottish Socialist Party.

Die *Labour Party* ist im schottischen Parlament mit deutlichem Abstand die stärkste Kraft, seit 2003 – trotz eigener Verluste – sogar mit noch ausgebautem Vorsprung vor der zweitplatzierten *Scottish National Party*. Diese stellt die größte Oppositionsfraktion und hat damit nach britischer Tradition eine besondere Bedeutung: Sie ist die *official opposition* und bildet die Regierung im Wartestand, während Konservative und Liberaldemokraten um den dritten Platz konkurrieren. Insgesamt sind im Parlament mittlerweile sieben Fraktionen vertreten,[7] die eine bemerkenswerte Spannbreite politischer Meinungen parlamentarisch repräsentieren. Erwartungsgemäß führten die Wahlen zu keiner absoluten Mandatsmehrheit einer Partei, sodass *Labour Party* und Liberaldemokraten seit 1999 eine Koalitionsregierung bilden. Sie wurde zunächst vom vormaligen Schottland-Minister Donald Dewar geführt (Juli 1999 bis zu seinem plötzlichen Tod im Oktober 2000), dem Henry McLeish nachfolgte, der allerdings schon ein Jahr später wegen einer Affäre zurücktreten musste (Mitchell/Scottish Monitoring Team 2003: 119–124). Seit November 2001 bekleidet Jack McConnell das Amt des *First Minister* und führt die Koalition, die nach den Wahlen im Mai 2003 fortgesetzt wurde.

Die Ergebnisse aus Wales spiegelten ebenfalls die langandauernde dortige Vorherrschaft *Labours* – die z. T. noch ausgeprägter als in Schottland war – wider, auch wenn die erste Wahl zur Versammlung (Jones 1999; McAllister 2000; Cole 2001) vor allem den walisischen Nationalisten ein bemerkenswertes Ergebnis brachte.

Tabelle 4: Wahl zur walisischen Versammlung, 6. Mai 1999 (Wahlbet. 46,2%)

	Wahlkreise (73)		Regionallisten (56)		Gesamt (129)	
	Stimmen	Mandate	Stimmen	Mandate	Stimmen	Mandate
Labour	37,6%	27	35,4%	1	36,5%	28
Plaid C.	28,4%	9	30,5%	8	29,5%	17
Cons	15,8%	1	16,5%	8	16,2%	9
LibDem	13,5%	3	12,5%	3	13,0%	6
Andere	4,7%	0	5,1%	0	4,9%	0

Quelle: Young 2003: 8, 10.

Tabelle 5: Wahl zur walisischen Versammlung, 1. Mai 2003 (Wahlbet. 38,2%)

	Wahlkreise (73)		Regionallisten (56)		Gesamt (129)	
	Stimmen	Mandate	Stimmen	Mandate	Stimmen	Mandate
Labour	40,0%	30	36,6%	0	38,3%	30
Plaid C.	21,2%	5	19,7%	7	20,5%	12
Cons	19,9%	1	19,2%	10	19,5%	11
LibDem	14,1%	3	12,7%	3	13,4%	6
Andere	4,8%	1	11,8%	0	8,3%	1

Quelle: Young 2003: 8f.

Michael Münter

Plaid Cymru gewann 1999 nicht weniger als neun Direktmandate – die bei den *Assembly*-Wahlen den Unterhauswahlkreisen entsprechen –, was bedeutete, dass das bis dahin beste Mandatsergebnis bei Unterhauswahlen (1992 und 1997 mit je vier Abgeordneten; Mellows-Facer u. a. 2005: 37) mehr als verdoppelt werden konnte. Dieser Erfolg *Plaids* war auch deshalb aufsehenerregend, weil die walisischen Nationalisten damit im interregionalen Vergleich ihre bisher als wesentlich stärker eingeschätzten schottischen Pendants von der SNP klar hinter sich ließen. Diesen gelang es, »lediglich« sieben Wahlkreise für sich zu entscheiden (Tabelle 2), womit sie das Unterhausergebnis von 1997 nur um ein mageres Mandat ausbauen konnten und hinter dem bislang besten Ergebnis der Partei (11 Sitze im Jahr 1974) deutlich zurückblieben. Aber nicht nur in den Wahlkreisen war *Plaid Cymru* 1999 höchst erfolgreich, sondern auch bei den Regionallisten erzielte die Partei mit 30,6 % mehr Stimmen als Konservative und Liberaldemokraten zusammen und kam der *Labour Party* als stärkster Kraft recht nahe. Vier Jahre später allerdings wendete sich das Blatt (Wyn Jones/Scully 2003; Taylor 2005): *Labour* konnte in einem außerordentlich schwierigen gesamtpolitischen Umfeld – Popularitätstief von Partei und britischer Regierung aufgrund des Irak-Kriegs – die Stimmenzahl ausbauen und zwei Mandate hinzugewinnen. Die Nationalisten erlitten dagegen eine deutliche Niederlage und verloren beinahe ein Drittel ihrer Mandate. Sie sehen sich nun ihrerseits in der Position als stärkster Oppositionskraft von den *Tories* bedrängt. Dieser Abwärtstrend setzte sich auch bei den Unterhauswahlen 2005 fort, als *Plaid* ein Mandat abgeben musste, die Konservativen hingegen drei hinzugewannen und mit diesen nun gleichauf bei drei walisischen MPs liegen (Mellows-Facer u. a. 2005: 15).

Das Wahlergebnis im Mai 1999 stellte die *Labour Party* zunächst vor völlig unvorhergesehene Probleme, da die Partei aufgrund ihrer jahrzehntelangen Dominanz in Wales (bei der vorangegangenen Unterhauswahl 1997 noch 54,7 % der Stimmen und 85 % der Mandate; Butler/Kavanagh 1997: 256) nicht mit einem derart enttäuschenden Abschneiden gerechnet hatte: »[T]he greatest challenge for the Labour Party was that of coming to terms with its failure to secure an overall majority. In Scotland, the political arithmetic had always suggested the likelihood of coalition. In Wales no such expectation had existed and consequently none of the parties had made any preparations for such an occurrence« (Jones/Balsom 2000: 265). Die Folge war der Versuch der *Labour Party*, mit einer Minderheitsregierung zu agieren, zunächst unter der Führung von Alun Michael und ab Februar 2000 mit Rhodri Morgan an der Spitze. Die nicht ganz unberechtigte Hoffnung der Partei bestand darin, dass sich die Oppositionsparteien nicht auf ein gemeinsames Vorgehen einigen und der Regierung somit in Abstimmungen zumindest eine relative Mehrheit sichern würden. Im Herbst 2000 scheiterte diese Strategie allerdings endgültig und *First Secretary* Morgan ging eine Koalition mit den Liberaldemokraten ein. Nach der Wahl 2003 wurde die Koalition nicht fortgesetzt, da die *Labour Party* aufgrund einer Besonderheit der Geschäftsordnung[8] alleine regieren konnte, wenn auch nur mit hauchdünnem Vorsprung. Diesen verlor die Partei jedoch im Frühjahr 2005 nach dem Partei- und Fraktionsausschluss von Peter Law. Seither arbeitet die Minderheitsregierung mit wechselnden Mehrheiten bzw. profitiert teilweise von der mangelnden Einigkeit der Oppositionsparteien. Von Herbst 2005 an gelang es der Opposition allerdings immer häufiger, ihre Stimmen zu bündeln und der Regierung Abstimmungsniederlagen zuzufügen bzw. ihr Zugeständnisse u.a. in Haushaltsfragen abzuringen (BBC 2005a; BBC 2005b). Die Chance, eine eigenständige Mehrheit zurückzugewinnen, konnte *Labour* im Sommer 2006 nicht nutzen, denn die Nachwahl nach dem Tode Peter Laws entschied dessen Frau Trish für sich, die nun ebenfalls als unabhängige Abgeordnete in der walisischen Versammlung sitzt (BBC 2006b). Vermutlich wird sich dieser Schwebezustand erst mit den kommenden Wahlen lösen, die im Mai 2007 anstehen.

Welches sind nun die (bisher sichtbaren) Folgen dieser neuen Konstellationen in Schottland und Wales für die Parteien? Meines Erachtens sind sie besonders deutlich auf drei Ebenen zu erkennen: Zum einen ist durch die Einführung des neuen Wahlrechts, besonders durch die Regionallisten, die Schwelle zum Erreichen parlamentarischer Repräsentation – und damit auch einer gewissen medialen Beachtung – deutlich gesunken. Davon haben vor allem in Schottland die kleineren Parteien profitiert, die seit 2003 immerhin 17 von 129 MSPs stellen, wohingegen in Wales die etablierten Parteien (noch?[9]) unter sich bleiben. So ist auffällig, dass die britischen Grünen (die neben dem schottischen Parlament auch im Gesamtstadtrat Londons – der *Greater London Assembly*, GLA – sowie im Europaparlament vertreten sind) seit einiger Zeit als ernstzunehmende Partei wahrgenommen werden, obwohl sie keinen einzigen Abgeordneten nach *Westminster* entsenden (Happold 2004; Morris 2004; Tempest 2005). Daneben ist zu bemerken, dass das AMS den Konservativen – die die Devolution im Allgemeinen und die Einführung eines proportionaleren Wahlsystems stets ablehnten – überhaupt erst die Möglichkeit zur politischen Regeneration in Schottland und Wales bietet: vor allem über respektable Ergebnisse bei den Regionallisten können sie eine nicht unerhebliche Zahl von Mandatsträgern (insgesamt knapp 30) in die parlamentarischen Vertretungen entsenden. Diese werden sich darum bemühen, langsam neues Vertrauen der Wählerschaft zu gewinnen, nachdem die Partei bei den Unterhauswahlen 1997 alle Sitze in den beiden Landesteilen verloren hatte. In Bezug auf Wales kann aus Sicht der *Tories* als erstes positives Resultat verbucht werden, dass es im Jahr 2005 gelungen ist, drei der Unterhausmandate, die die Partei bis 1997 gehalten hatte, zurückzuerobern (Mellows-Facer u.a. 2005: 15).

Ein zweiter Bereich, in dem sich Folgen abzeichnen, ist die ebenfalls durch das Wahlsystem hervorgerufene Wahrscheinlichkeit von Regierungskoalitionen, ein bis dato in Großbritannien nahezu unbekanntes Phänomen. So regiert etwa in Schottland seit 1999 relativ geräuschlos eine Koalition aus *Labour* und Liberaldemokraten und auch in Wales bestand zwischen 2000 und 2003 ein solches Bündnis. Inwieweit diese neuen Regierungsformationen eine dauerhafte Veränderung der politischen Kultur des Landes zur Folge haben – womöglich hin zu einem stärker konsensual ausgerichteten Politikstil – ist gegenwärtig noch nicht abzusehen. Es wäre aber verwunderlich, wenn diese Entwicklung ohne jede Rückwirkung bleiben würde. Als dritter Aspekt ist zu nennen, dass sich durch die Devolution neue Karriereperspektiven bzw. Karrierepfade für ambitionierte Politiker aus beiden Landesteilen bieten (für Schottland Stolz 2003; Stolz 2006). War mangels attraktiver Alternativen der Fokus bisher zumeist auf *Westminster* gerichtet, so haben nicht wenige Politiker, die anfangs noch Doppelmandate innehatten, für ihren Sitz im Regionalparlament optiert. Als Zwischenfazit ist zu konstatieren, dass die Dezentralisierung Großbritanniens auf politisch-institutioneller Ebene erste Wirkungen zeitigt. Inwieweit sie sich auch auf Politikformulierung bzw. -implementation in Schottland und Wales ausgewirkt hat und welches die konkreten Ergebnisse in den beiden Landesteilen (bisher) sind, ist Gegenstand des folgenden Abschnitts.

3.2 Politikergebnisse

Bei einer Analyse des gesetzgeberischen *Output* des schottischen Parlaments ist zunächst festzustellen, dass sich die Zahl spezifisch schottischer Gesetzgebung im Vergleich zur Prä-Devolutions-Zeit deutlich erhöht hat. Dabei ist zu beachten, dass bis zur Einrichtung des SP sämtliche gesetzlichen Regelungen für alle Teile Großbritanniens in *Westminster* beschlossen wurden. So galt die weit überwiegende Mehrzahl der Gesetze für das ganze Land und die entsprechenden Normierungen fanden sich in einem alle Landesteile erfassenden Gesetz. Teilweise wurden allerdings aus rechtlichen, inhaltlichen oder anderen Gründen Gesetze beschlossen, die Gültigkeit nur in einem Landesteil – zumeist in Schottland, selten auch in

Wales – besaßen. Das Unterhaus verabschiedete zwischen 1979 und 1999 im Durchschnitt sechs solcher spezifisch schottischer Gesetze pro Jahr. Das schottische Parlament war nun ab 1999 wesentlich aktiver und beschloss schon in der ersten Legislaturperiode im Durchschnitt sechzehn Gesetze pro Jahr (Keating 2004: 3). In diesem Kontext ist besonders auf die wichtige und einflussreiche Rolle der Ausschüsse des schottischen Parlaments zu verweisen (Shephard/Cairney 2005; Cairney 2006). Die Erkenntnis mag banal erscheinen, sie sollte aber dennoch nicht vergessen werden: Der dicht gedrängte Zeitplan in *Westminster* ließ nur wenig Raum für eigenständige schottische Gesetzgebung – das Parlament in Edinburgh wird den Notwendigkeiten einer intensiven, möglicherweise auch zeitlich ausgreifenden Diskussion spezifisch schottischer Anliegen und Probleme sowie deren Entscheidung und gesetzgeberischer Umsetzung offenkundig besser gerecht. Die wichtigsten Politikfelder, in denen sich signifikante Differenzen von der britischen (*de facto*: englischen) Politik nachweisen lassen, sind Bildung, Gesundheit und Kommunalverwaltung (DCCP 2006), was aufgrund der oben aufgezeigten Kompetenzzuweisung nicht verwunderlich ist.

Im Bildungsbereich beschloss das Parlament u.a. die Abschaffung der auch in England politisch hoch umstrittenen vorgelagerten Studiengebühren (*up-front tuition fees*) sowie eine deutliche Erhöhung der Lehrerbezüge um 21,5 % im Zeitraum von drei Jahren (Denholm/Mcleod 2002). Von besonders einschneidender Bedeutung war die wichtigste Entscheidung im Gesundheitswesen, namentlich die im Juli 2002 beschlossene Einführung kostenfreier häuslicher Betreuung für Menschen über 65 Jahre. Administrativ wird dies über die Gewährung eines Zuschusses von umgerechnet bis zu 1.140 Euro pro Monat abgewickelt, die konkrete Pflege selbst übernehmen private und/oder öffentliche Dienstleister (Marnoch 2003; Simeon 2003). Dieses spezifisch schottische Modell der Versorgung älterer Menschen ist vom Konzept her einer Art beitragsfreien Pflegeversicherung vergleichbar. Im Bereich der Kommunalverwaltung konnten die mitregierenden Liberaldemokraten eines ihrer wichtigsten und seit langem verfolgten politischen Ziele umsetzen: die Einführung eines Verhältniswahlsystems (in der Ausprägung des *Single Transferable Vote*, STV) für die Kommunalwahlen ab dem Jahr 2007 (Scott 2004; McGarvey 2004). Diese Umstellung wird den LibDems aller Voraussicht nach deutliche Mandatszuwächse in den Stadt- und Gemeinderäten Schottlands einbringen. In England und Wales wird dagegen auf lokaler Ebene weiterhin nach dem die kleineren Parteien benachteiligenden Mehrheitswahlsystem abgestimmt. Man kann mithin konstatieren, dass inhaltliche Differenzen der Politik in Edinburgh zu der in

Michael Münter

Westminster verfolgten durchaus zu erkennen sind: »[P]olicy divergence is becoming increasingly a reality« (Trench 2004: 5; Keating 2004: 11–13; Keating 2005). Es ist durchaus von Bedeutung, ob man (als Schotte[10]) in Edinburgh oder Newcastle studiert, ob man in Glasgow oder Birmingham im Alter pflegebedürftig wird bzw. ob man in Aberdeen oder Sheffield über die Zusammensetzung der Kommunalparlamente entscheidet. Bei aller Varianz sollte man die Unterschiede allerdings auch nicht zu hoch bewerten. Gelegentlich werden sie überinterpretiert, was auch daran liegt, dass Regierung, Parlament und Parteien in Schottland die Unterschiede besonders bei auch in England hoch umstrittenen Themen (Bildung und Gesundheitspolitik) betonen, während sie die vielfältigen Übereinstimmungen in anderen Bereichen weniger thematisieren (Keating 2004: 12).

Die Betrachtung des walisischen Falls muss aufgrund der skizzierten asymmetrischen Arrangements einen anderen Ausgangspunkt nehmen. So kann aufgrund der fehlenden primären Rechtsetzungsbefugnis und der in diesem Bereich bestehenden grundsätzlichen Abhängigkeit der NAW von den Aktivitäten in *Westminster* (problematisiert bei Navarro/Lambert 2005) nicht von eigener walisischer Gesetzgebungsarbeit gesprochen werden. Dennoch ist der *Output* der *Assembly*, gerade was die sekundäre Rechtsetzung betrifft, mehr als beachtlich (NAW o.J.): Allein in der ersten Wahlperiode (Mai 1999 bis April 2003) wurden nicht weniger als 697 Rechtsakte – so genannte *Assembly Orders* – beschlossen (Rawlings 2003: 262; Daten bis Ende Juli 2004 Rawlings 2005: 93). Dabei zeigen sich die signifikantesten Abweichungen von der englischen Politik in den Feldern Bildung und Gesundheit, wenn auch aufgrund der bescheideneren Kompetenzen nicht so ausgeprägt wie in Schottland.

Im Bildungsbereich (Reynolds 2003; Rees 2005) wurden staatliche Investitionen stärker als in England für Schulen in staatlicher Trägerschaft getätigt, die NAW beschloss die kostenlose Pausenversorgung von Schulkindern unter sieben Jahren mit Milch und schaffte die in Großbritannien weit verbreiteten Ranglisten der besten bzw. schlechtesten Schulen ab *(school league tables)*. Zudem stellt die Versammlung eigene Universitätsstipendien zur Verfügung. In der Gesundheitspolitik (Greer 2003, 2004: 128–158; Sullivan 2005) ist die Abschaffung der Rezeptgebühren für Personen unter 25 und über 60 Jahren bzw. deren stufenweise Absenkung für alle anderen Altersgruppen ein zentrales Element. Daneben etablierte die *Assembly* bei der Reform des *National Health Service* die Koordination des Systems auf lokaler Ebene und führte die kostenfreie Pflege/Betreuung alter Menschen nach einem Krankenhausaufenthalt für maximal sechs Wochen ein, was eine abgeschwächte Version des schottischen Modells darstellt.

Von großer Bedeutung für die Devolution in Wales war der Umstand, dass schon kurz nach der Arbeitsaufnahme der Versammlung die Debatte über eine Ausweitung ihrer Kompetenzen begann und seither nicht mehr zum Stillstand gekommen ist. Sichtbarster Ausdruck war die Einsetzung der so genannten *Richard Commission* im Juli 2002 bzw. die Vorlage ihres Berichts im März 2004, der sich auf mehr als 300 Seiten mit der Zukunft der NAW beschäftigte (Commission 2004; Jeffery 2004a; McAllister 2005). Vier zentrale Vorschläge der Kommission bestimm(t)en in der Folge die Diskussion: die Übertragung auch legislativer Befugnisse an die NAW, eine deutlichere Trennung zwischen Legislative und Exekutive (damit einhergehend eine erkennbarere Abgrenzung der jeweiligen Kompetenzen und Zuständigkeiten), die Erhöhung der Mandatszahl von momentan 60 auf 80 sowie die Einführung eines Verhältniswahlsystems (hier STV) für die *Assembly*-Wahlen. Die ersten beiden Überlegungen lehnen sich unmittelbar an das schottische Modell der Devolution an, die letzten beiden können als spezifisch walisische Vorschläge angesehen werden. Aufgenommen und befördert wurde die Debatte durch das im Juni 2005 vorgelegte Weißbuch der Londoner Regierung (HMSO 2005; Trench 2005c) zur Weiterentwicklung der walisischen Devolution, das (z. T. in Übernahme von Forderungen der *Richard Commission*) im Kern drei Vorschläge präsentiert: die deutlichere Trennung von Exekutive und Legislative, die schrittweise Ausdehnung der Rechtssetzungskompetenzen der Versammlung sowie gewisse Korrekturen des Wahlsystems bei grundsätzlicher Beibehaltung des AMS (v.a. das Verbot einer gleichzeitigen Kandidatur als Direkt- und Listenkandidat). Nachdem der Gesetzentwurf im Dezember 2005 ins *House of Commons* eingebracht wurde, schloss dieses seine Beratungen im Frühjahr 2006 ab. Derzeit wird der Entwurf noch im *House of Lords* behandelt (BBC 2006a), die letztendliche Billigung und das Inkrafttreten noch vor den Wahlen im Mai 2007 gilt als sehr wahrscheinlich.

Betrachtet man die Politikergebnisse aus Schottland und Wales der letzten sieben Jahre im Überblick (DCCP 2006), so zeigt sich, dass die beiden Landesteile mitunter eine Vorreiterrolle für politische Debatten und Entscheidungen im gesamten Königreich übernommen haben. Die Einführung der kostenlosen Pflege älterer Menschen in Schottland hat eine landesweite Diskussion über das Thema ausgelöst, Wales hat eine (wenn auch deutlich abgeschwächte) Variante des Konzepts etabliert. Die Abschaffung vorgelagerter Studiengebühren in Schottland beflügelte die gesamtbritische Debatte über die Finanzierung der Hochschulbildung. Die zuerst in Wales umgesetzte Berufung eines Beauftragten für die Rechte von Kindern (*Children's Commissioner*) ist in Schottland, Nordirland und erst als

Letztes in England nachvollzogen worden. Völlig zurecht wird allerdings auch darauf verwiesen, dass es in einigen Bereichen von schottischer und walisischer Seite nur zu einer Bestätigung des *status quo ante* gekommen ist, indem die dortigen Verantwortlichen eine in *Westminster* beschlossene Maßnahme nicht übernahmen: »Perhaps contrary to early expectations, it is [sometimes also] England, via Westminster, that has become the pioneer of policy experimentation in post-devolution UK.« (DCCP 2006). Dennoch kann insgesamt festgehalten werden, dass die Dezentralisierung schon nach relativ kurzer Zeit zu einem politischen Wettbewerb der Regionen um die besten Lösungen geführt hat. Zusammengefasst lautet daher die Zwischenbilanz: Die geographische und politische Diversifizierung der Politikarenen bringt innovative Resultate hervor (Jeffery 2004b), die *Policy Laboratories* Schottland und Wales liefern z.T. weitreichende Impulse.[11] Der politischen Leistungsfähigkeit des Landes ist dies sicherlich zuträglich. In der Gesamtschau ist zu konstatieren, dass sich die Dezentralisierung des Vereinigten Königreiches seit 1997 mit immenser Geschwindigkeit vollzogen und sich sowohl die Umsetzung der Arrangements als auch die Arbeit der neugeschaffenen Institutionen bisher als erstaunlich problemlos erwiesen hat (Trench 2005b: 5). Es ist zu keiner größeren (Staats-)Krise etwa über die Abgrenzung von Kompetenzen oder die Finanzierung der Devolution gekommen. Gleichwohl sind einige Bereiche zu erkennen, die in den kommenden Jahren für Auseinandersetzungen sorgen könnten bzw. deren Diskussion und Bearbeitung anstehen. Sie werden im folgenden Abschnitt adressiert.

4. Ausblick: Herausforderungen und potenzielle Konflikte

Eine zentrale Herausforderung ist die Verbesserung der Beurteilung der Devolution durch die schottische und walisische Bevölkerung (McEwan 2003; Scully u.a. 2004; Curtice 2005). Zieht man etwa die Wahlbeteiligung der regionalen Urnengänge als Indikator für Zustimmung oder Ablehnung der Devolution heran, so fallen die Einschätzungen sowohl im nördlichen Landesteil, mehr aber noch im Westen sehr kritisch aus. In beiden Gebieten ist die Wahlbeteiligung im Jahr 2003 im Vergleich zu 1999 deutlich gesunken: in Schottland von 58% auf 49% und in Wales von 46% auf 38%. Im Gegensatz zu diesen Daten zeichnen allerdings gerade für Wales einige Meinungsumfragen ein differenzierteres, ja gegenläufiges Bild: »[L]ow and declining turnout does not mean that the principle of devolution is being brought into question. Public support in Wales for the constitutional set-up which preceded the establishment of the Welsh

Assembly has fallen substantially since 1997 [...]. In contrast, public support for a Parliament nearly doubled« (Broughton/Storer 2004: 268). Die Waliser scheinen nicht weniger, sondern mehr Devolution zu wollen: Nach ihren Vorstellungen hierzu befragt, sagten 1997 noch 39,5 %, sie wollten keine gewählte Vertretungskörperschaft, lediglich 19,6 % sprachen sich für ein Parlament nach schottischem Vorbild aus. Sechs Jahre später hatten sich diese Zahlen nahezu umgekehrt. Jetzt votierten 37,8 % für ein starkes Parlament, nur noch 21,2 % gegen jede gewählte Vertretung (Wyn Jones/ Scully 2004: 2). Die Unterstützung für eine deutliche Aufwertung der walisischen Versammlung (primäre Gesetzgebung, Erhöhung der Mitgliederzahl, Ausweitung der Zuständigkeiten) war damit so hoch wie nie zuvor. Es wäre also zu kurz gegriffen, lediglich die Wahlbeteiligung als Indikator für Zustimmung oder Ablehnung der Devolution heranzuziehen. Die Lage in Schottland stellt sich etwas anders dar, auch wenn anzumerken ist, dass die Unterstützung für die Devolution dort stets höher gewesen ist als in Wales. Seit 1997 hat sich die Stimmung in Schottland nicht signifikant verändert. Das Parlament als solches verfügt über eine breite Unterstützung in der Bevölkerung, auch wenn die Enttäuschung über dessen konkrete Arbeit weit verbreitet ist (McEwan 2003: 58, 65–69; Jeffery 2004b: 12). Das Drama um den Neubau des schottischen Parlamentsgebäudes – dessen Kosten von geplanten 40 Mio. auf über 430 Mio. Pfund stiegen (Sudjic 2004; Kelbie 2004) – hat zweifelsohne zu dieser Enttäuschung beigetragen.

Als weiterer Aspekt steht – zweitens – die so genannte *West Lothian Question* (WLQ) auf der politischen Agenda (Lodge u. a. 2004: 198–205). Dabei handelt es sich um die schon Ende des 19. Jahrhunderts aufgekommene Frage, welche Rechte die schottischen Unterhausabgeordneten in Zukunft haben sollen. Aus der Sicht eines Abgeordneten aus einem englischen Wahlkreis erscheint es unverständlich, dass sein schottischer Kollege über alle englischen Fragen mitentscheiden darf, er als englischer MP aber nicht über alle schottischen Angelegenheiten, eben weil zahlreiche Politikfelder auf das dortige Parlament übertragen worden sind. Dieses Thema war in den vergangenen Jahren übrigens nicht nur (wie zuvor) eine akademische Debatte, sondern hat praktische Relevanz erlangt. Zweimal in der Wahlperiode von 2001 bis 2005 war die eigentlich sehr komfortable Unterhausmehrheit Tony Blairs von mehr als 160 Stimmen gefährdet, da ein erheblicher Teil der englischen *Labour*-Abgeordneten den Vorhaben der Regierung die Zustimmung verweigerte. Zum ersten ging es um eine deutliche Erhöhung der Studiengebühren in England, zum zweiten um die Etablierung der so genannten *Foundation Hospitals*, einer besonderen Organisationsform von Krankenhäusern. In diesen beiden Fällen konnte Tony Blair sich im Unterhaus nur durchsetzen, weil eine ausreichend große Zahl an *Labour*-Abgeordneten aus Schottland seinen Gesetzentwurf unterstützte und ihm somit die Mehrheit sicherte – ohne jedoch von den Auswirkungen der beschlossenen Gesetze betroffen zu sein, da die entsprechenden Politikfelder (Bildung und Gesundheit) dem schottischen Parlament übertragen sind. Eine Lösung der WLQ ist derzeit nicht in Sicht. Auch die Reduzierung der Zahl der schottischen Unterhaus-Abgeordneten seit Mai 2005 löst den Kern des zugrunde liegenden Problems nicht. Die WLQ dokumentiert damit eine der Inkonsistenzen der Verfassungspolitik *New Labours* – ohne Regionalparlament(e) für England scheint diese Frage unlösbar. Repräsentativkörperschaften dieser Art sind jedoch nach der klaren Niederlage beim ersten Referendum über die Einrichtung einer *Regional Assembly* im November 2004 weiter entfernt denn je (Constitution Unit 2004a: 1–29; Gay 2004).

Ein dritter wichtiger Komplex der kommenden Jahre wird die Frage der Finanzierung der Devolution sein (Mitchell 2003; Midwinter 2004; Bell/Christie 2005; Heald/McLeod 2005). Die weitestgehend geräuschlose Implementierung der territorialen Reformen nach 1997 hatte vor allem drei Gründe: Erstens die Tatsache, dass die *Labour Party* sowohl in London als auch in Cardiff und Edinburgh regiert. Zweitens die sehr hohe und wichtige personelle Kontinuität des Beamtenapparates, da beinahe alle Bediensteten der einstigen Territorialministerien in die neuen Institutionen wechselten. Drittens aber – und dies ist für die Finanzfrage relevant – fand die Umsetzung der Dezentralisierung in einer bisher nicht gekannten Periode ungebrochenen Wirtschaftswachstums in Großbritannien statt. Es gab somit einen gewissen Verteilungsspielraum und es entstand auf diese Weise ein recht günstiges politisches Klima, potenzielle Konflikte wurden vertagt. Dies könnte sich bald ändern. Ob auch in Zeiten gleichbleibender oder schrumpfender Finanzzuweisungen aus London dieses grundsätzlich positive Klima bestehen bleibt, ist abzuwarten.

Damit verbunden ist auch der vierte und letzte Gesichtspunkt: Die Devolution in Großbritannien hat ihre eigentliche politische Bewährungsprobe noch vor sich. Sie wird dann zu bestehen sein, wenn in London, Cardiff und Edinburgh nicht mehr die gleiche Partei die Regierung bzw. deren größeren Koalitionspartner stellt. Früher oder später wird dieser Fall unweigerlich eintreten, denn auch die *Labour Party* wird wieder Wahlen verlieren und in der Folge Regierungsverantwortung abgeben müssen. Bei abweichenden Mehrheiten in Parlament und/oder Versammlung werden sich dann auch die bereits jetzt intensiv diskutierten Fragen der interinstitutionellen Beziehungen – also des Verhältnisses und der Zusammenarbeit zwischen den Regierungen in London, Edinburgh und Cardiff (Laffin u. a. 2000; Horgan 2000; Trench 2005a; Trench 2006) – mit neuer Brisanz stellen. Erst dann wird sich zeigen, wie stabil die seit 1999 eingeführten Institutionen und Verfahren des »neuen« Vereinigten Königreiches tatsächlich sind.

Anmerkungen

1 Die Ausführungen beziehen sich vornehmlich auf Schottland und Wales, während auf Entwicklungen in Nordirland, London und den englischen Regionen nur am Rande eingegangen wird.
2 Zu den unterschiedlichen Typen der Devolution (administrativ, exekutiv, legislativ, *rolling*) vgl. ausführlich Münter 2005: 22–31.
3 Eine alle Aspekte des Wahlsystems umfassende und gleichwohl handhabbare Übersetzung des *Additional Member System* (AMS) ist nicht ganz einfach: Hier wird vorgeschlagen von »relativer Mehrheitswahl in Einerwahlkreisen mit kompensatorischen Regionallisten« zu sprechen. Die in britischen Publikationen immer wieder anzutreffende simple Klassifizierung als »PR = proportional representation« (zuletzt etwa Lundberg 2006: 107, schon im ersten Satz) ist irreführend, da es sich gerade nicht um ein Verhältniswahlsystem im klassischen Sinne handelt. Ich danke Herrn Michael Krennerich für wichtige Klärungen an diesem Punkt.
4 Auf die nur für Schottland geltende Besonderheit der so genannten *Sewel Convention* kann an dieser Stelle nur verwiesen werden (Winetrobe 2005).
5 Zu den in London verbleibenden Kompetenzen gehören z. B. Verfassungsfragen, Außenpolitik, Verteidigung, Geld- und Währungspolitik, Staatsangehörigkeitsrecht, Waffenrecht, Telekommunikation und Post. Teilweise sind die Bestimmungen extrem detailliert, etwa wenn Materien einzelner Politikfelder (durch Nichtnennung) vollständig übertragen werden, allerdings mit der dann explizit benannten Ausnahme eines einzigen Abschnitts eines Gesetzes, für den weiterhin *Westminster* zuständig bleibt.
6 Zur Illustration des Berechnungsverfahrens auch unten Tabellen 2 bis 5 sowie die angeführte Literatur.
7 Im Sommer 2004 trat ein Abgeordneter der SNP (Campbell Martin) aus der Fraktion aus und schloss sich den Unabhängigen an, die daraufhin, mit nunmehr fünf Mitgliedern, eine neue Fraktion (*The Independents*) gründeten (Shephard 2004: 2.3).
8 Die Besonderheit bezieht sich auf das Stimmrecht des Präsidenten (*Presiding Officer*) der NAW. Dieser darf nach der Geschäftsordnung der Versammlung (NAW 2004: 1.12) nur dann abstimmen, wenn es sich bei seiner Stimme um die entscheidende handelt, d.h. wenn ohne seine Stimme ein Patt entstünde. Im Normalfall stimmt der *Presiding Officer* also nicht ab. Da sowohl der Präsident

(Dafydd Elis-Thomas, Plaid Cymru) wie auch sein Stellvertreter (John Marek, Independent) nicht der *Labour Party* angehören, ging unter den ab 2003 gegebenen Mehrheitsverhältnissen ihr (erzwungener) Stimmverzicht stets zu Lasten der Opposition. Die faktische Stimmverteilung in der NAW lautete daher 30:29 zu Gunsten der *Labour Party*, woraus sich die knappe Mehrheit ergab.

9   Insbesondere die von dem unabhängigen AM John Marek gegründete Partei *Forward Wales*, die sich als links von der *Labour Party* stehend betrachtet und der sich im Januar 2004 der populäre ehemalige Wales-Minister und langjährige Vorsitzende der walisischen *Labour Party* Ron Davies anschloss, könnte bei den nächsten *Assembly*-Wahlen möglicherweise für Furore sorgen. Zu Davies' Rolle und Bedeutung für den walisischen Dezentralisierungsprozess und das (vorläufige) Ende seiner politischen Karriere Münter 2005: 215–219.

10 In Bezug auf die vorgelagerten Studiengebühren gilt, dass diese von allen nichtschottischen Studierenden sehr wohl zu entrichten sind. Damit soll vermieden werden, dass die schottischen Universitäten von »außer-schottischen« Studierenden, die die englischen Studiengebühren vermeiden wollen, überlaufen werden.

11 So bezog sich z. B. der Verfassungsausschuss des *House of Lords* in einem im Oktober 2004 veröffentlichten Bericht, in dem Fragen des Gesetzgebungsprozesses im Unterhaus thematisiert wurden, explizit auf die Vorbilder des Ältestenrats (*business committee*) in Edinburgh bzw. Cardiff und empfahl dessen Einrichtung auch in London. Daneben wurde auf das positive Beispiel der Öffentlichkeitsarbeit des schottischen Parlaments verwiesen; Constitution Unit 2004b: Kap. 7.

Literatur

BBC 2005a: Opposition force budget rethink. In: http://news.bbc.co.uk/1/hi/wales/4307218.stm

BBC 2005b: Power games leave Morgan in place. In: http://news.bbc.co.uk/1/hi/wales/4568854.stm

BBC 2006a: Government of Wales Bill. In: http://news.bbc.co.uk/2/hi/programmes/bbc_parliament/4656176.stm

BBC 2006b: Double election defeat for Labour. In: http://news.bbc.co.uk/2/hi/uk_news/wales/5127262.stm

Bell, David/Alex Christie 2005: Finance: Paying the Piper, Calling the Tune? In: Alan Trench (Hrsg.) (2005): The Dynamics of Devolution: The State of the Nations 2005. Exeter: 161–177.

Broughton, David/Alan Storer 2004: The Welsh Assembly Election of 2003. The Triumph of ›Welfarism‹. In: Representation, 40 (4): 267–280.

Burnside, Ross/Herbert, Stephen/Curtis 2003: Election 2003. SPICe Briefing 03/25, 6. Mai, Edinburgh.

Butler, David/Kavanagh, Dennis 1997: The British general election of 1997. Basingstoke/London.

Cairney, Paul 2006: The analysis of Scottish Parliament committee influence: Beyond capacity and structure in comparing West European legislatures. In: European Journal of Political Research, 45 (2): 181–208.
Cole, Michael 2001: Elections to the Welsh Assembly. Proportionality, Continuity and Change. In: Regional and Federal Studies, 11 (2): 147–163.
Commission on the Powers and Electoral Arrangements of the National Assembly for Wales 2004: Report of the Richard Commission. o. O.
Constitution Unit (Hrsg.) 2004a: Quarterly Monitoring Reports. The English Regions. November.
Constitution Unit (Hrsg.) 2004b: Quarterly Monitoring Reports. Devolution and the Centre, November.
Curtice, John 2004: Proportional Representation in Scotland. Public Reaction and Voter Behaviour. In: Representation, 40 (4): 330–342.
Curtice, John 2005: Public Opinion and the Future of Devolution. In: Alan Trench (Hrsg.) (2005): The Dynamics of Devolution. The State of the Nations 2005. Exeter: 117–136.
DCCP [=Devolution and Constitutional Change Programme] 2006: Final Report. In: www.devolution.ac.uk/final_report.htm
Denholm, Jane W./Deirdre Macleod 2002: Educating the Scots. The Renewal of the Democratic Intellect. In: Gerry Hassan/Chris Warhurst (Hrsg.) (2002): Anatomy of the New Scotland, Power, Influence and Change, Edinburgh/London: 114–123.
Denver, David 2003: A ›Wake Up!‹ Call to the Parties? The Results of the Scottish Parliament Elections 2003. In: Scottish Affairs, 44: 31–53.
Denver, David/Hands, Gordon 2004: Exploring Variations in Turnout. Constituencies and Wards in the Scottish Parliament Elections of 1999 and 2003. In: British Journal of Politics and International Relations, 6 (4): 527–542.
Dunleavy, Patrick/Margetts, Helen 2004: How Proportional are the ›British AMS‹ Systems? In: Representation, 40 (4): 316–328.
Gay, Oonagh 2004: Referendums on Regional Assemblies. House of Commons Library Research Paper 04/57. London.
Greer, Scott L. 2003: Health. How far Can Wales Diverge from England. In: John Osmond (Hrsg.) (2003): Second Term Challenge. Can the Welsh Assembly Government hold its Course? Cardiff/London: 52–63.
Greer, Scott L. 2004: Territorial politics and health policy, UK health policy in comparative perspective. Manchester.
Greer, Scott L. 2006: Gesundheitspolitik. In: Kastendiek, Hans/Sturm, Roland (Hrsg.) (³2006): Länderbericht Großbritannien, Geschichte, Politik, Gesellschaft, Wirtschaft, Kultur. Bonn.
Happold, Tom 2004: A green to be believed. In: The Guardian, 8. März.
Hazell, Robert 1999: The New Constitutional Settlement. In: Ders. (Hrsg.) (1999): Constitutional Futures. A History of the Next Ten Years. Oxford: 230–247.

Heald, David/Alasdair McLeod 2005: Embeddedness of UK Devolution Finance within the Public Expenditure System. In: Regional Studies, 39 (4): 495–518.

HMSO [= Her Majesty's Stationery Office] (Hrsg.) 1998a: Scotland Act 1998, Chapter 46. London.

HMSO (Hrsg.) 1998b: Government of Wales Act 1998, Chapter 38. London.

HMSO. (Hrsg.) 2005: Better Governance for Wales, Cm. 6582. London.

Horgan, Gerard W. 2000: Inter-institutional Relations in the Devolved Great Britain. Quiet Diplomacy. In: Regional and Federal Studies, 14 (1): 113–135.

Hurd, Douglas 2002: On from the Elective Dictatorship. Hailsham Lecture to Society of Conservative Lawyers, 20. Juni. o. O.

Jeffery, Charlie 2004a: The Report of the Richard Commission: an Evaluation, Devolution Briefings, Nr. 12.

Jeffery, Charlie 2004b: Devolution: What Difference has it Made, Interim Findings from the ESRC Research Programme on Devolution and Constitutional Change. Birmingham.

Johnson, Nevil 2004: Reshaping the British Constitution. Essays in Political Interpretation. Basingstoke.

Jones, J. Barry 1999: The First Welsh National Assembly Election. In: Government and Opposition, 34 (3): 323–332.

Jones, J. Barry/Balsom, Denis 2000: Aftershock. In: Dies. (Hrsg.) (2000): The Road to the National Assembly for Wales. Cardiff: 265–274.

Jowell, Jeffrey/Oliver, Dawn (Hrsg.) ⁵2004: The Changing Constitution. Oxford.

Jung, Otmar 2001: Direkte Demokratie in Deutschland und Großbritannien. In: Glaeßner, Gert-Joachim/Reutter, Werner/Jeffery, Charlie (Hrsg) (2001): Verfassungspolitik und Verfassungswandel, Deutschland und Großbritannien im Vergleich. Wiesbaden: 143–169.

Keating, Michael 2004: How Distinctive is Holyrood? An Analysis of Legislation in the first Scottish Parliament, The Devolution Policy Papers, Nr. 10.

Keating, Michael 2005: Policy Convergence and Divergence in Scotland under Devolution. In: Regional Studies, 39 (4): 453–463.

Kelbie, Paul 2004: Report into Holyrood fiasco blames no one. In: The Independent, 16. September: 20.

Laffin, Martin/Alys, Thomas/Webb, Adrian 2000: Intergovernmental Relations after Devolution. The National Assembly for Wales. In: Political Quarterly, 71 (3): 223–233.

Leeke, Matthew/RicharCracknell 2003: Scottish Parliament Elections: 1 May 2003, House of Commons Library Research Paper 03/46. London.

Lodge, Guy/Russell, Meg/Gay, Oonagh 2004: The Impact of Devolution on Westminster. If Not Now, When? In: Alan Trench (Hrsg.) (2004): Has Devolution Made A Difference. The State of the Nations 2004. Exeter: 193–216.

Lundberg, Thomas Carl 2006: Competition between Members of the Scottish Parliament and the Welsh Assembly: Problem or Virtue. In: Political Quarterly, 77 (1): 107–116.

Mackay, Fiona 2003: Women and the 2003 elections: Keeping up the momentum. In: Scottish Affairs, 44, 74–90.

Marnoch, Gordon 2003: Scottish Devolution: Identity and Impact and the Case of Community Care for the Elderly. In: Public Administration, 81 (2), 253–273.

McAllister, Laura 2000: Changing the Landscape. Lessons from the Recent Elections in Wales. In: Political Quarterly, 71 (2): 211–222.

McEwan, Nicola 2003: Is devolution at risk? Examining attitudes towards the Scottish Parliament in the light of the 2003 election. In: Scottish Affairs 44: 54–73.

McGarvey, Neil 2004: Local Government. In: Constitution Unit (Hrsg.) (2004): Quarterly Monitoring Reports: Scotland. May 2004, Kap. 7.

Mellows-Facer, Adam/Young, Ross/Cracknell, Richard 2005: General Election 2005, House of Commons Library Research Paper 05/33. London.

Midwinter, Arthur 2004: The Changing Distribution of Territorial Public Expenditure in the UK. In: Regional and Federal Studies, 14 (4): 499–512.

Miller, William L. 1999: Modified Rapture All Round: The First Elections to the Scottish Parliament. In: Government and Opposition, 34 (3): 299–322.

Mitchell, James 2003: Spectators und Audiences: The Politics of UK Territorial Finance. In: Regional and Federal Studies, 13 (4): 7–21.

Mitchell, James/Bradbury, Jonathan 2004: Political Recruitment and the 2003 Scottish and Welsh Elections. Candidate Selection, Positive Discrimination and Party Adaptation. In: Representation, 40 (4): 289–302.

Mitchell, James/Scottish Monitoring Team 2003: Third Year, Third First Minister. In: Robert Hazell (Hrsg.) (2003): The State of the Nations 2003. The Third Year of Devolution in the United Kingdom. Exeter: 119–139.

Morris, Nigel 2004: Green Party ›has the policies to reach disenchanted voters‹. In: The Independent, 22. Oktober.

Münter, Michael 2005: Verfassungsreform im Einheitsstaat. Die Politik der Dezentralisierung in Großbritannien. Wiesbaden.

Navarro, Marie/Lambert, David 2005: The Nature and Scope of the Legislative Powers of the National Assembly for Wales. Devolution Briefing, Nr. 13.

NAW [= National Assembly for Wales] 2004: Standing Orders of the National Assembly for Wales, Fassung vom 15. Juni.

NAW 2005: Statistical Analysis of the Proceedings of the First Assembly 1999–2003. In: http://www.wales.gov.uk/subiassemblybusiness/content/safa-e.pdf

Oliver, Dawn 2003: Constitutional Reform in the United Kingdom. Oxford.

Rawlings, Richard 2003: Delineating Wales, Constitutional, legal and administrative aspects of national devolution. Cardiff.

Rawlings, Richard 2005: Law Making in a Virtual Parliament. The Welsh Experience. In: Robert Hazell/Rawlings, Richard (Hrsg.) (2005): Devolution, Law Making and the Constitution. Exeter: 71–111.

Rees, Gareth 2005: Democratic Devolution and Education policy in Wales. The Emergence of a National System? In: Contemporary Wales 17: 28–43.

Reynolds, David 2003: Education: Building on Difference. In: John Osmond (Hrsg.) (2003): Second Term Challenge. Can the Welsh Assembly Government hold its Course? Cardiff/London: 43–51.

SCC [= Scottish Constitutional Convention] 1995: Scotland's Parliament. Scotland's Right. Edinburgh.

Scott, Kirsty 2004: MSPs vote for election reform. In: The Guardian, 25. März.

Scully, Roger/Wyn Jones, Richard /Trystan, Dafydd 2004: Turnout, Participation and Legitimacy in Post-Devolution Wales. In: British Journal of Political Science, 34 (3): 519–537.

Shephard, Mark 2004: Parliament. In: Constitution Unit (Hrsg.) (2004): Quarterly Monitoring Reports: Scotland. Report November 2004, Kap. 2.

Shephard, Mark/Paul Cairney 2005: The Impact of the Scottish Parliament in Amending Executive Legislation. In: Political Studies, 53 (2): 303–319.

Simeon, Rachel 2003: Free Personal Care. Policy Divergence and Social Citizenship. In: Robert Hazell (Hrsg.) (2003): The State of the Nations 2003. The Third Year of Devolution in the United Kingdom. Exeter: 215–235.

Stolz, Klaus 2003: Moving up, moving down: Political careers across territorial levels. In: European Journal of Political Research 42 (2): 223–248.

Stolz, Klaus 2006: Devolution und politische Karrieren: Institutionelle Modernisierung und ihre nicht-intendierten Folgen. In: Sebastian Berg/Kaiser, André (Hrsg.) (2006): New Labour und die Modernisierung Großbritanniens. Augsburg: 94–118.

Sturm, Roland 1999: Großbritannien heute. Ist das Modell der Westminster-Demokratie am Ende? In: Merkel, Wolfgang/Busch, Andreas (Hrsg.) (1999): Demokratie in Ost und West. Für Klaus von Beyme. Frankfurt am Main: 210–224.

Sudjic, Deyan 2004: It's Britain's finest new building, but is it worth 400m of anyone's money? In: The Observer, 13. Juni: 13.

Sullivan, Michael 2005: Wales Devolution and Health Policy. Policy Experimentation and Differentiation to Improve Health. In: Contemporary Wales 17: 44–65.

Taylor, Gerald 2005: Disaster? Whose Disaster? The National Assembly Election 2003. In: Contemporary Wales, 17: 113–127.

Tempest, Matthew 2005: Greens turn fire on Lib Dems. In: The Guardian, 5. März.

Trench, Alan 2004: Introduction: Has Devolution Made a Difference? In: Trench, Alan (Hrsg.) (2004): Has Devolution Made A Difference? The State of the Nations 2004. Exeter: 1–10.

Trench, Alan 2005a: Intergovernmental Relations Within the UK. The Pressures Yet To Come. In: Trench, Alan (Hrsg.) (2005): The Dynamics of Devolution. The State of the Nations 2005. Exeter: 137–159.

Trench, Alan 2005b: Introduction. The Dynamics of Devolution. In: Trench, Alan (Hrsg.) (2005): The Dynamics of Devolution. The State of the Nations 2005. Exeter: 1–19.

Trench, Alan 2005c: Better Governance for Wales: An Analysis of the White Paper on Devolution for Wales. Devolution Policy Papers: Nr. 13.

Trench, Alan 2006: Intergovernemental Relations: In Search of A Theory. In: Scott L. Greer (Hrsg.) (2006): Terriotory, Democracy and Justice. Regionalism and Federalism in Western Democracies. Basingstoke/New York: 224–256.

Winetrobe, Barry 2005: A Partnership of Parliaments? Scottish Law Making under the Sewel Convention at Westminster and Holyrood. In: Hazell, Robert/Rawlings, Richard (Hrsg) (2005): Devolution, Law Making and the Constitution. Exeter: 39–70.

Wyn Jones, Richard/Scully, Roger 2003: ›Coming Home to Labour‹. The 2003 Welsh Assembly Election. In: Regional and Federal Studies, 13 (3): 125–132.

Wyn Jones, Richard/Scully, Roger 2004: Devolution in Wales: What does the Public Think? Devolution Briefings, Nr. 7.

Young, Ross 2003: Welsh Assembly Elections: 1 May 2003. House of Commons Library Research Paper 03/45, London.

Jürgen Henkel
Die Idee der Regionen und Regionalparteien in Rumänien

1. Blickpunkt Hermannstadt/Sibiu und die deutsche Minderheit in Transsilvanien

Bei den rumänischen Kommunalwahlen im Juni des Jahres 2004 sorgte ein Ergebnis für internationale Schlagzeilen: Der deutschstämmige Bürgermeister Klaus Johannis wurde im ersten Wahlgang mit einem schon sozialistisch anmutenden Ergebnis von fast 90 % als Bürgermeister in Hermannstadt/Sibiu wieder gewählt – und das bei freien Wahlen. Es ist die zweite Amtszeit des Siebenbürger Sachsen in Hermannstadt. Dort leben nach aktuellen Schätzungen rund 2000 Deutsche bei einer Gesamtbevölkerungszahl von etwa 180.000 Einwohnern. Diese Wahl ist einerseits das Ergebnis einer hohen Wertschätzung der Bevölkerung für die Arbeit und die Person des Bürgermeisters. Andererseits ist dies auch eine spezifisch regionale Erscheinung. Die Siebenbürger Sachsen als deutsche Minderheit in Rumänien erfreuen sich einer besonderen Wertschätzung durch die rumänische Mehrheitsbevölkerung.[1] Die Deutschen in Rumänien sind zwar aus der Sicht der Rumänen auch mit den klassischen Attributen der Deutschen ausgestattet und gelten als eher langweilig und temperamentlos, geizig, bieder und wenig leidenschaftlich, doch die positiven Tugenden der Deutschen wie Fleiß und Ordnungsliebe, Korrektheit und Unbestechlichkeit, Pünktlichkeit, Disziplin und Arbeitsfreude gelten den Rumänen als vorbildlich und beispielhaft.

Nach einer Reihe bitterer Enttäuschungen mit korrupten und vor allem am persönlichen Vorteil interessierten Politikern haben die Rumänen in Hermannstadt und Umgebung 2004 für Überraschungen gesorgt.[2] Neben Johannis wurden mehrere deutsche Bürgermeister gewählt. Unter anderem Daniel Tellmann in Mediasch (Mediaş) und Johann Krech in Heltau (Cisnădie). Auch im Sathmarer Land in Nordwestsiebenbürgen wie auch im Banat wurden entsprechende Einzelergebnisse erzielt. Die deutsche Minderheit stellt insgesamt etliche Mandatsträger, Bürgermeister wie Gemeinde-, Stadt- und Kreisräte, wobei nicht alle über die DFDR-Listen kandidiert haben, sondern auch über andere Parteien (PD, PNL oder PSD).

Die Deutschen verfügen für ihre politischen Aktivitäten über einen eigenen Verband, der sich aber als Minderheitenvertretung empfindet, nicht als Partei im engeren Sinne: das »Demokratische Forum der Deutschen in Rumänien« (DFDR). Gegründet wurde das »Deutsche Forum« noch im Dezember 1989. Es ist in die fünf Regionalverbände Altreich, Banat (Banater Berglanddeutsche und Banater Schwaben), Bukowina, Nordsiebenbürgen (Sathmarer Schwaben, Zipser) und Siebenbürgen (Siebenbürger Sachsen und Landler) gegliedert.³ Freilich wird das »Forum« auf den kommunalen Ebenen als Partei aktiv und auch als solches bei den Rumänen und den anderen Volksgruppen wahrgenommen, indem es bei Wahlen wie eine Partei antritt und Kandidaten aufstellt. Trotzdem ist es wie die rasch gegründeten Ungarnverbände, die später in der »Demokratischen Union der Magyaren in Rumänien« (UDMR) aufgegangen sind, einzureihen in die Gruppe der »Interessenverbände und politische[n] Repräsentationskörperschaften der ethnischen Minderheiten« (Kendi 1992: 154).⁴ Nachdem das »Deutsche Forum« nur lokal antritt und nicht bei nationalen Wahlen, der Ungarnverband aber aufgrund der großen Zahl der in Rumänien lebenden Ungarn – knapp 1,5 Millionen Staatsbürger – auch bei den nationalen Wahlen antritt und sogar Präsidentschaftskandidaten nominiert, ist es folgerichtig, dass die UDMR in rumänischen Darstellungen der Parteienentwicklung nach 1989 behandelt wird, das DFDR nicht (vgl. Radu 2003 und Stoica 2003).

Die Ergebnisse der Kommunalwahlen im Jahr 2004 im Kreis Hermannstadt ließen jedenfalls aufhorchen: Im Stadtrat von Hermannstadt besitzt das »Deutsche Forum« eine satte Zweidrittelmehrheit, im Kreistag ist das Forum mit rund 33% der Stimmen Mehrheitsfraktion geworden und stellt mit Martin Bottesch auch den Kreisratsvorsitzenden. Diese regionalen Ergebnisse sind deswegen besonders interessant, weil sie von einer Minderheit errungen wurden, die in ihrer Region nicht wie manche nationalen Minderheiten in Regionen anderer Länder die Mehrheit bildet, sondern eine absolute Minderheit.

Die Deutschen in Siebenbürgen haben zwar in früheren Jahrhunderten in vielen Städten und Dörfern die Mehrheitsbevölkerung gebildet, doch die Entwicklungen des 20. Jahrhunderts haben bekanntlich zu Auswanderungswellen nach 1978 und vor allem nach 1989 geführt. Lebten 1992 noch rund 120.000 Deutsche in Rumänien, so sind es nach der Volkszählung von 2002 nur noch rund 60.000.⁵ In der Zwischenkriegszeit, als auch Bessarabien zu »Groß-Rumänien« gehörte, waren es einmal bis zu 830.000 Deutsche in Rumänien. In Chișinău/Bessarabien »regierte« einige Jahre lang sogar ein deutscher Bürgermeister.

Krieg und Auswanderungswellen führten zu einem drastischen Rückgang der Zahl der Deutschen in Rumänien. Wobei hinzuzufügen ist, dass die Deutschen aus Rumänien nicht vertrieben wurden wie etwa aus Polen oder der Tschechoslowakei. Umso verständnisloser reagiert die rumänische Politik auf manche Reserviertheit und Vorurteile gegenüber Rumänien im Blick auf den EU-Beitritt des Landes. Die ihre Identität sehr stark in kollektiven Lebensmodellen bestimmenden Deutschen Rumäniens – Sachsen wie Banater Schwaben gleichermaßen – folgten einer Art Herdentrieb und kehrten »Heim ins Reich!« oder ins »Gelobte Land«, das Deutschland für viele Angehörige der deutschen Minderheit gerade nach Jahrzehnten des Kommunismus in Rumänien geblieben war. So sind diese Wahlergebnisse deutschstämmiger Kandidaten einerseits Ausdruck eines starken regionalen Bewusstseins der Bevölkerung, auch der allgemeinen Wertschätzung der deutschen Mitbürger im Land, aber kein Ausdruck einer sozusagen »eigenen Mehrheit« dieser Minderheit in der Region. Anders verhält es sich mit den Ungarn in den mehrheitlich ungarischen Kreisen Covasna und Harghita.

2. Geschichtlicher Hintergrund und rechtliche Situation in Rumänien heute

Blicken wir nun auf Rumänien als Ganzes, so ist zunächst festzuhalten: Rumänien stellt heute einen zentralistisch organisierten Nationalstaat nach französischem Vorbild mit einem Zweikammerparlament dar.[6] Das Land hat Regionen mit sehr unterschiedlichen Traditionen, wobei diese Landesteile über Jahrhunderte fremdbestimmt waren bzw. zu anderen Landeshoheiten zählten. Die Fürstentümer der Moldau und der Walachei unterstanden zwar nicht direkt dem Osmanischen Reich, waren also keine Paschaliks, mussten aber sehr wohl dem Sultan und der Hohen Pforte Tribut zahlen. Das taten sie einigermaßen regelmäßig; wenn jedoch selbstbewusste und starke Fürsten an die Regierung kamen, verweigerten sie auch mal die Zahlungen und zogen gegen die Osmanen in den Krieg – die betreffenden Fürsten wie Michael der Tapfere, Vlad Țepes und Stefan der Große gelten in Rumänien heute noch als Nationalhelden. Im Zuge der Befreiungsbewegungen des 19. Jahrhunderts fanden die Fürstentümer Moldau und Walachei mit französischer, britischer und russischer Hilfe nach mehreren Kriegen zur Unabhängigkeit. Zur Vereinigung der Moldau und der Walachei kam es 1859 unter Fürst Alexandru Ion Cuza.

Siebenbürgen war zur Türkenzeit ein eigenständiges Fürstentum mit ungarischem (aber nicht nationalistischem) Adel, das recht geschickt zwischen den Machtfaktoren Habsburg, Russland und Osmanischem Reich hin- und her lavierte. 1699 wurde Siebenbürgen endgültig habsburgisch. Siebenbürgens Status als eigenständiges Fürstentum erlosch mit dem Ausgleich von 1867; es wurde in das zentralistisch-ungarische Königreich inkorporiert. Dieser Zustand endete 1918/1920, als es infolge des Ersten Weltkriegs und des Vertrags von Trianon erstmals zur realen Vereinigung aller mehrheitlich von Rumänen bewohnten Regionen kam.[7] Nebenbei sei bemerkt: 1918/1920 sprachen sich auch die deutschen Minderheiten in Siebenbürgen und dem Banat für den Anschluss dieser Regionen an Rumänien aus, da die ungarische Zentralverwaltung seit dem österreichisch-ungarischen Ausgleich von 1867 massiv in Siebenbürgen magyarisiert hatte – was nicht nur die Rumänen, sondern auch die Deutschen in ihrer kulturellen Autonomie belastete.[8]

In all diesen Epochen wechselnder politischer Oberhoheit besaßen die Fürstentümer Moldau, Walachei und Siebenbürgen zwar eine relative Autonomie. Doch befanden sich vor allem die orthodoxen Rumänen in Siebenbürgen und dem Banat bis 1918 nicht im Besitz gleicher Rechte wie die Ungarn, Siebenbürger Sachsen und Szekler. So pflegten und prägten die Ungarn und die Deutschen in den Regionen zwar eine stark regionale Identität. Für die Rumänen hingegen wurde die Vereinigung aller genannten Regionen in einem neuen Staat »Rumänien« im Zuge der Nationalbewegung ab dem 19. Jahrhundert zu einem nationalen Anliegen.

Die Überwindung der regionalen Strukturen der meist fremdbestimmten Fürstentümer musste den Rumänen diesseits und jenseits der Karpaten geradezu als Bedingung für die Erlangung der nationalen Einheit und Freiheit erscheinen und war demzufolge eher positiv besetzt. Der Terminus der »Region« ist in Rumänien bei der Mehrheitsbevölkerung kulturell und landschaftlich und in mancher Hinsicht noch wirtschaftlich besetzt, nicht aber im Sinne von politischen und administrativen Strukturen. Diese Haltung ist historisch begründet und deshalb sehr ernst zu nehmen.

Die historisch positiv definierte und erlebte neue nationale Identität als jetzt freie Rumänen in einem eigenen (National-)Staat ab 1920 war nun freilich fast automatisch der Entwicklung eines ausgeprägten politischen Regionalbewusstseins unter den Rumänen und der Bildung entsprechender Parteien im 20. Jahrhundert nicht unbedingt dienlich.[9] Das Regionalbewusstsein unter den Rumänen ist jedenfalls stärker von religiösen und kulturellen Aspekten bis hin zu Tracht, Folklore und Volkskunst geprägt, die als stark regionalspezifisch empfunden werden. Im Übrigen ist zu berücksichtigen, dass eine regionale politische Identität im Allgemeinen kein Spezifikum oder Merkmal der Mentalität der Völker in Südosteuropa darstellt.

Dies hängt auch mit den zentralistischen Strukturen des jahrhundertelang dominierenden Osmanischen Reiches zusammen. Mit Harald Heppner ist festzuhalten, »daß dieses Weltreich auf einem zentralistischen Prinzip aufbaute, wonach Sultan und Islam die obersten Orientierungs- und Machtinstanzen darstellten.« (Heppner 2000: 1–19). So hat der osmanische Zentralstaat »keine Föderalisierung vorgesehen, weshalb die politische Landschaft und die politische Kultur am Balkan verödete. Nach der Beseitigung des türkischen ›Jochs‹ traten die jungen Nationen daher in dieselben, zum Teil auch von Seiten der westlichen Großmächte empfohlenen Pfade, nämlich zentrale Ordnungsmuster zu forcieren und deren Gegenteil möglichst zu unterbinden.« (Heppner 2000: 11 f.). Im Falle Siebenbürgens ist zu berücksichtigen, dass es Ansätze einer Regionalisierung der politischen Strukturen im mittelalterlichen und frühneuzeitlichen Siebenbürgen durchaus gegeben hat (vgl. Gündisch 2000: 21–49), allerdings ohne angemessene Beteiligung der Siebenbürger Rumänen, was sich in deren historisches Gedächtnis bis heute eingeprägt hat und bis in die Gegenwart manche politischen Debatten und Empfindlichkeiten prägt. Die Kommunisten brauchten später eine straffe zentralistische Struktur, um ihre Macht zu stabilisieren und durchzusetzen[10], wobei selbst die Kommunisten Wert legten auf die Mitwirkung von Ungarn, Deutschen und Juden in führenden Parteifunktionen als optisches Ornament.[11]

Heute – unter den Bedingungen der Demokratie und der freien Marktwirtschaft – kommt noch verstärkt eine wirtschaftliche Komponente hinzu: Siebenbürgen und das Banat sind neben der Hauptstadt Bukarest die wirtschaftlich stärksten und dynamischsten Regionen Rumäniens. Die Siebenbürger und Banater Rumänen sehen es zum großen Teil nicht mehr ein, einen ständigen Finanzausgleich an die ärmeren und wirtschaftsschwächeren Teile des Landes zu leisten.

Ihren sichtbarsten Ausdruck finden die regionalen Traditionen in Rumänien heute interessanterweise in der Struktur der Rumänischen Orthodoxen Kirche.[12] Es gibt fünf Metropolien, die im Großen und Ganzen die alten Regionen widerspiegeln: die Metropolien von Muntenien (Ostwalachei und Dobrudscha), Oltenien (Westwalachei oder »Kleine Walachei«), Moldau und Bukowina, Siebenbürgen und Maramuresch sowie die Metropolie des Banats.

Es gibt infolge der hier kurz angedeuteten geschichtlichen und politischen Entwicklung keine regionalen Parlamente in Rumänien. Das politische administrative System gleicht – wie gesagt – dem französischen. Das Land ist unterteilt in 41 Kreise, die den französischen *départements* entsprechen. Die Landeshauptstadt Bukarest ist kreisfrei. Der rumänische

Begriff für den Kreis – Judeţ – ist eine Übersetzung der alten Bezeichnung der Stuhlrichter-Ämter. Diese Kreise haben jeweils einen Präfekten als Vertreter der Exekutive an der Spitze. Diese Präfekten werden von der Regierung ernannt und unterstehen dem Innenminister in Bukarest; sie sind nicht vom Volk gewählt. Die Präfektenämter waren bisher eine Manövriermasse in der Hand der jeweiligen Regierung, die über die Besetzungsschiene sowohl eigene Parteileute »versorgen« konnte, als auch in strategisch besonders wichtigen Kreisen und Kreisstädten gegen vorhandene andersfarbige Stadtrats- und Bürgermeistermehrheiten ihre Leute als Gegenspieler installierte. Die derart vorprogrammierten parteipolitischen Scharmützel, Kleinkriege und Machtkämpfe hemmten nach 1989 in mancher Kreisstadt die politische und wirtschaftliche Entwicklung.[13] Neben Gemeinde- und Stadträten gibt es als weiteres kommunales Parlament den Kreisrat, der auch im Rahmen der Kommunalwahlen gewählt wird. Ihm steht der Kreisratsvorsitzende vor. Die Bürger in Rumänien identifizieren sich durchaus mit den Kreisen, in denen sie leben. Doch werden diese mehr als Verwaltungsstrukturen und kulturelle Einheiten wahrgenommen, weniger als Raum, der die Herausbildung einer eigenen regionalen Identität förderte.

Föderale Strukturen gibt es in Rumänien nicht, auch keine dem deutschen Bundesrat vergleichbare Kammer, die die Anliegen der Regionen vertreten würde. Allerdings sind die anerkannten 18 Minderheiten mit jeweils einem garantierten Sitz in der Abgeordnetenkammer des Parlaments vertreten. Der Ungarnverband UDMR kommt aufgrund seiner eigenen landesweiten Kandidatur aus Siebenbürgen, der Marmarosch und dem Banat regelmäßig auf ein Wahlergebnis von etwa 5 % und erreicht damit den Fraktionsstatus. Doch von den mehrheitlich von Angehörigen der ungarischen Minderheit bewohnten Kreisen Covasna und Harghita abgesehen, begründen weder sie noch die anderen Minderheiten eine eigene die Region prägende Identität, weil die Rumänen auch in Siebenbürgen und dem Banat seit langem schon die absolute Bevölkerungsmehrheit stellen.[14]

3. Überblick über die aktuelle Parteienlandschaft in Rumänien

Im Zuge der postrevolutionären Entwicklung der Demokratie in Rumänien nach 1989 kam es zu einer Fülle von Parteigründungen, die bereits als »explosive formation of the parties«[15] charakterisiert wurde. Bei diesen vielen Parteien handelt es sich zum Teil um die Wiedergründung im Kommunismus verbotener historischer Parteien wie im Falle der »Christ-

Jürgen Henkel

demokratischen Nationalen Bauernpartei« (PNȚCD) oder der »Nationalliberalen Partei« (PNL), die ihren Ursprung schon im 19. Jahrhundert haben und auf große Leistungen und Opfer im antikommunistischen Widerstand zurückblicken können[16] oder um Neugründungen wie im Falle der »Demokratischen Partei« (PD). Mit zahlreichen Fusionen und der inflationären Gründung von Westentaschenparteien durch aus Regierungs- oder Parteiämtern ausgeschiedene Politiker führen die Akteure des postrevolutionären politischen *Establishments* nach 1989 die Praxis der vorkommunistischen Epoche der rumänischen Geschichte fort.

Echte regionale Parteien gibt es daher in Rumänien unter den geschilderten historischen Umständen heute mit einer Ausnahme – dem Ungarnverband/UDMR – nicht (rechnet man das »Deutsche Forum« aus den oben genannten Gründen – lokale, nicht nationale Kandidaturen, kein Präsidentschaftskandidat und keine Vertreter im Parlament außer des verfassungsmäßig garantierten Abgeordneten – nicht dazu). Die wichtigsten Parteien, die auch im Parlament vertreten sind, sind folgende:

- die »Demokratische Partei« (PD): die Partei des offiziell nach Vorgabe der Verfassung parteilosen Präsidenten Traian Băsescu; sie wird von dem Klausenburger Bürgermeister und Universitätsdozenten Emil Boc geführt. Die Partei ist Anfang der 1990er Jahre aus der »Front der Nationalen Rettung« (FSN) erwachsen und besaß zunächst ein sozialdemokratisches Profil. Sie war sogar Mitglied in der Sozialistischen Internationalen (SI). Jetzt hat sie 2005 unter Băsescu und Boc eine Kehrtwende vollzogen und um Aufnahme in der Europäischen Volkspartei (EVP) ersucht. Vor kurzem erhielt sie Beobachterstatus in der EVP.
- die »Nationalliberale Partei« (PNL): diese Partei ist eine der historischen Parteien Rumäniens. Sie wird von Premierminister Călin Popescu-Tăriceanu geführt und bildet zusammen mit der PD die Regierungsallianz »DA« (»Gerechtigkeit und Wahrheit«), die zusammen mit dem Ungarnverband UDMR, der kleinen so genannten »Konservativen Partei«/PC und den Minderheitenvertretern im Parlament derzeit die Regierung stellt.
- die frühere Regierungspartei der Sozialdemokraten/PSD ist heute in der Opposition. Sie ist als Partei sehr stark in den ärmeren Regionen Rumäniens wie der Moldau und Oltenien beliebt. Die wirtschaftlich stärkeren Regionen Siebenbürgen und das Banat sowie die Hauptstadt Bukarest zählen traditionell nicht zu den Hochburgen der PSD. Insoweit lässt sich durchaus eine Regionalisierung des Wählerverhaltens konstatieren, die aber nicht an regionale Parteien gebunden ist.[17]

4. Der Ungarnverband/UDMR

Den großen Sonderfall stellt nun in Rumänien der Ungarnverband/UDMR dar.[18] Am 25. Dezember 1989, also unmittelbar nach dem Sturz Ceausescus, »als Interessenverband und Dachorganisation aller politischen und gesellschaftlichen Organisationen der ungarischen Minderheit Rumäniens zur Vertretung ihrer nationalen Zielsetzungen gegründet« (Gabanyi 1998: 297), kann dieser Verband tatsächlich als einzige relevante rumänische Regionalpartei auf ethnischer Basis gewertet werden. Die Ungarn sind die größte nationale Minderheit in Rumänien und leben vor allem in Siebenbürgen und dem Banat. Nach der Volkszählung von 2002 zählen die Ungarn 1.431.807 Personen. Das entspricht 6,6 % der Bevölkerung Rumäniens. Zwar haben auch die Ungarn und Szekler in Siebenbürgen keine eigene Bevölkerungsmehrheit in der Region, nur lokal in einigen Kommunen und Kreisen, doch mischten sie von Anfang an in der Politik auf nationaler Ebene mit. Die UDMR setzt damit unter umgekehrten Vorzeichen die parteipolitischen Aktivitäten der Siebenbürger Rumänen im 19. Jahrhundert fort, die damals auch zur Gründung von Regionalparteien führten.[19] Bei allen bisherigen Wahlen war der Ungarnverband präsent und erfolgreich.

Die Ungarn wählen traditionell ihren Verband. Er kommt regelmäßig in etwa auf entsprechende Prozentzahlen, die dem Anteil der ungarischen Bevölkerung in Rumänien entsprechen. Für Aufsehen sorgte der Verband bei den ersten freien Wahlen nach dem Sturz des Diktators, als er bei den Wahlen zur Verfassungsgebenden Versammlung im Mai 1990 mit 7,23 % (Abgeordnetenkammer) bzw. 7,20 % (Senat) aus dem Stand auf den zweiten Platz nach der »Front der Nationalen Rettung« (FSN) von Ion Iliescu kam und damit noch vor den wiedergegründeten historischen Parteien wie etwa der PNL lag (vgl. Gabanyi 1998: 299 und Sterbling 1997: 133). Von 1996 bis 2000 und seit der letzten Wahl 2004 ist die UDMR in der Regierung vertreten. Mit Márko Béla stellt sie derzeit auch den stellvertretenden Ministerpräsidenten, außerdem zehn Senatoren und 22 Abgeordnete. Sie schickte regelmäßig Kandidaten für das Präsidentenamt ins Rennen und kam bei den Präsidentschafts- und Parlamentswahlen regelmäßig auf 5–7 %.

Bei den Kommunalwahlen 2004 wurde die regionale Verwurzelung des Ungarnverbandes besonders deutlich. Der Verband stellt 189 Bürgermeister, 111 Kreisräte und 2488 Stadt- und Gemeinderäte. In fünf Kreisen mit starkem ungarischem Bevölkerungsanteil oder sogar ungarischer Mehrheit (Bihor, Covasna, Harghita, Mureş und Satu Mare) stellt die UDMR den Kreisratsvorsitzenden. Der Verband hat sich der EVP angeschlossen.

Vor allem die Beteiligung an der Regierung (1996–2000 und seit 2004) bedeutet eine wichtige Einbindung der Ungarn in die Regierungspolitik. Der Ungarnverband UDMR bringt sich sehr konstruktiv in die Bukarester Politik ein und hat so schon viele Vorteile für die Ungarn herausgeholt, so eine weitgehende kulturelle und schulische Autonomie, wirtschaftliche Förderung, etc. Dies hatte eine merkliche Entspannung im Verhältnis zwischen der ungarischen Minderheit, die in West- und Zentralrumänien lebt, und dem rumänischen Staat wie der Mehrheitsbevölkerung zur Folge. Anfänglich angesichts vereinzelter gewaltsamer Auseinandersetzungen zwischen Rumänen und Ungarn in mehrheitlich ungarisch geprägten Städten und Siedlungsgebieten geäußerte Befürchtungen hinsichtlich eines drohenden Konfliktes zwischen Ungarn und Rumänen haben sich zerstreut.[20]

Das liegt auch an der erwähnten direkten oder indirekten Regierungsbeteiligung des UDMR als Koalitionspartner bzw. durch Duldung der Minderheitenregierung der PSD (2000–2004). So kam es nach dem Abschluss eines Grundlagenvertrages zwischen Ungarn und Rumänien noch unter Präsident Ion Iliescu (PDSR)[21] und Premierminister Nicolae Văcăroiu (PDSR) am 16. September 1996 (vgl. Stoica 2002: 96) nach dem Regierungswechsel im gleichen Jahr zur ersten bürgerlich-konservativ-liberalen Regierungskoalition nach 1989 unter erstmaliger Regierungsbeteiligung des Ungarnverbands. Dabei beweist die UDMR generell große ideologische Flexibilität, was vor allem dem primären (NB: legitimen!) Ziel des Verbandes geschuldet ist, die Interessen der eigenen Volksgruppe politisch zu vertreten. Nachdem sie von 1996 bis 2000 der bürgerlich-konservativen Reformkoalition angehörte, die von der »Demokratischen Konvention« (CDR) angeführt wurde, tolerierte sie von 2000 bis 2004 die Sozialisten und ihre Minderheitsregierung, die dadurch relativ bequem allein regieren konnte. Nach den Wahlen 2004 hat sich die UDMR offiziell in die Mitte-Rechts-Koalition einbinden lassen.

Innerhalb und außerhalb des weitgehend konstruktiven und staatstragenden Ungarnverbands UDMR gibt es immer wieder kleine radikale irridentistische Kreise, die über die Kulturautonomie hinaus eine territoriale Autonomie fordern oder sogar von der Abspaltung Siebenbürgens und des Banats von Rumänien und der Angliederung an Ungarn träumen. Diese Kreise stehen in ihrer Argumentationsweise jener rumänischer Nationalisten wie Corneliu Vadim Tudor (Parteichef der Großrumänien-Partei PRM) oder dem ehemaligen Klausenburger Bürgermeisters Gheorghe Funar in nichts nach. Zu den radikalen und unversöhnlichen Kräften zählt auch der reformierte damalige Pastor und heutige Bischof László Tökés (Bischof in Oradea/dt. Großwardein), der als Märtyrer und Held von Temeswar vor allem im Westen zur rumänischen Revolutionsikone wurde. Heute wird auch seine damalige Rolle zunehmend kritisch gesehen und die berechtigte Frage gestellt, ob sein Handeln auf die Freiheit für Rumänien und seine Bürger unabhängig der ethnischen Zugehörigkeit abzielte oder nicht vielmehr auf einen Anschluss des Banats an Ungarn.[22] Unterstützt und angestachelt werden diese radikalen Elemente von der liberal-konservativen FIDESZ-Partei in Ungarn unter dem früheren Ministerpräsidenten Viktor Orbán, der regelmäßig den Ungarnverband UDMR kritisiert, weil dieser angeblich zu nachgiebig sei. Vor diesem Hintergrund ist die Warnung von Anton Sterbling nicht ganz von der Hand zu weisen, wonach die Existenz »ethnischer« Parteien oder politischer Organisationen »nicht nur zur demokratischen Einbindung und Beteiligung der Minderheiten, sondern ebenso – angesichts überkommener und fortbestehender interethnischer Differenzen und Konflikte – zur nationalistischen Reideologisierung und Polarisierung des politischen Geschehens bei[trägt]« (Sterbling 1997: 117).[23]

Die UDMR hingegen nimmt ihre staatspolitische Verantwortung ernst. So kam es am 20. Oktober 2005 zu einer historischen Premiere: der ersten gemeinsamen ungarisch-rumänischen Kabinettssitzung in Bukarest. Derzeit gefährdet die UDMR allerdings den Erfolg der gegenwärtigen Koalition, indem sie 2005 ein Minderheitenstatut ins Parlament eingebracht hat, das trotz bereits bestehender weitreichender Privilegien und positiver Diskriminierung der Minderheiten in Rumänien eine weitgehende kulturelle Autonomie für die ungarisch dominierten Kreise Covasna und Hargita fordert, aber auch für Städte wie Târgu Mureş. Der darin vorgesehene Minderheitenrat hätte ein umfassendes Vetorecht bei vielen (kultur-)politischen Entscheidungen in der Region. Die Regierungsparteien PD und PC wollen dem in der vorliegenden Form nicht zustimmen. Die UDMR droht mit dem Ausstieg aus der Koalition, sollte das Minderheitenstatut von der Regierungskoalition nicht gefördert werden.

5. Ausblick

Nach fünf Jahrzehnten der »Vergewaltigung des ganzen Volkes« (Oschlies 1998: 35) hat sich in Rumänien manchen Unkenrufen und mancher Hyperkritik im In- und Ausland zum Trotz doch eine stabile Demokratie etabliert. Es gab mehrere freie Wahlen und Machtwechsel im neuen System nach 1989. Die Presse- und Meinungsfreiheit sowie ein umfassender Schutz der Minderheiten und ihrer Kultur und Kirchen ist gewährleistet. Die Entwicklung des Landes nach 1989 und die aktuelle Situation ist überhaupt nicht vergleichbar mit der Lage in der Ukraine bis 2004, in Weißrussland, der Republik Moldau oder etwa in Russland seit Putins Amtsantritt. Dass die Politik vor allem der Umsetzung handfester eigener Interessen dient – sei es der Minderheiten oder wirtschaftlicher Gruppen und Cliquen – und die Vergangenheitsbewältigung noch auf sich warten lässt, bietet derzeit höchstens Anlass, noch nicht von einer fortgeschrittenen »politischen Kultur« zu sprechen. Doch die Demokratie an sich ist in Rumänien stabil und gewährleistet. Dazu trägt auch die positive Berücksichtigung und Beteiligung der Minderheiten am politischen Geschehen vor allem seit 1996 bei. Die Bewertung Alexandru Cizeks aus dem Jahr 1998 kann dabei durchaus auch für die heutige Lage Anwendung finden, wenn er festhält: »Die politische Partnerschaft der Rumänen mit den Magyaren wurde angesichts der [...] Tragödie im ehemaligen Jugoslawien als exemplarisch empfunden. Der Europarat [...] beurteilte diese Entwicklung mehrmals als sehr positiv und begrüßte sie als bahnbrechend für den Aufbau von Euroregionen im Osten des Kontinents.« (Cizek 1998: 189–205).

Die Beurteilung von Regionalisierungstendenzen und -ansätzen durch die Mehrheitsbevölkerung in Rumänien dürfte dabei in etwa den Ergebnissen entsprechen, zu denen Peter Jordan 2004 in seiner Analyse der Verhältnisse in Polen, der Tschechischen Republik, der Slowakei, Ungarn und Slowenien gekommen ist, und die er mit den Worten zusammenfasst: »Die Regionalisierung genießt in der schwierigen Transformationsphase keine politische Priorität und wird von Politikern und Bevölkerung nicht als innere Notwendigkeit, sondern als von außen (von der EU) herangetragener Wunsch empfunden« (Jordan 2004: 11–24). Dies ist in Südosteuropa besonders schade, »da regionale Identität und Regionalisierung durchaus geeignet wären, die hier immer noch sehr virulente nationale Frage zu entschärfen, nicht nur weil selbstverwaltete Regionen mit starken eigenen Kompetenzen die Macht des Nationalstaats brechen, sondern auch, weil eine Identifikation der Bevölkerung mit der Region die unterschiedlichen und zum Teil antagonistischen nationalen Identitäten innerhalb einer Region unter Umständen in den Hintergrund drängen kann. Die Regionen als die kulturellen Bausteine Europas zu stärken bedeutet außerdem, die kulturelle Vielfalt Europas (als Wert für sich) zu erhalten.« (Jordan 2004: 12). Eine grundsätzliche Aufwertung der Regionen in Rumänien ist in diesem Sinne durchaus wünschenswert. Freilich können Föderalismuskonzepte und -modelle etwa aus Deutschland nicht ohne Weiteres auf Rumänien übertragen werden. Zum einen gibt es eine andere Rechtstradition, die mit dem französischen Modell durchaus auch gängigen europäischen Vorstellungen folgt und entsprechend zu respektieren und zu akzeptieren ist. Zum anderen kann aufgrund des schwierigen und in mancher Hinsicht wechselseitig belasteten historischen Erbes in Rumänien eine zu starke Dezentralisierung und Föderalisierung des Landes zentrifugale Kräfte und Bestrebungen fördern, die zu einer Destabilisierung des Landes und des gesamten südosteuropäischen Raumes führen können.

Anmerkungen

1. Diese Sympathie liegt auch in der gemeinsamen Vergangenheit in Siebenbürgen begründet. Siebenbürger Rumänen und Sachsen hatten nach dem österreichisch-ungarischen Ausgleich von 1867 unter der als »Magyarisierung« mit dem Ziel der Assimilierung bekannten Nationalitätenpolitik der ungarischen Regierung, die auch schon als »Staatsnationalismus« bezeichnet wurde, und der Verwaltungspraxis in Siebenbürgen zu leiden (vgl. detaillierte Darstellung bei Volkmer 2004; vgl. auch den Überblick bei Lendvai 2001). Selbst keineswegs einer pro-rumänischen Haltung verdächtige ungarische Historiker und Autoren wie Paul Lendvai betonen mittlerweile die maßlose Magyarisierungspolitik der ungarischen Regierungen nach 1867. Lendvai etwa kommt zu dem Schluss: »Die Umwandlung eines Nationalitätenstaats in einen rein magyarischen National- und Zentralstaat war ein höchst dynamischer Prozess, angetrieben von einem wachsenden ungarischen Sendungsbewußtsein. [...] Eine eindrucksvolle Wiedergeburt des Ungarntums im Zeichen der Muttersprache wurde zum weithin sichtbaren Symbol einer triumphalen Überhöhung der nationalen Identität. Die tragische und unabwendbare Folge war aber die permanente Herausforderung der anderen Hälfte der Gesamtbevölkerung, vor allem im Alltagsleben.« – Nachdem das Banat in der vorliegenden Darstellung aus Platzgründen nicht gesondert oder ausführlich behandelt werden kann, sei auf den Überblick von Sterbling 1997: 49–69 verwiesen.
2. Zu den Wahlergebnissen der Kandidaten der deutschen Minderheit vgl. Ungar 2004 und Jürgen Henkel 2004. Die Wahlergebnisse im ganzen Land deuteten auf eine Abwendung der Wähler von den alleinregierenden Sozialdemokraten (PSD) hin.
3. Zur Geschichte des Forums vgl. Demokratisches Forum der Deutschen in Rumänien 2004.
4. Zu der Entwicklung dieser Repräsentationskörperschaften und ihrer Untergliederungen nach den Prinzipien des Föderalismus in Regional- und Lokalforen vgl. Kendi 1992: 154–162. Zu den Zielen des Deutschen Forums vgl. Kendi 1992: 156 f.
5. Zu den Bevölkerungszahlen geben die Volkszählungen von 1992 und 2002 Aufschluss. Vgl. Henkel 2003: 34–52, Tabelle 1 (Ergebnisse 2002 in Prozenten und absoluten Zahlen) bzw. Anm. 8 (Ergebnisse 1992 in Prozent; bei Sterbling 1997: 125; für 1992 auch die absoluten Zahlen). Zur Auswanderung der Deutschen,

die sich auf die Sozialstruktur und das kirchliche Leben ehemals mehrheitlich deutscher Dörfer, Städte und Kirchengemeinden, besonders der Evangelischen Kirche A. B. in Siebenbürgen und des römisch-katholischen Bistums von Temeswar sowie die Pflege des deutschen Kulturerbes in den Regionen Siebenbürgen und Banat sehr negativ auswirkte, vgl. Sterbling 1997: 71–84.

6   Zum französischen Einfluss auf den staatlichen Zentralismus in Südosteuropa vgl. Zub 2000: 51–65.

7   Zur politischen Geschichte Rumäniens in der Neuzeit vgl. Völkl 1995 und Hösch 1995.

8   Vgl. Anm. 1.

9   Diese Identifikation mit dem Einigungsprozess und dem heutigen Staat Rumänien geht folkloristisch und musikalisch noch heute so weit, dass auch durchaus modern denkende Rumänen bei den alten patriotischen Liedern der Nationalbewegung zur Verklärung der nationalen Einheit und der Nationalbewegung aufblühen. Das kann man als chauvinistische Attitüde und latenten Nationalismus kritisieren (wie auch die rumänischen Fähnchen an den Straßenlaternen in Klausenburg – wobei der Verfasser noch keine Kritik an entsprechenden ungarischen Fähnchen in Budapest, Györ, Szeged oder Sopron gehört hat). Man kann dies aber auch als die nationale Identität prägende Dankbarkeit für die nationale Einheit und Freiheit aller Rumänen in einem Staat ab 1920 wahrnehmen.

10 »Wegen der spezifischen Rahmenbedingungen kann die sozialistische Ära als neuartige Etappe des Zentralismus in Südosteuropa bezeichnet werden. [...] Das Machtmonopol der Kommunisten hat den Zentralismus zum Dogma erhoben, so daß dessen ergänzende Kraft, der Regionalismus, keine echte Chance erhalten konnte.« (Heppner 2005: 15)

11 Vgl. Kendi 1992: 117–120. Er weist auf die zunehmenden Probleme der KP Rumäniens in der Spätphase des Kommunismus hin, den erforderlichen ethnischen und regionalen Proporz zu erzielen: »Noch in den siebziger Jahren legte die Parteiführung Wert darauf, die Erfolge in ihrem Bemühen um Aufnahme im Rahmen des angestrebten ›ethnischen Proporzes‹ von Minderheitsangehörigen in die Partei in Zahlen zu konkretisieren. Bei der Bestandsaufnahme 1981 allerdings wurden die Anteile der ethnischen Minderheiten an der Gesamtzahl der damals 3,04 Millionen Parteimitglieder nicht mehr ausgewiesen [...]. Die Anteile der Minderheiten am Gesamtbestand der Kommunistischen Partei dürften in den achtziger Jahren zurückgegangen sein.« (Kendi 1992: 118)

12 Vgl. Skizzen der EU-Regionen (NUTS 2 und NUTS 3) im Anhang.

13 Die seit Dezember 2004 amtierende Mitte-Rechts-Regierung von PNL, PD, UDMR und PC unter Führung von Premierminister Călin Popescu-Tăriceanu hat im Herbst 2005 das entsprechende Gesetz geändert, um zu einer Entpolitisierung dieser Präfekten-Funktion und damit der Präfekturen als Ämter und Verwaltungsbehörden überhaupt zu kommen. Seit Januar 2006 dürfen die Präfekten keiner Partei mehr angehören und müssen vor ihrer Berufung eine Verwaltungsausbildung nachweisen sowie entsprechende Examina ablegen. Es

ist zu hoffen, dass diese Änderung mehr bewirkt als eine nur kosmetische Korrektur. Wenn man aber die Entschlossenheit und Ernsthaftigkeit der jetzigen Regierung z. B. im Blick auf die Justizreform und Entpolitisierung der Medien berücksichtigt, dann besteht sehr wohl die Aussicht, dass diese Gesetzesänderungen ernst gemeint sind und wirklich zu einer Entpolitisierung dieser Ämter beitragen.

14 Die Rumänen 1880 stellten bereits mit 55,9 % die absolute Bevölkerungsmehrheit in Siebenbürgen, auch wenn sich dies in der politischen Vertretung im ungarischen Parlament aufgrund eines die Siebenbürger Rumänen diskriminierenden Zensuswahlrechts nicht widerspiegelte (vgl. Volkmer 2004: 24). Zur Bedeutung der Zahlenverhältnisse im Blick auf die Bevölkerung in Siebenbürgen vgl. Mitu 2003: 253–265.

15 Vgl. Ionete 2003: 123, 266. Zur Entwicklung des Parteienwesens und der Parteien in Rumänien von 1989 bis 1996 vgl. Gabanyi 1998: 241–299; zur Entwicklung nach 1996 vgl. Henkel 2001: 20–49 und Henkel 2005: 24–42, Ionescu 2004: 75–95 sowie insgesamt Radu 2003 und Stoica 2003.

16 Vgl. zu diesem wichtigen wie in der Forschung vernachlässigten Abschnitt der rumänischen Parteiengeschichte die hervorragende Studie von Burger 2003.

17 Harald Roth beschreibt dieses Phänomen im Blick auf die Wahlen von 1992 mit den Worten: »Charakteristisch sind die Unterschiede der Wahlergebnisse vom September 1992 nach Provinzen: Während der Alt- und Neukommunist Iliescu in den Provinzen des Altreiches – mit der Ausnahme Bukarest – 60 % und mehr der Stimmen erhielt, kam er in den vormals habsburgischen Landesteilen nirgends über 30 %; sein bürgerlicher Gegenkandidat, der Europäer Constantinescu, erhielt hier hingegen nahezu 50 % – auch dies ein Zeichen der politisch, kulturell und konfessionell quer durch Rumänien verlaufenden Grenze.« (Roth 1993: 64–93). Wenn auch Roths unverblümte Wählerschelte der Bürger des Altreichs, seine polemische Gegenüberstellung von Iliescu als »Kommunist« und Constantinescu als »Europäer«, das jeweils auch ein bestimmtes Bild der Wähler dieser Politiker impliziert und suggeriert, sowie die pejorative Abgrenzung der ehemals habsburgischen Landesteile gegenüber dem Altreich sachlich unangemessen und wenig hilfreich erscheinen, so lässt sich das so gekennzeichnete Phänomen eines unterschiedlichen Wahlverhaltens zwischen den Regionen bei den Wahlen nach 1989 durchaus feststellen. Bukarest als moderne Großstadt ist traditionell weltoffen und westlich geprägt. Roths Hinweis auf die konfessionellen Unterschiede zwischen Siebenbürgen und dem Altreich hingegen spiegelt vor allem Vorbehalte und Vorurteile Roths gegenüber der rumänischen Orthodoxie wider. Die guten Wahlergebnisse Constantinescus im Westen des Landes – Siebenbürgen und dem Banat – können angesichts der realen ethnischen und konfessionellen Zahlenverhältnisse kaum allen Ernstes Katholiken und Protestanten allein zugeschrieben werden. Ohne die Stimmen der orthodoxen Rumänen dieser westrumänischen Regionen wären diese Ergebnisse nicht zu erzielen gewesen.

[18] Zur Geschichte des Ungarn-Verbands vgl. Gabanyi 1998: 297–299 sowie Radu 2003: 89–97 und Stoica 2003: 121–129.

[19] »Seit den 1880er Jahren entwickelten die Rumänen Siebenbürgens eine rege Parteientätigkeit. Ihre Programme sahen unter anderem Autonomie für Siebenbürgen und rechtliche Gleichstellung vor.« (Roth 1993: 79). Vor diesem Hintergrund können die Parteien der Siebenbürger Rumänen im 19. Jahrhundert geradezu als klassische Regionalparteien gewertet werden.

[20] So hatte Anneli Ute Gabanyi 1990 noch gewarnt: »Das Problem der Minderheiten, insbesondere der in Siebenbürgen lebenden Ungarn, hat sich seit dem Dezember 1989 zu einem Konfliktpotenzial allererster Ordnung entwickelt.« (Gabanyi 1992: 220). Sie betont »die nicht zu überschätzende Gefährlichkeit dieses Konflikts« (Gabanyi 1992: 220). Auch bei Hösch: 1995: 280 ist noch zu lesen: »Siebenbürgen droht erneut zum Zankapfel zwischen Rumänien und Ungarn zu werden.« Diese Gefahr scheint mittlerweile endgültig gebannt zu sein, wenngleich grundsätzlich durchaus zu berücksichtigen ist, dass der von Ralf Dahrendorf als »Sozialvertrag« bezeichnete postkommunistische gesellschaftliche Grundkonsens (zit. bei Sterbling 1997: 120), der sich idealerweise in der Verfassung widerspiegeln sollte, »auch eine befriedigende Lösung ethnischer Minderheitenprobleme einschließen muß« (Sterbling 1997: 120). Sterbling hat Recht, wenn er darauf hinweist, dass im Blick auf die Rolle ethnisch motivierter Regionalparteien in den Transformationsstaaten künftig erst noch konkret analysiert werden muss, »ob die Artikulation von ethnisch begründeten Wertstandpunkten oder Sonderinteressen und eine in diesem Sinne betriebene politische Mobilisierung zu einer fortschreitenden politischen Polarisierung, Radikalisierung und einer entsprechenden Belastung der politischen Kultur führen wird oder nicht.« (Sterbling 1997: 139)

[21] Die Partei hat sich später umbenannt in PSD – Sozialdemokratische Partei.

[22] »Einer korrekten Einschätzung der Rolle, die Tökés gespielt hat, stand eine Zeitlang das hohe Ansehen entgegen, das er im Ausland genoß. Seitdem jedoch die Einschätzung der Person und Funktion von Tökés einer realistischeren Betrachtungsweise gewichen ist, wurden zunehmend öffentlich Zweifel an der These vom spontanen Ausbruch der Kette von Volksaufständen geäußert, deren erstes Glied in Temeswar geschmiedet worden war.« (Gabanyi 1998: 170). Bischof Tökés behindert heute als Bischof zum Beispiel systematisch die Arbeit einer kleinen, aber engagierten Reformierten Akademie, die einer seiner Pastoren in Oşorhei bei Oradea/dt. Großwardein ins Leben gerufen hat. Dort wird der ökumenische und vor allem interethnische Dialog gefördert, was Tökés ablehnt.

[23] Vgl. insgesamt den Abschnitt »Ethnische Minderheiten und ethnische Parteien in Südosteuropa« bei Sterbling 1997: 115–141.

Literatur

Burger, Ulrich (2003): Zwischen Konfrontation und Kooperation. Die »historischen« Parteien in der politischen Auseinandersetzung mit der Sowjetunion in den Jahren 1944 und 1945. Rumänien-Studien, Bd. 3. Sankt Augustin.

Cizek, Alexandru (2000): Aktuelles zum Problem der Koexistenz von Rumänen und Magyaren in Rumänien. In: Lienau, Cay/Steindorff, Ludwig (Hrsg.) (2000): Ethnizität, Identität und Nationalität in Südosteuropa. Beiträge zu einem Präsentationstag der Südosteuropa-Forschung an der Universität Münster am 27. November 1998. Südosteuropa-Studie 65. München.

Demokratisches Forum der Deutschen in Rumänien (Hrsg.) (2004): Einblick und Ausblick: 15 Jahre Demokratisches Forum der Deutschen in Rumänien. Hermannstadt.

Gabanyi, Anneli Ute (1992): Die unvollendete Revolution. Rumänien zwischen Diktatur und Demokratie. München.

Gabanyi, Anneli Ute (1998): Systemwechsel in Rumänien. Von der Revolution zur Transformation. Untersuchungen zur Gegenwartskunde Südosteuropas. Bd. 35. München.

Gündisch, Konrad G. (2000): Ständische Autonomie und Regionalität im mittelalterlichen und frühzeitlichen Siebenbürgen. In: Löwe, Heinz-Dietrich/Tontsch, Günther H./Troebst, Stefan (Hrsg.) (2000): Minderheiten, Regionalbewusstsein und Zentralismus in Ostmitteleuropa. Siebenbürgisches Archiv. Bd. 35. Köln, Weimar, Wien.

Henkel, Jürgen (2001): Zwischen Not und Nostalgie – Präsidentschafts- und Parlamentswahlen 2000 in Rumänien. In: SOM 41/2001.

Henkel, Jürgen (2003): Gesellschaft und Kirche in Rumänien. In: SOM 43/2003.

Henkel, Jürgen (2004): PSD nach Kommunalwahlen schwer angeschlagen. In: Hermannstädter Zeitung (HZ), Nr. 1883. 25. Juni 2004.

Henkel, Jürgen (2005): Die »Dritte Wende« – Rumänien nach den Wahlen von 2004. In: Som 45/2005.

Heppner, Harald (2000): Regionalismus und Zentralismus in Südosteuropa. In: Löwe, Heinz-Dietrich/Tontsch, Günther H./Troebst, Stefan (Hrsg.) (2000): Minderheiten, Regionalbewusstsein und Zentralismus in Ostmitteleuropa. Siebenbürgisches Archiv. Bd. 35. Köln, Weimar, Wien.

Hösch, Edgar (^{3}1995): Geschichte der Balkanländer. Von der Frühzeit bis zur Gegenwart. München.

Ionete, Constantin (2003): Clasa politicăpostdecembristă (Die postrevolutionäre politische Klasse). Bukarest.

Ionescu, Alexandra (2004): Les parties post-communistes roumains: entre rupture et continuité. In: Ionescu, Alexandra/Tomescu-Hatto, Odette (Hrsg.) (2004): Politique et société dans la Roumanie contemporaine. Paris, Budapest, Turin: 75–95.

Jordan, Peter (2004): Regionalisierung und regionale Identitäten in Ostmitteleuropa. In: Kahl, Thede/Vyslonzil, Elisabeth/Woldan, Alois (Hrsg.) (2004): Herausforderung Osteuropa. Die Offenlegung stereotyper Bilder. Schriftenreihe des österreichischen Ost- und Südosteuropa-Instituts. Bd. 29. Wien, München.

Kendi, Erich (1992): Minderheitenschutz in Rumänien. Die rechtliche Normierung des Schutzes ethnischer Minderheiten in Rumänien. Untersuchungen zur Gegenwartskunde Südosteuropas. Bd. 30. München.

Lendvai, Paul (2001): Die Ungarn. Eine tausendjährige Geschichte. München.

Löwe, Heinz-Dietrich/Tontsch, Günther H./Troebst, Stefan (Hrsg.) (2000): Minderheiten, Regionalbewusstsein und Zentralismus in Ostmitteleuropa. Siebenbürgisches Archiv. Bd. 35. Köln, Weimar, Wien.

Mitu, Sorin (2003): Die ethnische Identität der Siebenbürger Rumänen. Eine Entstehungsgeschichte. Studia Transylvanica Band 29. Köln, Weimar, Wien.

Oschlies, Wolf (1998): Ceauşescus Schatten schwindet. Politische Geschichte Rumäniens 1988–1998. Köln, Weimar, Wien.

Roth, Harald (1993): Siebenbürgen. In: Weithmann, Michael (Hrsg.) (1993): Der ruhelose Balkan. Die Konfliktregionen in Südosteuropa. München.

Radu, Alexandru (2003): Partidele politice româneşti după 1999 (Rumänische politische Parteien nach 1999). Bukarest.

Sterbling, Anton (1997): Kontinuitäten und Wandel in Südosteuropa. Historisch-soziologische Analysen. Veröffentlichung des Südostdeutschen Kulturwerks. Reihe B: Wissenschaftliche Arbeiten. Bd. 76. München.

Stoica, Stan (2002): România – O istorie cronologică 1989–2002 (Rumänien – Chronologische Geschichte 1989–2002). Bukarest.

Stoica, Stan (2003): Dicţionarul partidelor politice din România (Wörterbuch der politischen Parteien Rumäniens 1989–2003). Bukarest.

Ungar, Betrice (2004): Haushoher Sieg in Hermannstadt. In: Hermannstädter Zeitung (HZ), Nr. 1881, 11. Juni 2004.

Völkl, Ekkehard (1995): Rumänien. Vom 19. Jahrhundert bis in die Gegenwart. Regensburg.

Volkmer, Gerald (2004): Die Siebenbürgische Frage (1878–1900). Studia Transylvanica. Bd. 31. Köln, Weimar, Wien.

Zub, Alexandru (2000): Französische Kultureinflüsse und staatlicher Zentralismus in Südosteuropa. In: Löwe, Heinz-Dietrich/Tontsch, Günther H./Troebst, Stefan (Hrsg.) (2000): Minderheiten, Regionalbewusstsein und Zentralismus in Ostmitteleuropa. Siebenbürgisches Archiv. Bd. 35. Köln, Weimar, Wien.

Die Idee der Regionen und Regionalparteien in Rumänien

Anhang

Skizze 1: EU-Planungs- und Statistikregionen (NUTS-2)
România – Statistical regions level 2

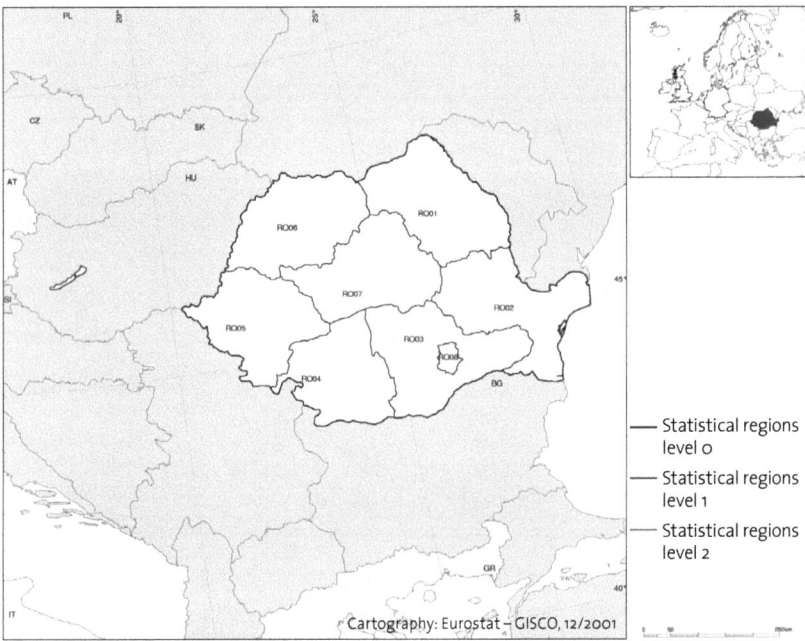

Erläuterungen: Diese acht Planungs- und Statistikregionen der EU (NUTS-2-Ebene) spiegeln die historischen Regionen Rumäniens wider, wobei die zwei größten – Muntenien und Dobrudscha bzw. Siebenbürgen, Kreischgebiet und Marmarosch – aufgeteilt wurden, da sie sonst zu groß wären. Folgende Regionen entsprechen – wie oben festgehalten – exakt der Aufteilung der Rumänischen Orthodoxen Kirche in Metropolien:
- RO 01: Metropolie der Moldau und Bukowina
- RO 04: Metropolie Oltenien
- RO 05: Metropolie Banat.

Die Region RO 02 umfasst Ostmuntenien und die rumänische Dobrudscha, die Region RO 03 West- und Zentralmuntenien. Die Hauptstadt Bukarest bildet zusammen mit dem Kreis Ilfov eine eigene Region (RO 08). Diese drei Regionen ergeben zusammen die orthodoxe Metropolie Muntenien und Dobrudscha. Die Regionen RO 07 (Zentral- und Nordsiebenbürgen) und RO 06 (Westsiebenbürgen, Marmarosch und Kreischgebiet) bilden die 1864 gegründete Metropolie Siebenbürgen, Marmarosch und Kreischgebiet.

Jürgen Henkel

Skizze 2: EU-Planungs- und Statistikregionen (NUTS-3)
România – Statistical regions level 3

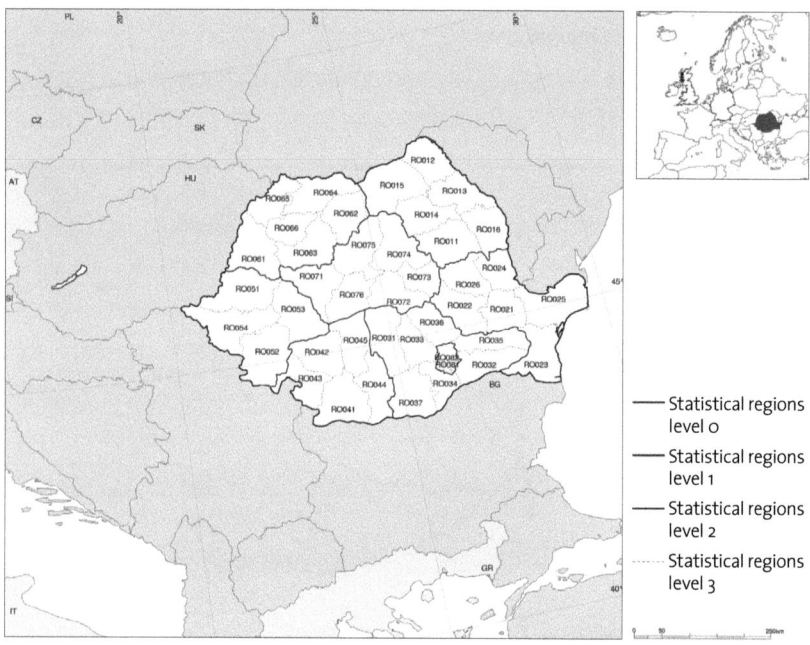

—— Statistical regions level 0
—— Statistical regions level 1
—— Statistical regions level 2
······ Statistical regions level 3

Erläuterungen: Die NUTS-3 Regionen entsprechen den 41 rumänischen Kreisen (Județe), wobei die kreisfreie Hauptstadt Bukarest (RO 081) und der ihn umgebende Kreis Ilfov (RO 082) eine gemeinsame NUTS-2-Region bilden. Zur Veranschaulichung ist nachstehend eine Karte Rumäniens mit seinen Kreisen abgedruckt.

Skizze 3: Rumänien und seine Kreise

Quelle: www.infotravelromania.ro

Günther Pallaver

Regionale Parlamente und Parteien in Italien
Transformationsprozesse, Trends und Perspektiven

1. Das Revival der Regionen

In den letzten 25 Jahren haben die 20 Regionen Italiens, wovon 15 mit einem Normalstatut und fünf mit einem Sonderstatut ausgestattet sind (Aosta, Friaul Julisch-Venetien, Sardinien, Sizilien, Trentino-Südtirol), eine politische und institutionelle Aufwertung erfahren. Das Thema der Regionen ist nachhaltig durch die *Lega Nord* auf die politische Agenda gesetzt worden, die ab den späten 1980er Jahren die nie ganz verblasste Konfliktlinie zwischen Zentrum und Peripherie wieder massiv artikulierte (Diamanti 1993, Biorcio 1997). Fragen der Regionen, der Autonomien, des Föderalismus, der peripheren Ausbeutung durch das Zentrum beherrschten prominent die Themenlandschaft der Zweiten Republik ab den 1990er Jahren, auch weil die *Lega Nord* in jenen Jahren zum Zünglein an der Waage für die italienischen Regierungskoalitionen geworden war, so dass die Regierungen, unabhängig von ihrer politischen Zusammensetzung, gezwungen wurden, sich mit all diesen Themen auseinanderzusetzen (Bartolini/Chiaramente/D'Alimonte 2002).

1.1. Verfassungsreform

Dieses *Revival* hat sich konkret in der Diskussion über den verfassungsrechtlichen Umbau des italienischen Staates niedergeschlagen, ein Umbau, der in den vergangenen 20 Jahren in verschiedenen Verfassungsreformkommissionen diskutiert wurde. Die Regionalisierung Italiens, bereits von der Verfassung des Jahres 1948 vorgesehen (Ghisalberti 2003: 389–427), aber erst 1970 in die Praxis umgesetzt (Neppi Modona 1997: 477–491), sollte durch einen weiteren Schub in Richtung Föderalisierung zu einer zusätzlichen Aufwertung der Regionen im Staatsgefüge führen.

Dazu wurde 1997 eine Verfassungskommission (*Commissione bicamerale per le riforme istituzionali D'Alema*) eingesetzt, die neben der Reform der Regierung und des Parlaments u.a. auch die Reform der Staatsform in Richtung Föderalisierung hätte konzipieren und über das Parlament verabschieden sollen (Vassallo 1998), nachdem bereits zwei frühere Verfassungskommissionen (*Commissione Bozzi* 1983–85, *Commissione De Mita/Jotti* 1992–94) ergebnislos verlaufen waren (Chiti 2000: 9). Die unter Leitung des späteren Ministerpräsidenten Massimo D'Alema stehende *Bicamerale* präsentierte dem Parlament ein konsensuell zwischen Regierung und Opposition geschnürtes Reformpaket, das allerdings in einem zweiten Moment aus parteipolitischen Gründen von den Mitte-Rechts-Parteien unter dem damaligen Oppositionschef Silvio Berlusconi abgelehnt wurde (Pasquino 1999).

Die Folge davon war, dass das Parlament während der Regierung des *Ulivo* unter Ministerpräsident Giulio Amato kurz vor Abschluss der Legislaturperiode im Frühjahr 2001 eine Verfassungsreform verabschiedete, die Teile der Vorschläge der *Bicamerale* übernahm und eine Reform des V. Titels der Verfassung vornahm, der den Regionen, Provinzen und Gemeinden gewidmet ist (Art. 114–133 Vfg.) (Zanon 2005).

Die Reform sah unter anderem vor, dass Gemeinden, Provinzen, Metropolen, Regionen und der Staat die italienische Republik bilden. Zentral war die Umkehrung der Zuständigkeiten zwischen Staat und Regionen mit der taxativen Aufzählung der staatlichen Kompetenzen und der Zuordnung aller restlichen Zuständigkeiten an die Regionen, während die alte Verfassung bei der Zuständigkeitsverteilung genau das Gegenteil vorgesehen hatte. Dem Staat verblieben mit dieser Reform insgesamt 17 ausschließliche Zuständigkeiten[1] (Art. 117 Vfg.). Weitere 16 Sachgebiete fielen in die konkurrierende Gesetzgebung zwischen Staat und Regionen, darunter etwa die internationalen Beziehungen der Regionen und deren Beziehungen zur EU, Außenhandel, Arbeitsschutz, Zivilschutz, Raumordnung, Sparkassen usw. Unbeschadet der dem staatlichen Gesetzgeber vorbehaltenen Befugnis zur Festsetzung wesentlicher Grundsätze steht die Befugnis für Sachgebiete der konkurrierenden Gesetzgebung den Regionen zu.

Die politische Autonomie der Regionen wurde zusätzlich gestärkt, indem diese an den Entscheidungen für die in ihre Zuständigkeit fallenden Sachgebiete im Rahmen des Rechtssetzungsprozesses der Europäischen Union teilnehmen und für die Durchführung von völkerrechtlichen Abkommen und Rechtsakten der Europäischen Union sorgen. Außerdem können Regionen für Sachgebiete in ihrem Zuständigkeitsbereich Abkommen mit Staaten und Vereinbarungen mit Gebietskörperschaften eines anderen Staates abschließen, nachdem es auf diesem Gebiet schon vorher eine Reihe von Neuerungen gegeben hatte (Palermo 1999).

Die Reform führte zudem den so genannten »asymmetrischen Regionalismus« ein. Dabei können Regionen auf ihre Initiative hin und über ein

Staatsgesetz weitere Kompetenzen in ihre Verwaltung übertragen erhalten. Dies gilt für die konkurrierenden Zuständigkeiten (Guazzarotti 2004) sowie für staatliche Zuständigkeiten wie die Friedensgerichtsbarkeit, allgemeine Bestimmungen über den Unterricht, Umwelt-, Ökosystem- und Kulturgüterschutz. Dadurch war man zumindest formal von einer unilateralen Zusammenarbeit zwischen Staat und Region zu einer paritätischen übergegangen (Torchia 2002).

Als zentraler Grundsatz wurde das Subsidiaritätsprinzip eingeführt. Schließlich wurde die präventive Kontrolle regionaler Gesetze durch den Staat sowie Einschränkungen durch Prinzipien des »nationalen Interesses« beseitigt (Cento Bull 2002, Pallaver 2003, Tosi 2003).

Dennoch blieb die Reform von 2001 auf halbem Weg stehen, weil die Beteiligung der Regionen an der gesamtstaatlichen Gesetzgebung durch die Einrichtung einer Zweiten Kammer der Regionen nicht vorgesehen war, um die zentralen Interessen der autonomen territorialen Einheiten in einem föderalen System zu vertreten. Vielsagend ist der Umstand, dass der Begriff »föderal« oder »Föderalismus« im Verfassungstext von 2001 nicht vorkommt (Caravita 2002). Während einige Beobachter von einem *big bang* des italienischen Regionalismus sprachen, entfachten andere gerade in Ermangelung einer klaren Diktion eine Debatte, ob es sich bei der Verfassungsreform nun um eine Devolution, um Föderalismus oder nur um eine Art verstärkten Regionalismus handle (Falcon 2001).

Diese Defizite konnten auch durch die von der Mitte-Rechts-Regierung verabschiedete »Devolution« nicht aufgewogen werden, mit der in letzter Lesung am 16. November 2005 der zweite Teil der Verfassung geändert wurde (Testo di legge costituzionale 2005). Die Regionen erhielten zwar noch einige zusätzliche Kompetenzen (regionale Sicherheitskräfte, Gesundheitswesen, Schulwesen), auch wenn es sich dabei zum Teil mehr um eine politische Kosmetik handelte, da diese Zuständigkeiten im Wesentlichen bereits mit dem Verfassungsgesetz von 2001 an die Regionen abgetreten worden waren (www.laCostituzione.it). Andererseits wurden den Regionen wieder Kompetenzen aus ihrer primären Zuständigkeit abgenommen (z. B. Gesundheitsschutz, Arbeitsschutz, Transport- und Schifffahrtswege, Kommunikationswesen, Transport und nationale Energieverteilung).

Die Verfassungsreform von 2005 spricht zwar von Föderalismus, richtet auch einen »föderalen Senat« ein, der auf regionaler Basis zeitgleich mit den Regionalratsabgeordneten gewählt wird, umgeht aber die Einrichtung von Institutionen zugunsten eines substanziellen Mitspracherechts der Regionen bei der Verwaltung des Staates. Denn der föderale Senat hat bei den großen politischen Entscheidungen kein Mitspracherecht (www.laCostituzione.it) und lediglich bei den konkurrierenden Kompetenzen zwischen Staat und Regionen eine legislative Zuständigkeit.

Dieses Manko kann auch nicht dadurch aufgehoben werden, dass im föderalen Senat neben den SenatorInnen auch VertreterInnen der Regionalräte und lokaler Autonomien (Gemeinden, Provinzen, Metropolen) beratend, aber ohne Stimmrecht teilnehmen können (Art. 57 Vfg.). Außerdem kann die Regierung mit Zustimmung des Staatsoberhauptes bei Sachgebieten, die für die Verwirklichung des Regierungsprogramms »essentiell« sind, aber in die Zuständigkeit des föderalen Senats fallen, erwirken, dass die definitive Entscheidung darüber nicht im Senat, sondern in der Kammer erfolgt (Art. 70 Vfg.).

Ein neues Mitspracherecht erhalten die Regionen bei der Wahl von vier der insgesamt 15 Mitglieder des Verfassungsgerichtshofes (Art. 135 Vfg.). Im Gegensatz zu 2001 ist 2005 wieder das »nationale Interesse« als legislative Begrenzung für regionale Aktivitäten eingeführt worden (Art. 127 Vfg.).

1.2 Territoriale Identitäten

Das *revival* der italienischen Regionen weist aber nicht nur eine institutionelle Dimension auf, sondern auch eine politische, die über die Verfassungsreform weit hinausgeht. Insofern stellt die »Devolution« nicht nur eine institutionelle Innovation dar, die sich an den neuen funktionalen Bedürfnissen des Staates orientierte und an der Notwendigkeit neuer Formen der institutionalisierten Mitbestimmung, sondern war zugleich die Antwort auf neue Bedürfnisse, die sich innerhalb der Gesellschaft artikuliert hatten und von politischen Bewegungen aufgegriffen wurden. Diese Bedürfnisse »von unten« hängen mit der Entdeckung/Wiederentdeckung, der Verteidigung und/oder der Bestätigung der territorialen Identität zusammen.

In diesem Kontext ist der territoriale Raum nicht allein als physische Größe zu verstehen, sondern hängt eng mit den politischen Subkulturen zusammen. In Italien haben diese politischen Subkulturen, die in »weiße« und »rote« Zonen eingeteilt werden, das politische System des 20. Jahrhunderts nachhaltig geprägt (Crespi/Santambrogio 2001). Zu den »weißen Zonen«, den (ehemals) katholischen Hochburgen, zählen das Veneto, Friaul-Julisch Venetien, das Trentino und Teile der Lombardei, zu den »roten Zonen«, den sozialistisch-kommunistisch dominierten, die Emilia Romagna, Toscana, Umbrien und Teile der Marche (Caciagli 1995).

Trotz erheblicher Erosionsprozesse wie des Niedergangs der Ideologien und des Rückgangs der politischen Bindungen, der Implosions- und Transformationsprozesse der beiden dominierenden Parteien, der *Democrazia Cristiana*[2] (DC) und der *Kommunistischen Partei* (PCI), sind diese politischen Subkulturen, wenngleich mutiert, in ihrer territorialen Umgrenzung aufrechterhalten geblieben.

Die ideologische Bindekraft ist zwar zurückgegangen, aber die damit verbundenen Werte wie Arbeitsethik, Solidarität, die Zentralität der Gemeinde und die Fürsorgepolitik für die »roten Zonen«, die Familie, die Arbeitsethik, die Verteidigung der lokalen Kultur für die »weißen Zonen« sind geblieben. In beiden Subkulturen haben sich diese Werte jenseits der ideologischen Zugehörigkeit verallgemeinert, sind Werte wie Gemeinschaft, soziale Beziehungen, politisch-institutionelle Mediation zu Leitlinien herangewachsen, die eine ganze Reihe von negativen Entwicklungen auf sozialer und wirtschaftlicher Ebene verhindert haben (Caciagli 2003: 134–138).

Parallel mit dem Voranschreiten der subkulturellen Erosionsprozesse ist in gewissem Sinne Ideologie vielfach mit Identität ersetzt worden. Die territorialen Identitäten sind geblieben und gewachsen, die starken ideologischen Bindungen hingegen zurückgegangen. Es ist gerade diese »Ideologie des Territoriums«, die Ausgangspunkt für neue regionale Bewegungen (nicht nur) in Italien ist. Diese bauen auf einer politischen Subkultur auf, in deren politischem Zentrum das regional umgrenzte Territorium als Antithese zum Nationalstaat steht. Der Einheitskultur des Staates wird eine Pluralität von politischen Kulturen gegenübergestellt. Das Territorium als physischer Raum erhält so eine entscheidende Bedeutung als primäre Quelle territorialer Identität, verbunden mit anderen kulturellen Elementen wie etwa Sprache, Traditionen, Lebenshaltungen usw. Das Territorium drückt eine bestimmte ideologische Orientierung aus, bestimmte Werte, Lebenshaltungen und Lebensstile, ist Ausdruck von Regeln des zivilen Zusammenlebens.

Der Regionalismus transformiert Territorialität und Kultur in ein politisches Aktionsprogramm, (re)konstruiert regionale Identität durch eine spezifisch ausgeprägte Ideologie als einem Verschnitt von Traditionen, historischen Kontinuitäten, Mythen, Riten, Symbolen, Festen, Folklore usw. (Caciagli 2003: 145–146). Solche regionalen Bewegungen geben sich oft eine organisatorische Struktur und organisieren sich als regionale Parteien, wie dies in Italien recht augenscheinlich durch die verschiedenen *Leghe* im Norden des Landes erfolgt war, die sich später zur *Lega Nord* zusammengeschlossen haben (Ignazi 1997: 126–132).

Unter all diesen Vorzeichen ist das regionale *Revival* in Italien zu sehen, das nicht nur die Regionen des Nordens betrifft, nicht nur jene Regionen, in denen es seit Kriegsende ethnoregionale Bewegung gibt, wie in Südtirol, im Aostatal oder auf Sardinien, sondern alle Regionen Italiens, wenn auch in unterschiedlicher Intensität.

2. Die Krise des regionalen politischen Systems und die institutionellen Reformen

Die politische Aufwertung der Regionen erfolgte in den vergangenen Jahren auf Grund des Drucks »von unten«, der Zivilgesellschaft und neuer politischer Akteure auf regionaler Ebene, namentlich der bis zu Forderungen der Sezession vorstoßenden *Lega Nord* (Diamanti 1997), aber auch »von oben« durch den Staat, um die zentrifugalen Tendenzen auszubremsen.

Im Rahmen dieser Reformbestrebungen »von unten« und »von oben« ging es nicht nur um eine institutionelle Aufwertung der Regionen im Rahmen des Staatsgefüges, sondern auch um die Überwindung des krisenanfälligen politischen Systems in den Regionen.

Das vielfach als »blockierte Demokratie« bezeichnete italienische politische System, geprägt durch eine mangelnde Alternanz der Regierung und somit durch eine fehlende zeitliche Gewaltenteilung, war nämlich nicht nur ein Problem auf gesamtstaatlicher, sondern auch auf regionaler Ebene. Sicherlich, es gab einige, vor allem Regionen mit Sonderstatut, mit einer hohen politischen Stabilität, wie dies etwa für die Region Trentino-Südtirol oder für die Region Aosta der Fall war (Collazuol 2003), aber mit dem fortschreitenden Erosionsprozess der Ideologien und spätestens seit dem Fall der Berliner Mauer wurde die Krise der regionalen politischen Systeme immer evidenter und war durchaus mit den Krisenerscheinungen auf gesamtstaatlicher Ebene vergleichbar (Bull/Rhodes 1997).

Bis dahin wurden die meisten Regionen von Koalitionen des *Centro-Sinistra* zuerst und des *Pentapartito* danach regiert, womit es zu einer Widerspiegelung der gesamtstaatlichen Regierungskoalitionen kam. Umgekehrt war auf regionaler Ebene, insbesondere in den »roten Zonen«, der Grundsatz der *conventio ad excludendum* der kommunistischen Partei nicht anwendbar, sodass es im Gegensatz zur gesamtstaatlichen Situation sehr wohl Regionalregierungen unter Einschluss des PCI gab, aber auch die Zusammenarbeit zwischen PCI und DC im Sinne eines auf staatlicher Ebene ausgeschlossenen »historischen Kompromisses« (Fabbrini 1995).

Aus der Sicht des Parteiensystems und der damit zusammenhängenden Regionalregierung gab es in der Ersten Republik im Wesentlichen vier Typen. Eine erste Gruppe von Regionen stand unter kommunistischer Dominanz, die als »Zonen der roten Stabilität« bezeichnet wurden (Emilia Romagna, Toscana, Umbrien). Eine zweite Gruppe von Regionen wurde in die Kategorie der »kompetitiven Zonen« eingeordnet, weil in diesen Regionen die Distanz zwischen den Zentrumsparteien und der Kommunistischen Partei relativ gering war, so dass dort die beiden Parteien PCI und DC als meistgewählte Parteien alternierten und die DC von den Regierungskoalitionen auch immer wieder ausgeschlossen blieb (Ligurien, Marche, Latium, Piemont, Aostatal). Die dritte Gruppe galt als »instabile Zone«. Es handelte sich um die Regionen Lombardei, Sizilien, Apulien, Sardinien, Calabrien und Campanien, in denen die DC eine starke Position einnahm und deshalb nur ausnahmsweise von einer Regierungsbeteiligung ausgeschlossen wurde. Die Koalitionen zwischen DC und den kleineren laizistischen Parteien waren aber besonders krisenanfällig. Die vierte Gruppe stand unter christdemokratischer Dominanz und wurde als »Zone der weißen Stabilität« bezeichnet. Dazu wurden die Regionen Abruzzen, Basilicata, Friaul-Julisch Venetien, Trentino-Südtirol, Veneto und Molise gezählt (Vassallo 2000: 63–64).

Die in den 1990er Jahren offen ausbrechende Krise auf regionaler Ebene betraf in erster Linie das Parteiensystem und das Regierungssystem. Das Parteiensystem war stark fragmentiert und garantierte deshalb keine stabilen Regierungen. Die Regierungskrisen gegen Ende der Ersten Republik auf regionaler Ebene nahmen immer mehr zu, die Regierungsperioden wurden immer kürzer. Und wie auf gesamtstaatlicher Ebene gab es auch in zahlreichen Regionen keine politische Alternanz. Die »blockierte Demokratie« auf regionaler Ebene äußerte sich in einer vielfach fehlenden zeitlichen Gewaltenteilung, einer allumfassenden Parteienherrschaft (*partitocrazia*), in einem ausgefeilten politischen Proporzsystem und letztlich im System des *consociativismo*, der Parteiabsprachen jenseits der institutionellen Entscheidungszentren (Pasquino 1997).

Zeitgleich mit der regionalen verlief die politische Krise, die sich in der Implosion des alten Parteiensystems und somit in einer dramatischen Krise der italienischen Parteien äußerte, in der Krise des politischen Personals, das unter die Lawine der strafrechtlichen Saubermänner von *mani pulite* geriet, in einer Krise der (regionalen) Institutionen und der politischen Identität der BürgerInnen (Tranfaglia 2003).

Trotz der zunehmenden Instabilität der regionalen Regierungen kam es nicht zu einer raschen, substanziellen institutionellen Reform. Ohne solche Reformen wäre es angesichts der damals bestehenden verfassungsrechtlichen Schranken nicht möglich gewesen, die Regionalregierungen vorzeitig aufzulösen, um einen Neuanfang einzuleiten. Außerdem war die politische Klasse mehr mit sich selbst beschäftigt, insbesondere mit den anstehenden Referenden zur Änderung des geltenden Verhältniswahlsystems auf nationaler Ebene. Dadurch wurden die Regionen lange Zeit sich selbst überlassen, bis es schließlich 1995 wie bereits 1993 auf lokaler (Gemeinden und Provinzen) und auf gesamtstaatlicher Ebene zu einer Änderung des Wahlsystems kam.

Bis 1993 gab es in Italien auf allen Ebenen, somit auch auf regionaler, ein reines Verhältniswahlsystem mit der Möglichkeit, bis zu vier Vorzugsstimmen abzugeben. In die einzelnen Regionalräte wurden zwischen 30 und 60 Regionalratsabgeordnete gewählt. Mit dem Gesetz Nr. 43 vom 24. Februar 1995 wurde in den Regionen mit Normalstatut das Wahlsystem geändert. Damit wollte man drei zentrale Ziele erreichen: Die Beseitigung, jedenfalls die starke Reduzierung der Parteienfragmentierung, die Regierungsalternanz sowie die Stabilität der regionalen Regierungen.

2.1 Das neue Wahlsystem

Die Wahlreform reproduzierte so weit als möglich das bereits angewandte Modell auf kommunaler und provinzieller Ebene, so dass mit der Reform der Regionalratswahlen der Reformzyklus der Wahlsysteme sein vorläufiges Ende fand.

Das neue Wahlsystem ist eine Kombination aus Proporz- und Majorzsystem und sieht die Zuteilung der Sitze in einem einzigen Wahldurchgang, aber über eine doppelte Stimmabgabe, vor. Vier Fünftel der Sitze werden nach dem Verhältniswahlsystem auf Provinzebene vergeben, wobei die Provinzen als Subeinheiten der Region die jeweiligen Wahlkreise bilden. Die restlichen 20 % der Sitze werden nach dem Mehrheitswahlsystem auf regionaler Ebene als einem einzigen Wahlkreis vergeben.

Diese restlichen 20 % der Sitze sind als Prämie für jene regionalen Listen gedacht, welche die meisten Stimmen auf sich vereinen können. Die Parteilisten, die sich um die Sitze nach dem Proporzsystem auf Provinzebene bewerben, müssen mit einer regionalen Liste eine Listenverbindung eingehen. Jede regionale Liste, die durch den Namen des/der Spitzenkandidaten/in gekennzeichnet ist, der/die bei einem Wahlsieg die Funktion des/der Präsidenten/in übernehmen wird, muss mit einer Gruppe von Listen in mindestens der Hälfte der Provinzen einer Region verbunden sein.

Die WählerInnen können ihre beiden Stimmen in dreifacher Art abgeben. Sie können entweder nur eine regionale Liste wählen und ihre Stimme somit nur nach dem Mehrheitswahlsystem abgeben. Sie können nur eine Liste auf Provinzebene wählen und ihre Stimme somit lediglich nach dem Verhältniswahlsystem abgeben, wobei die abgegebene Stimme auch für die Regionalliste gilt, mit der die Liste auf Provinzebene verbunden ist. Schließlich können die WählerInnen auch ein Stimmensplitting vornehmen: Sie können sich für eine bestimmte Liste auf Provinzebene entscheiden, aber für eine andere Liste auf regionaler Ebene, mit der die Provinzliste nicht verbunden ist. Bei den Listen nach dem Verhältniswahlsystem kann eine Vorzugsstimme abgegeben werden. Die Listen nach dem Mehrheitswahlsystem sind hingegen blockiert. Die Sitze werden im Verhältniswahlsystem nach der Methode Hagenbach-Bischoff vergeben (Di Virgilio 1996).

Das Wahlsystem sieht eine 3-%-Sperrklausel der gültigen Stimmen auf regionaler Ebene vor. Sind solche Listen mit anderen verbunden, erhöht sich die Sperrklausel der regionalen Liste auf 5 %. Im Lichte der Erfahrungen hat die Sperrklausel bislang nur eine geringe Rolle gespielt.

Ein Fünftel der Sitze wird über das Mehrheitswahlsystem auf regionaler Ebene an jene regionale Listen (*listini* genannt) vergeben, die die Mehrheit der Stimmen erzielt haben. Mit dieser Mehrheitsprämie wollte der Gesetzgeber stabile Regierungen garantieren, aber wie wir sehen werden, handelt es sich in Wahrheit um eine variable Prämie, die nicht immer den 20 % der Sitze auf regionaler Ebene entspricht (Di Virgilio 1996).

Die siegreiche Liste erhält nämlich nicht immer alle Sitze zugesprochen. Es gibt Ausnahmen: Wenn die Provinzlisten, die mit der regionalen Liste (*listino*) verbunden sind, bereits 50 % der Sitze erzielt haben, so wird der neuen Mehrheit nur die Hälfte der Sitze zugeteilt, insgesamt 10 % der zu vergebenden Mandate des Regionalrates. Die restlichen Sitze werden unter den Listen der Opposition verhältnismäßig aufgeteilt.

Der/die neue PräsidentIn hat nach der Logik des Gesetzes das Recht auf eine stabile Mehrheit im Regionalrat. Wenn deshalb die mit ihm/ihr verbundenen Listen weniger als 40 % der Stimmen erreichen, erhält er/sie nicht nur alle Sitze, die über die *listini* auf regionaler Ebene vergeben werden, sondern zusätzliche Mandate, bis er/sie auf eine Mehrheit von 55 % der Regionalratssitze kommt.

Zur Absicherung der Stabilität wurde aber nicht nur ein kombiniertes Wahlsystem mit einer 3-%-Sperrklausel sowie eine Mehrheitsprämie eingeführt, sondern auch eine »Stabilitätsklausel«, die so genannte *norma antiribaltone*. Bei dieser Stabilitätsklausel handelt es sich um eine Bremse gegen die während einer Legislaturperiode sich immer wieder neu bildenden Koalitionszusammensetzungen. Wenn in den beiden ersten Jahres der Legislaturperiode die Regionalregierung das Vertrauen der Mehrheit des Regionalrats verliert, kommt es zu Neuwahlen (D'Alimonte 2000).

Mit diesem neuen Wahlgesetz wurde das erste Mal am 23. April und am 7. Juni 1995 gewählt. Bevor auf die Auswirkungen des Wahlsystems eingegangen wird, soll noch auf die Ergänzung des Wahlsystems im Jahre 1999 eingegangen werden.

Als zusätzliche Verstärkung des stabilitätsfördernden Wahlsystems wurde mit Verfassungsgesetz Nr. 1 vom 22. November 1999 die Direktwahl des/der Präsidenten/in der Regionen eingeführt. Danach wird der/die PräsidentIn durch absolute Stimmenmehrheit (50 %+1) in direkter Wahl in sein/ihr Amt gewählt. Erreicht kein/e KandidatIn im ersten Wahlgang die absolute Mehrheit der Stimmen, kommt es zwei Wochen später zu einer Stichwahl unter den beiden Erstplatzierten, wobei der Zweitplatzierte auf jeden Fall einen Sitz im Regionalrat erhält. Die Parteilisten können mit dem/der Präsidentschaftskandidaten/in verbunden sein (Baldini/Vassallo 2001: 128).

Mit dem Verfassungsgesetz Nr. 1/1999 haben die 15 Regionen mit Normalstatut das Recht erhalten, eigene Statute zu verabschieden, in denen die Regierungsform und das Wahlsystem festgelegt werden (De Luca 2004, Cosulich 2004). Dieses Statut unterliegt weder einer parlamentarischen noch einer Genehmigung durch den (in der Zwischenzeit obsolet gewordenen) Regierungskommissar. Die Regierung hat nur die Möglichkeit, die Verfassungsmäßigkeit der Statute oder Teile davon vor dem Verfassungsgerichtshof prüfen zu lassen (Caravita 2002: 40). Allerdings müssen die Statute unter inhaltlichen Gesichtspunkten »in Harmonie mit der Verfassung« (Art. 123 Vfg.) stehen. Darunter wird unter anderem die Einheit und Unteilbarkeit der Republik verstanden, die Wahrung der Grund- und Menschenrechte, das Prinzip der sozialen Solidarität, das Prinzip der Subsidiarität in Bezug auf Gemeinden, Provinzen und Metropolen, das Prinzip des Schutzes lokaler Autonomien und die Wahrung der europäischen Normen (Caravita 2002: 46–47).

In den regionalen Statuten sind im Wesentlichen geregelt: die Regierungsform, allgemeine Grundsätze der Organisation und der Funktionalität, das Initiativrecht, die Regelung des Referendum, die Veröffentlichung der Gesetze, die Verfassung und Organisation des Regionalrates. Bei der Regierungsform ist ein semipräsidentielles System ausgeschlossen.

Die Direktwahl des/der Präsidenten/in hat substanzielle Auswirkungen auf die Regierungsform gehabt. Es gibt zwar keine ausdrücklich als solche bezeichnete Richtlinienkompetenz, aber indirekt ist eine solche durch die Vorgabe der politischen Linie durch den/die Präsidenten/in gegeben. Dies kommt auch dadurch zum Ausdruck, dass der/die Präsident/in die Regierungsmitglieder ernennt und entlässt und ihnen die politische Linie vorgibt. Ein Misstrauensvotum gegen den/die Präsidenten/in führt automatisch zur Auflösung des Regionalrates und zu Neuwahlen. Der/die Präsident/in ist zwar durch die Direktwahl und durch die Ausstattung mit Zuständigkeiten außerordentlich gestärkt worden, aber das parlamentarische Regierungssystem und seine Funktionsweisen sind dadurch nicht geändert oder beseitigt worden (Caravita 2002: 60f.). Letztlich ist das Verhältnis zwischen PräsidentIn und Regionalrat vom Prinzip *simul stabunt, simul cadent* gekennzeichnet. In dem Moment, wo der/die PräsidentIn aufhört, seine/ihre Funktion auszuüben, wird auch der Regionalrat aufgelöst.

Wie allerdings voraussehbar war, haben nicht alle Regionen die Möglichkeit ausgeschöpft (oder auch nicht ausschöpfen wollen), noch vor den Regionalratswahlen 2005 eigene Statute zu verabschieden, mit denen sie die Regierungsform und das entsprechende Wahlsystem bestimmen können. Allerdings wurde das Staatsgesetz mit den grundlegenden Prinzipien, welche die Regionen bei der Ausarbeitung ihrer Statute berücksichtigen müssen, erst im Juli des Jahres 2004 verabschiedet (Fusaro 2005: 441). Am Vorabend des Wahlgangs hatten lediglich sieben der 15 Regionen ein eigenes Statut verabschiedet, von denen wiederum nur vier (Calabrien, Latium, Apulien und Toscana) auch ein eigenes Wahlsystem einführten (Baccetti 2005: 7).

3. Die Auswirkungen des Wahlsystems und der Direktwahl des/der Präsidenten/in der Region

Wir erinnern uns. Die Reform des Wahlsystems und die darauf folgende Einführung der Direktwahl des/der Präsidenten/in hätten drei Ziele erreichen sollen: die Beseitigung bzw. die starke Reduzierung der Parteienfragmentierung und die Herausbildung eines bipolaren Parteiensystems, die zeitliche Gewaltenteilung im Sinne der Alternanz zwischen Regierung und Opposition und die Stabilität der Regionalregierungen.

Nach dem alten, reinen Verhältniswahlsystem hatten die Regionen das letzte Mal 1990 gewählt, nach dem neuen, kombinierten Wahlsystem in den Jahren 1995, 2000 und 2005. Erst zweimal, nämlich 2000 und 2005, wurde der/die Präsident/in der Region direkt gewählt.

Bei einem Vergleich der Auswirkungen nach drei Wahlgängen lassen sich in der Zwischenzeit Trends feststellen, die sich allmählich verfestigen.

3.1 Reduzierung der Parteienfragmentierung und die Herausbildung eines bipolaren Parteiensystems

Mit dem neuen Wahlsystem sollten die Parteien gezwungen werden, sich zu Wahlkoalitionen zusammenzuschließen und eine entsprechend starke interne Kohäsion an den Tag zu legen, die sich in stabile Regierungskoalitionen transformieren sollte. Mit dem neuen Wahlsystem sollten eindeutige Wahlsieger hervorgebracht werden, sich also die Stimmen einer Wahlkoalition in die absolute Mehrheit von Mandaten umwandeln. Mit der Direktwahl des/der Präsidenten/in der Region sollte der Trend zur Bipolarisierung des Parteiensystems und des Wahlverhaltens noch verstärkt werden.

Letztlich ging es bei der Einführung des neuen Wahlsystems darum, einer Partei oder einer Parteienkoalition, die in Stimmen nicht die absolute Mehrheit an Mandaten erzielen sollte, dennoch zu politischen Mehrheiten und dank der eingeführten Mehrheitsprämie auf alle Fälle zu einer politischen Regierungsmehrheit zu verhelfen. Sollte es somit bei einem Wahlgang nicht zu einer *earned majority* kommen, sah das Wahlsystem Mechanismen vor, um auf alle Fälle eine *manufactured majority* zu erzielen.

Das als Ziel angepeilte bipolare Parteiensystem sollte aus zwei relevanten Polen bestehen, die sich als glaubhafte Regierungsalternativen präsentieren und als solche den Großteil der WählerInnen auf sich konzentrieren. Unter solchen Rahmenbedingungen haben dritte Pole in der Regel, besonders, wenn sie sich im politischen Zentrum befinden, keine Chance und sind auch nicht fähig, eine pivotale Rolle innerhalb des Parteiensystems zu spielen. Dies ergibt sich aus dem Umstand, dass der von den beiden am meisten gewählte Pol die absolute Mehrheit der Sitze in der Vertretungskörperschaft erzielt und somit regieren kann (Bartolini et al. 2002: 364).

Bei einem Vergleich der drei durchgeführten Urnengänge nach dem neuen Wahlsystem in Verbindung mit der Direktwahl des/der Präsidenten/in kann man nun feststellen, dass die Wahlgänge in einen Wettbewerb verwandelt wurden, der nicht mehr auf den einzelnen Parteien beruht, sondern auf den Wahlkoalitionen.

Bei den Regionalratswahlen vom 3.–4. April 2005 standen sich denn auch die beiden großen Pole der *Casa delle libertà* (Mitte-Rechts-Bündnis) und der *Unione* (Mitte-Links-Bündnis) gegenüber. In den 14 Regionen, in denen an diesen beiden Tagen gewählt wurde, standen sich zwischen drei (z. B. Ligurien) und fünf (z. B. Basilicata) Parteien bzw. Parteikoalitionen gegenüber. Wer außerhalb der beiden großen Pole kandidierte, befand sich von Anfang an in einer aussichtslosen Position.

Die beiden großen Wahlkoalitionen bestanden aus einer Mehrzahl von Parteien. Diese Bündnisse zählten zwischen einem Minimum von 3 (Umbrien – *Casa delle libertà*) und einem Maximum von 14 Parteien (Apulien – *Unione*). Zählt man auch noch jene Parteien dazu, die außerhalb der beiden großen Bündnisse kandidierten, so gab es Regionen, in denen insgesamt bis zu 17 Parteien kandidierten (Calabria).

Regionale Parlamente und Parteien in Italien

Obgleich das neue, kombinierte Wahlsystem angetreten war, die Parteienfragmentierung zu beseitigen oder zumindest stark zu verringern, ist es in der Substanz nicht zu den erwarteten Effekten gekommen. Im Gegenteil, die Anzahl der Parteien hat sich im Vergleich zu den Urnengängen nach dem Verhältniswahlsystem sogar noch vergrößert. Erst 2005 hat sich die Anzahl der kandidierenden Parteien etwas verringert, wenn auch nicht in allen Regionen. Denn die einzelnen Parteien verlassen nicht die politische Bühne, sondern schließen sich auf Grund zwingender Notwendigkeiten des Wahlsystems zu Koalitionen zusammen. Sie reihen sich um eine gemeinsame Fahne, um nach den Wahlen in den regionalen Parlamenten (zum Teil jedenfalls) wieder selbständig aufzutreten.

Trotz des scheinbaren Widerspruches, wonach das Wahlsystem mit Konzentrationsauswirkungen eine Zunahme statt eine Verminderung der Parteienanzahl hervorgerufen hat, sind seit den Regionalratswahlen des Jahres 2000, seitdem also die Direktwahl des/der Präsidenten/in eingeführt worden ist, substanzielle Änderungen feststellbar, die über die reine Anzahl der Parteien hinausgehen.

In einem kombinierten Wahlsystem mit Mehrheitsprämie erklärt nämlich das Format nicht die Mechanik des Parteiensystems, weil die tatsächlichen Akteure des Wettbewerbs nicht mehr die einzelnen Parteien, sondern die Wahlkoalitionen sind (D'Almonte/Bartolini 1997; Pappalardo 2000).

Ein Indikator für diese Änderungen ist die Visibilität der einzelnen Parteien, die bei den Regionalratswahlen zugunsten der Wahlkoalitionen abgenommen hat.

Die einzelnen Parteien sind zwar noch präsent und bewegen sich in der politischen Arena, aber sie haben der Koalition den Vorrang eingeräumt und einen Schritt zurück gemacht. Einen Anstoß dazu hat unter anderem die 3-%-Hürde gegeben, nachdem bei den Regionalratswahlen des Jahres 1995 in den einzelnen Regionen zwischen drei und acht Listen, des Jahres 2000 zwischen vier und zwölf Listen diese Hürde nicht geschafft haben. Etliche davon sind allerdings über die Koppelung mit anderen Listen dennoch zu Sitzen in den Regionalparlamenten gekommen (D'Alimonte 2000: 26).

Die beiden großen Wahlkoalitionen *Casa delle libertà* und *L'Unione* waren bei den Regionalratswahlen des Jahres 2005 mehr als nur die Summe von einzelnen Parteien und haben in ihrer aggregierten Identität einen politischen Mehrwert dargestellt, wie sich dies auch auf gesamtstaatlicher Ebene entwickelt hat (Pallaver 2005: 53).

Der Konzentrationseffekt zeigt sich bei den Stimmen der beiden großen Wahlbündnisse. Seit 1995 haben die beiden Bündnisse ihren Stimmenanteil schrittweise vergrößert. Vielfach gelingt es den beiden großen Koalitionen, rund 90 % der Stimmen auf sich zu vereinen, ein Trend, der bereits bei den Regionalratswahlen des Jahres 2000 festgestellt werden konnte (Chiaramonte/D'Alimonte 2000: 9).

Die reine Zählung der Parteien führt uns also nicht allzu weit, weil das neue Wahlsystem die alte Wettbewerbslogik des Verhältniswahlsystems beseitigt hat. Wer nämlich Wahlen gewinnen will, kann dies nicht mehr im Alleingang tun, sondern benötigt Bündnispartner, ist auf Koalitionen angewiesen. Die augenscheinlichste Konsequenz ist dabei, dass Koalitionen *vor* den Wahlen und nicht erst *nach* den Wahlen gebildet werden müssen, wie dies vor der Reform des Wahlsystems der Fall gewesen war.[3] Dies gilt etwas abgeschwächt auch für die Bildung der Regierungskoalitionen. Die wahren Protagonisten sind auch hier nicht mehr so sehr die einzelnen Parteien, sondern die Wahlkoalitionen.

Wenn Regionalratswahlen nur über die beiden großen Koalitionen gewonnen werden können, nehmen die Gewinnchancen der dritten Pole drastisch ab. Keine eigenständige Kandidatur von dritten Polen hat seit 1995 zu irgendeinem substanziellen Erfolg geführt, sieht man von einzelnen Hochburgen regionaler Parteien ab.

Wenn solche dritten Pole dennoch kandidieren, erfolgt dies aus Gründen, die oft nur indirekt mit realen Gewinnchancen bei den Regionalratswahlen zu tun haben. Ein Grund ist die Visibilität zur Erhöhung des Bekanntheitsgrades. Dies war bei den Regionalratswahlen des Jahres 2005 beispielsweise bei der Partei *Alternativa Sociale* der Fall, einer rechten Abspaltung von *Alleanza Nazionale* unter *leadership* von Alessandra Mussolini. Mussolini war aus ihrer Partei ausgetreten, gründete mit anderen rechten Splittergruppen eine neue politische Partei und kandidierte in den Regionen, um ihrer Bewegung Visibilität und dadurch Bekanntheit zu verschaffen.

Ein weiterer Grund kann auch eine Störaktion sein. Bei annähernd gleichen Kräfteverhältnissen der beiden großen Bündnisse können bereits wenige tausend Stimmen für den Wahlsieg ausschlaggebend sein. Dritte Pole treten in diesem Zusammenhang mitunter als bewusster Störfaktor auf, um dem einen oder dem anderen Bündnis durch die Bindung einer bestimmten Anzahl von Stimmen zu schaden. Dies war 2005 ebenfalls bei *Alternativa Sociale* der Fall. Die explizite Kandidatur gegen den ehemaligen Bündnispartner *Alleanza Nazionale*, wie etwa in der Region Latium, führte zu einer politischen und gerichtlichen Schlammschlacht.

Aus ähnlichen Motiven operieren auch bestimmte Protestparteien, die sich gegen das politische Establishment und gegen die *partitocrazia* wenden, wie dies bei der Liste *Cobas* 2005 in Apulien erfolgte.

Die Ankündigung, außerhalb der großen Pole selbstständig zu kandidieren, wird von Parteien teilweise aus taktischen Gründen vorgenommen, um das eigene Koalitionspotenzial entsprechend zu erhöhen. Dadurch werden die Eintrittsprämien für die Partei erhöht, um der ideologisch verwandten Koalition beizutreten. Dies war 2005 etwa bei der Zentrumspartei *EdeuR* der Fall, die den Preis für den Beitritt zum Mitte-Links-Bündnis entsprechend nach oben getrieben hatte. In der Regel erfolgen solche Absprachen und Gegenleistungen innerhalb des Wahlbündnisses über zugesicherte Ämter und Funktionen.

Obgleich es auf der Rechts-Links-Achse noch einige wenige extreme politische Akteure gibt, kann man heute auf regionaler wie auch auf nationaler Ebene nicht mehr von einem polarisierten Mehrparteiensystem sprechen. Denn obwohl Antisystemparteien wie *Movimento Sociale Fiamma Tricolore, Alternativa Sociale* oder marxistisch-leninistische Bewegungen bei den Regionalratswahlen 2005 kandidiert haben, ist heute das Parteiensystem auf regionaler Ebene durch einen bipolaren Wettbewerb gekennzeichnet, bei dem sich zwei große Koalitionen gegenüberstehen, die sich vor und nicht erst nach den Wahlen zusammenschließen. Die beiden Koalitionen präsentieren sich den WählerInnen als realistische Alternative zur jeweils anderen Wahlkoalition. Dadurch ist die Parteienfragmentierung zwar nicht beseitigt, aber in den Wahlkartellen aufgefangen.

Auf Grund des weitgehenden Wegfalls von Antisystemparteien und auf Grund der Zentralität der Wahlkoalitionen kann heute auf regionaler (wie auch auf gesamtstaatlicher Ebene) nicht mehr von einem polarisierten Mehrparteiensystem (Sartori 1976: 1982), sondern von einem gemäßigten Mehrparteiensystem gesprochen werden (Pappalardo 2002: 203).

3.2 Parteientypologie auf regionaler Ebene

Alle gesamtstaatlichen Parteien sind auch auf regionaler Ebene präsent, wenn auch in unterschiedlicher Intensität, politischer Verwurzelung und mit unterschiedlichen Wahlerfolgen. Neben diesen Parteien weisen die einzelnen Regionen aber Besonderheiten auf, die auf historische Ursachen zurückgehen, oder auf neue Entwicklungen, die in erster Linie regionale Bewegungen hervorgebracht haben.

Wir können auf regionaler Ebene agierende Parteien im Wesentlichen nach der territorialen Dimension einteilen, ob es sich um gesamtstaatliche oder rein regionale Parteien handelt. Mitunter kommen auch Mischformen vor. Die Territorialität, das Spannungsverhältnis zwischen Zentrum und Peripherie stellt dabei nicht immer das einzige oder ausschließliche *cleavage* dar. Es ist in der Regel das dominante, auch wenn es von weiteren Bruchlinien überlagert sein kann.

Gesamtstaatliche Parteien: Mit dem Zusammenbruch des Parteiensystems und der Implosion der alten Parteien haben sich neue Parteien herausgebildet (z. B. *Forza Italia*), haben sich alte Parteien gehäutet, sich entweder neu gegründet (*Nuovo PSI*) oder ihren Namen gewechselt (z. B. *Democratici di Sinistra* (ex PCI) oder *Alleanza Nazionale* (ex MSI)). Über mehr als ein Jahrzehnt waren die Parteien in ständiger Bewegung zwischen Auflösung, Aggregation und Fusion. All dies weist auf eine nach wie vor nicht definitive Konsolidierung des Parteiensystems hin (Pallaver 2002: 402).

In allen 20 Regionen kandidieren die gesamtstaatlichen Parteien in der Regel in jener koalitionären Zusammensetzung, mit der sie sich auch auf gesamtstaatlicher Ebene den WählerInnen stellen. Allerdings findet man auf regionaler Ebene mitunter auch abweichende Koalitionsbündnisse.

Liste des/der Präsidenten/in: Solche Listen stellen eine regionale Variante der gesamtstaatlichen Parteien dar. Um das Wählerpotenzial über die Summe der Koalitionsparteien hinaus auszudehnen, um den Präsidentschaftsbonus oder um den Trend hin zur Personalisierung der Politik auszunützen, tendieren PräsidentschaftskandidatInnen immer öfter dazu, sich den WählerInnen mit einer eigenen, persönlichen Liste zu präsentieren, mit einer so genannten *Lista del governatore* oder *Lista del presidente*.

Solche persönlichen Listen werden auch dann gerne lanciert, wenn sich die eigene Partei auf nationaler Ebene in einem Sympathietief befindet. Dadurch versuchen PräsidentschaftskandidatInnen sich von der eigenen Partei abzugrenzen und abzukoppeln, um nicht vom gesamtstaatlichen Negativtrend mitgerissen zu werden.

Die starke Personalisierung der Politik und die mitunter hohe Reputation politischer *Leader* auf regionaler Ebene haben in beiden großen Bündnissen zu solchen persönlichen Listen geführt. Während im Mitte-Links-Bündnis in der Regel die gesamte Koalition mit ihrem Logo für den Kandidaten eintritt (z. B. *L'Unione per NN*), wird im Mitte-Rechts-Lager gerne der Name des/der Kandidaten/in mit dem Namen der Region ersetzt (z. B. *Per la Toscana*).

Der Versuch einiger Präsidenten des Mitte-Rechts-Lagers bei den Regionalratswahlen 2005 mit eigenen Listen zu kandidieren, ohne im Logo einen Hinweis auf die gesamtstaatliche Koalition anzuführen, hat die Gegnerschaft des *Leaders* Silvio Berlusconi hervorgerufen. Berlusconi befürchtete, dass sich solche Listen verselbständigen und es dadurch zu negativen Auswirkungen auf die gesamtstaatliche Koalition bei den Parlamentswahlen kommen könnte.

Eine solche Auseinandersetzung mit Berlusconi führte unter anderem der Präsident der Region Lombardei, Roberto Formigoni, der vor den Regionalratswahlen im April 2005 keine Genehmigung zur Bildung einer eigenständigen Liste erhielt.

Namenlisten: Die stark zunehmende Personalisierung der Politik hat nicht nur zur Bildung von Listen des/der Präsidenten/in geführt, sondern auch zur Bildung von Namenlisten. Solche Namenlisten drücken in der Regel eine Antiparteienstimmung aus, haben aber bislang noch keine bedeutende Rolle gespielt.

Nationale Parteien mit regionaler Verankerung: Gesamtstaatliche Parteien präsentieren sich immer öfter als territoriale Parteien. Im Zuge der starken Valorisierung des Territoriums als Ersatz von erodierenden Ideologien tendieren gesamtstaatliche Parteien dazu, auf ihre besondere Verwurzelung mit der Region hinzuweisen. Damit sollen die Parteien des Wahlbündnisses als mit dem Territorium besonders stark verbunden präsentiert werden, um die Botschaft einer bereits lang andauernden Identität zwischen Partei und Territorium zu vermitteln. Das Primäre wird in einer solchen Operation das Territorium, das Sekundäre die Ideologie, wobei das Territorium zur Ersatzideologie wird. Ein solches Beispiel kommt aus der Autonomen Provinz Trient, wo sich Landeshauptmann Lorenzo Dellai 2003 weniger als Exponent der Mitte-Links-Partei *Margherita* (linker Flügel der ehemaligen DC) präsentiert hat, als vielmehr als überparteilicher Landesvater der *Casa dei Trentini*, des Hauses aller Trentiner. Die *Casa dei Trentini* war dabei nicht ein real existierendes Bündnis, sondern lediglich ein politischer Diskurs.

Regionale Listen: In einer Reihe von Regionen treten bei den Regionalratswahlen Listen an, die die territoriale Identität zu ihrem zentralen Programmpunkt erheben. Es handelt sich hier um Listen, die ein starkes ethnozentrisches Verständnis an den Tag legen und Prinzipien des gesellschaftlichen Ausschlusses, weniger des Einschlusses vertreten. Nicht allen BürgerInnen wird eine spezifische regionale Identität zugestanden, denn eine solche erfordert nach diesen Vorstellungen eine Reihe von (sozial konstruierten) Merkmalen wie Sprache, Traditionsbewusstsein, Geschichtskenntnisse usw. Als Beispiel bei den Regionalratswahlen 2005 kann etwa die Liste *Progetto Calabria* genannt werden.

Bürgerlisten: Vereinzelt kommt es vor, dass sich regionale Bewegungen rund um ein einziges Thema zusammenschließen. Solche Bürgerlisten konstituieren sich als *one issue parties*. Bei den letzten Regionalratswahlen im Jahre 2005 gab es beispielsweise Pensionisten-, Konsumenten- und Grundrechtsparteien (z.B. Latium, Kampanien, Apulien, Calabrien). Auffällig war, dass es dabei in einigen Regionen sowohl eine linksgerichtete als auch eine rechtsgerichtete Konsumentenliste gab.

Protestparteien: Die Grenze zwischen Bürgerlisten, Namenslisten und Protestparteien ist oft fließend. Auch Protestparteien konzentrieren sich sehr oft auf ein einziges Thema, wie dies etwa bei der Partei *No Euro* in der Region Marche der Fall war.

Ethnoregionale Parteien: Solche Parteien finden wir im Wesentlichen in den Regionen mit Sonderstatut, deren Sonderautonomien in der Regel (nicht immer) durch die Präsenz von sprachlichen Minderheiten in diesen Regionen begründet sind. Es handelt sich um Parteien, deren Sinn und Zweck der Schutz der Interessen ihrer ethnischen Gruppe ist. Der Grund für die Bedeutungszunahme ethnoregionaler Parteien ist lange nicht immer der Zentrum-Peripherie-Konflikt, sondern der Protest gegen die etablierten politischen Parteien (De Winter 1998: 24). In diesem Zusammenhang überlagern sich ethnoregionale *issues* oft mit (rechts-)populistischen *issues*, wie dies etwa bei der *Lega Nord* recht evident ist.

Der Typologie nach handelt es sich um protektionistische Parteien zur Aufrechterhaltung der kulturellen Identität, um autonomistische Parteien, die eine gewisse Machtteilung zwischen der Zentralregierung und der eigenen Region befürworten, oder um national-föderalistische Parteien, die den Staat in einem föderalen Sinne umbauen wollten. Die Unabhängigkeitsparteien fordern volle staatliche Unabhängigkeit für ihre Region, während irredentistische Parteien die Annexion ihrer Region an einen anderen Staat mit ähnlicher kultureller Identität fordern. Diese Option steht lediglich Minderheiten offen, die in einem Grenzgebiet leben und mit dem Nachbarstaat sprachlich-geschichtlich verbunden sind (De Winter 1998: 205 ff.).

In Südtirol etwa dominiert seit 1948 die sehr erfolgreich agierende *Südtiroler Volkspartei*, die zuerst als indipendistische, später als autonomistische Partei bei Landtagswahlen immer die absolute Mehrheit der Stimmen und der Sitze erobert hat (Pallaver 2001). Dieselbe dominante Rolle spielt im Aostatal die autonomistische, teils national-föderalistische *Union Valdotaine*, die seit den Regionalratswahlen von 2003 die absolute Mehrheit der Sitze hält (Collazuol 2003: 97). Solche ethnoregionale Parteien finden wir auch in Sardinien mit den beiden autonomistischen Akteuren *Partito Sardo d'Azione* und *Sardigna Natzione*, die im Gegensatz zu Südtirol und Aosta eine eher bescheidene politische Rolle spielen. In Friaul-Julisch Venetien gibt es die *Slovenska Skupnost*, im Trentino den *Partito Popolare Autonomista* (früher *Partito Popolare Trentino Tirolese*) (Collazuol 2003: 97). Aber es gibt auch kleine irredentistische Parteien wie etwa die *Union* für Südtirol oder die *Lega Nord*, die in ihrem Selbstverständnis als ethnoregionale Partei zeitweise für eine Sezession der Regionen Norditaliens

(Padanien) von Italien eintrat und in dieser Phase als independistische Partei eingestuft werden konnte.

3.3 Alternanz und Stabilität der Regionalregierungen

Mit der Reform des Wahlsystems sollten außerdem das Prinzip der Regierungsalternanz garantiert sowie die Regierungsstabilität gefördert werden. Mit dem alten Verhältniswahlsystem war weder die Regierungsalternanz eine demokratische Selbstverständlichkeit noch die Regierungsstabilität garantiert gewesen. Außerdem war es in den variablen Zusammensetzungen der Koalitionsregierung oft sehr schwierig, die politisch Verantwortlichen der Regierungskrisen ausfindig zu machen.

Tab. 1: Regierungsalternanz in den Regionen mit Normalstatut

	Mitte-Rechts-Allianz	Mitte-Links-Allianz
1995	9	6
2000	8	7
2005	13	2

Quelle: Baldini/Vassallo 2001: 139; www.repubblica.it/speciale/2005/elezioni regionali/

Wie wir der Tabelle 1 entnehmen können, hat sich bei den Regionalratswahlen des Jahres 2005 eine starke Verschiebung von einem Bündnis zum anderen ergeben. Wurden nach den Wahlen des Jahres 2000 noch acht von 15 Regionen mit Normalstatut vom Mitte-Rechts-Bündnis regiert, so werden nach den Wahlen des Jahres 2005 insgesamt 13 Regionen vom Mitte-Links-Bündnis verwaltet (Piemont, Ligurien, Toscana, Umbrien, Latium, Campanien, Basilicata, Calabrien, Apulien, Abruzzen, Molise, Marche, Emilia-Romagna), nur mehr zwei Regionen vom Mitte-Rechts-Bündnis (Lombardei, Veneto).[4] Ziehen wir alle 20 Regionen in Betracht, so steht das Verhältnis drei zu 17 zugunsten des Mitte-Links-Bündnisses.

Man kann also spätestens seit den Regionalratswahlen von 2005 von einer funktionierenden Alternanz auf regionaler Ebene sprechen. Dasselbe gilt mit Abstrichen auch für die Stabilität der Regionalregierungen. Die durchschnittliche Dauer der Regionalregierungen nach dem alten Verhältniswahlsystem betrug bei der Dauer einer Legislaturperiode von fünf Jahren 542 Tage, in den Regionen mit Normalstatut nur rund 350 Tage. Die durchschnittliche Dauer einer Krise bis zu deren Lösung belief sich auf 38 Tage. Es gab aber bereits damals die Regionen der »stabilen roten und weißen Zonen«, die eine höhere Stabilität an den Tag legten. In den beiden stabilen »roten Regionen« der Emilia Romagna betrug die Regierungsdauer 1047 Tage, in Umbrien 997

Tage, in der DC-dominierten Region Abruzzen 918 Tage. Im Gegensatz dazu betrug die Regierungsdauer in den instabilen Regionen wie etwa in Campanien 326 Tage, eine durchschnittliche Regierungskrise 108 Tage.

Seit der Einführung des neuen kombinierten Wahlsystems haben sich die Regierungskrisen stark verringert, hat sich die Durchschnittsdauer der Regierungen in Regionen mit Normalstatut auf rund 900 Tage erhöht (Baldini/Vassallo 2001).

Wenn wir von wenigen Ausnahmen absehen, so können wir feststellen, dass sich nach der Zunahme der Regierungskrisen in der Legislaturperiode 1990–1995, als noch nach dem reinen Verhältniswahlsystem gewählt wurde, diese Regierungskrisen dank des neuen Wahlsystems und der »Stabilitätsnorm« (*norma antiribaltone*) in der letzten Legislaturperiode 2000–2005 zurückgegangen sind. Dies betrifft in erster Linie die Regionen mit Normalstatut, nachdem erst mit dem Verfassungsgesetz 2/2001 die Landesverfassungen der fünf Regionen mit Sonderstatut geändert worden sind und sich damit den Wahlsystemen der Regionen mit Normalstatut angepasst haben. Eine Ausnahme bildet die Autonome Provinz Bozen, die keine Änderung durchgeführt hat (Baldini/Vassallo 2001: 132). Dort wird wegen der Präsenz von drei Sprachgruppen im Sinne des Konkordanzmodells weiterhin nach dem Verhältniswahlsystem gewählt und auf die Direktwahl des Landeshauptmanns verzichtet (Pallaver 2003a).

Am krisenanfälligsten blieben jene Regionen, in denen die elektorale Distanz zwischen den beiden Polen relativ gering ist, diese intern eine schwache Kohäsion an den Tag legen, und in denen die Parteien des Zentrums relativ stark sind. Die formalen Regierungskrisen sind zwar, auch dank der eingeführten »Stabilitätsnorm«, zurückgegangen, sehr oft bestehen aber die Spannungen innerhalb der Parteienkoalition weiter. Substanziellere, nicht nur kleine Regierungsumbauten mit der Hereinnahme neuer Parteien oder mit dem Ausscheiden von Koalitionspartnern sind deshalb nach wie vor an der Tagesordnung. Oft beschränken sich solche Änderungen auf einzelne Abgeordnete, die im Sinne des italienischen *trasformismo*[5] die Partei oder Koalition, über die sie gewählt wurden, verlassen und sich einer anderen Partei oder Koalition anschließen. Im Rahmen dieser politischen Übergänge gründen solche Abgeordnete mitunter eigene Fraktionen und Parteien.

3.4 Rekrutierungsfeld für politisches Personal

Mit der Reform des regionalen Wahlsystems von 1995 und der Einführung der Direktwahl des/der Präsidenten/in der Region im Jahre 1999 ist der Übergang von den alten zu den neuen Wahlsystemen auf allen Ebenen, auf der Ebene der Gemeinden, der Provinzen (1993), der Regionen (1995/1999) und des Staates (1993), abgeschlossen worden (Di Virgilio 1996: 60). Erst 2005 ist auf gesamtstaatlicher Ebene das 1993 eingeführte, neue kombinierte Wahlsystem wieder durch ein Verhältniswahlsystem mit abgestuften Sperrklauseln ersetzt worden (il sole-24 ore, 15.12.2005: 15). Unabhängig davon weisen die neuen Wahlsysteme auf den Übergang von einem einheitlichen Verhältniswahlsystem auf allen Ebenen zu differenzierten Systemen hin.

Bereits mit der Einführung der Direktwahl der BürgermeisterInnen hat die Personalisierung der Politik einen entscheidenden Schub erfahren und das neue kommunale Selbstverständnis aufgewertet. Die Direktwahl hat eine Reihe von neuen politischen *Leadern* hervorgebracht, wie etwa Francesco Rutelli als Bürgermeister von Rom, der bei den Parlamentswahlen von 2001 Spitzenkandidat des Mitte-Links-Bündnisses war, oder Enzo Bianco in Catania, Gabriele Albertini in Mailand, Leoluca Orlando in Palermo oder Riccardo Illy in Triest, um nur einige zu nennen. In Anbetracht einer weitgehenden Diskreditierung der politischen Klasse durch die aufgedeckten Korruptionsskandale erzielten einige direkt gewählte Bürgermeister bald einen Bekanntheitsgrad von nationaler Dimension, so dass Mitte der 90er Jahre bereits von einer »Partei der Bürgermeister« gesprochen wurde (Baldini/Legnante 1998). Etliche dieser Bürgermeister machten später politische Karriere auf nationaler Ebene, wie etwa Enzo Bianco (Catania) von der *Partei Margherita* (vormals *Partito Popolare*) als Innenminister oder Antonio Bassolini von den Linksdemokraten (Neapel) als Arbeitsminister.

Eine solche Entwicklung gab es auch auf regionaler Ebene. Genauso wie die kommunale den Gemeinden, hat die regionale Wahlsystemreform von 1995 dem italienischen Regionalismus neue Impulse gegeben. Mit der Einführung der Direktwahl des/der Präsidenten/in der Region 1999 hat das politische Gewicht der Regionen noch weiter zugenommen. Wie einige Bürgermeister zuvor, stiegen etliche der direkt gewählten PräsidentInnen zu nationalen *leadern* auf, wie etwa Roberto Formigoni (*Forza Italia*) von der Region Lombardei, Totò Cuffaro (*Unione di Centro*) von der Region Sizilien, Antonio Bassolino (*Democratici di Sinistra*) von der Region Campanien oder Riccardo Illy von der Region Friaul Julisch-Venetien. Einige dieser regionalen *leader* hatten zuerst als Bürgermeister politische Erfahrungen gesammelt, wie etwa Bassolino als Bürgermeister von Neapel oder Riccardo Illy als Bürgermeister von Triest (Legnante 2004).

Die neue politische Bedeutung der Regionen hat umgekehrt dazu geführt, dass die nationalen Parteien immer öfter ihre *leader* als PräsidentschaftskandidatInnen in die Regionalratswahlen schicken. Dies gilt etwa für den ehemaligen Transportminister Claudio Burlando (Linksdemokraten DS) in Ligurien oder für den ehemaligen Arbeitsminister Antonio Bassolino (DS) in Campanien. Bewusst werden nationale Leader auch in Regionen eingesetzt, die für das eigene Wahlbündnis von einem Wahlerfolg aus betrachtet entweder »unsichere« Regionen oder gar »aussichtslose« Regionen sind. Dies traf beispielsweise für den späteren Umweltminister Altero Matteoli (AN) in der Toscana zu (Wahl 2000). Minister haben aber auch den Weg zurück zum Amt des/der BürgermeisterIn genommen, wie etwa die ehemalige Innenministerin Rosa Russo Jervolino (*Margherita*, vormals *Partito Popolare*) in Neapel.

Die Entwicklung der letzten Jahre zeigt, dass das Amt des/der Präsidenten/in einer Region ein Sprungbrett in die nationale Politik sein kann.

4. Problemfelder und Perspektiven

Trotz der Aufwertung der Regionen gibt es einige nach wie vor ungelöste Probleme institutioneller und politischer Art, die sowohl das Innen- als auch das Außenverhältnis der Regionen betreffen. Davon sollen einige beispielhaft aufgezeigt werden.

4.1 Spannungsverhältnisse zwischen neuen Verfassungsnormen und sozialen Realitäten

Wenn man einen Blick auf die bisher durchgeführten Reformen wirft, so wird man feststellen können, dass die Erwartungen in die Reformen weitaus größer waren, als sich heute das Ergebnis präsentiert. Es sei beispielsweise an die große symbolische Kraft erinnert, die in die neuen regionalen Statute gesetzt wurde, in die autonome Regierungsform und in das autonome Wahlsystem, vor allem auch an die Umkehrung des Kompetenzprinzips, mit dem die staatliche Gesetzgebung die Ausnahme, die regionale hingegen die Regel hätte sein sollen. Erinnert sei auch an die Gleichstellung der Körperschaften, die den Staat bilden, oder an die Priorität des Subsidiaritätsprinzips. All diese und weitere Reformen wurden als radikale Wende im Verhältnis zwischen Zentrum und Peripherie angesehen (Bin 2005: 307).

Diese Erwartungen haben sich in der sozialen Realität nicht eingestellt. Gründe dafür gibt es mehrere. Unter anderem fallen die neuen Verfassungsgrundlagen auf ein bestehendes, komplexes Netz an Normen, die auf die neuen abfärben. Dieses Faktum hat der Verfassungsgerichtshof in seinen ersten Erkenntnissen zur neuen Verfassung angesprochen und weit mehr auf normative Kontinuitäten als auf Innovation oder gar Brüche gesetzt. Der Umstand etwa, dass mit dem Verfassungsgesetz von 2001 das »nationale Interesse« abgeschafft wurde, hat nicht dazu geführt, dass sich die unitaristischen, einigenden Aktivitäten des Staates nur mehr auf die ihm ausschließlich zustehenden Sachgebiete oder auf jene in Konkurrenz mit den Regionen beschränkt hätten. Denn in allen oder fast allen Zuständigkeitsbereichen des Staates hat der Verfassungsgerichtshof »transversale Sachgebiete« in unterschiedlicher Ausgestaltung vorgefunden, die in die regionalen Zuständigkeiten hineinreichen. Der Staat macht den Regionen zwar nicht deren ausschließliche Zuständigkeiten streitig, mischt sich aber legislativ dort ein, wo überregionale Aspekte zu regeln sind. Das gilt umgekehrt auch für die Regionen, die wegen der Komplexität der Sachgebiete auch in ausschließliche Kompetenzen des Staaten eindringen. Mit dem Hinweis auf die Verpflichtung des Staates nach institutionellem Gleichgewicht hat der Verfassungsgerichtshof einen Weg beschritten, der die Entscheidungen der Regionen selbst im Bereich ihrer exklusiven Sachgebiete wieder einschränkt (Bin 2005: 309).

Mit der Wiedereinführung des »nationalen Interesses« durch die »Devolution« im Spätherbst 2005 wird die polyedrische Hand des Staates noch weiter in die Zuständigkeiten der Regionen vordringen.

Als weiteres Beispiel eines verfassungstechnischen Konstruktionsfehlers kann auf fehlende Übergangsbestimmungen verwiesen werden, welche die Durchführung der Reform hätten regeln müssen. Ein solches Gesetz wurde erst eineinhalb Jahre nach der Verfassungsreform verabschiedet (*legge La Loggia* 131/2003). In dessen Ermangelung hat man die Umsetzung der einzelnen Reformmaßnahmen in die Hände des ordentlichen Gesetzgebers und des Verfassungsgerichts gelegt. Dadurch haben diese die Bestimmungen des Durchführungsgesetzes zum Teil bereits vorweggenommen.

Die Regionen und der Staat waren bei der Umsetzung der Reformen gänzlich auf sich selbst gestellt, wobei die römische Regierung und das Parlament eine legislative Politik nach Logiken des alten Zentralismus betrieben und sich um die neuen Rahmenbedingungen bislang nicht gekümmert haben. Das betrifft beispielsweise die Vorbereitung des staatlichen Finanzgesetzes genauso wie die massive Anfechtung von Regionalgesetzen vor dem Verfassungsgerichtshof. Aber auch die Art, wie die einzelnen Regionen ihre Statute verabschiedet haben, weist auf einen eher geringen innovativen Geist hin. Das betrifft die Funktionalität der Entscheidungsfindung genauso wie das Verhältnis zwischen Legislative und Exekutive oder das Verhältnis der Region ihren Provinzen und Gemeinden gegenüber (Bin 2005: 311–312). Vielfach werden einzelne Reformen immer wieder angekündigt, aber nicht umgesetzt.

4.2 Regionalrat als Verlierer

Neben diesen Defiziten bei der materiellen Umsetzung der Verfassungsreform, wobei die Abänderungen und Ergänzungen der Bestimmungen von 2001 durch die »Devolution« von 2005 den institutionellen Transformationsprozess nicht gerade erleichtern, sind noch weitere Schwächen auf regionaler Ebene offenkundig geworden.

Mit der Verfassungsreform von 2001 ist es zu einer Art Widersprüchlichkeit zwischen regionaler Legislative und Exekutive gekommen. Der Staat hat seine legislative Generalklausel verloren, aber die neuen Kompetenzen der Regionen gingen an den Verlierer der Reform, nämlich an den Regionalrat.

Die Direktwahl des/der Präsidenten/in hat das Baryzentrum vom Regionalrat zur Exekutive verschoben, die in der Zwischenzeit für die Stabilität der Regierung sorgt. Der Regionalrat hat dadurch politisches Gewicht verloren.

Vor der Einführung der Direktwahl des/der Präsidenten/in besaßen die Regionalratsabgeordneten ein bestimmtes politisches Gewicht, weil die Regierungen auf Grund ihrer politischen Absprachen erst nach den Wahlen gebildet wurden. Der einzelne Abgeordnete hatte dadurch gegenüber dem Präsidenten der Region und gegenüber den Regierungsmitgliedern ein erhebliches Erpressungspotenzial. Dies erlaubte den Abgeordneten, direkten Einfluss auf die politischen Entscheidungen und auf die politische Verwaltung zu nehmen, um dadurch über spezielle Anreize ein bestimmtes WählerInnenpotenzial an sich zu binden.

Mit der Direktwahl des/der Präsidenten/in ist dieses Erpressungspotenzial weitgehend weggefallen, nicht nur wegen der direkten Investitur des Präsidenten durch das Volk, sondern weil die Koalitionsabsprachen vor, nicht erst nach den Wahlen erfolgen (Pitruzzella 2004: 1240).

Die Reform der Regionen hat aber zu weiteren Widersprüchen geführt. So wurde zwar die Direktwahl des/der Präsidenten/in eingeführt, aber der Regionalrat wurde nicht reformiert. Die Verfahren sind relativ umständlich und dementsprechend langsam geblieben, die politische Entscheidungsfindung schwerfällig. In vielen regionalen Versammlungen fehlen effiziente Regeln, die das Arbeiten im Plenum und in den Ausschüssen erleichtern. Die alten Geschäftsordnungen entsprechen vielfach nicht mehr dem neuen bipolaren Parteiensystem der Regionen, aber auch nicht mehr den geänderten institutionellen Rahmenbedingungen nach der Einführung der Direktwahl des/der Präsidenten/in.

Dies verleitet die Exekutive immer wieder dazu, den Regionalrat so oft wie möglich und so weit als möglich zu umgehen. Diese Tendenzen sind in erster Linie in einigen Regionen des Südens feststellbar, wie etwa in Apulien oder Sizilien. In diesen Regionen werden die neuen Zuständigkeiten über die Köpfe des Regionalrates wahrgenommen, oder zum Teil überhaupt nicht ausgeschöpft.

Gefördert wird diese neue Praxis durch einen starken Informationsvorsprung der Exekutive, durch die schwach ausgeprägten Kontrollmöglichkeiten der Legislative gegenüber der Exekutive und durch die politische Gewichtsverlagerung von der Legislative zur Exekutive.

Heute sind der Präsident der Region und seine Regierungsmitglieder nicht mehr zu einer ständigen politischen Rückkoppelung mit den Abgeordneten und mit den Parteien angewiesen, denn sie benötigen deren Unterstützung nur mehr in abgeschwächter Form. Der Verlust an politischem Gewicht hat außerdem zur Folge, dass die Regionalratsabgeordneten für die WählerInnen als direkte Ansprechpartner immer weniger in Frage kommen, weil ins Zentrum der politischen Macht der/die direkt gewählte PräsidentIn getreten ist. Dies führt wiederum zu einem erhöhten Stress der Abgeordneten, wenn sie um ihre Wiederwahl kämpfen. Schließlich muss auch die Rolle der Opposition aufgewertet werden (Pitruzzella 2004: 1240).

Die starke Visibilität der PräsidentInnen auf nationaler Ebene hat dazu geführt, dass die Parlamentarier, die im Schatten der *governatori* stehen, vorerst keine Anstalten machen, weitere institutionelle Reformen der Regionen zu forcieren.

4.3 Infrakoalitionäre Fragmentierung

Neben den offenen institutionellen Fragen gibt es zudem eine Reihe von politischen Problemen. Dazu gehört in erster Linie das Problem der infrakoalitionären Fragmentierung. Das neue Wahlsystem hat zwar die Tür zu einem bipolaren Parteiensystem geöffnet, denn im Mittelpunkt stehen nicht mehr die einzelnen Parteien, sondern die Wahlkoalitionen, aber innerhalb der Koalitionen bleiben die Parteien eine, wenn auch etwas abgeschwächte soziale Realität mit einer eigenen Identität.

Die Erfahrung zeigt, dass die Wahlerfolge auf allen territorialen Ebenen, von den Kommunen bis hin zum nationalen Parlament, weniger von der Fähigkeit der einzelnen Wahlkartelle abhängt, eine Verschiebung von WählerInnen von einem Bündnis zum anderen herbeizuführen, sondern von der Fähigkeit, eine möglichst breite Wahlkoalition zusammenzustellen (Di Virgilio 2000: 105).

Damit hängt wiederum das Problem der Stabilität zusammen. Je kleiner die Zusammensetzung einer Wahlkoalition ist, desto ideologisch homogener ist diese, desto größer ist deren interne Kohäsion und desto einheitlicher tritt diese nach außen hin auf. Umgekehrt, je größer die Anzahl der Koalitionsparteien ist, desto größer werden die ideologischen Distanzen unter den Koalitionspartnern und umso mehr nimmt die interne Kohäsion ab.

Dies gilt für das Mitte-Links-Bündnis mit der Koalitionspartei *Rifondazione Comunista* am linken Flügel genauso wie für das Mitte-Rechts-Bündnis, das sich auf nationaler wie auf regionaler Ebene immer wieder mit rechtsextremen und neofaschistischen Parteien verbindet, wie z. B. mit den beiden Bewegungen *Alternativa Sociale* und *Movimento Idea Sociale* (Marra 2005: 2).

Diese infrakoalitionären Fragmentierungen haben Auswirkungen auf die Qualität der Koalitionen, auf die innerkoalitionäre *governance*, auf die Stabilität der Koalition, aber auch auf die Auswahl des/der Spitzenkandidaten/in. Die Art der Anerkennung oder Zuweisung der koalitionären *leaderships* ist ein untrüglicher Gradmesser, welche Rolle die jeweiligen Parteien innerhalb der Koalition spielen.

Das Auswahlverfahren ist ein arbeitsintensiver Verhandlungsprozess, der in den Parteizentralen von Rom im Zusammenspiel mit den regionalen Akteuren erfolgt. Diese Auswahl ist unter allen *issues* des jeweiligen Wahlkartells die politisch heikelste Frage. Die einzige Konstante, von der beide großen Koalitionen ausgehen, ist der Grundsatz, dass der/die amtierende Präsidenten/in wieder kandidiert. Bei allen anderen Varianten geht es nicht nur um die Erfolgschancen der Koalition, sondern um die Durchsetzung von spezifischen Parteiinteressen. Kompromisse erfolgen dabei immer über eine Reihe von politischen Kompensationsgeschäften unter den Koalitionspartnern, in erster Linie durch die Zuteilung von Funktionen und Ämtern (Di Virgilio 2000: 122). Die kleinen Zentrumsparteien, die als Springer sowohl bei der Mitte-Links- wie auch bei der Mitte-Rechts-Koalition kandidieren könnten, haben dabei das größte Koalitionspotenzial. Dementsprechend hoch sind auch die Gegenleistungen der Koalition.

Um eine demokratische Legitimation der SpitzenkandidatInnen »von unten« herbeizuführen, den internen Konkurrenzkampf unter den Parteien zu minimieren und eine Entscheidung nicht nach Parteigewichtung, sondern nach demokratischen Grundregeln zu treffen, hat die Mitte-Links-Koalition vor den Regionalratswahlen in Apulien (April 2005) erstmals eine offene Vorwahl unter den Mitgliedern und Sympathisanten durchgeführt, mit der der Spitzenkandidat gekürt werden sollte. Obgleich als Außenseiter gehandelt, hat der deklarierte Homosexuelle Nichi Vendola von der Partei *Rifondazione Comunista* die Vorwahlen gegen seinen Mitstreiter von der

Zentrumspartei *Margherita* gewonnen und gegen alle Erwartungen auch die Regionalratswahlen für sich entschieden.

Dies hat innerhalb des Mitte-Links-Bündnisses Schule gemacht. Auf nationaler Ebene wurde Romano Prodi bei den Vorwahlen am 16. Oktober 2005 mit großer Mehrheit als Spitzenkandidat und Herausforderer Berlusconis bestätigt. In Sizilien ging bei den Vorwahlen Rita Borsellino, die Schwester des von der Mafia ermordeten Richters Paolo Borsellino, als Siegerin hervor. Dasselbe gilt für die Auswahl des Spitzenkandidaten für die Gemeinderatswahlen von Mailand, einer der wichtigsten Finanzmetropolen des gesamten Landes (il Venerdì, 4.11.2005: 11). Auf kommunaler Ebene gab es allerdings bereits seit 1995 Vorwahlen, insbesondere in der Toscana, wo 2004 sogar ein eigenes Gesetz dazu verabschiedet wurde (Fusaro 2005: 445).

Die politische Aufwertung der Regionen, aber auch die immer stärkere Einwirkung der Regionen auf den Staat haben dazu geführt, dass bei den Regionalratswahlen weniger regionale Themen, als vielmehr nationale Themen diskutiert werden. Wegen der großen Anzahl an WählerInnen (bei den Regionalratswahlen 2005 gab es über 40 Millionen Wahlberechtigte) sind bisher die Regionalratswahlen immer zu einem nationalen Test hochgespielt worden. Dies lässt sich aus der Themenwahl ersehen, aber auch aus der politischen Konsequenz nationaler *leader*. So hat Ministerpräsident Massimo D'Alema nach den verlorenen Regionalratswahlen im Jahre 2000 seinen Rücktritt eingereicht (Pasquino 2001). Einen solchen Schritt hat Ministerpräsident Silvio Berlusconi nach der Niederlage bei den Regionalratswahlen vom April 2005 abgelehnt, weil er den Wahlen keinen nationalen Charakter einräumen wollte.

4.4 Das Verhältnis zwischen Regionen, Staat und Europäischer Union

1981, also zehn Jahre nach der Durchführung des verfassungsmäßigen Auftrages zur Errichtung der Regionen mit Normalstatut (1970), wurde die »Konferenz der Präsidenten der Regionen und autonomen Provinzen« eingerichtet (*Conferenza dei presidenti delle regioni e delle province autonome*). Es handelt sich um eine Konferenz zur Koordinierung der gemeinsamen regionalen Interessen gegenüber dem Zentralstaat. Die Regionen treffen sich in der Regel alle 14 Tage, wobei es eine interne Arbeitsteilung mit fünf Sachgebieten gibt: 1. Allgemeine, institutionelle und Finanzangelegenheiten; 2. Gemeinschafts- und internationale Fragen; 3. Verwaltung des Territoriums, Umweltschutz und Kultur; 4. Gesundheitsdienste, soziale und bildungspolitische Angelegenheiten; 5. Aktivitäten im Bereich der Produktion und der Entwicklung.

Der Koordination zwischen den Regionen folgte 1988 eine Verhandlungsplattform mit dem Staat. Die Konferenz Staat-Regionen (*Conferenza Stato-Regioni*) erhielt eine eigene gesetzliche Grundlage (400/1988), wird vom Ministerpräsidenten oder einem seiner Delegierten, in der Regel von einem Minister geleitet und trifft sich alle zwei Wochen. An den Sitzungen nehmen neben den PräsidentInnen der Regionen und der Autonomen Provinzen auch jene Minister teil, die von den zu behandelnden Tagesordnungspunkten direkt betroffen sind. Außerdem nehmen auch noch VertreterInnen der Staatsverwaltung und öffentlicher Ämter teil.

In erster Linie geht es um Information, Beratung und Abstimmung hinsichtlich allgemeiner Richtlinien der nationalen Politik, die Auswirkungen auf die regionalen Zuständigkeiten haben können. Ausgeschlossen sind Außenpolitik, Verteidigungspolitik, nationale Sicherheit und Justiz.

Seit 1997 gibt es weiterhin die so genannte »Vereinigte Konferenz« (*Conferenza Unificata*), welche die Aufgaben der Konferenz Staat-Regionen erweitert hat. Bei Agenden, die im gemeinsamen Interesse mit der Konferenz Staat-Städte (*Stato–città*) liegen, ist zwischen diesen beiden Konferenzen eine gemeinsame Sitzung vorgesehen. Auch diese Plattform hat die Aufgabe, Informationen auszutauschen, Absprachen zu treffen, Gutachten, besonders zur wirtschaftlichen Programmierung abzugeben und überhaupt die Interessen der Lokalkörperschaften zu vertreten (www.regione.piemonte.it/rapporti).

Schließlich ist 1999 noch die »Konferenz der Versammlungen, der Regionalräte und der Autonomen Provinzen« ins Leben gerufen worden, die auf erste Treffen von 1994 zurückgeht (*Conferenza dei Presidenti dell'Assemblea, dei Consigli Regionali e delle Province Autonome*). Die Einrichtung wird auch »Konferenz der Regionalparlamente« genannt (*Conferenza dei parlamenti regionali*).

Ziel ist es, die Koordination zwischen den legislativen Versammlungen auf allen Ebenen zu verbessern, die regionalen Parlamente aufzuwerten und gemeinsame Initiativen abzustimmen (Statuto 1999).

All diese Konferenzen sind nicht nur aus Überlegungen der Koordination zwischen Staat und Regionen eingerichtet worden, sondern aus der Notwendigkeit, die institutionellen und politischen Überschneidungen sinnvoll zu gestalten. Inwieweit diese Konferenzen stark oder weniger stark in die gesamtstaatliche Politik der Programmierung eingebunden werden, hängt oft von der Haltung der Regierung ab.

In dieser Hinsicht hat sich in den vergangenen Jahren gezeigt, dass bei der Vertretung gemeinsamer Interessen die politische Solidarität unter den Regionen höher ist als die parteipolitische.

Dies hat sich in den vergangenen Jahren unter der Regierung Berlusconi besonders bei der zentralstaatlichen Finanz- und Sparpolitik gezeigt. Durch die Notwendigkeit, strukturelle Wirtschaftsreformen durchzuführen und eine rigorose Sparpolitik zu betreiben, um die Parameter des EU-Stabilitätspaktes nicht zu durchbrechen, haben die Regierungen Berlusconis eine Politik der Einsparung betrieben, die finanziell hauptsächlich nach unten auf die Regionen, Provinzen und Gemeinden abgewälzt wird. So mussten beispielsweise die Regionen 2005 im Vergleich zum Vorjahr 3,8 Prozent ihrer finanziellen Ressourcen einsparen, die Gemeinden, außer den ganz kleinen, sogar 6,7 % (Petrini 2005: 10).

Eine solche Politik ist aus der Sicht der Lokalkörperschaften nicht akzeptabel und führte unter den PräsidentInnen der Regionen und Autonomen Provinzen zu einer gemeinsamen Front gegen die Regierung über alle Parteigrenzen hinweg.

Umgekehrt wird den Regionen vorgeworfen, den ehemals bekämpften staatlichen Zentralismus nun selbst zu praktizieren. Provinzen und Gemeinden beklagen vielfach, vom Zentralismus des Staates in den Zentralismus der Regionen gefallen zu sein. Das betrifft nicht nur die politische Entscheidungsebene, bei der das Subsidiaritätsprinzip nicht oder kaum berücksichtigt wird, sondern vor allem den finanziellen Transfer vom regionalen Zentrum an die Peripherie (Belotti 2006: 8). Der Steuerföderalismus hinkt dem Verfassungsföderalismus auf allen Ebenen noch ziemlich nach.

Zu den vielen institutionellen und politischen Problemen zwischen Staat und Regionen sowie zwischen Regionen und den diesen untergeordneten Gebietskörperschaften kommen immer mehr solche hinzu, die mit den Einwirkungen der EU auf die regionale Gesetzgebung zu tun haben.

Die Auswirkung des Gemeinschaftsrechts auf die regionalen Kompetenzen ist eine unmittelbare Folge des Primats, das die einzelnen Mitgliedsstaaten den Gemeinschaftsnormen gegenüber dem innerstaatlichen Recht eingeräumt haben. Dies führt sogar soweit, dass die verfassungsrechtlich verankerte Kompetenzaufteilung zwischen Staat und Regionen durch EU-Normen abgeändert werden kann (*Corte Costituzionale* 24.4.1996 Nr. 126). Dazu ist anzumerken, dass in Italien die Einwirkungen der EU in der Mehrzahl nicht staatliche, sondern in die Zuständigkeit der Regionen fallende Sachgebiete betreffen. Diese Einwirkungen sind noch größer geworden, seitdem die Regionen mit der Verfassungsreform von 2001 ihre Zuständigkeiten stark ausweiten konnten (Iurato 2005: 48).

Die Verfassungsreform von 2001 sieht aber auch vor, dass die Regionen und die Autonomen Provinzen Trient und Bozen für die in ihre Zuständigkeit fallenden Sachgebiete an den Entscheidungen im Rahmen des Rechtsetzungsprozesses der EU teilnehmen und für die Anwendung und

Durchführung von völkerrechtlichen Abkommen und Rechtsakten der EU sorgen müssen (Art. 117, Abs. 4 Vfg.).

Diese Teilnahme der Regionen am Rechtssetzungsprozess der EU findet in der Konferenz Staat-Regionen statt. Dort können die Regionen ihre Standpunkte zu den Vorhaben des Gemeinschaftsrechts deponieren, die in ihre Zuständigkeiten eingreifen.

Die Entscheidungen der Konferenz Staat-Regionen haben in der Zwischenzeit auch einen vom Verfassungsgerichtshof anerkannten Charakter als »Konvention« erhalten. Diese hat mitunter eine stärkere rechtliche Bindungskraft hervorgebracht als andere dafür vorgesehene Normen. Der Konferenz ist jedenfalls explizit die Zuständigkeit eingeräumt worden, über Sachgebiete zu verhandeln, welche die EU betreffen, besonders dann, wenn es sich um allgemeine Richtlinien handelt, die bei der Durchführung des Gemeinschaftsrechts regionale Kompetenzen betreffen. Außerdem muss der Ministerpräsident nicht nur den beiden Häusern des Parlaments berichten, sondern auch der Konferenz Staat-Regionen, wenn es um Richtlinien der EU geht (Gesetz 128/1998).

Insgesamt aber scheinen die Kanäle eingeschränkt zu sein, mit denen die Regionen an der Definierung der Regierungsposition mitwirken, wenn es um die EU-Politik und um eigene Kompetenzbereiche geht.

Im Vergleich zu den Anfangsjahren nimmt die Konferenz heute sicherlich eine weit zentralere Stellung im italienischen Regierungssystem ein, wird aber immer mehr als inadäquate Antwort auf die partizipativen Bedürfnisse der Regionen im Verhältnis zum Zentralstaat angesehen (Iurato 2005: 63). Die Forderung nach einer Verstärkung dieser Partizipation und einer angemesseneren Einwirkung auf die Entscheidungen haben zum »föderalen Senat« geführt, der allerdings den Erwartungen der Regionen vielfach nicht entspricht.

Im Februar 2005 hat das Parlament das Gesetz »Allgemeine Normen zur Beteiligung Italiens am Gesetzgebungsprozess der Europäischen Union sowie über die Durchführung der gemeinschaftlichen Verpflichtungen« (*Norme generali sulla partecipazione dell'Italia al processo normativo dell'Union europea e sulle procedure di esecuzione degli obblighi comunitari*) verabschiedet (Gesetz Nr. 11/2005). Darin werden die zitierten Konferenzen rechtlich eindeutiger miteingebunden, deren Funktionen valorisiert und genauer umschrieben.

4.5 Ausblick

Die Rolle der italienischen Regionen und ihr institutionelles sowie politisches Gewicht haben seit 1970 ständig zugenommen. Besonders durch die

Verfassungsreformen von 2001, ergänzt durch die Verfassungsreform von 2005, sind die Regionen institutionell stark aufgewertet worden. Dieser institutionellen Aufwertung entspricht nicht die politische Aufwertung. Nach wie vor ist der politische Blick der Eliten auf das Zentrum gerichtet, nach wie vor fällt die Regierung gesamtstaatliche Entscheidungen, als ob es keine Verfassungsreform gegeben hätte, und nach wie vor werden die Regionen nicht als gleichwertige Partner behandelt.

Die Arbeit der Regionen für die Zukunft wird lauten müssen, das eigene politische System für die Bewältigung der neuen Aufgaben funktionaler zu gestalten, die *governance* zu stärken, die politische Partizipation auszuweiten, die eigenen Zuständigkeiten tatsächlich in Anspruch zu nehmen und das Prinzip der Subsidiarität auch in den eigenen Reihen ernst zu nehmen. Diese Partizipation geht in verschiedene Richtungen und betrifft die Kommunen und Provinzen, den Staat, die Europäische Union, aber auch die Zivilgesellschaft.

Das institutionelle *revival* der Regionen, die starke Identifizierung der Bevölkerung mit ihrer Region führt aber nur dann zu einer langandauernden, konsolidierten Akzeptanz des regionalen politischen Systems, wenn nicht nur die *input*-Seite, sondern auch die *output*-Seite funktioniert, wenn also Problemlösungskapazität und Professionalität des Systems im Sinne der Effizienz gewährleistet sind. In dieser Hinsicht bedarf es in Italiens Regionen, in den einen mehr, in den anderen weniger, noch einer großen Anstrengung.

Anmerkungen

[1] Dazu zählen: 1. Außenpolitik und internationale Beziehungen des Staates, Beziehungen des Staates zur EU, Asylrecht und Rechtsfragen von Nicht-EU-Bürgern, 2. Einwanderung, 3. Beziehungen Republik/Religionsgemeinschaften, 4. Verteidigung und Streitkräfte, staatliche Sicherheit, Waffen, Munition und Sprengstoffe, 5. Währung, Schutz der Spartätigkeit und Kapitalmärkte, Schutz des Wettbewerbs, Währungssystem, Steuersystem und Rechnungswesen des Staates, 6. Staatsorgane und entsprechende Wahlgesetze, staatliche Referenden, Wahl zum EU-Parlament, 7. Aufbau und Organisation der staatlichen Verwaltung und der gesamtstaatlichen öffentlichen Körperschaften, öffentliche Ordnung und Sicherheit, mit Ausnahme der örtlichen Verwaltungspolizei, 8. Staatsbürgerschaft, Personenstand- und Melderegister, 9. Gerichtsbarkeit und Verfahrensvorschriften, 10. Zivil- und Strafgesetzgebung, Verwaltungsgerichtsbarkeit, 11. bürgerliche und soziale Grundrechte, 12. allgemeine Bestimmungen über den Unterricht, 13. Sozialfürsorge, 14. Wahlgesetzgebung, Regierungsorgane, zentrale Aufgaben der Gemeinden, Provinzen und Metropolen,

15. Zölle, Schutz der Staatsgrenzen, 16. Maße, Gewichte, Festsetzung der Zeit […], 17. Schutz der Umwelt, des Ökosystems und der Kulturgüter.
2   Heute stimmt die elektorale Geographie der *Lega Nord* im Wesentlichen mit jener der ehemaligen DC überein (Diamanti 1992).
3   Eine ähnliche Entwicklung zeigt sich in Frankreich. Vgl. hierzu Zimmermann-Steinhart 2006 in diesem Band.
4   In 14 von 20 Regionen wurden am 3.–4. April 2005 Regionalratswahlen abgehalten. In den anderen Regionen war aus unterschiedlichen Gründen schon zuvor gewählt worden. Sizilien (24. Juni 2001); Molise (11. November 2002); Friaul-Julisch Venetien und Aosta (8. Juni 2003); Trentino-Südtirol (26. November 2003); Sardinien (13. Juni 2004).
5   Unter *trasformismo* versteht man den Übergang von politischen Akteuren oder Gruppen von einem politischen Lager ins andere, in der Regel ins Lager der Regierung. Der Übergang wird mit Geld, Regierungsposten oder anderen Leistungen belohnt.

Literatur

Baccetti, Carlo (2005): Le prime elezioni regionali in Toscana (1970–1975): formazione e tipologia di un nuovo ceto politico. In: Quaderni dell'Osservatorio Regionale Elettorale 53: 5–62.

Baldini, Gianfranco/Legnante, Guido (1998): Dal sindaco dei partiti al partito dei sindaci? In: Bardi, Luciano/Rhodes, Martin (Hrsg.) (1998): Politica in Italia. I fatti dell'anno e le interpretazioni. Edizione 98. Bologna: 45–67.

Baldini, Gianfranco/Vassallo, Salvatore (2001): Le regioni alla ricerca di una nuova identità istituzionale. In: Caciagli, Mario/Zuckerman, Alan (Hrsg.) (2001): Politica in Italia. I fatti dell'anno e le interpretazioni. Edizione 2001. Bologna:128–145.

Bartolini, Stefano/Chiaramente, Alessandro/D'Alimonte, Roberto (2002): Maggioritario finalmente? Il bilancio di tre prove. In: D'Alimonte, Roberto/Bartolini, Stefano (Hrsg.) (2002): Maggioritario finalmente? La transizione elettorale 1994–2001. Bologna: 363–379.

Bini, Roberto (2005): Riforme »politiche« e »technicalities« giuridiche. In: le Regioni 3: 307–313.

Biorcio, Roberto (1997): La Padania promessa. Milano.

Bull, Martin/Rhodes, Martin (1997): Between Crisis and Transition: Italian politics in the 1990s. In: West European Politics 1: 1–13.

Caciagli, Mario (1995): La destinée de la »subculture rouge« dans le Centre-Nord de l'Italie. In: Politix 30 : 45–60.

Caciagli, Mario (2003): Le Regioni, Bologna.

Caravita, Beniamino (2002): La costituzione dopo la riforma del titolo V. Stato. Regioni e autonomie fra Repubblica e Unione Europea. Torino.

Cento Bull, Anna (2002): Verso uno stato federale? Proposte alternative per la revisione costituzionale. In: Bellocci, Paolo/Bull, Martin (Hrsg.) (2002): Politica in Italia. I fatti dell'anno e le interpretazioni. Edizione 2002. Bologna: 205–223.

Chiaramente, Alessandro/D'Alimonte, Roberto (Hrsg.) (2000): Il maggioritario regionale. Le elezioni del 16 aprile 2000. Bologna.

Chiti, Enzo (2000): La riforma mancata. Tradizioni e innovazione nella Costituzione italiana (Contemporanea 116). Bologna.

Collazuol, Oliver (2003): Ethnoregionale Parteien in Italien. Politikwissenschaftliche Diplomarbeit. Innsbruck.

Cosulich, Matteo (2004): La disciplina legislativa elettorale nelle Regioni ad autonomia ordinaria: ex uno, plura. In: le Regioni 4: 843–882.

Crespi, Franco/Santambrogio, Ambrogio (Hrsg.) (2001): La Cultura politica nell'Italia che cambia. Roma.

D'Alimonte, Roberto/Bartolini, Stefano (Hrsg.) (1997): Maggioritario per caso. Le elezioni politiche del 1996. Bologna.

Chiaramente, Alessandro/D'Alimonte, Roberto (2000): Premessa. In: Chiaramente, Alessandro/D'Alimonte, Roberto (Hrsg.) (2000): Il maggioritario regionale. Le elezioni del 16 aprile 2000. Bologna: 7–10.

D'Alimonte, Roberto (2000): Il sistema elettorale: grandi premi e piccole soglie. In: Chiaramente, Alessandro/D'Alimonte, Roberto (Hrsg.) (2000): Il maggioritario regionale. Le elezioni del 16 aprile 2000. Bologna: 11–34.

De Luca, Roberto (2004): Cambiamenti istituzionali e consenso – I nuovi sistemi elettorali regionali. Soveria Mannelli.

De Winter, Lieven (1998): Conclusion. A comparative analysis of the electoral, office and policy success of ethnoregionalist parties. In: De Winter, Lieven/Türsan, Hari (Hrsg.) (1998): Regionalist Parties in Western Europe, London–New York: 204–247.

Diamanti, Ilvo (1992): Il male del Nord. Lega, localismo, secessione. Roma.

Diamanti, Ilvo (1993): La Lega. Geografia, storia e sociologia di un nuovo soggetto politico. Roma.

Diamanti, Ilvo (1997): La Lega. Dal federalismo alla seccessione. In: D'Alimonte, Roberto/Nelken, David (Hrsg.) (1997): Politica in Italia. I fatti dell'anno e le interpretazioni. Edizione 97. Bologna: 85–103.

Di Virgilio, Aldo (1996): Le elezioni regionali e amministrative: bipolarizzazione con riserva. In: Caciagli, Mario/Kertzer, David I (Hrsg.) (1996): Politica in Italia. I fatti dell'anno e le interpretazioni. Edizione 96. Bologna: 57–86.

Di Virgilio, Aldo (2000): I nodi al pettine del management coalizionale. In: Chiaramente, Alessandro/D'Alimonte, Roberto (Hrsg.) (2000): Il maggioritario regionale. Le elezioni del 16 aprile 2000. Bologna: 105–130.

Fabbrini, Sergio (1995): Il compromesso storico. In: Pasquino, Gianfranco (Hrsg.) (1995): La politica italiana. Dizionario critico 1945–1995. Roma: 391–403.

Falcon, Giandomenico (2001): Il big bang del regionalismo italiano. In: Le Regioni 6: 1141–1151.

Fusaro, Carlo (1995): Le regole della transizione. La nuova legislazione elettorale italiana (Contemporanea 76). Bologna.

Fusaro, Carlo (2000): Elezione diretta del presidente e forme di governo regionali. In: Chiaramente, Alessandro/D'Alimonte, Roberto (Hrsg.) (2000): Il maggioritario regionale. Le elezioni del 16 aprile 2000. Bologna: 35–57.

Fusaro, Carlo (2005): La legge regionale toscana sulle primarie. In: le Regioni 3: 441–458.

Ghisalberti, Carlo (2003): Storia costituzionale d'Italia 1948/1994. Roma–Bari.

Grasse, Alexander (2000): Italiens langer Weg in den Regionalstaat. Die Entstehung einer Staatsform im Spannungsfeld von Zentralismus und Föderalismus (Regionalisierung in Europa, Bd. 2). Opladen.

Guazzarotti, Andrea (2004): La competenza legislativa concorrente nel nuovo Titolo V al banco di prova della giurisprudenza costituzionale.In: le Regioni 5: 1099–1118.

Ignazi, Piero (1997): I partiti politici. Bologna.

Belotti, Antonio (2006): Il centralismo delle Regioni frena la devolution. In: Il Giornale, 5.1. 2006: 8.

Il sole-24 ore (2005): Finalmente una legge democratica, 15.12.2005: 15.

Il Venerdì di Repubblica (2005): La vittoria di Prodi, vera medicina per tenere unito il centrosinistra, 4.11.2005, Nr. 920.

Iurato, Giovanna (2005): Le Regioni italiane e il processo decisionale europeo. Un'analisi neo-istituzionalista della partecipazione (Università degli Studi di Catania. Collana del Dipartimento di Studi Politici 1), Milano.

Legnante, Guido (2004): Le elezioni locali 2003 e la sconfitta (prima locale, poi nazionale) della Casa delle libertà. In: Della Sala, Vincent/Fabbrini, Sergio (Hrsg.) (2004): Politica in Italia. I fatti dell'anno e le interpretazioni. Edizione 2004. Bologna: 81–100.

Marra, Wanda (2005): I nuovi alleati di Berlusconi: svastiche e Evola. In: l'Unità, 1.12. 2005: 2.

Neppi Modana, Guido (1998): Stato della Costituzione. Milano.

Palermo, Francesco (1999): Il potere estero delle regioni. Ricostruzione in chiave comparata di un potere interno alla costituzione italiana (ius publicum europeum). Verona.

Pallaver, Günther (2001): Die Südtiroler Volkspartei. Erfolgreiches Modell einer ethnoregionalen Partei. Trends und Perspektiven. In: Institut za Narodnostna Vprasanja/Institute for Ethnic Studies (Hrsg.) (2001): Razprave in Gradivo/Treaties and Documents (38/39). Ljubliana: 314–358.

Pallaver, Günther (2002): Anomalie und Normalität – Italiens politisches System im Wandel. In: Ingenhaeff, Wolfgang/Staudinger, Roland/Ebert, Kurt (Hrsg.) (2002): Festschrift Rudolf Palme. Innsbruck: 395–415.

Pallaver, Günther (2003): Eine »Zweite Republik«? – Verfassungsdiskussionen seit 1992. In: Rill, Bernd (Hrsg.) (2003): Italien im Aufbruch – eine Zwischenbilanz (Akademie für Politik und Zeitgeschehen). München: 27–39.

Pallaver, Günther (2003a): Südtirols Konkordanzdemokratie. Ethnische Konfliktregelung zwischen juristischem Konzept und gesellschaftlichem Wandel. In: Clementi, Siglinde-Woelk, Jens (Hrsg.) (2003): 1992: Ende eines Streits. Zehn Jahre Streitbeilegung im Südtirolkonflikt zwischen Italien und Österreich. Baden-Baden: 177–203.

Pallaver, Günther (2005): Wahlsystem und Parteiensystem in Italien. In: Österreichische Zeitschrift für Politikwissenschaft 1: 43–60.

Pappalardo, Adriano (2000): Il sistema politico italiano tra crisi e trasformazione. In: Di Palma, Giuseppe/Fabbrini, Sergio/Freddi, Giorgio (Hrsg.) (2000): Condannata al successo? L'Italia nell'Europa integrata. Bologna: 79–111.

Pappalardo, Adriano (2002): Il sistema partitico italiano fra bipolarismo e destrutturazione. In: Gianfranco Pasquino (Hrsg.) (2002): Dall'Ulivo al governo Berlusconi. Le elezioni del 13 maggio 2001 e il sistema politico italiano. Bologna: 199–237.

Pasquino, Gianfranco (1995): La partitocrazia. In: Pasquino, Gianfranco (Hrsg.) (1995): La politica italiana. Dizionario critico 1945–1995. Roma–Bari: 341–353.

Pasquino, Gianfranco (1999): Autopsia della Bicamerale. In: Hine, David/Vassallo, Salvatore (Hrsg.) (1999): Politica in Italia. I fatti dell'anno e le interpretazioni. Edizione 99. Bologna: 117–138.

Pasquino, Gianfranco (2001): Premiership e leadership da D'Alema a Amato e oltre. In: Caciagli, Mario/Zuckerman, Alan (Hrsg.) (2001): Politica in Italia. I fatti dell'anno e le interpretazioni. Edizione 2001, Bologna: 53–70.

Pasquino, Gianfranco (2002): Il sistema politico italiano. Bologna.

Servizio Studi (2005): Riforma dell'ordinamento della Repubblica. A.C. 4862 e abb. Roma.

Petrini, Roberto (2005): Finanziaria a metà del guado. In: la Repubblica, 12.11.2005: 10.

Pitruzzella, Giovanni (2004): L'impatto dei »governatori regionali« nelle istituzioni e nella politica italiana. In: le Regioni 6: 1239–1244.

Sartori, Giovanni (1976): Parties and Party Systems. A Framework of Analysis. Cambridge.

Sartori, Giovanni (1982): Teoria dei partiti e caso italiano. Milano.

Statuto (1999): Conferenza dei Presidenti dell'Assemblea, dei Consigli Regionali e delle Province Autonome. Roma.

Testo di legge costituzionale approvato in seconda votazione a maggioranza assoluta, ma inferiore ai due terzi dei membri di ciascuna Camera, recante »Modifiche alla Parte II della Costituzione«. Gazzetta Ufficiale n. 269 del 18 novembre 2005.

Tosi, Rosanna (2003): Riforma della riforma, potestà ripartita, interesse nazionale. In: le Regioni 4: 547–553.

Tranfaglia, Nicola (2003): La transizione italiana. Milano.

Vassallo, Salvatore (1998): La terza Bicamerale. In: Bardi, Luciano/Rhodes, Martin (Hrsg.) (1998): Politica in Italia. I fatti dell'anno e le interpretazioni. Edizione 98. Bologna: 131–155.

Vassallo, Salvatore (2000): Le giunte regionali in cerca di stabilità. In: Chiaramente, Alessandro/D'Alimonte, Roberto (Hrsg.) (2000): Il maggioritario regionale. Le elezioni del 16 aprile 2000. Bologna: 59–78.

www.regione.piemonte.it/rapporti

www.laCostituzione.it

Zanon, Nicolò (2005): L'assetto delle competenze legislative di stato e regioni dopo la revisione del titolo V della costituzione. In: Lang, Alessandro/Sanna, Cecilia (Hrsg.) (2005): Federalismo e Regionalismo. Esperienze Italiana, Svizzera e dell'Unione Europea a confronto (Collana di Testi e Documenti di Diritto Europeo, 9). Milano: 93–105.

Zimmermann-Steinhart, Petra (2006): Die Beziehungen der regionalen Ebene zur nationalen Ebene in Frankreich. In: Zimmermann-Steinhart, Petra (Hrsg.) (2006): Regionale Wege in Europa. Föderalismus – Devolution – Dezentralisierung. München.

Roland Sturm
Ist der Föderalismus europafähig?

Die Urteile über die »Europafähigkeit« des Föderalismus variieren beträchtlich, je nach Definition derselben, den politischen Interessen und Handlungszwängen politischer Akteure, aber auch je nach politisch-kulturellen und funktionalen Erwartungen, die sich mit dem Föderalismus verbinden. Gerade für den deutschen Föderalismus wurde sowohl festgestellt, er behindere eine effiziente Positionierung Deutschlands in Brüssel, aber auch, er sei die beste Voraussetzung für genau diese.

Die erste Sichtweise findet sich beispielsweise in einer Stellungnahme des deutschen Botschafters bei der EU, der eine negative Folgewirkung der Beteiligung der Länder an politischen Entscheidungsprozessen innerstaatlich und innerhalb der EU konstatiert: »Nachteil dieses ›Beteiligungsföderalismus‹ auf dem Gebiet der Europapolitik besteht in der Gefahr, dass der bereits umfangreiche und mühsame Abstimmungsprozess im Ressortkreis und auf EU-Ebene durch die umfangreiche Länderbeteiligung weiter erschwert wird (Verlust an Effizienz und Flexibilität).« (Schönfelder 2000: 76).

Die Meinung, der Föderalismus sei für Deutschland ein entscheidender Vorteil, der die Stellung des Landes in der EU stärke, ist bei britischen Deutschlandforschern nachzulesen, die zu dem Schluss kamen, dass der deutsche Föderalismus zum einen der Bundesregierung bei Verhandlungen in Brüssel zusätzliche taktische Optionen verschaffe: »[...]to empower it in the pursuit of its strategic concerns by giving it a usable pretext that it can, on occassion, do nothing but represent unmovable domestic constraints in European-level negotiations.« (Bulmer et al. 2000: 40). Zum anderen sei er ein »institutioneller Export« nach Europa, der der deutschen Politik eine vertraute Struktur im internationalen Kontext beschere und damit eine systemimmanente Machtposition (»systemic empowerment«), die die Durchsetzung von deutschen Interessen aufgrund des damit einhergehenden strategischen Vorteils erleichtere (Bulmer et al. 2000: 46f.).

Im Kern geht es also bei der Frage nach der Europafähigkeit des Föderalismus um die Frage der strukturellen Kompatibilität der Entscheidungsprozesse der EU mit Strukturen des innerstaatlichen Föderalismus. Diese Frage kann auf vier Wegen untersucht werden, die in der folgenden Argumentation gegangen werden: (1) aus der Sicht der Effizienzlogik der EU,

(2) aus der Sicht der Durchsetzung von Länderinteressen, (3) im Hinblick auf die Chancen, die sich aus einer Föderalismusreform ergeben und (4) mit Blick auf die Bemühungen um die Beseitigung des »demokratischen Defizits« (ausführlicher und kontrovers: Bauer et al. 2005) der EU.

1. Strukturelle Inkompatibilität: die *top down*-Sichtweise

Bei der Beurteilung von »Europaverträglichkeit« aus der Sicht der EU bzw. der Regierungsvertreter der Mitgliedstaaten steht die Verträglichkeit föderaler Strukturen mit einem europäischen Entscheidungsprozess im Vordergrund, der in erster Linie auf der Kooperation der nationalen und europäischen Exekutiven beruht. Argumentiert wird hier in der Regel zugunsten einer Effizienzlogik. Gemessen an dieser drängt sich die Schlussfolgerung auf: Föderale Strukturen behindern die Entscheidungsprozesse auf europäischer Ebene.

Warum ist das so? Mindestens fünf Gründe werden regelmäßig genannt:

1. Föderale Strukturen, so wird argumentiert, erzwingen innerstaatliche Konsensfindungsprozesse, die das politische Entscheiden langsamer und komplizierter machen.
2. Bei EU-Entscheidungen schlägt negativ zu Buche, dass der Föderalismus die Zahl der für politische Weichenstellungen zu involvierenden Akteure entgrenzt. Für die Tauschgeschäfte und Paketlösungen, die in europäischen Verhandlungsprozessen üblich sind, ist es aber gerade unabdingbar, dass die Zahl der Verhandler auf einen Kern von legitimierten Entscheidern eingegrenzt wird. Ein oder zumindest wenige dauerhafte Ansprechpartner müssen benannt werden können, die mit Autorität für einen Mitgliedstaat sprechen. Nur dieser kleine und dauerhaft präsente Personenkreis hat die Möglichkeit, über Zeit das Vertrauen der anderen Verhandlungsteilnehmer zu erwerben und zu beweisen, dass er Zusagen einhalten, d.h. u. a. auch gegen Widerstände zu Hause durchsetzen kann.
3. Die Folge des Föderalismus ist ein Pluralismus der Interessenvertretung in Brüssel. Hier redet eine Vielzahl von Stimmen mit, was den Eindruck erweckt, insbesondere wenn sich die Länder direkt an die EU-Kommission wenden, dass Deutschland nicht mit einer Stimme spricht. Eine solche Position schließt allerdings nicht nur die unabhängige Interessenvertretung deutscher Länder, sondern auch die Staatspraxis anderer (allerdings weniger) Mitgliedstaaten, z. B. die belgische, aus.
4. Föderalen Strukturen wird nachgesagt, sie würden Verantwortungslo-

sigkeit organisieren. Dies zeige sich u. a. daran, dass die Einwände der Länder gegen europäische Gesetzgebung bzw. vor allem ihre Defizite bei der Umsetzung europäischen Rechts zu Verzögerungen führen, für die Strafzahlungen fällig werden, für die bisher noch alleine der Bund verantwortlich ist. Die geplante EU-Haftung der Länder nach einer Föderalismusreform noch im Jahre 2006 mag dies eventuell ändern.

5. Seit der Verabschiedung des Stabilitäts- und Wachstumspaktes findet auf europäischer Ebene eine gesamtstaatliche Defizitkontrolle statt. Dem widerspricht aber der Grundsatz »Bund und Länder sind in ihrer Haushaltswirtschaft selbständig und voneinander unabhängig« (Art. 109, Abs. 1 GG). Die Mehrheit der Länder ignoriert die Budgetrestriktionen, die sich aus den europäischen Verpflichtungen ergeben. Auch hier haftet bisher bei Verstößen gegen das Maastricht-Kriterium der maximalen jährlichen Nettoneuverschuldung von 3 % des BIP der Bund. Und auch hier gilt, dass sich dies mit der geplanten EU-Haftung der Länder nach einer Föderalismusreform noch im Jahre 2006 eventuell ändern mag.

Nimmt man diese Hinweise auf die strukturelle Unverträglichkeit von Föderalismus und Europafähigkeit ernst, so bieten sich folgende strategische Schlussfolgerungen an: Die beste Lösung ist auf den ersten Blick die Abschaffung föderaler Strukturen. Damit wäre das Problem aus der Sicht der Föderalismuskritiker an der Wurzel gepackt. Diese Lösung ist aber in allen föderalen Staaten Europas verfassungswidrig.

Die zweitbeste und nicht verfassungswidrige Lösung zur Versöhnung von Föderalismus und europäischer Entscheidungslogik ist die Reduktion des Föderalismus zu einem Verwaltungsföderalismus, der auf der Länderebene umsetzt, was in der EU beschlossen wurde, ohne dass sich die Länderexekutiven in den europäischen Entscheidungsprozess einmischen. Die Länderebene wird so zu einer quasi unpolitischen unteren Verwaltungsebene der EU. Dies führt unmittelbar zu der Empfehlung der Stilllegung bzw. Streichung all jener juristischen und politischen Möglichkeiten, die Vertretern der Länder europäische Zugänge gewähren. Ein Lobbyismus der Länderinformationsbüros in Brüssel, beispielsweise, auf niedrigem Niveau könnte toleriert werden, nicht aber deren Versuch, die Interessen einzelner Länder in die Kommissionsarbeit einfließen zu lassen und wie Botschaften (die Selbstbezeichnung lautet heute schon: Ländervertretungen) zu agieren. In Deutschland haben einige technokratisch denkende Föderalismusexperten wie Fritz Scharpf (vgl. Deutscher Bundestag/Bundesrat 2005: 181) inzwischen im Geiste der Exklusion des Föderalismus von europäischen

Entscheidungsprozessen empfohlen, die Absätze 2–7 des Artikels 23 GG und damit jegliche Form der Mitwirkung der Länder über den Tatbestand ihrer Unterrichtung hinaus zu streichen.

2. Das demokratische Defizit: Die *bottom up*-Sichtweise

Mit dem Wandel der Perspektive von der EU und den Regierenden der Mitgliedstaaten zu den Ländervertretern ändern sich auch die Maßstäbe zur Beurteilung der Inkompatibilität des EU-Entscheidungsprozesses und des Föderalismus. Europaverträglichkeit misst sich aus Ländersicht an dem Erhalt und gegebenenfalls der Erweiterung der Mitsprache der gewählten Repräsentanten der Länder bei politischen Entscheidungen auf europäischer Ebene, die ländereigene Angelegenheiten betreffen und solche Angelegenheiten, an denen die Länder im Rahmen des Grundgesetzes innerstaatlich mitwirken. Maßstäbe der Beurteilung der Europafähigkeit des Föderalismus sind folgerichtig Partizipation der Länder, vertikale Gewaltenteilung und das Subsidiaritätsprinzip. Mangelnde Europaverträglichkeit entsteht aus dieser Sichtweise vor allem aus vier Gründen:

1. Die Entscheidungsverfahren der EU und des Bundes lassen insbesondere den Landtagen keine rechtzeitige und ausreichende Chance der Erörterung von Entscheidungsgegenständen. Die Verantwortung der Landtage wird ausgehöhlt, Landtagswahlen verlieren den Charakter der demokratischen Entscheidung über mit Eigenverantwortung ausgestattete Repräsentanten.
2. Die EU schafft dadurch immer wieder neue Verflechtungstatbestände, dass sie in die Kompetenzen der Länder eingreift, teilweise auch dann, wenn das Grundgesetz diesen die Alleinzuständigkeit zubilligt (Bildungspolitik, Medienpolitik). Damit vergrößert sie nicht nur die Intransparenz der Aufgabenwahrnehmung im Bundesstaat, sondern entwertet auch den demokratischen Willensbildungsprozess auf Länderebene.
3. Es gibt keine ausreichenden Sicherungssysteme gegen den Drang der EU zur Kompetenzerweiterung. Unter anderem werden Mehrheitsentscheidungen im Binnenmarktbereich präferiert mit der Konsequenz, dass selbst eine der Vertretung der Länderinteressen wohlgesonnene Bundesregierung überstimmt werden kann oder die Offene Methode der Koordinierung zunehmend genutzt wird. Die EU entwickelt hier Leitlinien und Zielvorstellungen, die im nationalen Rahmen und in mitgliedstaatlicher Abstimmung auf freiwilliger Basis umgesetzt werden. Auch damit wird der Handlungsspielraum der Länder begrenzt, ohne dass sie befragt werden. Wenn überhaupt an die Betroffenheit der Län-

Ist der Förderalismus europafähig?

der gedacht wird, so geschieht dies nicht konstruktiv. Neue Instrumente des (allerdings gescheiterten) Verfassungsvertrags, wie das Frühwarnsystem hinsichtlich der Subsidiaritätsverträglichkeit neuer EU-Gesetzgebung oder Klagerechte vor dem EuGH, sind typische Abwehrrechte und keine Gestaltungsrechte.

4. Da es der Aufgabenverteilung in der EU an Transparenz mangelt und das Subsidiaritätsprinzip ein nicht konkretisierbares Lippenbekenntnis bleibt, ist es systematisch unmöglich, gegenüber politischen »Übergriffen« der EU eine absolute Schranke zu errichten.

Aus der *bottom up*-Sichtweise ergeben sich völlig andere Schlussfolgerungen als aus der *top down*-Sichtweise. Nach Hirschman (1970) stehen gesellschaftlichen Akteuren mindestens die drei Optionen: *Exit*, *Voice* und *Loyalty* zur Verfügung. *Loyalty* impliziert im hier diskutierten Kontext das Akzeptieren einer Selbstaufgabe im Sinne der *top down*-Sichtweise einer Vereinbarkeit von europäischen Entscheidungsstrukturen und Föderalismus. Dies kann keine Option für die Länder sein.

Die *Exit*-Optionen der Länder sind begrenzt und begrenzt wirksam. Sezession ist keine realistische oder vermittelbare Lösung weder innerstaatlich noch innerhalb der EU. Am nächsten an eine *Exit*-Option reicht noch das Bemühen einiger Länder im Rahmen der REGLEG-Initiative heran. »Ort« des *Exits* wäre hier der Ausschuss der Regionen (AdR).

Im Vorfeld des Europäischen Rates von Nizza (2000) initiierte die belgische Region Flandern eine neue Ebene regionaler Zusammenarbeit, um der Kompetenzausweitung der EU auf Kosten der Regionen entgegenzutreten. Diese Flandern-Initiative war der Beginn einer auf Dauer angelegten Zusammenarbeit der »konstitutionellen Regionen« (also der Regionen, die im nationalen Kontext Verfassungsrang haben und Legislativaufgaben wahrnehmen, abgekürzt: REGLEG), an der sich zunächst neben Flandern, das belgische Wallonien, Nordrhein-Westfalen, Bayern, Katalonien, Schottland und Salzburg beteiligten. In einer »Politischen Erklärung« vom 28. Mai 2001 stellten diese Regionen in Bezug auf den AdR fest: »Die konstitutionellen Regionen sind mit dem gegenwärtigen institutionellen Rahmen, in dem der Ausschuss der Regionen die Interessen der lokalen und regionalen Gebietskörperschaften wahrnimmt, nicht zufrieden. Die konstitutionellen Regionen haben Bedenken, ob der Ausschuss der Regionen in seiner derzeitigen Gestalt und mit seinem gegenwärtigen institutionellen Status den Bedürfnissen und Anliegen der Regionen gerecht werden kann.« (Zitiert nach Wiedmann 2002: 545f.).

Bisher haben die »konstitutionellen Regionen« ihre Mitarbeit im AdR noch nicht aufgekündigt und der AdR tut schon aus Eigeninteresse sein Möglichstes, um seine einflussreichsten Mitglieder einzubinden. Immerhin gibt es in acht Mitgliedstaaten der EU 73 Regionen mit Gesetzgebungsbefugnissen. Die Hoffnung darauf, dass der noch zu verabschiedende Europäische Verfassungsvertrag den legislativen Regionen einen Sonderstatus gewähren könnte, hat sich zerschlagen, sowohl was dessen Inhalt betrifft als auch sein Zustandekommen. Die *Exit*-Option ist selbst als Drohung für die Länder von wenig praktischem, wenn auch einem gewissen »therapeutischen« Wert.

Damit bleiben strategisch den Ländern in erster Line *Voice*-Optionen. Zum einen ist hier der schon erwähnte AdR zu nennen, der allerdings nur beratende Aufgaben im europäischen Entscheidungsprozess hat und unter einer mangelnden wirksamen Rückkoppelung mit dem regionalen Entscheidungsraum leidet. Der Verfassungsvertrag, wäre er zustande gekommen, hätte das Gewicht des AdR gestärkt. Der AdR sollte ein Klagerecht vor dem Europäischen Gerichtshof erhalten, wenn aus seiner Sicht ein Verstoß vorliegt gegen das Subsidiaritätsprinzip bezogen auf die Materien, zu denen der AdR obligatorisch gehört werden muss. Der AdR sollte auch ein Klagerecht erhalten, wenn er meint, von der Kommission, dem Rat oder dem Europäischen Parlament nicht ordnungsgemäß konsultiert worden zu sein. Es muss allerdings dahingestellt bleiben, ob angesichts der Quoren, die im AdR für eine Klage vor dem EuGH voraussichtlich nötig sein werden, die deutschen Länder jemals – legt man die heterogene Interessenlage im AdR zugrunde – für eines ihrer Anliegen Unterstützung finden können.

Adressat für die *Voice*-Strategien der Länder ist auch der Ausschuss der Ständigen Vertreter der nationalen Regierungen (AStV). Die Länder scheiterten allerdings mit ihrem Wunsch, auch hier in Brüssel vertreten zu sein. Der AStV spielt eine zunehmende wichtigere Rolle im Beschlussfassungsverfahren des Europäischen Rates. Er bereitet die Routineentscheidungen bzw. die politisch ohne Gipfeltreffen möglichen Übereinkünfte des Rates vor. *De facto* entscheidet er damit auch über einen Großteil der Politik der EU. Die Länder erfahren von diesen Beschlüssen nur indirekt durch die Bundesregierung und nach deren Ermessen.

Umso wichtiger ist es für die Länder, ihre innerstaatlichen Beteiligungsmöglichkeiten zu verteidigen, d.h. auch das Nutzen der Chancen von Art. 23, Abs. 6 GG: »Wenn im Schwerpunkt ausschließliche Gesetzgebungsbefugnisse der Länder betroffen sind, soll die Wahrnehmung der Rechte, die der Bundesrepublik Deutschland als Mitgliedstaat der Europäischen Union zustehen, vom Bund auf einen vom Bundesrat benannten Vertreter der Länder übertragen werden.« Das heißt, dass eine Streichung dieser

Bestimmung den Interessen der Länder zutiefst zuwiderliefe. In der baden-württembergischen, fast »lyrischen« Betrachtung, angestellt von Claus-Peter Clostermeyer (2000: 10), wird der entsprechende Grundgesetzartikel so gewürdigt: »Artikel 23 stellt ein fein ausgeklügeltes Bewässerungssystem dar, das föderative Fluten fruchtbringend auf die Felder der deutschen Europapolitik leitet.«

Eine weitere *Voice*-Strategie ist der Lobbyismus der Länder in Brüssel und damit einhergehend der Aufbau eigener »Europakapazitäten«. Seit 1989 (die ostdeutschen Länder folgten bis 1992 diesem Beispiel) hat jedes Land ein eigenes Informationsbüro in Brüssel. Nur Schleswig-Holstein und Hamburg arbeiten im »Hanse-Office« zusammen, das 1985, damals noch mit Beteiligung Niedersachsens, das erste Informationsbüro war, das die Länder in Brüssel eröffneten. Informationsbüros haben die Aufgabe, die Landesregierungen bei der Herstellung von Kontakten mit den europäischen Institutionen zu beraten und zu unterstützen, für das Land wichtige Informationen (sei es für die heimische Wirtschaft, sei es für Anliegen der Landespolitik) frühzeitig zu beschaffen und wo möglich als Lobbyisten ihres Landes tätig zu sein. Vor Ort zu arbeiten bedeutet für die Länderbüros an einem Netzwerk von Kontakten zu arbeiten, die zum einen in die Brüsseler Bürokratie hineinreichen und zum anderen aber auch dazu dienen, die Solidarität und den Austausch mit anderen europäischen Regionen zu fördern.

Allen *Voice*-Optionen ist allerdings ihre machtpolitisch gesehen relative Randständigkeit und begrenzte Wirkung gemeinsam. Damit ist auch ausgeschlossen, dass aus der *top down*-Sichtweise sich die Europafähigkeit des Föderalismus umfassend herstellen lässt.

3. Ein »Dritter Weg«: Innerstaatliche Föderalismusreform?

Wenn sich die heutigen Strukturen des Föderalismus weder nach Effizienz- noch nach Partizipationsüberlegungen als europatauglich erweisen, liegt die Frage nahe, ob eine Strukturreform des Föderalismus neue Voraussetzungen schaffen und damit zum Schlüssel für die Lösung des Problems der Europafähigkeit des Föderalismus werden könnte. Selbst föderalismusskeptische Vertreter der *top down*-Sichtweise haben sich dieses Argument zu Eigen gemacht. Brigitte Zypries (2004: 22), die zuständige Ministerin für die Föderalismusreform, stellte fest: »Die bundesstaatliche Ordnung in Deutschland muss schließlich europatauglich sein. Zur Stärkung unserer Rolle in der EU ist eine klarere Zuständigkeitsverteilung vonnöten, damit wir auf europäischer Ebene besser auftreten können.«

Das zentrale Thema einer innerstaatlichen Föderalismusreform ist also Politikentflechtung. Hierüber besteht sowohl aus der *top down-* als auch aus der *bottom up-*Perspektive Konsens. Dennoch finden wir aber auch in diesem Zusammenhang zwei unterschiedliche Funktionszuweisungen:

a. Aus der *top down-*Sicht dient Politikentflechtung vor allem dazu, die Länder europapolitisch in die Schranken zu weisen und ihre berechtigte Mitsprache auf wenige Politikfelder zurückzudrängen. Ganz in diesem Sinne liest sich auch die im Rahmen der Föderalismusreform geplante Neufassung des Art. 23, Abs. 6 GG. Im neuen Art. 23, Abs. 6 des Grundgesetzes soll es nun heißen: »Wenn im Schwerpunkt ausschließliche Gesetzgebungsbefugnisse der Länder auf den Gebieten der schulischen Bildung, der Kultur oder des Rundfunks betroffen sind, wird die Wahrnehmung der Rechte, die der Bundesrepublik Deutschland als Mitgliedstaat der Europäischen Union zustehen, vom Bund auf einen vom Bundesrat benannten Vertreter der Länder übertragen.« Die Regelung von Information und Beteiligung bei anderen Angelegenheiten, die im Schwerpunkt in die ausschließliche Gesetzgebungsbefugnis der Länder fallen (z. B. Innere Sicherheit) soll in einem überarbeiteten Gesetz über die Zusammenarbeit von Bund und Ländern in Angelegenheiten der Europäischen Union (EUZLBG) geregelt werden.

Vorgesehen ist also, dass für Ratstagungen der EU der Bundesrat ein Mitglied einer Landesregierung im Ministerrang ernennt, der in den in Art. 23, Abs. 6 GG (neu) genannten Fällen die Bundesrepublik Deutschland vertritt. Die Ausübung dieser Funktion geschieht unter Teilnahme von und in Abstimmung mit dem Vertreter der Bundesregierung. Bei allen anderen Fällen bleibt es bei der Verhandlungsführung durch die Bundesregierung; bei Fällen, in denen ausschließliche Gesetzgebungsbefugnisse der Länder betroffen sind, findet die Festlegung deutscher Positionen in Abstimmung mit dem Vertreter der Länder statt. Ansonsten wird den Länderparlamenten für das Alltagsgeschäft empfohlen, statt mitzuentscheiden, mitzudiskutieren, also zum Forum der Vermittlung des europäischen Gedankens und der europäischen Politik in den Ländern zu werden.

b. Aus der *bottom up-*Sicht bedeutet Politikentflechtung das Rückholen von Kompetenzen, woraus sich eine eher verstärkte und erweiterte Notwendigkeit zur Mitsprache ergibt, wie das belgische Beispiel und die innerstaatlichen Auseinandersetzungen in Spanien demonstrieren. Damit stellt sich allerdings das neue Problem, dass auch die EU ihre Zuständigkeiten klar abgrenzen müsste unter praktischer Anerkennung des Subsidiaritätsprinzips. Eine bloß innerstaatliche Entflechtung greift zu kurz und erfasst zu wenige der relevanten Themen. Nur die alleinige finanzielle und strategische Verantwortung eines Landes (also auch ohne EU-Einfluss) für ein Politikfeld auf Landesebene setzt die Politikentflechtung vollständig um und verwirklicht den Partizipations- und Repräsentationsgedanken.

Eine innerstaatliche Föderalismusreform kann natürlich keine EU-Reform herbeiführen. Diese ist aus der Sicht der Exekutiven auch nicht nötig. Damit bleibt das Problem der Entmachtung der Landtage zumindest teilweise unlösbar. Der *Status Quo*, mit dem die politischen Exekutiven leben können, der Beteiligungsföderalismus auf allen Ebenen, produziert hier weiterhin das Problem der parteipolitisch unterfütterten Elitenkonkurrenz mit den bekannten negativen Effekten, den Blockaden im Bundesrat auf nationaler Ebene und der mangelnden Europafähigkeit des Föderalismus auf der europäischen. Damit sind wir wieder bei unserem Ausgangsproblem angelangt.

4. Zukunftsszenarien

Beim Blick in die Zukunft und bei der Suche nach eventuell möglichen weiteren Lösungen bietet sich schon aufgrund der Tatsache, dass die europäischen Verträge bei der Kompetenzzuweisung für Politikfelder auf Einzelermächtigungen beruhen, ein politikfeldspezifisches Vorgehen an. Und das ist auch der Weg, der zur Optimierung der Europafähigkeit des Föderalismus in der Praxis in der Form zahlreicher Kompromisse gegangen wird. Dieser Weg ist häufig wenig effizient und auch einer der Gründe, warum wir über ein demokratisches Defizit der EU reden, aber er bewegt die EU nach der Methode Monnet bisher stets weiter fort.

Ein negatives Szenario hinsichtlich des Problems der Europafähigkeit des Föderalismus könnte so aussehen: Über die Europäisierung von Politikfeldern wächst die Rolle der EU in der nationalen und der Länderpolitik weiter. Damit wird die inhaltliche Bedeutung der Ländermitwirkung strukturell in kleinen Schritten entwertet. Statt des *big bang* des Abschaffens des Föderalismus zeichnet sich eine Situation ab, in der dieser austrocknet und was die Gestaltungsmöglichkeiten auf Landesebene betrifft, zur leeren Hülle wird. Die *top down*-Sichtweise wäre so durch die Hintertür verwirklicht, allerdings endgültig zugunsten von Effizienz als zentralem Wert und zuungunsten von Partizipation als Maßstab.

Ein weniger wahrscheinliches positives Szenario hinsichtlich des Problems der Europafähigkeit des Föderalismus könnte so aussehen: Es gelingt auf europäischer Ebene, eine Balance von politischer Entscheidungsfähigkeit und Einflussnahme der Länder zu finden. Politische Beeinflussung im nationalen Rahmen (Bundesrat, Europaministerkonferenzen etc.) wäre dann wegen der Schwerfälligkeit dieser Institutionen bei europäischen Entscheidungsprozessen überflüssig.

Europäische Einflussnahme der Länder auf europäischer Ebene nähme den Charakter des »organisierten Lobbyismus« an, der eine prozedurale Lösung des Effizienz-/Partizipationsdilemma anstrebt. Mit einer prozeduralen Lösung ist gemeint, dass Länderinteressen schon im Vorfeld von EU-Entscheidungen effizient in den Entscheidungsprozess eingebracht werden, so dass Effizienz und Partizipation bei der Entscheidungsvorbereitung zusammenfallen. Damit wird es weniger problematisch, wenn Deutschland später – wie erforderlich – mit einer Stimme spricht und auch ob diese von einem Vertreter der Länder oder des Bundes abgegeben wird. Länderlobbyismus bei den europäischen Institutionen sollte also mit dem Bund bei wesentlichen Fragen systematisch und vor Ort in Brüssel abgestimmt werden. Dies bedeutet auch eine deutliche Aufwertung der Ländervertretungen in der EU-Politik sowohl der Länder als auch des Bundes. *Clearing*-Stelle für schnelles Reagieren müsste (trotz eventueller parteipolitischer Divergenzen) die deutsche Vertretung im AStV sein. Einer oder mehrere Ländervertreter würden als offizielle Stellvertreter des deutschen EU-Botschafters fungieren. Die Europafähigkeit des Föderalismus kann aber mangelnde Europafähigkeit der Bundesregierung nicht kompensieren. Voraussetzung für effizientes Entscheiden ist auch, dass Berlin mit dem Ressortegoismus seiner Ministerien zurechtkommt und rasch und flexibel eine deutsche Position zu den europäischen Beratungsgegenständen formuliert.

Literatur

Bauer, Hartmut/Huber, Peter M./Sommermann, Karl-Peter (Hrsg.) (2005): Demokratie in Europa. Tübingen.

Bulmer, Simon/Jeffery, Charly/Paterson, William E. (2000): Germany's European diplomacy. Shaping the regional milieu. Manchester.

Clostermeyer, Claus-Peter (2000): Fragen zur »Europafähigkeit« Deutschlands und seiner Länder im internationalen Vergleich – eine Einführung. In: Rudolf Hrbek (Hrsg.) (2000): Europapolitik und Bundesstaatsprinzip. Die »Europafähigkeit« Deutschlands und seiner Länder im Vergleich mit anderen Föderalstaaten. Baden-Baden: 9–11.

Deutscher Bundestag/Bundesrat (Hrsg.) (2005): Dokumentation der Kommission von Bundestag und Bundesrat zur Modernisierung der bundesstaatlichen Ordnung. Berlin.

Hirschman, Albert Otto (1970): Exit, Voice and Loyalty. Cambridge.

Schönfelder, Wilhelm (2000): Föderalismus: Stärke oder Handicap deutscher Interessenvertretung in der EU? (II). In: Rudolf Hrbek (Hrsg.) (2000): Europapolitik und Bundesstaatsprinzip. Die »Europafähigkeit« Deutschlands und seiner Länder im Vergleich mit anderen Föderalstaaten. Baden-Baden: 75–79.

Wiedmann, Thomas (2002): Abschied der Regionen vom AdR – Der Ausschuss der Regionen vor der Zerreißprobe. In: Europäisches Zentrum für Föderalismus-Forschung Tübingen (Hrsg.) (2002): Jahrbuch des Föderalismus 2002. Baden-Baden: 541–551.

Zypries, Brigitte (2004): ohne Titel. In: Frank Decker (Hrsg.) (2004): Föderalismus an der Wegscheide? Optionen und Perspektiven einer Reform der bundesstaatlichen Ordnung. Wiesbaden: 19–27.

Udo Margedant
Regionen in Europa

Sieht man von der Vision eines »Europas der Regionen« ab, in der die Regionen an die Stelle der Mitgliedstaaten als die Bausteine der Europäischen Union treten sollen, verbindet sich mit »Region« der Begriff einer Gliederungseinheit des Nationalstaates, die über der kommunalen Ebene angesiedelt ist. Rein funktional im Sinne des Objekts und Rahmens für Planung und Verwaltung hat der Begriff Eingang in die Regionalpolitik der EU gefunden, die alle Maßnahmen der Mitgliedstaaten und der Gemeinschaft zur Verringerung regionaler wirtschaftlicher und sozialer Unterschiede umfasst. Die Regionalpolitik zielt nach dem EG-Vertrag auf die »harmonische Entwicklung der Gemeinschaft als Ganzes«.

Ein Verständnis der Region als Lebenswelt kommt in der Erklärung von Bordeaux 1978 des Europarates zum Ausdruck. Danach ist die Region eine Gemeinschaft, die innerhalb der gebietsmäßigen Einheit eines Landes liegt und durch geschichtliche oder kulturelle, geographische oder wirtschaftliche Homogenität oder eine Kombination dieser Kennzeichen gekennzeichnet ist: Die Region verleiht nach diesem Verständnis der Bevölkerung eine Einheit in der Verfolgung gemeinsamer Ziele und Interessen. Diese Definition enthält jedoch keine Aussage über die rechtliche oder politische Qualität von Regionen. Auch die Satzung der »Versammlung der Regionen Europas« (VRE) erwähnt diesbezüglich lediglich, dass es sich bei Regionen um »die unmittelbar unterhalb der zentralstaatlichen Ebenen bestehenden Gebietskörperschaften mit politischer Vertretung« handelt, »welche von einer gewählten regionalen Versammlung wahrgenommen wird; in Ermangelung einer solcher kann ein auf der Ebene der Region bestehender Zusammenschluss oder ein Organ der Gebietskörperschaft an die Stelle treten«. Erst die Regionalismuscharta von 1988 verlangt die Bildung und Bewahrung von Regionen als politische Körperschaften innerhalb der EU-Mitgliedstaaten und als föderative Grundlage. Die Regionen sollen danach über ein eigenes Parlament und eine gewählte Regierung verfügen; ihnen sollen insbesondere im Rahmen der regionalen Wirtschaftsförderung, des Gesundheitswesens sowie der Schul- und Kulturpolitik legislative und exekutive Befugnisse zugeordnet sein. Damit sind ausdrücklich legislative und exekutive bzw. Verwaltungskompetenzen mit dem Begriff der Regionen im europäischen Kontext verbunden. Solchermaßen definierte Regionen sind auch die grenzüberschreitenden Gebiete in der Europäischen Union, die wirtschaftliche, politische oder kulturelle Gemeinsamkeiten verbinden, wie z. B. die EUREGIO, ARGE Alp oder Saar-Lor-Lux. Die Regionen innerhalb eines Mitgliedstaates aber auch die grenzüberschreitenden stehen für einen mehrstufigen Föderalismus und für Subsidiarität in der EU. Sie haben jedoch erst mit dem Maastrichter Vertrag ein Anhörungsforum, den Ausschuss der Regionen, erhalten.

Strukturell und hinsichtlich ihrer politischen Mitgestaltungsmöglichkeiten auf der nationalen Ebene bestehen jedoch beträchtliche Unterschiede zwischen den Regionen. In den föderalen Mitgliedstaaten Belgien, Deutschland und Österreich, in Spanien und Italien mit ihren ausgeprägten Föderalisierungstendenzen, aber auch in Großbritannien im Zuge des Devolutionsreformprozesses haben Regionen Gesetzgebungsbefugnisse und sind für weite Teile der Innenpolitik zuständig. Das gilt vor allem für die zentralen Felder von Bildung, Gesundheit, Polizei, Umwelt und wirtschaftliche Entwicklung. Politische Gestaltungsmöglichkeiten besitzen Regionen auch in den skandinavischen Mitgliedstaaten, während diese in zentral organisierten Staaten wie Frankreich nach wie vor wenig ausgeprägt sind. In den ehemals nach dem Prinzip des »demokratischen Zentralismus« organisierten neuen Mitgliedstaaten Mittel- und Osteuropas sind in einem langwierigen und schwierigen Umgestaltungsprozess erst in jüngster Vergangenheit regionale Strukturen aufgebaut worden, die jedoch nicht in allen diesen Staaten von den Weisungen des Zentralstaates unabhängige regionale Selbstverwaltungseinheiten hervorgebracht haben.

Im Zuge der Ausgestaltung der Europäischen Union und der damit einhergehenden Übertragung nationalstaatlicher Befugnisse auf die europäische Ebene haben die Regionen neue Handlungsspielräume innerhalb der Mitgliedstaaten gewonnen. Die Kontrolle staatlicher Beihilfen, der Zwang zu öffentlichen Ausschreibungen sowie die Öffnung der Märkte im Verkehrs-, Energie- und Dienstleistungsbereich finden nunmehr im europäischen Wettbewerb statt. Es bilden sich europäische Netzwerke der Regionen und Kommunen heraus.

Die Regionen haben mit der Vertiefung der europäischen Integration eine wichtige Funktion bei der Umsetzung europäischen Rechts erlangt. Hinzu kommt, dass manche Regionen innerstaatlich Gesetzgebungskompetenzen ausüben. Wegen ihrer zentralen Rolle zwischen der Gemeinschaft und ihren Bürgern dringen die Regionen auf eine stärkere Einbeziehung in die politischen Entscheidungsprozesse auf europäischer Ebene.

Der unterschiedliche wirtschaftliche und soziale Entwicklungsstand der Regionen wird durch die Regional- und Strukturpolitik nivelliert, in der die auf Verteilungswirkung ausgerichtete Integrationspolitik der Europäischen Union nachdrücklich zum Ausdruck kommt. Die wichtigsten Instrumente für die Verwirklichung der regionalpolitischen Zielsetzungen sind die Strukturfonds. Zwar herrscht auch hier in weiten Teilen der in der Agrarpolitik dominierende Grundsatz allseitigen Nutzens – so leben zurzeit rund 50 % der deutschen Bevölkerung in Gebieten mit Strukturförderung. Aber die Wirkung der Regionalpolitik, die mittlerweile ein Drittel des Haushaltes der Union ausmacht, in den ärmeren Regionen der Union ist ungleich höher. Bis zum Jahr 2006 werden rund 275 Milliarden Euro für die regionale Strukturpolitik ausgegeben. Solange unter den Mitgliedern kein Konsens über einen horizontalen Finanzausgleich besteht, bleibt dieser Politikbereich das Zentrum innergemeinschaftlicher Solidarität zwischen den einkommensstarken und den schwachen Regionen.

Die Regionen haben nach wie vor innerhalb des Institutionengefüges der Europäischen Union nur ein geringes Gewicht. Das ist nicht zuletzt in dem unterschiedlichen Verständnis von Regionen und deren unterschiedlichen rechtlichen und politischen Qualitäten begründet. Regionen – im eingangs definierten Sinne als Gebietskörperschaften unmittelbar unterhalb der zentralstaatlichen Ebene – sind nicht als eigenständige Gebietskörperschaften in der Europäischen Union verankert. Vielmehr werden Regionen mit oder ohne Gesetzgebungsbefugnisse und lokale Selbstverwaltungseinheiten in der Gemeinschaft nicht voneinander unterschieden. Die Gemeinden und Regionen haben sich in einem Rat der Gemeinden und Regionen Europas institutionell zusammengeschlossen und sind seit 1987 von der Kommission als »Beirat der regionalen und lokalen Gebietskörperschaften der Mitgliedstaaten der EG« offiziell anerkannt worden. Mit der Einrichtung des Ausschusses der Regionen (AdR) 1994 haben die Regionen und Kommunen den Status eines beratenden Gremiums erlangt. Der AdR ist jedoch kein Organ der Gemeinschaft, sondern lediglich eine Einrichtung. Vorschriften, die an den Organstatus anknüpfen, gelten für den AdR grundsätzlich nicht. Er muss von der Kommission und dem Rat in sämtlichen Bereichen in Stellungnahmen ersucht werden, in denen Gesetzesvorschläge Auswirkungen auf die regionale und kommunale Ebene haben können. Im Vertrag von Maastricht waren zunächst die fünf Bereiche wirtschaftlicher und sozialer Zusammenhalt, transeuropäische Infrastrukturnetze, Gesundheitswesen, Bildung und Kultur genannt, die im Vertrag von Amsterdam um die Bereiche Beschäftigungspolitik, Sozialpolitik, Umwelt, Berufsbildung und Verkehr erweitert wurden. Kommission, Rat und Europäisches Parlament können den AdR in weiteren Bereichen befassen, wenn ein Gesetzgebungsvorschlag ihres Erachtens erhebliche regionale oder lokale Auswirkungen hat. Die Einrichtung des AdR ist Ausdruck der zeitgleichen Verankerung des Subsidiaritätsprinzips im Vertragswerk. Nach dem Subsidiaritätsprinzip soll die Union keine Aufgaben übernehmen, für welche die nationale, regionale oder kommunale Ebene besser geeignet wäre. Über den AdR können die Regionen und Kommunen einen gewissen Einfluss auf die Willensbildungsprozesse auf europäischer Ebene ausüben. Dem Bürger eröffnen sich über die Regionen und deren Vertretung in der Union zusätzliche Einflussmöglichkeiten. Ob der Ausschuss jedoch maßgeblich zur Realisierung des Anspruchs größerer Bürgernähe beitragen kann, muss sich erst noch erweisen. Bislang haben vor allem seine Zusammensetzung und seine nachgeordnete Rolle im Institutionengefüge der Union dazugeführt, dass die Arbeitsweise und Einflussnahme des Ausschusses der Regionen wenig effektiv war.

Der AdR ist ein Adressat und eine Vermittlungsinstanz spezifischer zivilgesellschaftlicher Interessen. Er ist heterogen zusammengesetzt und weder eine repräsentative noch eine hinreichend demokratisch legitimierte Vertretung der Gebietskörperschaften. Den Mitgliedstaaten bleibt es überlassen, wen sie nach welchen Kriterien entsenden, sodass wirtschaftlich und politisch starke Regionen wie die großen Flächenländer Deutschlands gleichberechtigt neben Bürgermeistern kleinerer Provinzstädte aus Frankreich sitzen. Die Anzahl der Vertreter der Mitgliedstaaten im Rat der Regionen spiegelt kaum die Bevölkerungsstärke wider und entspricht ungefähr dem Anteil der gewichteten Stimmen im Rahmen der qualifizierten Mehrheitsentscheidungen des Rates. Ein Verteilungsschlüssel von einerseits regionalen und andererseits lokalen Vertretern ist nicht festgelegt.

Mit dem Vertrag von Nizza wurde die Zugangsberechtigung zum AdR präzisiert. Nach Art. 263, Abs. 1 EGV setzt er sich aus Mitgliedern zusammen, »die entweder ein auf Wahlen beruhendes Mandat in einer regionalen oder lokalen Gebietskörperschaft innehaben oder gegenüber einer gewählten Versammlung politisch verantwortlich sind.« Die politische Legitimation gewählter bzw. politisch verantwortlicher Vertreter entspricht einer Forderung der deutschen Länder. Dem entspricht auch der Abs. 4, wonach das AdR-Mandat mit Auslaufen des regionalen bzw. lokalen Mandats beendet ist. Analog zum Wirtschafts- und Sozialausschuss (WSA) wurde der AdR auf höchstens 350 Mitglieder beschränkt. Der Ausschuss der Regionen umfasst zurzeit 317 Mitlieder und eine gleiche Anzahl von Stellvertretern, die vom Rat auf Vorschlag der jeweiligen Mitgliedstaaten auf vier Jahre ernannt werden.

Die Regionen befördern föderale Elemente in der Europäischen Union. Die Grundprinzipien des Vertragswerks, die insbesondere das Verhältnis zwischen den Mitgliedstaaten und der Gemeinschaft betreffen, jedoch nur teilweise in den Verträgen erwähnt sind und teilweise von der Rechtsprechung entwickelt wurden, betonen sowohl unitarische als auch föderale Komponenten. In ihrer Summe konkretisieren sie das Gleichgewicht zwischen Machtteilung und Machtverbindung. Verbindende Grundsätze mit unitarisierender Wirkung sind nach Art. 6, Abs. 1 EU-Vertrag die Verpflichtung zur Bewahrung gemeinsamer Werte wie Grundrechte, Freiheit, Demokratie und Rechtsstaatlichkeit, die Verpflichtung zur Solidarität, die Verwirklichung gemeinsamer Politiken und die Verpflichtung auf einen gemeinsamen Rechtsraum mit allgemeiner Geltung des Rechts der Union. Zu den machtteilenden Komponenten mit föderalisierender Wirkung gehören die vorausgesetzte Existenz von Mitgliedstaaten und die Verpflichtung der Gemeinschaft nach Art. 6, Abs. 4 EU-Vertrag »zur Wahrung der nationalen Identität ihrer Mitgliedstaaten«, nach Art. 2 EU-Vertrag und Art. 5 EG-Vertrag die Verpflichtung der Union zur Wahrung des Grundsatzes der »Subsidiarität« sowie der Grundsatz der institutionellen und verfahrensmäßigen Autonomie der Mitgliedstaaten bei der Umsetzung und Anwendung des Rechts der Union.

Da die Union aus der Beschränkung oder Übertragung staatlicher Zuständigkeiten entstanden ist, beeinflusst und verändert sie das zuvor bestehende Verfassungsgefüge ihrer Mitgliedstaaten, also im Falle Deutschlands auch dessen föderale Struktur. Jedoch besteht kein notwendiger Gegensatz zwischen europäischer Integration und nationalstaatlichem Föderalismus, da sich auch bei der Ausgestaltung des Institutionensystems der Union dezentrale bzw. föderale und unitarische Elemente miteinander verbinden. Das zeigt sich in der Zusammensetzung und Funktion der Organe. Einerseits ist jeder Mitgliedstaat in allen Organen vertreten, andererseits besteht die Funktion sämtlicher Organe in der Bildung eines gemeinsamen Willens. Für die Mitglieder einiger Institutionen betonen die Verträge darüber hinaus die Verpflichtung zur Unabhängigkeit und das Gebot zur Wahrung des »allgemeinen Wohls« der Gemeinschaft. Dies betrifft vor allem die Kommission und den Rechnungshof. Kommission, Rechnungshof und Gerichtshof lassen sich als unitarische Organe bezeichnen. Ein »föderales Organ« im Entscheidungsprozess ist der Rat, in dem sich die Positionen der Regierungen der Mitgliedstaaten äußern. Die Union repräsentierende Qualität besitzen neben dem Europäischen Parlament aber auch die Vertretung der verschiedenen Gruppen des wirtschaftlichen und sozialen Lebens im Wirtschafts- und Sozialausschuss und die Vertretung der regionalen und lokalen Gebietskörperschaften im Ausschuss der Regionen.

Der Verfassungsvertrag der Europäischen Union verankert die Regionen stärker institutionell als es bislang in den Verträgen der Europäischen Gemeinschaften bzw. im EU-Vertrag der Fall ist. Art. I-4, Abs. 1 besagt, dass die nationale Identität der Mitgliedstaaten »in deren grundlegender politischer und verfassungsrechtlicher Struktur einschließlich der regionalen und kommunalen Selbstverwaltung zum Ausdruck kommt.« Als Ziele der Union werden in Art. I-3, Abs. 3 auch die kulturelle und sprachliche Vielfalt und der wirtschaftliche, soziale und territoriale Zusammenhalt und die Solidarität zwischen den Mitgliedstaaten gefördert. Es werden aber auch die Gestaltungs- und politischen Einflussmöglichkeiten der Regionen präzisiert bzw. gestärkt. Art. I-11 legt ausdrücklich fest, dass für die Abgrenzung der Zuständigkeiten der Union der Grundsatz der begrenzten Einzelermächtigung gilt, d.h. dass die Union nur dann tätig werden darf, wenn sich im Verfassungsvertrag eine spezifische Handlungsermächtigung findet. »Für die Ausübung der Zuständigkeiten der Union gelten die Grundsätze der Subsidiarität und der Verhältnismäßigkeit.« Die Verankerung des Subsidiaritätsprinzips unter den Grundsätzen der Zuständigkeiten der Union hat zur Folge, dass die Gemeinschaft in den Bereichen, die nicht in ihre ausschließliche Zuständigkeit fallen, nur tätig werden darf, »sofern und soweit die Ziele der in Betracht gezogenen Maßnahmen von den Mitgliedstaaten weder auf zentraler noch auf regionaler oder lokaler Ebene ausreichend verwirklicht werden können.« Nach den Durchführungsbestimmungen in den beigefügten Protokollen über die Anwendung der Subsidiarität und der Verhältnismäßigkeit sowie die Rolle der nationalen Parlamente muss die Kommission künftig im Rahmen ihrer Verpflichtung, »umfangreiche Anhörungen« durchführen, der »regionalen und lokalen Dimension« Rechnung tragen, bevor sie ein Gesetz vorschlägt. Der AdR erhält ein Klagerecht vor dem Europäischen Gerichtshof, wenn auf einem Gebiet, zu dem er obligatorisch gehört werden muss, seines Erachtens eine Verletzung des Subsidiaritätsprinzips vorliegt. Er kann außerdem den Gerichtshof anrufen, wenn er der Auffassung ist, nicht von den Organen der Union ausreichend konsultiert zu sein.

Regionen mit Gesetzgebungsbefugnissen haben die Möglichkeit nach dem so genannten Frühwarnmechanismus Einspruch gegen Kommissionsvorschläge zu erheben, die aus ihrer Sicht nicht mit dem Subsidiaritätsprinzip vereinbar sind. Die nationalen Parlamente können ihrerseits beschließen, Regionalparlamente in das Frühwarnsystem einzubeziehen. Dieses Verfahren verpflichtet das Europäische Parlament dazu, die nationalen Parlamente frühzeitig über ein Gesetzesvorhaben zu unterrichten und räumt ihnen damit die Möglichkeit ein, begründete Stellungnahmen abzugeben. Sofern ein Drittel der nationalen Parlamente Vorbehalte äußert, muss die Kommission ihren Gesetzesvorschlag überdenken. Den Parlamenten steht gegebenenfalls der Gang vor den Europäischen Gerichtshof offen. Regionen mit Gesetzgebungsbefugnissen können innerstaatlich über die nationalen Parlamente oder über den Ausschuss der Regionen das Instrument des Frühwarnmechanismus gebrauchen.

Die Rechte des Ausschusses der Regionen werden mit dem Verfassungsvertrag erweitert, da er als Interessenvertretung der Regionen und Kommunen in Fragen der Subsidiaritätskontrolle Gehör findet und auch ein Klagerecht besitzt. Jedoch wurde seine Forderung nicht erfüllt, ihm die Stellung eines Organs der Union zu verleihen. Er bleibt weiterhin wie der Wirtschafts- und Sozialausschuss eine rein beratende Einrichtung. Die Zahl der Politikfelder, zu denen der AdR gehört werden muss, wurde kaum erweitert. In der Verfassung ist außerdem nicht der obligatorische Zugang von Regionalvertretern zum Ministerrat verankert.

Die Regionen mit Gesetzbefugnissen sind mit Vorschlägen gescheitert, die Stimmen im Rat zwischen nationalen und regionalen Regierungsvertretern aufzuteilen oder diesen Regionen einen speziellen Verfassungsstatus einzuräumen. Da ihr Versuch scheiterte, einen Sonderstatus in dem Verfassungsvertrag zur Durchsetzung ihrer Anliegen zu erreichen, sind sie weiterhin auf europäischer Ebene auf die allgemeine Interessenvertretung über den Ausschuss der Region angewiesen, der in Fragen der Subsidiaritätskontrolle in der Frühphase eines Gesetzgebungsvorhabens angehört werden muss. Der AdR vertritt aber die Interessen aller regionalen und lokalen Gebietskörperschaften, nicht jedoch einzelne oder Zusammenschlüsse von Regionen.

Der Ausschuss der Regionen kann auf die Politikgestaltung in der Union nur dann wirkungsvoll Einfluss nehmen, wenn er Entscheidungsprozesse entlang wesentlicher Konfliktlinien intern strukturieren kann und damit extern koalitionsfähig wird. Dem stehen aber seine heterogene Zusammensetzung und damit verbunden die unterschiedlichen Interessen seiner Mitglieder entgegen. Die Regionen mit Gesetzgebungsbefugnissen wie die deutschen Länder sind darauf angewiesen, über nationale Verfassungsgremien Einfluss auf Entscheidungsprozesse in der Union zu nehmen oder Reformen des Ausschusses der Regionen anzustreben mit dem Ziel, dass die verschiedenen Mitgliedergruppen in diesem Gremium ihre spezifischen Interessen besser vertreten können.

Peter März
Was konstituiert eine Region?

1. Region und Land in der historischen Genese

Regionen zeichnen sich durch Geschichte, Dialekte, sozioökonomische Strukturen, kulturell unterfütterte Identitäten aus. Staatliche Bauformen sind sie zugleich (weitgehend nur) in Deutschland, sofern wir die im Thema vorgegebene Parallelisierung zwischen Region und Staatlichkeit überhaupt gelten lassen wollen.[1] Zwingend ist sie ja nicht. Region wäre dann im spezifischen deutschen Fall zugleich der neue, Territorium bzw. Land der alte Begriff für das, worum es geht – nämlich um ein von umliegenden Gebieten abgegrenztes und zu ihnen in einem differenten Verhältnis stehendes räumliches, strukturelles und politisches Ganzes und dies zugleich unterhalb jener Ebene, die als nationale, gesamtstaatliche bzw. vor allem im Verständnis des 19. und frühen 20. Jahrhunderts als souveräne firmiert.

Das »Land« hat in Deutschland eine spezifische Tradition, die sich auf zweierlei gründet – auf die politisch-autonome Verfasstheit ursprünglich zumeist mit ständischen Vertretungen (vgl. Brunner 1965) bis hin zum modernen Staatscharakter, wie ihn die heutigen 16 deutschen Länder konstitutiv weiterhin für sich beanspruchen, und zugleich auf die Mitsprache am Geschehen auf der gesamtstaatlichen Bühne, in der Ordnung des Grundgesetzes wesentlich, aber nicht nur im Verfassungsorgan Bundesrat konzentriert.

Dieses Duopol von eigenem Gestaltungsraum und Teilhabe (heute Bundesrat, einst der »Ewige Reichstag« mit Sitz in Regensburg) lässt sich bis ins Alte Reich (vgl. Arentin 1993) verfolgen – wenigstens in die Zeit zwischen den Reichsreformen Kaiser Maximilians an der Wende zum 16. Jahrhundert und dem Ende dieses vormodernen Ordnungsrahmens 1806.

Zweierlei wird wohl von den hier anzustellenden Beobachtungen erwartet, nämlich zum einen Aussagen zum »Land« im deutschen Verständnis als Region, zum anderen Bemerkungen zu eben jenem Land mit einem sehr spezifischen Profil, zum Freistaat Bayern.

2. Harte, etatistische Faktoren

Notwendig, aber nicht hinreichend sind die harten formalen Voraussetzungen, Staatsvolk und Raum wie eine eigene konstitutive Ordnung. Was u. a. hinzutreten muss, sind ›weiche‹ Faktoren wie sozioökonomische Kohärenz, kulturelle Standortbedingungen, politische Kommunikation, ein spezifisches auf das eigene Land bezogenes Parteiensystem und eine eigene mediale Bühne, ferner Außenbeziehungen, die jenseits der nationalstaatlichen Ebene gewisse eigene Schwerpunktsetzungen aufweisen. Im Folgenden werden beide Kategorien in enger Verbindung, sozusagen amalgamiert, dargestellt. Solche Verbindungen entsprechen auch dem faktischen Zusammenspiel von konstituiven Vorgaben und politisch-kulturellen Ausfüllungen.

Bleiben wir zunächst bei den Ausgangsfaktoren, die auf den ersten Blick nahezu banal anmuten und doch einer differenzierten Betrachtung wert sind:

Es macht einen Unterschied, ob sich der räumliche Umgriff eines Landes durch Kontinuität oder durch eher kurzfristige Veränderungen auszeichnet. Bayern ist so, wie es sich seit knapp 200 Jahren, seit dem Wiener Kongress, präsentiert, lediglich vermindert durch die linksrheinische Pfalz 1946 und einige Gemeinden in Unterfranken 1866, vergrößert durch das frühere Großherzogtum Coburg 1920.[2] Es hatte also zwei Jahrhunderte Zeit, in diesen Grenzen Eigenprofil und Identität auszuprägen und es hat diese Zeit über den Wechsel von der Monarchie zur Republik gut genutzt. Im monarchischen 19. Jahrhundert dienten Wissenschaft, Kunst und Kultur in Abgrenzung zu Berlin und Wien, aber auch der gezielte Ausbau der damals modernsten Infrastruktur in Gestalt von Eisenbahn, Telegrafie und Post dazu, das Land räumlich als kommunikative Einheit herzustellen und dies sowohl vor als auch, teilweise sogar forciert, nach der Reichsgründung von 1871 – ein paralleler Prozess lässt sich hier, gleichfalls in Abgrenzung zu Preußen, für Sachsen konstatieren.[3] So legte man nach 1871 großen Wert auf ein geschlossenes bayerninternes Eisenbahnnetz, während die Verbindungen nach Nordosten eher lückenhaft blieben. Das 20. Jahrhundert schließt sich hier bemerkenswert kontinuierlich an, mit der Errichtung des Main-Donau-Kanals, der die Bayern trennende Schwelle zwischen dem Einzugsgebiet des atlantischen wie des Mittelmeerraumes überwindet, mit Ölraffinerien und Kraftwerken, mit dem Flughafen München II, der Schnellbahntrasse München-Nürnberg, die ab 2006 die beiden Ballungsräume des Landes eng aufeinander beziehen wird, schließlich mit der Konzentration von neuen Medien in der Landeshauptstadt München.[4]

Ironisch gewendet ließe sich so auch auf Bayern in Kontrastierung mit den alten Schwerindustrierevieren Westdeutschlands ein *Aperçu* Walter Ulbrichts – hier erfolgreich – anwenden, das eigentlich auf den Systemwettkampf zwischen DDR und Bundesrepublik bezogen worden war: überholen ohne einzuholen. Was der DDR doktrinbedingt wider alle Propaganda, bis hin zu Erich Honeckers inflationärer Inanspruchnahme von ›Weltniveau‹, misslingen musste, gelang frei von industriellen Altlasten, zugleich mit neuen Kompetenzen vor allem in der Arbeitnehmerschaft durch den Zustrom von Flüchtlingen und Heimatvertriebenen, insbesondere aus Böhmen und Mähren, und einem durchaus erfolgreichen Staatsinterventionismus in Bayern. Letzterer profitierte in seinen finanziellen Gestaltungsmöglichkeiten erheblich von gezielten Einflussnahmen der CSU-Landesgruppe im Deutschen Bundestag. Sie verstand es in den fünfziger und sechziger Jahren, sprudelnde Transferflüsse über die Mainlinie nach Süden zu lenken (vgl. Weber 2004: 23–116).

Zum Staatsvolk: Hier hebt sich Bayern zunächst bzw. scheinbar von den so genannten Bindestrichländern ab, die die Neuschöpfung in der deutschen Territorialstruktur nach 1945 sind: Der Einschmelzungsprozess von Altbayern, Franken und Schwaben ging über lange Zeitstrecken vonstatten und mündete in ein Staatsbewusstsein, das die ganze Diagonale von Aschaffenburg bis Berchtesgaden prägt, das mehr als in anderen deutschen Ländern das gesamtstaatlich Nationale wenigstens partiell in den Hintergrund drängt – in Bayern ist man vielfach mehr Bayer als Deutscher – und das sich sowohl symbolhaft niederschlägt als auch in staatlich-gesellschaftlichen Korsettstangen seinen Ausdruck findet.

Bei Volksfesten und auf Jahrmärkten wird heute, auch dort, wo das fränkische Schäufele oder die schwäbischen Spätzle die Schweinshaxe gar nicht auf die Tische gelangen lassen, weiß-blau geflaggt. Die Beamtenschaft in den Ministerien, vielfach soziale Aufsteiger aus dem ›ländlichen Raum‹, zeigt sich insbesondere, wenn es um die Vertretung des Landes gegenüber Bund und EU geht, einheitlich föderal auf »bayerische« Positionen eingeschworen, nahezu ungeachtet spezifischer, landsmannschaftlicher oder konfessioneller Zugehörigkeiten. Insofern lässt sich heute auch mit gutem Grund Gesamtbayern als staatlich geordnete Region mit eigener Identität deuten, eine Begrifflichkeit freilich, der die von kulturhistorisch begründeten regionalen Einheiten auf einer Subebene, meist auf mittelalterlichen und frühneuzeitlichen Territorien fußend, widerstreitet. Es bietet sich an, beide Regionsvorstellungen in terminologisch friedlicher Koexistenz nebeneinander gelten zu lassen.[5]

3. Identität als Resultat politischer Erziehung

Gewiss haben bei allen identitätstiftenden Faktoren in den letzten drei Jahrzehnten die Bindestrichländer gegenüber Bayern aufgeholt: Unter den Ministerpräsidenten Meyers (CDU) (vgl. Marx 2003: 249ff.) und Rau (SPD) hat sich ein auch symbolhaft (Landesorden) unterfüttertes nordrhein-westfälisches Staatsbewusstsein entwickelt, für Baden-Württemberg, Rheinland-Pfalz und Hessen ist Ähnliches zu konstatieren. Staatswerdungen, auf nationalstaatlicher oder regionaler Grundlage, das zeigen auch diese Beispiele, haben viel mit gezielter Sozialisation und Erziehung durch politische Spitzen und Administrationen zu tun und können gelingen, wenn einige Jahrzehnte prägend wirken.

Ein anderes Beispiel, geprägt durch Parallelen mit zugleich kennzeichnenden Unterschieden, stellt heute die Republik Österreich dar: Ihr gelang es, abgesichert durch die Politik der Alliierten, zugleich aber auch durch den Imperativ der endogenen politischen Führung, nach 1945 die Staatsneufundierung mit der Schaffung einer eigenen nationalen Identität in Differenz zur deutschen herzustellen. Bildungspolitik, Medien, Sprachregelungen der politischen Akteure haben hier eine nicht nur an der Oberfläche wirksame, sondern in die gesellschaftliche Tiefe gehende Rolle gespielt. Man denke nur gerade auch im österreichischen Falle an die Rolle des Sports als substanziell flankierendes Moment für Nationsbildung.[6]

4. »Weiche« Faktoren bayerischen Eigenseins

Was hier im Blick auf Deutschland extern gelang, vermochte Bayern nach 1945 wenigstens in Teilen intern herzustellen: Obwohl konstitutiv ein Land unter sechzehn, nicht mehr und nicht weniger, mutierte es politisch-psychologisch doch zu einer Art innerdeutschem Sonderfall. Hier müssen besondere ›weiche‹ Faktoren eine Rolle gespielt haben, die sich zwar benennen, in ihrer quantitativen Bedeutung aber schwer übersehen lassen.

An erster Stelle seien die traditionellen bayerischen Besonderheiten in Elektorat und Parteiensystem hervorgehoben: Schon bei den Wahlen zum deutschen Zollparlament 1868[7], also gut zwei Jahre vor der Reichsgründung, votierten die bayerischen Wähler, gegen den damaligen norddeutsch-unitarisch-nationalliberalen Trend, in Form einer mehrheitlichen Zustimmung für die »Patriotenpartei« ländlich, katholisch, antipreußisch-konservativ. Dieses Muster des Wählens gegen den nationalen Strich für eine spezifisch bayerische Partei, auf Landes- wie auf der nationalen Ebene, finden wir bis in die Gegenwart bestätigt, wobei zumindest seit der Zeit der sozialliberalen Koalition in Bonn Konservativismus in Bayern mit einem spezifischen Modernitätsanspruch gegen das hier zurückbleibende Restdeutschland (»Der Fortschritt spricht bayerisch« als Slogan aus den 1980er Jahren) verbunden wird.[8] In der Weimarer Republik begegnet uns das föderale Bekenntnis der Bayerischen Volkspartei, die sich phasenweise vom katholischen Zentrum auf der Reichsebene abgewandt hat, gegen den neuen, nunmehr unitarischen Bundesstaat.[9] Die Nachkriegszeit prägt der vielfache, bewusst kalkulierte Konflikt der CSU mit der Schwesterpartei CDU auf der nationalen Ebene, in jüngerer Zeit etwa bei den Münchner Einwänden gegen die Einführung des Euro.

Anders als die Bayerische Volkspartei der 1920er Jahre avanciert die interkonfessionelle Volkspartei CSU in den 1960er Jahren zur gesamtbayerischen Hegemonialpartei und begründet schließlich in Bayern ein asymmetrisches Parteiensystem. So gibt es für die CSU seit den 1970er Jahren, bei gewissen Schwankungen in den Spitzen ihrer Erfolgsamplituden, kaum je die reale Gefahr, in die Opposition verbannt zu werden. Die CSU leistet dabei mehrerlei: Sie integriert im Ergebnis die verschiedenen innerbayerischen Ethnien und dringt nach Anfangsschwierigkeiten während der 1950er Jahre tief in das alte evangelisch-nationale Lager in Teilen Frankens ein. Und sie schafft es, die Salbung mit gesamtbayerischer Symbolik, mit »Löwe und Raute«, in hohem Maße auf sich, auf eine politische Partei, zu übertragen. Damit wird parteipolitisch und in hohem Maße auch politisch-kulturell eine innerdeutsche Sondersituation geschaffen.

5. Konstitutive Spezifika

Ein zweites Moment ist das der bayerischen konstitutiven Spezialitäten, der Ausprägungen von Verfassungsordnung, Staatlichkeit und Administration. Das Land weist hier mehr Besonderheiten auf als die anderen Flächenländer: Es kennt in Gestalt der Bezirke eine dritte kommunale Ebene, es besaß bis 1998 neben dem Parlament eine zweite, ständestaatliche Kammer, den Senat, es kennt ferner zwischen Staatsleitung auf der einen Seite und protestierendem *demos* auf der anderen Seite das in der Nachkriegszeit so vielfach in Anspruch genommene Ventil von Volksbegehren und Volksentscheid, eine Art Spielwiese für den Protest, ohne die parteipolitischen Verhältnisse im Kern zu tangieren, mit durchaus Aufsehen erregenden Entscheidungen (Medien, Ende der konfessionellen Schule etc.).

Bayern war nahe daran, sich in seiner Verfassung von 1946 ein eigenes Staatsoberhaupt, einen Staatspräsidenten (vgl. Fait 1998: 288ff.), zu geben, und es kompensiert die Tatsache, dass diese Planstelle dann doch nicht eingerichtet wurde, durch eine Art Duopol:

Zum einen dürfte in Bayern die »Region« integrierende Staatsoberhauptfunktion des Regierungschefs, des Ministerpräsidenten, in besonderer Weise ausgeprägt sein – als Landesvater war dabei Alfons Goppel 1962 bis 1978 Norm gebend (vgl. Friemberger 2001) –, zum anderen spielt hier in friedlich-freundschaftlicher Koexistenz mit der republikanischen Staatsführung die vormals regierende Familie Wittelsbach nach wie vor eine als unabdingbar angesehene politisch-protokollarische Rolle. Die Wittelsbacher haben es insgesamt mehr als die Hohenzollern im – untergegangenen – Preußen, die Wettiner in Sachsen oder die Welfen in Hannover und Braunschweig unter freilich auch sehr viel günstigeren Bedingungen staatlicher Kontinuität verstanden, weiterhin eine republikanisch-aristokratische Rolle zu spielen bzw. sich diese neu anzueignen. Oder umgekehrt: Die Republik ist sie selbst und weiß, dass sie das bleibt; aber auch und gerade deshalb legt sie Wert auf die formale Präsenz des früher regierenden Hauses.

6. Mediale Sonderfaktoren

Bayern dürfte zugleich das Land mit der größten medialen Präsenz im Bundesgebiet sein und dies gründet sich auf mehrere, disparate Faktoren: Zum einen erfreut sich der öffentlich-rechtliche Beitrag des Fernsehens aus Bayern einer überproportionalen Beachtung und Wertschätzung bei dem, was man – wenn es dies noch gibt – das deutsche Bildungsbürgertum nennen könnte. *Bayern3* und *Bayern alpha* sind die deutschlandweit geschätzten Zierden, um die es hier geht. Zum zweiten sind überproportional große Teile des Privatfernsehens wie insbesondere auch der Produktion von Spiel- und Fernsehfilmen in München konzentriert. Wichtig erscheint hier aber insbesondere ein dritter Aspekt: Die in München erscheinende *Süddeutsche Zeitung* ist unter den fünf meinungsbildenden überregionalen Tageszeitungen in Deutschland – *Frankfurter Allgemeine Zeitung*, *Die Welt*, *Frankfurter Rundschau* und *TAZ* – die einzige, welche einen nationalen Anspruch mit auf die Stadt München und die Region Bayern gelegtem Schwerpunkt verbindet. Gewiss erscheint auch die FAZ im Rhein-Main-Raum mit einer Regionalbeilage. Dies lässt aber keinen Vergleich mit dem Spagat zu, der das Profil der ›Süddeutschen‹ zwischen Nation und Region kennzeichnet. Damit ist aber die Skizze noch keineswegs gezeichnet: Was die *Süddeutsche Zeitung* unter anderem auszeichnet, ist ihr traditionelles Spannungsverhältnis zur CSU-getragenen, bürgerlich-konservativen Regierungspolitik. Es sei dahingestellt, ob man das Blatt als die eigentliche Opposition im Lande ansehen mag. Jedenfalls gibt es aber bei allen Duopolen bzw. Antagonismen zwischen Politik einerseits und Publizistik andererseits in den anderen deutschen Hauptstädten keine derart profilierte Struktur wie die, die das Verhältnis zwischen CSU-Staatsregierung einerseits und *Süddeutscher Zeitung* andererseits kennzeichnet – wobei es zugleich aus einer Binnensicht zu bedenken gilt, dass es sich hier nicht um so etwas wie apodiktische Feindschaft handelt, sondern dass auf beiden Seiten Raum für Differenzierungen, mit verlässlichen Antihaltungen, aber auch in Einzelfällen mit subtil-wohlwollender Kommunikation, besteht bzw. geschickt erhalten und gepflegt wird.

7. Probleme einer künftigen Sonderexistenz

Die bayerische Sonderrolle als die eines starken, durch ökonomische Modernität unterfütterten regionalen Faktors im Bund wie in Europa zeigt sich über die Jahrzehnte relativ konstant – eine lineare Fortschreibung in zukünftige Verhältnisse schiene gleichwohl nicht ratsam:

Zum einen stellt sich die Frage, was ein staatszentrierter Interventionismus, der auf die Vitalität ländlicher Räume wie auf ökonomische Modernisierung in Kooperation mit den großen Unternehmen der Region gleichermaßen zielt, in Zeiten von Deregulierung und globalen Herausforderungen noch zu leisten vermag. Die periodischen Auslandsbesuche von Ministerpräsidenten, nicht nur aus Bayern, sondern auch aus Baden-Württemberg und Nordrhein-Westfalen, in weit entfernten Weltregionen, um dort auch unter politischen Vorzeichen ökonomische Verbindungen zu knüpfen, zeugen hier nicht nur von Problemlösungskapazitäten auf der politischen Ebene, sondern zeigen mindestens ebenso dramatisch die Problematiken selbst an.

Das Zusammenspiel von politischen Führungen und Konzernzentralen droht sich zudem wie in einem Säurebad aufzulösen, wenn letztere vor Ort nicht mehr präsent sind, durch Übernahmen, wie zuletzt bei der *Hypo Vereinsbank* in München, oder durch zunehmende Eigenglobalisierung, wie etwa im Falle des Hauses *Siemens*, das nach dem Zweiten Weltkrieg Bayerns größter industriell-innovativer Wanderungsgewinn aus Berlin nach Erlangen und München gewesen war.

Die Unitarisierungstendenzen in Deutschland werden zwar von spektakulären Einzelfällen, wie den Auseinandersetzungen in der Föderalismuskommission der Wahlperiode des Bundestages von 2002–2005 abgesehen, in der breiten Öffentlichkeit, kaum wahrgenommen; sie sind aber unbestreitbar evident. So findet mehr hinter als vor den Kulissen ein Tauziehen statt, wo eigentlich die Kompetenzen für die Ausgestaltung zeitgeschichtlich bedeutsamer Orte liegen sollen, beim Bund oder bei den Ländern. Hier gab es im Frühjahr/Frühsommer 2005 problematische Vorstöße bzw. *Hearings* aus dem Bereich der Staatsministerin für Kultur und Medien beim Bundeskanzler im Verein der Bundeszentrale für politische Bildung. Die Länderseite war allenfalls selektiv (wohl nach antizipierter Präferenz) beteiligt. Dies war und ist umso gravierender, als Geschichtsbilder, Geschichtsdeutungen und Geschichtsverwaltung für politische Justierungen eine nicht zu unterschätzende Bedeutung haben.

Das Hauptproblem dürfte auf europäischer Ebene liegen. Bayern hat sich schon unter der Ägide des Ministerpräsidenten Franz-Josef Strauß Ende der 1970er Jahre (vgl. Hübler 2002), nicht überraschend zum Stirnrunzeln der damaligen Bonner Außenpolitik, um ein eigenes europapolitisches Profil in Brüssel bemüht. Formal ist den Ländern hier ja auch einiges gelungen, bis hin zur Installierung des Ausschusses der Regionen. Wie politisch substantiiert das alles ist, in welchem Maße wenigstens die großen deutschen Flächenländer, an erster Stelle Bayern, Nordrhein-Westfalen und Baden-Württemberg, europapolitisch mitsprechen können, erscheint hingegen aber doch als eine mindestens offene Frage.

Bayern als politische Region lässt sich nicht, das mögen die hier angestellten, sehr fragmentarischen Überlegungen deutlich gemacht haben, auf eine knappe, staatsrechtliche oder politikwissenschaftliche Formel bringen. Wer deutsche Länder als Regionen charakterisieren will, muss zum einen auch historisch und kulturell weit ausholen, sonst kann er die Bauformen, die sich entwickelt haben, gar nicht beschreiben.

Und er muss zum anderen jene Herausforderungen benennen, die eine zumindest nicht auszuschließende poststaatliche Entwicklung mit sich bringen könnte. Diese weit auseinander liegenden Eckpfeiler markieren einen schwer zu schlagenden, gleichwohl in der Konstruktion anspruchsvollen und lohnenden Bogen.

Anmerkungen

[1] Vgl. Künzel/Rellecke 2005 zu »Landesgeschichten« mit systematischer Einführung zum Thema wie Darstellung aller »Geschichten« der heute 16 deutschen Länder – d.h. vielfach auch der ihnen vorausgegangenen Territorien.

[2] Vgl. Schmid 2003 zur Gesamtgeschichte Bayern seit der napoleonischen Ära mit dem Einschnitt der Erhebung zum Königreich 1806.

3   Vgl. dazu jetzt die Studie »Nation und Religion. Integrationsprozesse im Kaiserreich« (Weichlein 2004).
4   Vgl. Schlemmer/Woller 2004: 22–116 zum inneren »Landesaufbau« – ein Begriff der eigentlich auf mittelalterliche und frühmoderne Phasen angewandt wird – Bayerns in der frühen Nachkriegszeit vor allem in den Bereichen Energieversorgung und Verkehrsinfrastruktur.
5   Zum Konzept eines »Regionalpluralismus« im Land vgl. Wehling/Hauser-Hauswirt/Sepainter 2002 und vgl. März 2003: 213–229 für den »etatistischen« Staatsbegriff.
6   Vgl. Pape 2000 und Portisch/Riff 1985 von österreichischer Seite offiziös für Abgrenzung und Identitätsgewinn.
7   Vgl. Arentin 2003 als Biographie für einen patriotisch-bayerischen Akteur im Zollparlament.
8   Vgl. Kießling 2004 für die Herausprägung der heutigen CSU-Hegemonie in Bayern. Vgl. Schlemmer 1998 für die »Vorgeschichte«.
9   Vgl. Schwend 1954 dazu als spezifisch antiunitarische Darstellung auf der Grundlage eines wohl überhöhten weiß-blauen Etatismus. Es ging dem Autor ersichtlich darum, im Reflex auf die Weimarer Republik und ihren, einem monolithischen Totalitarismus geschuldeten Untergang, die föderale Position in der jungen Bundesrepublik extensiv zu legitimieren.

Literaturverzeichnis

Arentin, Karl Otmar von (1993): Das Alte Reich: Föderalistische oder hierarchische Ordnung (1648–1684). Band I. Stuttgart.

Arentin, Karl Otmar von (2003): Franckenstein. Eine politische Karriere zwischen Bismarck und Ludwig II. Stuttgart.

Brunner, Otto (^{5}1965): Land und Herrschaft. Grundlagen der territorialen Herrschaftsgeschichte Österreichs im Mittelalter. Wien.

Fait, Barbara (1998): Demokratische Erneuerung unter dem Sternenbanner. Amerikanische Kontrolle und Verfassungsgebung in Bayern 1946. Düsseldorf: 288 ff.

Friemberger, Claudia (2001): Alfons Goppel. Vom Kommunalpolitiker zum Bayerischen Ministerpräsidenten. München.

Hübler, Martin (2002): Die Europapolitik des Freistaates Bayern. Von der Einheitlichen Europäischen Akte bis zum Amsterdamer Vertrag. München.

Kießling, Andreas (2004): Die CSU. Machterhalt und Machterneuerung. Wiesbaden.

Künzel, Werner/Rellecke, Werner (Hrsg.) (2005): Geschichte der deutschen Länder. Entwicklungen und Traditionen vom Mittelalter bis zur Gegenwart. Münster.

Marx, Stefan (2003): Franz Meyers 1908–2002. Eine politische Biographie. Essen: 249ff.

Peter März

März, Peter (2003): Bayern im Gesamtstaat. Unsystematische Überlegungen zu einer alten Beziehung. In: Dornheim, Andreas/Greiffenhagen, Sylvia (Hrsg.) (2003): Identitäten und politische Kultur. Stuttgart: 213–229.

Pape, Matthias (2000): Ungleiche Brüder. Österreich und Deutschland 1945–1965. Köln, Weimar, Wien.

Portisch, Hugo/Riff, Sepp (1985): Österreich II. TB-Ausgabe. Band IV. München.

Schlemmer, Thomas (1998): Aufbruch. Krise und Erneuerung. Die christlich-soziale Union 1945–1955. München.

Schlemmer, Thomas/Woller, Hans (Hrsg.) (2001): Die Erschließung des Landes 1949–1973. Band I. München.

Schlemmer, Thomas/Woller, Hans (Hrsg.) (2004): Bayern im Bund. Politik und Kultur im föderativen Staat 1949–1973. Bd. III. München.

Schmid, Alois (²2003): Handbuch der Bayerischen Geschichte. Das Neue Bayern von 1800 bis zur Gegenwart. Band IV. München.

Schwend, Karl (1954): Bayern zwischen Monarchie und Diktatur. Beiträge zur Bayerischen Frage in der Zeit von 1918–1933. München.

Weber, Petra (2004): Föderalismus und Lobbyismus. Die CSU-Landesgruppe zwischen Bundes- und Landespolitik 1949–1969. In: Schlemmer, Thomas/Woller, Hans (Hrsg.) (2004): Bayern im Bund. Politik und Kultur im föderativen Staat 1949–1973. Bd. III. München: 22–116.

Wehling, Hans-Georg/Hauser-Hauswirth, Angelika/Sepainter, Fred Ludwig (Hrsg.) (2002): Baden-Württemberg. Vielfalt und Stärke der Regionen. Leinfelden-Echterdingen.

Weichlein, Siegfried (2004): Nation und Religion. Integrationsprozesse im Kaiserreich. Düsseldorf.

Siegfried Balleis
Europäische Metropolregion Nürnberg

Die interkommunale Zusammenarbeit im Kernbereich der europäischen Metropolregion Nürnberg hat bereits eine lange Tradition. So verständigten sich bereits 1970 die Oberbürgermeister der Städte Nürnberg, Fürth, Erlangen und Schwabach in Form der so genannten Nachbarschaftskonferenz der Städte (NKS) auf einen regelmäßigen Informationsaustausch. Nach und nach wurde dieser Meinungsaustausch auch auf der Ebene der berufsmäßigen Stadträte vollzogen. Den Beginn machten die Kulturreferenten der Städteachse, gefolgt von den Wirtschaftsreferenten und den Planungsreferenten. Inzwischen gibt es nahezu in allen Politikbereichen einen regelmäßigen Informationsaustausch. Parallel zu diesen Gesprächskreisen bildeten sich Zweckverbandslösungen zwischen den vier genannten Städten heraus. Den Anfang bildete der Zweckverband Verkehrsverbund im Großraum Nürnberg, gefolgt von Zweckverbandslösungen im Bereich der Abfallentsorgung etc. Bereits Ende der 80er Jahre erkannte man auch die Notwendigkeit, die Marketinganstrengungen der vier Städte zu bündeln und sowohl national als auch international auszurichten. In verschiedensten Arbeitskreisen u. a. durch die Industrie- und Handelskammer Nürnberg für Mittelfranken bzw. durch die Initiative der Wirtschaftsreferenten dauerte es doch bis zum Juli 1996, bis in Anwesenheit des Ministerpräsidenten des Freistaates Bayern, Dr. Edmund Stoiber, der Verein »Die Region Nürnberg e.V.« aus der Taufe gehoben wurde. Dieser Verein hatte von Anfang an folgenden Satzungszweck:

1. Der Verein verfolgt ausschließlich und unmittelbar gemeinnützige Zwecke im Sinne des Abschnitts »Steuerbegünstigte Zwecke« der Abgabenordnung.
2. Zweck des Vereins ist die Aufklärung über das wirkliche Bild und die hohe Lebensqualität der Region Nürnberg, die Förderung des Heimatgedankens, die Steigerung des Interesses an der Region Nürnberg in anderen Regionen und bei der im eigenen Raum lebenden Bevölkerung, die Stärkung der Zusammenarbeit innerhalb der Region Nürnberg, die Förderung landeskundlicher, sozialer, kultureller, künstlerischer,

sportlicher, wissenschaftlicher Aktivitäten sowie Förderung innovativer Kräfte in der Region Nürnberg.
3. Unter Region Nürnberg sind der Regierungsbezirk Mittelfranken und angrenzende Teile Oberfrankens und der Oberpfalz zu verstehen.
4. Der Satzungszweck wird insbesondere verwirklicht durch die Durchführung oder Förderung von Maßnahmen für die Region Nürnberg.

Gehörten diesem Verein am Anfang nur die Städte Nürnberg, Fürth, Erlangen und Schwabach an, so folgten sehr rasch auch die Landkreise Nürnberg Land, Landkreis Fürth, Erlangen/Höchstadt und Roth und weiter dann die westmittelfränkischen Landkreise Weißenburg/Gunzenhausen, Ansbach, Neustadt/Aisch. Im Weiteren wurden dann auch die Regierungsbezirksgrenzen übersprungen, indem aus dem Regierungsbezirk Oberfranken der Landkreis Forchheim und aus dem Regierungsbezirk Oberpfalz der Landkreis Neumarkt hinzukamen. In den ersten vier Jahren des Bestehens dieses Vereins lag der Schwerpunkt auf der Identifizierung der Stärken der Region und der Kommunikation dieser Stärken nach innen. Dieser Schritt war deshalb so wichtig, da sich die Region bis Mitte der 90er Jahre stets nur »jammernd mit der Region München« verglich und dabei völlig das notwendige Selbstbewusstsein vermissen ließ. Ab dem Jahr 2000 erweiterte der Verein »Die Region Nürnberg e.V.« sein Kommunikationsziel auf internationaler Ebene.

Mit der Fragestellung der Metropolregionen in Deutschland setzte sich die Region Nürnberg erstmals im Herbst 2002 auseinander. Der Beitritt zum METREX-Verbund wurde auf der Vorstandssitzung der Region Nürnberg am 17.03.2003 beschlossen. Am 01.04.2003 erfolgte dann die Aufnahme des Vereins »Die Region Nürnberg«, vertreten durch Oberbürgermeister Hartwig Reimann (Schwabach).

Im Frühjahr 2003 wurde der Wunsch der Region Nürnberg, als Metropolregion anerkannt zu werden, an die Bayerische Staatsregierung herangetragen. Dort vertrat man zunächst die Auffassung, dass es in Bayern nur eine Metropolregion gäbe, nämlich die Region München. Eine Initiative, die das Ziel hatte, die Anerkennung der Region Nürnberg als Metropolregion zu erreichen, wurde noch im Juli 2003 im Bayerischen Landtag abgelehnt. Eine Resolution des Wirtschaftsforums der Region Nürnberg, formuliert am 11. Juli 2003, wurde jedoch zwei Wochen später, am 22.07. in einer Kabinettssitzung der Bayerischen Staatsregierung in Ansbach aufgegriffen und positiv beschieden. Seit diesem Tag unterstützte auch die Bayerische Staatsregierung die Initiative der Region. Es folgte ein langer Weg der Vorbereitung und des Lobbying und am 28.4.2005 wurde die Region

Nürnberg gemeinsam mit den Regionen Rhein-Neckar, Hannover und Bremen in den Kreis der bisherigen sieben Metropolregionen aufgenommen. Bereits am 12. Mai 2005 erfolgte die Unterzeichnung der Charta der Europäischen Metropolregion Nürnberg in Erlangen. Unterzeichner dieser Charta waren:

Inge Aures, Oberbürgermeisterin Stadt Kulmbach
Dr. Siegfried Balleis, Oberbürgermeister Stadt Erlangen
Richard Bartsch, Bezirkstagspräsident Bezirk Mittelfranken
Prof. Dr. Erich Bauer, Präsident Fachhochschule Amberg-Weiden
Johann Bögl, Geschäftsführer Max Bögl Bauunternehmung GmbH & Co. KG
Wolfgang Dandorfer, Oberbürgermeister Stadt Amberg
Dr. Günther Denzler, Landrat Landkreis Bamberg
Dr. Klaus-Günter Dietel, Landrat Landkreis Bayreuth
Dieter Döhla, Oberbürgermeister Stadt Hof
Stephan Doll, Vorsitzender DGB Industrieregion Mittelfranken
Wolf Rüdiger Eckhardt, 1. Bürgermeister Stadt Feuchtwangen
Herbert Eckstein, Landrat Landkreis Roth
Prof. Dr. h. c. Herbert Eichele, Rektor Georg-Simon-Ohm Fachhochschule Nürnberg
Dr. Roland Fleck, berufsm. Stadtrat und Stadt Nürnberg Sprecher der WKS N-F-E-S
Dr. Hartmut Frommer, Geschäftsführer Planungsverband Industrieregion Mittelfranken
Gerd Geismann, 1. Bürgermeister Stadt Sulzbach-Rosenberg
Prof. Dr.-Ing. Heinz Gerhäuser, Institutsleiter Fraunhofer Institut für Integrierte Schaltungen, Erlangen
Reinhardt Glauber, Landrat Landkreis Forchheim
Arnold Graf, 2. Bürgermeister Stadt Neumarkt i. d. Oberpfalz
Prof. Dr. Karl-Dieter Grüske, Rektor Friedrich-Alexander-Universität Erlangen-Nürnberg
Herbert Hahn, stellv. Landrat Landkreis Tirschenreuth
Rudolf Handwerker, Landrat Landkreis Haßberge
Klaus Häffner, Studioleiter Bay. Rundfunk/Studio Franken
Klaus Inhofer, Regierungspräsident Mittelfranken, Ansbach
Eberhard Irlinger, Landrat Landkreis Erlangen-Höchstdadt
Prof. Dieter Kempf, Vorsitzender DATEV eG
Michael Kühn, Bundesagentur für Arbeit Nürnberg
Gert Kohl, 1. Bürgermeister Stadt Zirndorf

Herbert Lauer, Oberbürgermeister Stadt Bamberg
Reinhard Leutner, Landrat Landkreis Lichtenfels
Albert Löhner, Landrat Landkreis Neumarkt i. d. Oberpfalz
Walter Nussel, 2. Bürgermeister Stadt Herzogenaurach
Dr. Ulrich Maly, Oberbürgermeister Stadt Nürnberg
Oswald Marr, Landrat Landkreis Kronach
Heinrich Mosler, Präsident Handwerkskammer Mittelfranken, Nürnberg
Armin Nentwig, Landrat Landkreis Amberg-Sulzbach
Gunther Oschmann, Geschäftsführer Telefonbuch Verlag H. Müller GmbH & Co. KG
Dr. Gabriele Pauli, Landrätin Landkreis Fürth
Claudia Platzöder, 1. Bürgermeisterin Stadt Neustadt a. d. Aisch
Rüdiger Pompl, 1. Bürgermeister Stadt Lauf a. d. Pegnitz
Helmut Reich, Landrat Landkreis Nürnberger Land
Hartwig Reimann, Oberbürgermeister Stadt Schwabach
Günther Riedel, Vorstandsvorsitzender Nürnberger Versicherungsgruppe
Dr. Dieter Riesterer, Hauptgeschäftsführer IHK Nürnberg für Mittelfranken
Gert Rohrseitz, Geschäftsführer ECKA Granulate GmbH & Co. KG
Georg Rosenbauer, Landrat Landkreis Weißenburg-Gunzenhausen
Dr. Bernd Rödl, Geschäftsführender Gesellschafter Rödl & Partner
Andreas Schlund, 1. Bürgermeister Markt Hirschaid
Hans-Peter Schmidt, Aufsichtsratvorsitzender Nürnberger Versicherungsgruppe
Walter Schneider, Landrat Landkreis Neustadt a. d. Aisch
Thomas A. H. Schöck, Kanzler Friedrich-Alexander-Universität Erlangen-Nürnberg
Rudolf Schwemmbauer, Landrat Landkreis Ansbach
Dr. Birgit Seelbinder, Oberbürgermeisterin Große Kreisstadt Marktredwitz
Dr. Peter Seißer, Landrat Landkreis Wunsiedel
Klaus Peter Söllner, Landrat Landkreis Kulmbach
Franz Stumpf, Oberbürgermeister Stadt Forchheim
Manfred Thümmler, 1. Bürgermeister Stadt Pegnitz
Hartmut Träger, Bürgermeister Stadt Fürth
Dirk von Vopelius, Vorstand Schuster & Walther IT-Business AG
Prof. Dr. Klaus L. Wübbenhorst, Präsident IHK Nürnberg für Mittelfranken

Kriterien der Zusammenarbeit, die der Charta zugrunde liegen, sind:
- Freiwilligkeit
- Subsidiarität
- Offenheit und Dynamik
- Konsens
- Gleiche Augenhöhe
- Demokratischer Kern – Rat der Metropolregion
- Aufbau einer »regional governance«:
  - Vernetzung mit Wirtschaft, Wissenschaft, Kultur und Verwaltung
  - Nutzung vorhandener Kooperationsstrukturen z. B. Wirtschaftsforum, Nachbarschaftskonferenz, »4+4«

Im Vorbereitungsprozess zur Gründung der Metropolregion hatte man festgelegt, dass neben den Oberbürgermeisterinnen und Oberbürgermeistern und Landrätinnen und Landräten auch die ersten Bürgermeister der jeweils größten Städte in den Landkreisen dem Lenkungskreis der Metropolregion angehören sollten. Aus diesem Lenkungskreis heraus wurde ein Steuerungskreis konzipiert, der aus den politischen Sprechern, den fachlichen Sprechern und den Geschäftsführern folgender Foren besteht:

1. Wirtschaft und Infrastruktur
2. Wissenschaft
3. Verkehr und Planung
4. Kultur und Sport
5. Tourismus
6. Marketing als Querschnittsforum

In der ersten Sitzung des Steuerungskreises wurden die Grundsätze der Zusammenarbeit fixiert und in der zweiten Sitzung des Lenkungskreises konnte bereits die Berichterstattung über erste Forumssitzungen bzw. über die geplante Zusammensetzung der Foren erfolgen.

Bereits in den ersten Sitzungen kristallisierte sich heraus, dass vor allem die Vertreter der eher ländlichen Gebiete Bedenken haben, dass ihre Interessen auch nachhaltig vertreten werden, bzw. dass sie auch ihren gebührenden Platz in der Europäischen Metropolregion erhalten. Dazu kann festgestellt werden, dass vor allen Dingen jene Städte in den Landkreisen, die über eine hohe Attraktivität im Bereich des Tourismus verfügen, wie beispielsweise die Städte Dinkelsbühl, Rothenburg, Feuchtwangen etc., im hohen Maße Nutzen aus der Metropolregion ziehen können.

Hans-Georg Wehling
Konstituierende Faktoren der Region

1. Die Definitionsproblematik – eine Frage der Perspektive

Der Begriff Region ist mehrdeutig, im politischen wie im alltäglichen Sprachgebrauch. Vor allem kommt es darauf an, aus welcher Perspektive man den Begriff der Region betrachtet, und – damit verbunden – mit welcher Zielsetzung oder Absicht.

Bezogen auf Brüssel, aus der Perspektive der EU, sind Regionen in Deutschland mit unseren Ländern gleichzusetzen. Doch in innerdeutscher Perspektive können Regionen sowohl Teile von Bundesländern sein wie Schwaben, Franken (unterschieden nochmals in Ober-, Mittel- und Unterfranken), Ober- oder Niederbayern, Oberpfalz – also in Bayern zumindest gleichzusetzen mit den sieben Regierungsbezirken – als auch Planungsregionen, die für Raumordnungspolitik bzw. Landesplanung nach ökonomischen Verflechtungsbereichen geschaffen worden sind. Im ersten Fall spiegeln sie historisch gewachsene Gliederungen wider, die durch die Verwaltungsstruktur gestützt werden. Im zweiten Fall handelt es sich um technokratische Einteilungen, die nicht unbedingt an gewachsene Zusammengehörigkeiten und ein damit verbundenes Bewusstsein in der Bevölkerung anknüpfen. Hier zählt nur, was als Planungseinheit für ökonomisch sinnvoll gehalten wird.

Aus französischer Perspektive handelt es sich bei Regionen ausschließlich um Planungseinheiten, die keinesfalls in die Nähe von Staatlichkeit kommen dürfen. Selbst die heutige Regionaleinteilung von 1982, die auf Präsident François Mitterrand zurückgeht, legte Wert darauf, dass in den 22 neu gebildeten Regionen zusammenkam, was möglichst nicht traditionell-bewusstseinsmäßig zusammengehörte: In der Region Rhône-Alpes z. B. haben das Lyonnais, das Bassin Stéphanois, Dauphiné und Savoyen historisch und im Bewusstsein der Menschen wenig miteinander zu tun. Doch in der französischen Regionalisierungspolitik wirkt bis heute das zentralstaatliche Erbe nach, das nichts so sehr fürchtet wie zentrifugale Tendenzen, die die Einheitlichkeit des Staates gefährden, der Nation, die als *une et indivisible* zu gelten hat.

Aus der Sicht der EU-Kommission handelt es sich bei Regionen in erster Linie um erwartungsvoll »geöffnete Hände«, die ausgestreckt sind, um möglichst reichlich Mittel aus dem EU-Regionalfonds zu empfangen, ganz gleich, welcher staatsrechtlicher oder faktischer Natur die Regionen jeweils sind – selbst wenn sie nur der Mitteleinlobung wegen gegründet worden sind. Allein die Existenz des Regionalfonds hat so dazu geführt, dass nahezu alle Mitgliedstaaten der EU – und seien sie noch so klein – eine Regionalisierung vorgenommen haben oder doch zumindest anstreben. Um sich von einem solchen allumfassenden, undifferenzierten Regionsbegriff in der EU abzuheben, wurde unter tatkräftiger Beteiligung einiger deutscher Länder im Jahre 2000 die Gruppierung von »Regionen mit Gesetzgebungsfunktionen« (REGLEG) gegründet, bestehend aus 73 Regionen in Belgien, Deutschland, Finnland, Großbritannien, Italien, Österreich, Portugal, Spanien, die insgesamt 46,9 % der Bevölkerung der EU nach der Erweiterung von 2004 umfassen. Innerhalb der EU handelt es sich hier um eine Art »Regionalismus de luxe«, wobei die deutschen Länder als Regionen sogar Staatsqualität besitzen.

Auch innerstaatlich und im Rahmen so definierter Regionen kann es – jenseits von Bewusstseinsregionen – durchaus Verwaltungs- und Planungsregionen geben, die nicht nur der besseren Vernetzung sozioökonomischer Verflechtungsbereiche dienen, sondern auch einen ausgesprochenen Förderzweck aufweisen können (»Förderregionen«). Sie sind zunächst nichts weiter als ein Instrument, das einem politisch vorgegebenen Zweck dienen soll. Das ist z. B. in Baden-Württemberg der Fall mit seinen insgesamt 12 Planungsregionen (wovon eine auch operative Aufgaben hat: der Verband Region Stuttgart).

Unter dem Aspekt der Globalisierung ist ein weiterer Regionsbegriff aufgekommen, der der Metropolregion. Ökonomische Verflechtungsbereiche im weiten Umkreis rund um bekannte Großstädte wie Frankfurt, Nürnberg, Stuttgart sollen gemeinsam im internationalen Standortwettbewerb vermarktet werden: Wer kennt schon international z. B. die (bisherige Planungs-)Region Neckar-Alb um die Städte und Landkreise Reutlingen, Tübingen, Balingen? Gemeinsam mit der Region Stuttgart, zusätzlich mit Heilbronn, Schwäbisch Gmünd, Calw und weitere wird man als Metropolregion Stuttgart eher international wahrgenommen und kann durch einen gemeinsamen Auftritt Synergieeffekte im internationalen Standortwettbewerb nutzen.

Das Gegenbeispiel Frankreich zeigt, wie stark politisch-verwaltungsmäßig offizieller Regionsbegriff auf der einen Seite und empfundener, bewusstseinsmäßiger (nicht nur im Bewusstsein der betroffenen Bevölkerung!) Regionsbegriff auseinander fallen können. Man nimmt im öffentlichen Bewusstsein sehr wohl überkommene Regionen wahr, wie z. B. Normandie, Bretagne, Champagne, Burgund, Limousin, Périgord, Auvergne, Bordelais, Baskenland, Elsass, Lothringen. Die Menschen definieren sich über die traditionellen Provinznamen – und sie werden von außen damit identifiziert, allen offiziellen Bezeichnungen von *départements* und neuen Regionen von 1982 zum Trotz. Es zeigt sich hier, dass es einen überkommenen, historisch »geheiligten« Regionsbegriff gibt, überall in Europa, auch in zentralistischen Staaten wie in Frankreich, die diesen Regionsbegriff offiziell negieren. Unsere These ist, dass Verwaltungsregionen sich dann am besten behaupten und am effektivsten funktionieren können, dass sie dann stark und zukunftsfähig sind, wenn sie sich mit überkommenen Regionen decken oder doch zumindest an historische Einteilungen anknüpfen können, die sich im Bewusstsein der Menschen fest verankert haben.

Das ist in Deutschland sehr stark der Fall. Im Folgenden soll das näher dargestellt und analysiert werden.

2. Regionen als Bewusstseinsregionen

Bewusstseinsregionen sind identitätsstiftend, d. h. man definiert sich über sie, bezeichnet sich als Bayer, Franke, Schwabe usf. – und wird von anderen als solcher jeweils benannt, u. U. auch mit abwertenden Spitznamen, was die Identifizierung ja nicht aufhebt. Die regionale Zugehörigkeit grenzt ein und grenzt aus, indem feststeht – oder festgestellt wird –, ob jemand dazugehört oder nicht. Merkmale sind Sprache, Kleidungsstil, Essensgewohnheiten, Mentalität. Sie kennzeichnen den Einzelnen als Gruppenangehörigen einer Gruppe, die innerhalb feststellbarer Grenzen zu Hause ist, die in einer typisch gestalteten Umwelt lebt, man denke nur an Altbayern mit barock-katholisch-gegenreformatorisch gestalteter Landschaft, mit typischem Häuserstil, der auch im Zeichen der Zersiedlung von Landschaft im Umfeld von Ballungsräumen immer noch präsent ist. Mit dem spezifischen Verhalten in einem solchen Kontext befasst sich die regionale politische Kulturforschung.

Halten wir fest: Zentrale Merkmale von Bewusstseinsregionen sind feststellbare Grenze, erfahrbare Gruppe, erlebte Identität. Sie werden sinnlich wahrnehmbar in Symbolen, seien es Sprachfärbungen/Dialekte, Fahnen und Farben (»Weiß-Blau«), Haustypen usw. und sind ablesbar selbst an Kleidungs- und Essgewohnheiten. Ein Produkt solcher Bewusstseinsregionen sind Mentalitäten und Verhaltensweisen der Gruppenmitglieder, die sich als regionale politische Kultur darstellen. Eine Stereotypisierung von außen (Gamsbart und Lederhose) kann sowohl zur Ablehnung als auch zur Verfestigung solcher Gruppenmerkmale führen.

3. Die Genese von Bewusstseinsregionen

Der erste Blick zeigt bereits, dass Bewusstseinsregionen das Produkt historischer Grenzziehungen, heutiger oder früherer Herrschaftsverhältnisse sind. Im Falle Frankreichs wird erkennbar, dass die überkommenen Regionsbezeichnungen, wie sie oben angeführt worden sind, ehemalige Provinzen benennen, die bereits in der zunehmend zentralstaatlich organisierten Monarchie im Zeichen des Absolutismus zurückgedrängt und dann im Zuge der Französischen Revolution abgeschafft und durch die kleinräumigeren *départements* ersetzt worden sind, rational zugeschnitten, mit Grenzen, die mit dem Lineal gezogen und durchnumeriert worden sind, wie heute noch an den Autokennzeichen ablesbar: z. B. 67 Bas Rhin, 68 Haut Rhin, beide Elsass. Gerade wegen ihrer – scheinbaren? – Rationalität konnten sich die *départements* auch nach über 200 Jahren nicht zu Bewusstseinsregionen entwickeln.

Deutlich zeigt sich die Herkunft von Bewusstseinsregionen aus früheren staatlich-politischen Zusammenhängen in Italien, wenn man etwa an die Provinz Bolzano-Südtirol denkt, an die Provinz Trentino (als ehemals österreichisch, aber im Unterschied zu Südtirol italienischsprachig) oder an das Aostatal mit seinem französischsprachigen Hintergrund. Interessant ist am Fall von Südtirol und dem Trentino, dass das Regionalbewusstsein sich hier nicht an der politisch-formellen Region festmacht, sondern an der Provinz auf einer Ebene tiefer. So gehören Südtirol und das Trentino zwar einer gemeinsamen Region an: Trentino-Alto Adige, doch die pragmatische Flexibilität des italienischen Staates erlaubte es, die normalerweise der Region zustehenden Kompetenzen weitgehend den beiden Provinzen zu übertragen, so dass die formale Region eher einem leer stehenden Haus gleicht. Auf diese Weise wurden und blieben die beiden Provinzen Träger des Regionalbewusstseins. Denn innerhalb der jeweiligen Provinzen gab und gibt es mehr bewusstseinsbildende Gemeinsamkeiten als auf der Ebene der administrativen Region.

Als besonders interessant ist die Regionalstruktur Deutschlands anzusehen, die auf der unteren Ebene letztlich ein Abbild der Kleinstaaterei des Alten Reiches ist. Hier haben sich Zusammenhänge etabliert, die im Bewusstsein vorhanden und bis heute wirkmächtig sind. Oberhalb dieses Zugehörigkeitsbewusstseins hat sich ein Regionalbewusstsein der höheren Ebene entwickelt, als Produkt neuer, inzwischen zumeist über 200 Jahre bestehender Grenzziehungen der Zeit Napoleons. Die Eigenstaatlichkeit dieser Regionen, zunächst noch im vollen Umfang im Rheinbund und im Deutschen Bund, hat dieses Regionalbewusstsein der höheren Ebene entstehen lassen, ohne das darunter liegende Regionalbewusstsein früherer Zeiten tot zu drücken (selbst wenn das politisch gelegentlich erwünscht gewesen sein sollte).

4. Neue Regionen aus Protest und Anpassung

Dabei zeigen sich zwei Merkwürdigkeiten. Zum Ersten: Es sind auch solche Bewusstseinsregionen entstanden, die es vorher so nicht gab. Aus vielen sehr unterschiedlichen Herrschaftsgebieten bildete sich – in politischer und, mehr noch, emotionaler, Abwehr gegenüber den neuen Herren – ein neues Regionalbewusstsein auf einer umfassenderen Basis. So konnte sich aus kurpfälzischen, bischöflichen (Speyer) und kleinadeligen Gebieten links des Rheins die bayerische Pfalz herausbilden, die sich als Rheinpfalz auch heute noch im Land Rheinland-Pfalz als zusammengehörig fühlt. Ähnlich bildeten sich Franken oder Schwaben als Regionen heraus, in Baden-Württemberg Oberschwaben (das klassische Gebiet der Herrschaftszersplitterung) als neue Bewusstseinsregion der katholischen Neuerwerbungen des Königreichs Württemberg zwischen Donau und Bodensee; im ehemaligen Preußen die Rheinlande und Westfalen. Bei diesen Bewusstseinsregionen könnte man – von ihrer Entstehung her – von »Protestregionen« sprechen, die mit der Mentalität und den Erwartungen der neuen Herren, die als Verwaltungsbeamte, Schulmeister und Militärs ins Land geschickt wurden, nicht zurecht kamen. Die Ablehnung einte die betroffenen Menschen und ließ nach Gemeinsamkeiten suchen, die sie von den neuen Herren unterschieden.

Es lässt sich aber auch – zum Zweiten – ein Bewusstseinswechsel auffinden, der sich im Gefolge des Herrschaftswechsels ergab, als Anpassung an neue Verhältnisse. Beispiel: der Rupertigau in Bayern. Das Hochstift Salzburg, also das weltliche Herrschaftsgebiet des Erzbischofs von Salzburg – ein quasi-souveränes Territorium im Heiligen Römischen Reich Deutscher Nation –, wurde nach dem Wiener Kongress aufgeteilt; die Landesteile auf der linken Seite der Salzach kamen zu Bayern, auf der rechten zu Österreich (1816). Die Aufteilung Salzburgs und die Zuordnung zu Österreich einerseits, zu Bayern andererseits schlagen sich inzwischen deutlich auch sprachlich nieder. Im österreichischen Teil, also im heutigen Bundesland Salzburg, spricht man Deutsch mit erkennbar österreichischem Akzent, im heute zu Bayern gehörigen Rupertigau Deutsch mit bayerischem Akzent. Man braucht in Laufen an der Salzach nur über die Brücke in den ehemaligen Vorort Oberndorf zu gehen, um eine Sprachgrenze zu überschreiten. So hört man, wer in den jeweiligen Teilen des einstmals einheitlichen

Landes in den letzten 190 Jahren den Ton angegeben hat: auf der einen Seite österreichische Beamte, Lehrer und Rekrutenausbilder oder auf der anderen Seite eben bayerische. Die Sprache bzw. der Dialekt ist ein Indiz: Die einen sind gute Österreicher geworden, die anderen gute Bayern. Das verweist auf eine günstige Aufnahmesituation: Die verschiedenen Teile passten recht gut in das jeweils aufnehmende Land, nicht zuletzt auch in Hinblick auf Religion bzw. Konfession, deren Bedeutung für die Ausbildung eines Regionalbewusstseins kaum zu überschätzen ist. Von daher ist es auch kaum verwunderlich, wenn in der einst dem Fürstbischof von Freising gehörenden Grafschaft Werdenfels (Werdenfelser Land), die erst seit 1802 zu Bayern gehört, das alte Zugehörigkeitsbewusstsein verloren gegangen ist; nur Heimatkundler und Experten wissen noch um die ehemaligen Zugehörigkeiten.

Eine regionale politische Kultur als Mentalitäts- und Verhaltenskonditionierung entwickelt sich also nicht naturwüchsig, zumindest nicht nur. Sie ist Ausfluss politischer Herrschaftsverhältnisse. Die jeweils herrschenden Eliten versuchen durchweg, die politische Kultur eines Landes zu formen, Normen vorzugeben, erwünschte (gute) wie unerwünschte (falsche) Wertvorstellungen und Verhaltesweisen positiv bzw. negativ zu sanktionieren, aber auch Symbole (Farben, Fahnen, Baustile, Bildprogramme, Feste und Feiern usw.) mit dem Ziel der Integration zu setzen. Sie machen Integrationsangebote, durchaus mit Nachdruck, und erwarten vom Erziehungs- und Bildungssystem, auch vom Wissenschaftssystem (man denke an die Einrichtung von Lehrstühlen für Bayerische Landesgeschichte) Sozialisationsprozesse, die als Integrationsprozesse zu interpretieren sind. In einem Land wie Bayern, das zu den Gewinnern der Napoleonischen »Flurbereinigung« in Deutschland zählt, mit vielen neu gewonnenen Gebieten, hat man von Staats wegen eine massive Integrationspolitik betrieben, die – angesichts der unübersehbaren Vielfalt – nur eine »etatistische Identität« (Peter März) zum Ziel haben konnte: der Staat Bayern ist das eine, die überkommenen Regionen sind das andere. Für den Erfolg ist der Zeitfaktor von zentraler Bedeutung. All diese Anstrengungen konnten selbstverständlich nur innerhalb politisch-administrativer Grenzen unternommen werden, die den Herrschafts- und damit den Gültigkeitsbereich abgrenzen. Die Zugehörigkeit zu einem Herrschaftsgebiet lenkt den Blick der Menschen, ob sie es wollen oder nicht, auf das Herrschaftszentrum und schafft so auch unsichtbar einen Kommunikations- und Interaktionsraum, der ja selbst noch bei Ablehnung und Protest auf das Herrschaftszentrum bezogen bleibt. Von daher die zentrale Bedeutung von Grenzen für das Konzept der politischen Kultur.

5. Das Beispiel Baden

Um nicht ausschließlich das bayerische Beispiel anzuführen, sei ferner auf Baden als napoleonische Neuschöpfung eingegangen. Das Großherzogtum Baden, wie es aus der napoleonischen Neuordnung Deutschlands hervorgegangen ist, war faktisch eine Neuschöpfung, geboren aus den französischen Sicherheitsvorstellungen, die entlang des Rheines einen *cordon sanitaire* schaffen wollten. Von daher die »unmögliche« Gestalt des neuen Baden, mit einer Ausdehnung von Nord nach Süd von fast 300 km (von Wertheim am Main bis Konstanz am Bodensee), bei einer Breite von Ost nach West von manchmal weniger als 20 km – was Stéphanie de Beauharnais, die Nichte Joséphines und künftige Frau Großherzog Karls zu der Bemerkung veranlasste: »[...] que le pays était d'une superbe taille, mais qu'il lui manquait de l'embonpoint«.

Zu Deutsch: Eine tolle Figur, doch es ist nichts dran. Die Fläche dessen, was sich bislang Baden nannte, hatte sich mit einem Schlag vervierfacht, die Bevölkerung gar versechsfacht. Zusammengewürfelt aus den verschiedensten Herrschaftsgebieten, mit katholischer, lutherischer und reformierter Einwohnerschaft, mit Menschen, die pfälzisch oder alemannisch sprechen, bedeutete das ein erhebliches Integrationsproblem für den neu geschaffenen Staat, bis aus den bisherigen Vorderösterreichern, Reichsstädtern, Untertanen diverser geistlicher und weltlicher Herren gute Badener geworden waren. Eine Aufgabe, die umfassender und schwieriger war als im benachbarten Württemberg oder in Bayern, wo letztlich nur neue Gebiete in ein bereits bestehendes großes, gut funktionierendes, vitales Staatswesen annektiert wurden. Bis zum Ende des modernen Baden war das Integrationsproblem die zentrale Staatsaufgabe; und es lässt sich – etwas zugespitzt – konstatieren, dass Baden letztlich an dieser Aufgabe gescheitert ist, als es mit der Gründung des Südweststaates 1952 im neuen Land Baden-Württemberg aufgegangen ist.

Die Integrationsmaßnahmen Badens wiesen eine ganze Palette auf. Das fing an bei der Herrscherfamilie und einer hochqualifizierten bürgerlich-liberalen Beamtenschaft, ging über beträchtliche Infrastrukturmaßnahmen – Korrektur des Rheinverlaufs zur Schiffbarmachung und zum Hochwasserschutz, früher Eisenbahnbau, der Baden über seine ganze Länge miteinander verband (das Wort »Rheinschiene« hat eine sehr wörtliche Bedeutung) – und endete bei einer umfassenden Staatssymbolik mit Kirchen aller Konfessionen und sogar Synagogen im klassizistischen Stil des badischen Hofbaumeisters Friedrich Weinbrenner, mit Bahnhofsgebäuden des Weinbrenner-Schülers Friedrich Eisenlohr, mit ärarischen Gebäuden, die quer durch das Land einen Wiedererkennungswert aufweisen, ganz gleich ob Rathaus, Amtsgebäude, Gericht oder Gefängnis. Selbst das Bier wurde in den Dienst der Integration gestellt, indem man darauf achtete, dass in den Wartesälen der Bahnhöfe überall das Bier aus der Badischen Staatsbrauerei Rothaus ausgeschenkt wurde. Um die Einheit in der Vielfalt als Integrationskonzept sinnfällig zu machen, wurden zentrale Trachtenfeste veranstaltet, unter Beteiligung der großherzoglichen Familie, bei denen zum Abschluss das Badnerlied als »Nationalhymne« voller Inbrunst gesungen wurde. Die Verbindung des protestantischen Herrscherhauses zur katholischen Bevölkerungsmehrheit wurde in der Zeit des ausbrechenden Kulturkampfes zwischen badischem Staat und ultramontan gewordener katholischer Kirche durch die forcierte Verehrung des Seligen Bernhard (1428–58, erst 1769 selig gesprochen) aus der großherzoglichen Familie (Bernhard als »himmlischer Landesvater«) herzustellen versucht – mit nur geringem Erfolg für den badischen Staat. Auch wenn das »alte Baden« aus der Napoleonzeit 1952 letztlich gescheitert ist, sind die Integrationsbemühungen nicht völlig ohne Erfolg geblieben, nach wie vor wird in Baden-Württemberg die »Baden-Frage« bemüht, zumeist jedoch in instrumentalisierendem Sinne, um Geld fließen zu lassen oder Standortentscheidungen zu beeinflussen. Interessanterweise sind es eher die katholischen südbadischen Gebiete (neben der ehemaligen Landeshauptstadt Karlsruhe), die massiv die badische Identität beschwören (so wird noch heute bei jedem Fußballspiel des FC Freiburg das »Badnerlied« mit Inbrunst gesungen) als Abwehrhaltung gegenüber den als protestantisch-altwürttembergisch-überfleißig und dominieren wollend wahrgenommenen Schwaben.

6. Regionen im Parteienstaat

Die deutschen Parteien sind nicht zentralisiert, sondern föderalistisch ausgerichtet. Rechtliche Vorschriften, wie die ausschließliche Existenz von Landeslisten bei Bundestagswahlen, unterstreichen das und leisten dem Vorschub. Von zentraler Bedeutung im Parteienstaat Deutschland sind somit die Landesverbände der Parteien und ihre Vorsitzenden, die man gelegentlich als Parteigranden oder Landesfürsten bezeichnet. In Bayern gar existiert statt eines Landesverbandes der CDU eine selbständige Schwesternpartei: die Christlich Soziale Union (CSU).

Aus dem Kreis der Landesparteien – insbesondere aus den Reihen der dortigen Ministerpräsidenten – kommen in der Regel die Kanzlerkandidaten und Bundeskanzler Deutschlands. Innerhalb der Länder versuchen die Ministerpräsidenten die Rolle des Landesvaters einzunehmen und damit als Integrationsfiguren im Sinne eines Landesbewusstseins zu wirken.

Innerhalb der Landesparteien spielen die Parteibezirke eine wichtige Rolle, nicht nur, aber auch, indem man ihre Repräsentanten proportional bei politischen Ämtern in Partei und Staat zu berücksichtigen versucht. Die regionalen Gliederungen der Parteien können sogar ein sehr unterschiedliches Profil aufweisen, der jeweiligen regionalen politischen Kultur entsprechend. So hat die protestantisch-fränkische CSU ein anderes Profil als die altbayerische; die niederbayerische CSU versucht wiederum, sich von der oberbayerischen abzuheben.

In Baden-Württemberg stellt die CDU im Grunde ein Parteienbündnis dar: die badische CDU ist die Erbin der ultramontan ausgerichteten Zentrumspartei, eine badisch akzentuierte Kulturkampfpartei entlang der Konfliktlinie Kirche-Staat. Die oberschwäbische CDU ist eine Partei der regionalen Identität und der konfessionellen, regionalen – in der Vergangenheit vorzugsweise agrarischen – Interessen; hier war und ist weit gehend immer noch das parteipolitische Bekenntnis zugleich Bekenntnis zu Region und Religion, eine Partei also entlang der Konfliktlinie Zentrum-Peripherie. Die CDU des mittleren Neckarraumes war dem gegenüber nie ausschließlich eine katholische Partei, sie ist von maßgebenden Protestanten mit begründet worden und versucht heute, sich hier als moderne urbane Partei zu profilieren; nicht zufällig vermochte sie hier weitgehend auch die altwürttembergisch-protestantisch geprägten Liberalen zu beerben. Zusammengehalten wird die Landes-CDU durch den Willen zur Macht und durch die Profilierung des von ihr seit über 50 Jahren jeweils gestellten Ministerpräsidenten als »Landesvater«.

7. Resümee

Schaut man sich die gegenwärtige Regionalstruktur Deutschlands an, so lässt sich resümieren:

Die Regionalstruktur Deutschlands, die Gliederung in Länder beruht weitgehend auf jener innerdeutschen Staatenwelt, die die napoleonische Politik geschaffen hat. Wesentliche Korrekturen erfolgten nach dem Deutschen Krieg von 1866 und dann vor allem nach dem Zweiten Weltkrieg durch die vier Besatzungsmächte. Die Zeit von rund 200 Jahren war lang genug, hier Bewusstseinsregionen entstehen zu lassen, wenn die entsprechenden Integrationsanstrengungen und Integrationsangebote gemacht und akzeptiert worden waren. Am ausgeprägtesten gilt das für Bayern, das seit der Zeit Napoleons nahezu unverändert in seinen Grenzen geblieben ist, sieht man vom Zugewinn Sachsen-Coburgs (1920) und vom Verlust der linksrheinischen Pfalz (1945) ab.

Auch Sachsen weist im Wesentlichen den territorialen Umfang auf, den es seit Beginn des 19. Jahrhunderts immer besessen hatte; nach dem Zweiten Weltkrieg kam der Teil Schlesiens hinzu, der diesseits der Oder-Neiße-Grenze liegt (rund um Görlitz). Thüringen ist das Ergebnis eines freiwilligen Zusammenschlusses der thüringischen Länder von 1920, ergänzt 1944 durch den preußischen Regierungsbezirk Erfurt. Niedersachsen stützt sich zum großen Teil auf das Königreich Hannover, wie es bis 1866 bestanden hatte, vor der Annexion durch Preußen (Degradierung zur preußischen Provinz Hannover); ein Ereignis, das bis heute nicht vergessen ist und aus dem sich die Identität speist. Eine lange und stolze Geschichte mit ihren Folgen für die Identität als Bewusstseinsregionen weisen die alten Hansestädte als Stadtrepubliken auf: Bremen und Hamburg.

Aus dem von den Alliierten zerschlagenen Preußen stammen das Land Berlin, ferner Brandenburg als Kernland Preußens, Schleswig-Holstein (als geschlossene Einheit seit 1867 preußisch). Auch der größte Teil des Saarlandes war seit 1815 preußisch; dort hat sich eine eigene Identität aus der spezifischen Situation zwischen Deutschland und Frankreich entwickelt, heute mit einem identitätsstiftenden Angstgegner: Rheinland-Pfalz, von dem man befürchtet, geschluckt zu werden. Hessen wurde aus verschiedenen Ausgangsbestandteilen von der amerikanischen Besatzungsmacht als »Großhessen« installiert.

Verwickelter sind die Verhältnisse in den Bindestrich-Ländern, die in der Zeit nach dem Zweiten Weltkrieg entstanden sind: Nordrhein-Westfalen, weitgehend bestehend aus den ehemaligen preußischen Provinzen Rheinland und Westfalen, ergänzt durch Lippe-Detmold; Rheinland-Pfalz aus dem südlichen Teil des preußischen Rheinlandes, Rheinhessen (ehemals zu Hessen-Darmstadt gehörig) sowie der ehemals bayerischen Pfalz; Mecklenburg-Vorpommern aus den beiden Mecklenburg und dem Rest des ehemaligen preußischen Pommern, der nicht polnisch geworden war; Sachsen-Anhalt aus dem Land Anhalt und der preußischen Provinz Sachsen (Magdeburg). Baden-Württemberg ist erst 1952 entstanden, als einzige gelungene Neugliederung nach Inkrafttreten des Grundgesetzes, bestehend aus den früheren Ländern Baden, Württemberg und dem preußischen Regierungsbezirk Sigmaringen (Hohenzollerische Lande Preußens). In den Bindestrich-Ländern ist es schwieriger, ein gesamtstaatliches Zusammengehörigkeitsbewusstsein zu entwickeln, das ist eher eine Frage der Zeit.

Innerhalb der deutschen Länder gibt es Regionenbildungen im Sinne von Bewusstseinsregionen, die größtenteils auf die Zeit der Kleinstaaterei vor

1800 zurück zu führen sind. Kluge Politik heute respektiert sie und geht mit diesen Besonderheiten sensibel um. Auch in der Verwaltungsstruktur kann sich diese Achtung vor den historisch gewachsenen Regionen manifestieren. Auch dafür ist Bayern ein Musterbeispiel mit der Bildung von sieben Regierungsbezirken Ober- und Niederbayern, Oberpfalz, Schwaben, Ober-, Mittel- und Unterfranken. Bei der kommunalen Gebietsreform (1972 abgeschlossen) sind die Grenzen dieser Bezirke weitgehend beachtet worden. Eine besondere Bedeutung bekommen die Bezirke auch dadurch, dass sie nicht nur eine Verwaltungsebene sind, mit dem Regierungspräsidenten an der Spitze einer Bezirksregierung, sondern zugleich – einmalig in Deutschland – eine dritte kommunale Ebene darstellen, mit gewählten Bezirkstagen und einem Bezirkstagspräsidenten als repräsentativer Figur. Die Bezirke sind zudem in der Bayerischen Verfassung verankert, namentlich aufgeführt in Art. 185.

Der regional ausgerichtete Parteienstaat trägt das Seine dazu bei, die Regionalstruktur Deutschlands zu unterstreichen.

Insgesamt lässt sich resümieren, dass der deutsche Föderalismus, die Gliederung der Bundesrepublik Deutschland in Länder, in der politischen Kultur Deutschlands fest verankert ist. Der deutsche Föderalismus hat Geschichte und daraus folgend Rückhalt im Bewusstsein der Bevölkerung, die sich stets auch regional definiert. Aus seinen regionalen Besonderheiten – sowohl auf der Ebne der Länder als auch unterhalb in den kleinräumigeren Regionen – bezieht Deutschland einen wesentlichen Teil seiner Vitalität und Kraft.

Literatur:

Künzel, Werner/Rellecke, Werner (Hrsg.) 2005: Geschichte der deutschen Länder. Münster i. Westfalen.

Schneider, Herbert/Wehling, Hans-Georg (Hrsg.) 2006: Länderpolitik. Wiesbaden.

Wehling, Hans-Georg 2002: Regionale/lokale politische Kultur. In: Greiffenhagen, Martin und Sylvia (Hrsg.) (^{2}2002): Handwörterbuch zur politischen Kultur der Bundesrepublik Deutschland. Wiesbaden: 521–525.

Wehling, Hans-Georg (Hrsg.) ^{3}2004: Die deutschen Länder. Wiesbaden.

Jürgen Dieringer

Europäisierung, Regionen und die neuen Mitgliedstaaten der EU
Theoretische Überlegungen zur Dezentralisierung in Mittel- und Osteuropa

1. Einleitung

Lange wurde davon ausgegangen, dass der Prozess der europäischen Integration »regionenblind« sei. Jedoch haben sich substaatliche Einheiten in der fünfzigjährigen Integrationsgeschichte schließlich einen Platz gesichert. Im Ausschuss der Regionen (AdR) wurden regionale Belange auf europäischer Ebene institutionalisiert, regionale Vertreter nehmen an Ratstagungen teil und ersetzen in einzelnen Fällen nationale Vertreter, das *Lobbying* von Regionen verlagert sich von den Hauptstädten zunehmend nach Brüssel. Damit wird der Tatsache Rechnung getragen, dass immer mehr Entscheidungen – direkt oder indirekt – von »Brüssel« beeinflusst werden.

Die klassischen Integrationstheorien haben die Regionen lange Zeit ignoriert. Den (Neo-)Funktionalismus interessierte vornehmlich das Zustandekommen europäischer Regelungen aus einer Sachlogik heraus, die *spill-over* von *low politics* zu *high politics*, weniger Akteurskonstellationen und Machtrelationen und die hieraus resultierenden Impulse für europäisches Entscheiden. Der Intergouvernementalismus eines Stanley Hoffmann und vor allem der liberale Intergouvernementalismus eines Andrew Moravcsik rückten Machtfragen eher ins Zentrum des Interesses, mit einem für Regionen allerdings negativen Ergebnis. Erst die Betrachtung des Integrationsprozesses im Sinne von *multi-level governance* erlaubte es – differenziert nach Politikfeldern und unterschiedlichen politischen Arenen – die Regionen als wichtige Akteure bei der Politikformulierung und Implementierung zu betrachten.

Aufgenommen wurden die Regionen auch in die so genannte »Europäisierungsdebatte«. 11,2 % der zwischen 1981 und 2000 unter Rekurs auf die »Europäisierungsdebatte« in Fachzeitschriften veröffentlichten Artikel thematisierten *subnational authorities* (Featherstone 2002: 6). Die letzten fünf Jahre brachten eher noch eine Ausweitung dieses Trends. Die Europäisierungsdebatte hat viele Gesichter. Im vorliegenden Kontext interessiert vor allem derjenige Zweig, der sich mit Reaktionsleistungen nationaler Institutionen auf europäische Politik befasst. Hier wird in Verbindung mit der Debatte um *New Institutionalism* nach Konvergenz und Divergenz jeweiliger nationaler bzw. regionaler Anpassung gefragt.

Im vorliegenden Beitrag soll ausgehend von den Integrationstheorien und der Europäisierungsdebatte nach Chancen und Potenzialen für eine Einbindung von Regionen in neuen Mitgliedstaaten der EU gefragt werden. Untersucht werden strukturformende Merkmale des Transformationsprozesses und die Logik der europäischen Regionalpolitik. In einem abschließenden Kapitel wird ein kurzer empirischer Überblick über Entwicklungen in neuen Mitgliedstaaten mit Erfahrungen von Altmitgliedern kontextualisiert. Abschließend werden die Chancen für eine weitergehende Dezentralisierung in der Region Mittel- und Osteuropa ausgelotet.

2. Integrationstheorien und regionale Partizipation am Integrationsprozess

In der Krise der beiden »Urtheorien« europäischer Integration, des Föderalismus und des (Neo-)Funktionalismus, deren These vom »Überwinden des Nationalstaates« während des nationalen *roll back* eines Charles de Gaulle und seiner »Politik des leeren Stuhles« von der Praxis zumindest temporär widerlegt wurde, legte Stanley Hoffmann eine vom klassischen Realismus inspirierte Theorie vor: den Intergouvernementalismus (Hoffmann 1964; 1966). Legt man den klassischen Intergouvernementalismus zugrunde (Haas 1958), spielen Regionen im Integrationsprozess keine Rolle. Europa wird als *two-level Game* verstanden, als Interaktionsfeld von Nationalstaat und internationaler bzw. supranationaler Ebene, auf welchem die Politikergebnisse durch *bargaining* zwischen Exekutiven bestimmt werden. Dieser Ansatz ist weitgehend regionenblind. Erst der liberale Intergouvernementalismus eines Andrew Moravcsik (Moravcsik 1993) erlaubt die Mitbetrachtung der Regionen, indem Verhandlungspositionen der Regierung auf supranationaler Ebene nicht mehr ausschließlich von deren Perzeption ihrer jeweiligen Stellung im Staatensystem abhängig gemacht wird, sondern das Verhalten von Regierungen in *bargaining*-Prozessen als Ergebnis des binnenstaatlichen Politikformulierungsprozesses gesehen wird – als Surrogat der Interaktion von Staat und Gesellschaft (Rosamond 2000: 136ff.). Die substaatliche Ebene spielt aber allenfalls eine Rolle bei der binnenstaatlichen *preference formation*, wird nicht explizit erwähnt und Regionen werden als ein Akteur unter vielen vernachlässigt.

Die These Moravcsiks, wonach es letztlich die nationalstaatlichen Regierungen seien, die den Gang der Dinge wesentlich bestimmen, wurde von verschiedener Seite in Frage gestellt. Das umfassendste und kompletteste Konzept legten in dieser Hinsicht die Vertreter des *multi-level governance*-Ansatzes (MLG) vor (erläuternd Große Hüttmann/Knodt 2005). Der MLG versucht zwei Fallen zu vermeiden: den Staatszentrismus sowie die verkürzte Annahme, »Europa« ereigne sich nur in Brüssel und Straßburg (Rosamond 2000: 110). Statt von einer Dominanz der zentralstaatlichen (Regierungs-)Ebene auszugehen, wird »Europa« als politischer Raum gesehen, der aus *multitudinal identities* bestehe und in dem europäische, nationale, regionale und lokale Akteure miteinander um Macht und Einfluss ringen (Longo 2003: 477) und in der politische Autorität zwischen unterschiedlichen Ebenen aufgeteilt wird (Hooghe/Marks 2001: 2). Die jeweilige nationale Regierung ist nur ein – wenn auch ein bedeutender – Akteur unter vielen. In einem Raum, der sich aus unterschiedlichen Ebenen zusammensetzt, in dem Verbände und damit staatliche Akteure interagieren, in welchem aber staatliche Akteure auch mit transmissiven Akteuren kooperieren, in dem sich Kompetenzen überlappen, ist die Struktur politischer Kontrolle variabel, nicht konstant. Unterschieden werden muss vielmehr nach *policy arena* (Marks/Nielsen/Ray/Salk 1996: 41), weil jedes Politikfeld von einem unterschiedlichen Set an Akteuren bearbeitet wird. So können Regionen entscheidende Spieler sein, wenn sie etwa in föderativen Systemen die Alleinzuständigkeit für ein Politikfeld reklamieren können und über Instrumente zum Zugang zur europäischen Ebene verfügen oder wenn die Implementation – etwa der europäischen Regionalpolitik – über Regionen verläuft. Bei europäischer Politik handelt es sich dem MLG zufolge demnach um ein asymmetrisches Verhandlungssystem, in dem die an staatliche Souveränität gebundene Nullsummendogmatik abgelöst wird von einer pluralistischen Sichtweise vom Staat als Arena, in der unterschiedliche Agenden, Ideen und Interessen interagieren (Rosamond 2000: 111).

Die Regionen sind also längst im Prozess der europäischen Integration angekommen, obwohl die Europäische Gemeinschaft als Gründung der Staaten eine Beteiligung der Regionen nicht vorsah. Inwieweit Regionen aber tatsächlich Einfluss nehmen können, hängt von ihrer innenpolitischen Stellung ab. Erst unter Nutzung einiger Vetopunkte ist es etwa deutschen und später österreichischen Ländern gelungen, am *uploaden* von nationaler Politik auf die europäische Ebene beteiligt und gegebenenfalls – bei sie betreffenden Angelegenheiten – in die Entscheidungsfindung eingebunden zu werden. Sie erhielten einen Zugang zu Ratsentscheidungen, in dem sie in die Verhandlungsdelegationen integriert wurden. Am umfassendsten haben dies die belgischen Regionen bewerkstelligt (Dieringer/Kleis 2005). Für andere Regionen, deren nationale Verfassungen einen außenpolitisch definierten Zugang zum Entscheidungssystem der EU nicht zugestehen, bleibt der Rat der Europäischen Union verschlossen. Um Einfluss auszuüben, muss demnach ein anderer Zugang zur europäischen Ebene gefunden werden. Manche Regionen versuchen, über ein Verlassen der nationalen Arena ihre Interessen durch Präsenz in Brüssel direkt vor Ort zu bündeln und sich entsprechende Einflusskanäle zu öffnen (Aldecoa/Keating 1999). Neben direktem *Lobbying* und der Mitarbeit im AdR bietet sich hierfür vor allem die Europäische Kommission als Partner für die Regionen an.

Die Regionen finden in der Kommission einen idealen Andockpunkt an das europäische Institutionensystem. Im »ewigen Kampf« zwischen supranationaler und intergouvernementaler Integrationsmethode und damit im labilen Machtgleichgewicht zwischen Rat und Kommission ist das stärkste Argument der Intergouvernementalisten, dass es der Kommission an demokratischer Legitimation gebreche. Hieraus abgeleitet wird die Rechtfertigung einer Machtverlagerung hin zum Rat und seiner Komitologie. Die Kommission kontert dieses Argument mit dem Hinweis auf die Partikularinteressen der Ratsvertreter, denen es an einem gesamteuropäischen *corps d'ésprit* mangele. Die Kommission versucht zum Ausgleich des formalen Defizits an Legitimation, die gesellschaftlichen Kräfte stärker in die Entscheidungsfindung einzubinden. Die Rückkoppelung mit gesellschaftlichen Interessen dient also als legitimationssteigernde Maßnahme (Jachtenfuchs/Kohler-Koch 2004: 80ff.), wie es auch im Weißbuch (European Commission 2001) der Kommission zum Europäischen Regieren formuliert wird. Unter den gesellschaftlichen und in den Verträgen nicht genannten staatlichen Akteuren, die sich die Kommission als neue Partner im Kampf um Einfluss gegenüber dem Rat auserkoren hat, befinden sich auch Regionen, mit denen die Kommission die Idee einer Dezentralisierung der Politikimplementation teilt.

Kommission und Regionen fungieren beim Vorantreiben der Dezentralisierung als kongeniale Partner, zwischen denen sich eine Interessenkongruenz ergibt. Die Regionen gewinnen Kompetenzen hinzu, die sie vorher entweder nie besessen, oder aber im frühen Integrationsprozess an die Nationalstaaten verloren haben. Die Kommission ist als *distributeur* von Finanzmitteln gegenüber den Regionen in einer starken Position, weil den Regionen keinerlei Kontrollmechanismen gegenüber der Kommission an die Hand gegeben sind. Die Kommission kann sich in der Interaktion mit Regionen teilweise dem starken Einfluss der via Rat ausgeübten Kontrolle der nationalen Regierungen entziehen.

Das Konzept der Dezentralisierung geht zurück auf die Einführung des Subsidiaritätsprinzips als Organisationsschema der EU im Vertrag von Maastricht. Die Einführung dieses Organisationsprinzips kann durchaus als der Versuch der Regierungen gesehen werden, angesichts des Integrationssprungs des Maastrichter Vertrages ein Sicherungsnetz gegen die Aushöhlung nationalstaatlicher Kompetenzen bzw. deren Souveränität einzuziehen. Ganz im Sinne des liberalen Intergouvernementalismus wäre diese Modifikation demnach im machtpolitischen Gegensatz von nationaler und europäischer Ebene zu suchen. Aber schon damals waren substaatliche Einheiten und vor allem die deutschen Länder bestrebt, auch ihre Mitwirkung bei der Politikformulierung zu sichern. Sie trieben die Verankerung des Subsidiaritätsprinzips oft stärker voran als die Nationalstaaten. Sie wollten verhindern, dass über den Umweg einer Europäisierung Entscheidungsbefugnisse unitarisiert würden. Dies ist den deutschen Ländern teilweise gelungen. Artikel 23 des GG regelt die entsprechenden Mitwirkungsregelungen (Dieringer/Kleis 2005). Für substaatliche Einheiten bietet das Subsidiaritätsprinzip das prinzipielle Einfallstor für Mitwirkungsansprüche und damit erstmals in der bis dahin von den Gründern, den Nationalstaaten, geprägten Integration einen institutionellen Hebel. Aus *two-level Games* (Putnam 1988) wurden Drei- bzw. Mehrebenenspiele. Diese wirken sich »nach oben« aus, indem die Interessenaggregierung (etwa im Zuge der Verfassungsgebung) auch eine regionale Komponente (etwa im Konvent) enthält.

Gerade in der Mischung aus »[...] bottom up Europeanisation and top-down decentralisation« (Moreno 2003: 278) erwächst den Regionen eine gesteigerte Aufgabenzuweisung bei der Umsetzung europäischer Politiken. Diese Politiken üben auf die substaatlichen Einheiten Druck aus, »[...] to seek engagement, representation and participation in the very decision-making structures and processes that shape their interests« (Longo 2003: 480). Die Beteiligung der Regionen ist umso größer, desto stärker ihnen das entsprechende Politikfeld im nationalen Rahmen als Aufgabe zur Erledigung zugewiesen ist. Außerdem wächst das Gewicht von Kommission und Regionen mit dem Mitteleinsatz. Demnach sind es vor allem die redistributiven Politiken, die zur Stärkung von Regionen beitragen. Am augenfälligsten ist hierbei die europäische Regionalpolitik, der zweitgrößte Posten im EU-Budget. Zur Umsetzung der europäischen Regionalpolitik werden in manchen Nationalstaaten eigens Institutionen aufgebaut, die sich nur der Umsetzung der Regionalpolitik widmen. In einigen Ländern wurde gar eine komplette regionale Ebene aufgebaut, um der von der EU definierten Nomenklatur von Regionen (NUTS) zu entsprechen.

3. Europäisierung, *New Institutionalism* und regionale Divergenz

Natürlich sind die oben angesprochenen Ebenen »Europa«, »Nationalstaat« und »Region« – Juristen würden in der Tradition des Föderalismus von »Verbänden« sprechen – hierarchisch nicht zwangsweise gleichwertig. Vielmehr unterscheiden sie sich hinsichtlich ihrer Letztentscheidungskompetenzen, ihrer institutionellen Dichte und nicht zuletzt der Art der Instrumente, die ihnen zur Verfügung stehen. Verschiedentlich wurde versucht, die drei hier zur Debatte stehenden Ebenen zu klassifizieren und zu kategorisieren. So unterscheidet Peterson (1995) die Arena der Europäischen Integration – *super-systemic* im Charakter und geprägt von »großen Entscheidungen« – von denen des *policy-making*, *systemic* (Nationalstaat) oder *meso-level* (Regionen). Diese unterschiedlichen Ebenen werden unter Zuhilfenahme unterschiedlicher Ansätze und Theorien erklärt, vornehmlich Theorien internationaler Beziehungen im ersten, Neoinstitutionalismus im zweiten und Netzwerktheorien im dritten Falle.

Die »Europäisierungsdebatte« (kritisch erläuternd Mair 2004) verbindet unterschiedliche theoretische Prämissen zu einem Forschungsprogramm, das europainduzierten Wandel in nationalen politischen Systemen debattiert und nach Ursachen für Konvergenz oder Divergenz fragt. Die Frage nach Ursachen und Ausprägungen von Divergenz zwischen einzelnen nationalstaatlichen Mustern kann mit Hilfe der Integrationstheorien kaum beantwortet werden. Sie sind zu stark auf das Zustandekommen europäischer Regelungen fokussiert, als dass Rückwirkungen europäischer Politik auf nationale Kontexte in den Fokus der Theoriebildung geraten würden. Hier sind Erkenntnisse eher im Rahmen der so genannten »Europäisierungsdebatte« und/oder mit Hilfe des »Institutionalismus« zu gewinnen.

»Europäisierung« ist eher ein Forschungsprogramm denn eine Theorie. Nationalstaatliche Reaktionen auf europäische Entscheidungen, der Veränderungsdruck, der hierbei insbesondere auf nationalstaatliche Institutionen ausgeübt wird, bilden manchmal die unabhängige, manchmal die abhängige Variable. Teils ist »Europäisierung« Ursache, teils ist sie Resultat spezifischer Erscheinungen. Gemischt werden zudem *structure* und *agency*. Die Hypothesenbildung differiert je nach untersuchter Institution. Gleichwohl ist die Europäisierungsdebatte hilfreich, weil sie insbesondere den MLG-

Ansatz um wichtige institutionalistische Punkte ergänzt. Deshalb soll hier auch der Begriff »Europäisierung« weiterverwendet werden, allerdings in einem eher operativen Sinne. Eine minimalistische Definition von »Europäisierung« liefert Featherstone (2003: 1): »Minimally, ›Europeanization‹ involves a response to the policies of the European Union«. Bezogen auf die *polity*-Ebene bietet sich im minimalistischen Sinne die Verlängerung auf die Regierungssysteme im Sinne von Bulmer/Burch (2000: 265) an. Sie definieren folgendermaßen: »Der Begriff Europäisierung charakterisiert in unserem Ansatz den Einfluss des Prozesses der europäischen Integration auf die nationale Ebene, insbesondere auf die nationalen Regierungsinstitutionen«.

Innerhalb der Europäisierungsdebatte bekannt geworden ist unter anderem der Ansatz von Börzel (1999), der weniger auf die Aggregierung nationaler Interessen und die Rolle von Regionen im Prozess des *uploading* nationaler Politik auf die europäische Ebene rekurriert, sondern bei der Implementierung europäischer Politik ansetzt. Implizit wird an die generellen Hypothesen der Diskussion um *New Institutionalism* angeknüpft, wonach – etwa im *Rational Choice Institutionalism* – Akteure ihre Präferenzen in formalen und informalen Institutionen anpassen müssen. Aspinwall/Schneider (1998: 5) stellen fest: »[…] actors bump into institutions, go ›ouch‹, and then recalculate behavior and strategies«. Hieran anlehnend definieren nach Börzel formale Strukturen die *goodness of fit* zwischen europäischen Anforderungen und nationaler Adaption. Je geringer *fit*, desto höher der Wandlungsdruck. Gualini (2004: 21) kritisiert diesen »dominant intergovernmentalist bias«, der die Dynamik der *policy formation* auf europäischer Ebene ignoriere, ebenso wie das Problem, dass die Präferenzbildung als endogener, vorgelagerter Prozess gesehen wird. Kommt es zum *misfit* zwischen aggregierten Präferenzen und dem *outcome* von Mehrebenenverhandlungen, muss das Resultat nicht automatisch in eine Restrukturierung der Präferenzen oder *compliance procedures* (vgl. Hall 1986: 19) münden. Wäre Anpassung die Folge und wäre etwa im Europäisierungsprozess der ausgeübte Anpassungsdruck gleichförmig, müssten alle neuen Regelungen stark konvergieren.

Die Forschung ist sich weitgehend einig, dass von einer Konvergenz der Muster bisher nicht gesprochen werden kann (Sturm/Dieringer 2004). Es wäre eine unzulässige Reduktion der Komplexität von Europäisierungsprozessen, ginge man *a priori* von gleichgerichteten Zielen der am Regionalisierungsprozess beteiligten Akteure aus. Die Reaktionsleistungen sind vielmehr heterogen, Widerstreben ist ebenso denkbar wie Unterstützung. Selbst das »Ziel Dezentralisierung« an sich ist zwischen gesellschaftlichen

Kräften umstritten. Dezentralisierung kann je nach Interesse als Mittel zum Zwecke der Erzielung von Effizienz eingestuft werden, als Mittel zur Etablierung eines Systems von *checks and balances*, als Instrument der Demokratisierung, Selbstbestimmung, als minderheitenpolitisches Instrument oder im Sinne eines zugrunde liegenden Separatismus. Entsprechend bunt sind auch die denkbaren Koalitionen und Akteurskonstellationen, wie die folgende Tabelle (Tabelle 1) zeigt:

Tabelle 1: Optionen im Prozess der Europäisierung der Regionen

	Widerstand	Unterstützung
EU	Verhandeln, Kompromisse, Ausschlussdrohung	technische Hilfe, finanzielle Förderung, Mitsprachemöglichkeit bei Entscheidungen
Staat	Verwaltungsreform zur Effizienzerhöhung des Zentralstaats	Erweiterung der innerstaatlichen regionalen Autonomie, Zugang zu EU-Entscheidungsprozessen
Region	Mobilisierung gegen Veränderungen regionaler Entscheidungsparameter	Europäisierung des regionalen gesellschaftlichen Diskurses, Ausrichtung von Politikentscheidungen auf die europäische Ebene

Quelle: Sturm/Dieringer 2004

Regionalisierung ist ein konfliktreiches Unternehmen, da es sowohl über Macht- und Ressourcenverteilung zwischen politischen Ebenen entscheidet als auch Identitäten in Frage stellt, politische Loyalitäten untergräbt bzw. neue Loyalitäten begründet. Selbst in der mildesten Form der Regionalisierung, der Verwaltungsreform, kommt es zu einer Rekonfiguration von Machtverhältnissen. Umso stärker ist dies der Fall, wenn über eine bloße Verwaltungsreform hinausgegangen wird, etwa in einer Reform, die zu einer Dekonzentrierung oder Dezentralisierung der staatlichen Aufgabenwahrnehmung führt. Die stärksten Verwerfungen sind zu erwarten, wenn in der radikalsten Variante der Veränderung der Balance zwischen Zentralstaat und regionaler Ebene, der Föderalisierung früherer Zentralstaaten bzw. dem Ausbau der Rechte von Regionen in bereits föderalen Staaten, die Grundkoordinaten der Verfassungsstruktur geändert werden (Sturm/Dieringer 2004).

4. Dezentralisierungsprozesse, Systemtransformation und Beitrittsprozess

Die Herausbildung starker »Regionen« – im Sinne von mit Gesetzgebungsrechten ausgestatteter Verwaltungseinheiten – wurde in Mittel- und Osteuropa durch zahlreiche Prozesse erschwert. Der Feudalismus als Träger eines gewissen Partikularismus wurde erst sehr spät wirkmächtig. Später konkurrierte die »regionale Idee« mit dem Nationalstaatsprinzip. Der Adel verschrieb sich oft der Nationenwerdung und war für das »Regionale« damit verloren. Die Nationalstaatsbewegungen des 19. und 20. Jahrhunderts überzeichneten aus der historischen Erfahrung der Fremdbestimmung heraus das Nationale – und die Idee der »Regionalisierung« wurde oft als Gegenbewegung zur Nationalstaatsidee und dessen territoriale Integrität gewertet. Dieser implizierte Gegensatz schlägt sich auch noch heute in der politischen Kultur der neuen EU-Mitgliedstaaten nieder.

Unter sozialistischer Herrschaft organisierten die Staaten Osteuropas die vertikalen Beziehungen unterschiedlicher Verwaltungsebenen mit Hilfe des Prinzips des »demokratischen Zentralismus«. Dieses Prinzip garantierte eine stark hierarchisch strukturierte Politikformulierung, die auf der Ebene des Zentralstaates ansetzte und in den nachgeordneten Ebenen reine Erfüllungsgehilfen fand. Die Interessenaggregierung fand parallel in der herrschenden Staatspartei statt, die als Ersatz für gesellschaftlichen Pluralismus – ebenso hierarchisch strukturiert wie die Verwaltung – auf allen Verwaltungsebenen präsent war und durch ihren (macht-)politischen Einfluss die Umsetzung des Parteiwillens durch die Verwaltung absicherte. *Top-down*-Prinzip und Parteiintervention ließen keine nennenswerte kommunale und regionale Selbstverwaltung zu. Speziell die Regionen galten als *stronghold* der Staatspartei, als Aggregierungsorgan, ausgestattet mit politischer Macht.

Die Parteikontrolle fiel während des Systemwechsels ersatzlos weg und kreierte ein Vakuum. Die neu entstehenden Parteien waren weder *de facto* weisungsbefugt wie die ehemalige Staatspartei, noch konnten sie auf einem anderen, demokratischeren Wege die Politikgestaltung der Verwaltung abseits der zentralstaatlichen Ebene steuern. Sie waren fragmentiert, nicht in der Gesellschaft verankert und programmatisch weitgehend unbestimmt. Ihre Kräfte konzentrierten sich auf die Ebene des Zentralstaates. Ihr primäres Ziel war, nach den ersten freien Wahlen die Regierung zu stellen und so den Systemwechsel nach ihrer *façon* vollenden zu können. Nur die ehemaligen Staatsparteien besaßen im Gefolge der Systemtransformation nennenswerte Aggregierungsmacht auf die regionale Ebene – was die anderen, neuen und demokratischen Parteien in ihrer Ablehnung dieser Ebene bestärkte.

Die zweite starke Ebene war die lokale. Die Schaffung einer starken kommunalen Selbstverwaltung ist die wirkliche Abkehr vom Prinzip des »demokratischen Zentralismus«, die regionale Selbstverwaltung eher eine Beigabe. Die Erstarkung der kommunalen Ebene lag in unterschiedlichen

Einflüssen begründet. Einerseits in einer Rückbesinnung auf das Lokale als Reaktion auf Überzentralisierung des Staatswesens und Amalgamierung lokaler Selbstverwaltung (Illner 2002: 23). Andererseits, getrieben aus der demokratischen Opposition heraus, verstanden als konspirativer Prozess der Unterminierung der Herrschaftsordnung durch zivilgesellschaftlichen, lokalen Graswurzelpluralismus, der bereits vor der politischen Wende einsetzte. Die Wiederherstellung lokaler Handlungsautonomie war die Manifestierung des Subsidiaritätsprinzips, das als Ausdruck demokratisch verfasster, moderner, westlicher Gesellschaften zusammen mit dem Ideal der Zivilgesellschaft den neuen Organisationsrahmen für gesellschaftlichen Pluralismus und für gesellschaftliche Organisation abgeben sollte.

Die dreifache Transformation von Staat, Wirtschaft und Gesellschaft innerhalb einer sehr kurzen Zeitspanne, in einer fragilen internationalen Einbettung, mit nur zum Teil heranziehbaren eigenen historischen Erfahrungen und Rückgriffsmöglichkeiten und der teilweisen Inkompatibilität westlicher *blueprints*, erzeugte eine Nachfrage nach handlungsfähigen, gleichzeitig aber unbelasteten Akteuren. Diese fanden sich nur auf zentralstaatlicher Ebene. Für diese neuen, spätestens mit den ersten Parlamentswahlen mit Handlungsmacht ausgestatteten Akteure war die Schnelligkeit des Entscheidens eine Handlungsmaxime. Hierbei waren Regionen störend. Es ist eigentlich eine Ironie der Geschichte, dass zur Bewältigung der Systemtransformation mit ihren allumfassenden Aufgaben bezüglich Staat, Wirtschaft und Gesellschaft der überzentralisierte, überbürokratisierte Staat durch einen flexibilisierten, wenngleich ebenfalls starken Staat abgelöst werden musste, der sein Entscheidungszentrum ebenfalls »oben« ansiedelte.

Die logische Folge der philosophisch bedingten Überhöhung des Lokalen und der funktional bedingten Beibehaltung eines starken Zentralstaates, ließ der *Mesoebene* kaum Raum zum Atmen. Die Zentralebene war in ihrer neuen Entscheidungsallmacht regionenblind. Die mit der neuen Aufgabenfülle oft überlasteten Kommunen waren um die zwar dysfunktionale, aber machtpolitisch ersehnte Gestaltungshoheit gegenüber den Regionen besorgt und verschlossen sich einer Reform, die die Regionen stärken würde. Selbst die Rechtshierarchie wurde in so manchem Falle – man nehme etwa Ungarn – beseitigt. Kommunale Selbstverwaltung und regionale Selbstverwaltung sind hier gleichrangig, stehen in keinerlei Nachordnungsverhältnis und keine Ebene kann Aufgaben der andern an sich ziehen. So zieht sich ein lange ungeklärter Widerspruch durch den vertikalen Staatsaufbau der Staaten der Region: ein Verständnis des Subsidiaritätsprinzips, das das Überspringen einer Ebene zulässt, gleichzeitig die teilweise umfassende Legitimierung regionaler Institutionen durch direkt gewählte Regionalversammlungen bei Verweigerung einer adäquaten Aufgabenzuweisung und Bereitstellung ausreichender Finanzquellen.

Die historischen Erfahrungen der Staaten Mittel- und Osteuropas in Bezug auf Partizipation an Politikformulierung und Mitwirkung an politischen Entscheidungen sind demnach regionenavers. Die Pfadabhängigkeit politischen Entscheidens lässt nationalen Gegenwind gegen Dezentralisierungserfordernisse erwarten. Europäisierungserwartungen seitens internationaler Akteure sind hoch, *institutional compliance* dürfte eher gering sein, was auf umfassendes *misfit* verweist, will man beim oben verwendeten Terminus technicus bleiben. Kommt es dennoch zu unterschiedlichen Anpassungsleistungen oder Abwehrhaltungen zwischen den postsozialistischen Staaten, können die Ursachen kaum in der Sachlogik verborgen sein, sondern sind in den Machtkonstellationen zu suchen.

Mitte der 1990er Jahre führten neue Stimuli zur Aussicht auf die Beendigung des regionalen Dornröschenschlafes: die Ergänzung der Demokratisierung durch die Einführung einer Regionalpolitik und deren Europäisierung (Dieringer 2005). Die »Europäisierung« redistributiver regionaler Strukturpolitik wurde zu einer Triebfeder für Regionalisierungsprozesse. Ein wichtiger externer Akteur war dabei die Europäische Kommission. Ihre politische Agenda umfasste und verbalisierte eine im *acquis communautaire* so nicht vorfindbare Dezentralisierungsanforderung. Auch die anderen Kopenhagener Beitrittskriterien lassen sich nicht im Sinne einer Regionalisierungsanforderung lesen. Der Einfluss der Kommission ergibt sich eher politisch aufgrund ihrer starken Stellung als »Lenkungsorgan« im Beitrittsprozess (z. B. Fortschrittsberichte). In der wissenschaftlichen Debatte wird die Einflussnahme durch die Einnahme einer zentralen Stellung im Beitrittsprozess inzwischen als *governance by conditionality* (Schimmelfennig/Sedelmeier 2004) diskutiert. Informell ergibt sich so ein wichtiger Hebel, um Reformoptionen der Kommission zu *pushen*. Der Begründungszusammenhang leitet sich aus dem so genannten »Partnerschaftsprinzip« der europäischen Regionalpolitik ab. Dabei wird die Zusammenarbeit mit Betroffenen, insbesondere den Regionen als wünschenswert, wenn nicht sogar als unabdingbar im Sinne der Effizienz des Politikfeldes betont. Während sich EU-Mitglieder einem entsprechenden Druck aufgrund ihrer Mitgliedschaft im Rat entziehen können, sind die Beitrittskandidaten ihrem »Mentor« politisch ausgeliefert.

Auch wenn der Druck der Kommission auf die Beitrittsstaaten Mittel- und Osteuropas nicht schwarz auf weiß nachgezeichnet werden kann, ist sich die Wissenschaft also über die Kraft solcher Intentionen einig. Hughes/Sasse/Gordon (2003: 75) stellen fest:

> »Although the Commission has not overtly recommended that the candidates should structure their regions according to the average size of NUTS 2 regions in the existing Member States, the Regular Reports have commended those states which have made reforms in this direction. This is an incentive structure and sends a strong signal as to what model is acceptable.«

Das NUTS-System diente als Maß, als standardisierte »institutionelle Matrix« (Illner 2002: 18) zur Umsetzung der europäischen Regionalpolitik, unabhängig von der Passgenauigkeit und Kompatibilität mit bestehenden Mustern. Der Regionalisierungsdruck seitens Brüssel wurde erst gemildert, als um das Jahr 2001 das Ziel einer effizienten Ressourcenverwaltung in der Regionalpolitik in den Vordergrund rückte. Dieses Ziel konnte in der kurzen noch zur Verfügung stehenden Zeitspanne nur unter Einbeziehung zentralstaatlicher Institutionen, mit Hilfe einer gewissen Rezentralisierung erreicht werden. Gleichwohl darf angenommen werden, dass die Kommission diesen Strategiewechsel nicht aus funktionalen, sondern auch aus machtpolitischen Erwägungen heraus vollzog. Nur durch eine schnell abgeschlossene Reform konnte sichergestellt werden, dass die neuen Mitgliedstaaten nach dem Beitritt, der zum Zeitpunkt des politischen Wendemanövers der Kommission politisch beschlossen wurde, das Rad nicht zurückdrehen würden. Es wurde deutlich, dass es der Kommission an den nötigen rechtlichen und politischen Instrumenten gebricht, nachhaltige Dezentralisierung gegen den Willen der Beitrittskandidaten zu erzwingen (Hughes/Sasse/Gordon 2003a: 28). Die Regierungen nicht gänzlich außen vor zu lassen, war deshalb opportun und unerlässlich. Marek/Baun (2002: 913) kommen bei der Betrachtung des tschechischen Beispiels deshalb zu folgender Einschätzung:

> »The Commission has thus far played a rather ambiguous role, promoting the partnership concept in principle, yet discouraging its application in practice by emphasizing the need for expediency and efficiency in pre-accession preparations.«

Der Beitritt der Staaten Mittel- und Osteuropas stellt naturgemäß eine Zäsur dar. Das politische Entscheidungen generierende und implementierende institutionelle Geflecht änderte sich mit dem Beitritt nachhaltig. Die zentralstaatlichen Regierungen fanden im Rat ihre direkte Andockung im Entscheidungszentrum der Union, was sie in eine starke Position gegenüber der Dezentralisierung befürwortenden Kommission versetzte. Die Kommission wiederum verlor ihre wichtigsten Interventionsinstrumente: die Fortschrittsberichte. Die Regionen sehen sich deshalb mehreren Schwierigkeiten gegenüber: einer funktionalen Aufgabenlast, der die jungen, unerfahrenen und oft fragilen Institutionen auf regionaler Ebene kaum gewachsen sind; der mangelnden Ausstattung der NUTS 2-Regionen mit rechtlichen und politischen Instrumenten und finanziellen Ressourcen; die traditionelle Zentralisierung der Entscheidungseliten in den Hauptstädten; die starke Stellung der Kommunen; die mangelnde Verankerung der Regionen im zentralstaatlichen Kontext, wie sie in föderalen Systemen gegeben ist; die oft konfrontative politische Kultur, die die Kompromissfindung und Konsensbildung erschwert; und nicht zuletzt die begrenzten Möglichkeiten, eigene Interessen durch Nutzung von institutionellen Vetopunkten – in den Staaten Mittel- und Osteuropas kaum vorhanden – in den innerstaatlichen Entscheidungsprozess einzuspeisen und am *uploaden* von Präferenzen auf die europäische Ebene teilzunehmen.

Natürlich bestehen abseits der nicht zu unterschätzenden Schwierigkeiten auch Potenziale, die die neuen Mitgliedstaaten nutzen können: Über die europäische Regionalpolitik fließen enorme Finanzmittel in die Regionen, die auf lange Sicht vom Nationalstaat ohne Beitrag der Regionen nicht effizient eingesetzt werden können. Durch die Nähe zur Problemlage sind Regionen, vor allem auf NUTS 2-Ebene, prädestiniert, die Programmierung vorzunehmen und die Implementation zu übernehmen. Die zur Verfügung stehenden Finanzquellen machen die »Region« auch für vormals auf den Zentralstaat fixierte Akteure wieder interessant. Um die Mittelvergabe und -verwendung werden unterschiedliche Gruppen miteinander konkurrieren. Dadurch wird die Region zur politischen Arena. Die politischen Akteure werden versuchen, die neue Arena für eigene Zwecke zu nutzen und bisher brachliegende Institutionen hierfür heranziehen. Kommt es in den Institutionen zu einer Interessenaggregierung, werden die Akteure versuchen, die aggregierten Interessen in den nationalstaatlichen Politikprozess einzuspeisen und nach Kanälen durch die nationalstaatlichen Institutionen – oder gegebenenfalls um sie herum – zu suchen, um bessere Interaktionsmuster mit Brüssel herausbilden zu können.

Die europäische Integration hat die Regionen der Staaten Mittel- und Osteuropas demnach zurück auf die politische Landkarte gebracht. Die unzureichende Institutionalisierung so mancher NUTS 2-Region – Polen ist hier die Ausnahme – könnte somit ein temporäres Problem sein.

5. Praktische Erfahrungen alter und neuer Mitgliedstaaten

Ein Blick auf die Relevanz regionaler Strukturen in EU-Mitgliedstaaten des westlichen Europa zeigt ein ausgesprochen heterogenes Bild. Neben drei föderalen Staatswesen (Deutschland, Österreich und Belgien), einigen regionalisierten Staaten (Spanien, Italien, zunehmend auch das Vereinigte Königreich) bestehen zahlreiche unitaristische Staaten mit unterschiedlichem Grad regionaler Teilnahme an der Politikformulierung, mit unterschiedlichem Zugang zu spezifischen Formen des jeweiligen *governance*-Systems. Die Föderalstaaten sind in zwei Fällen (Deutschland und Österreich) als Föderalstaaten gegründet worden. Belgien entwickelte sich zum Föderalstaat aufgrund eines kulturell-ethnisch-sprachlichen Ausdifferenzierungsprozesses kombiniert mit einem nachhaltigen, sozialen und wirtschaftlichen Wandel, initiiert, um den Zerfall des Landes entlang kultureller und sprachlicher Trennlinien zu verhindern. Dass die Länder und Regionen dieser drei Staaten ganz aktiv – wenn auch in unterschiedlicher Intensität – am Integrationsprozess beteiligt sind (vgl. Dieringer/Kleis 2005), ergibt sich aus der Logik des Staatsaufbaus.

In regionalisierten Staatswesen wie Italien, Spanien und zunehmend dem Vereinigten Königreich hat sich die mittlerweile zu beobachtende Dynamik der Dezentralisierung erst in letzter Zeit entwickelt. Den drei Staaten ist gemein, dass entsprechende ethnisch-kulturelle Gemeinschaften (Schotten, Katalonen, Lombarden etc.) über administrativ abgegrenzte Räume verfügen, in denen ihre Selbstverwaltung – zum Teil auch Formen eigener Staatlichkeit – entwickelt werden kann. Alle drei Staaten verbinden zudem die Großflächigkeit und die hohe Bevölkerungszahl. Auch wenn »Größe« nicht alles erklären kann, muss doch festgestellt werden, dass große Staaten oft föderativ organisiert sind (USA, Kanada, Russland, Brasilien, Australien, Indien etc.). »Größe« darf deshalb als eine erklärende Variable für das Einsetzen von Dezentralisierungsprozessen nicht ausgeschlossen werden. Dass flächenmäßige Größe aber alleine nicht ausreicht, zeigt das Beispiel Schweden, dass Bevölkerungszahl nicht ausreicht, zeigt das Beispiel Frankreich. In Schweden sind kaum Dezentralisierungsprozesse zu beobachten, in Frankreich stößt Dezentralisierung immer an die Grenzen der jakobinischen Tradition. Das Konzept der »Einheit des Staatswesens« wirkt als Schranke. Die über Ebenen hinweg durch personelle Entsprechung verflochtene Funktionselite, bewirkt durch das *cumul des mandats* (vgl. Zimmermann-Steinhart in diesem Band), ist an einer Dezentralisierung nicht unbedingt interessiert.

Gesellschaftlicher Widerstand gegen Regionalisierung findet sich in Portugal. Hier spielten die Strukturfonds der EU eine zentrale Rolle bei der Demokratisierung und der Modernisierung der Verwaltung. In Portugal wurde das vorgemacht, was sich in Mittel- und Osteuropa nur langsam abzeichnet. Die regionalen Koordinierungskommissionen, gegründet im Jahre 1979, wurden später vom zuständigen Ministerium entkoppelt. Die Ausarbeitung von regionalen Entwicklungsplänen geschieht auf Basis des NUTS-Systems. Es kam zu einer nachhaltigen Verlagerung von Entscheidungskompetenzen auf die regionalen Koordinierungskommissionen. Auch wurde Wert gelegt auf eine aktive Beteiligung der Zivilgesellschaft. Die funktional angelegte Dezentralisierungskonzeption wurde von der Regierung bis zum Volksentscheid über eine weitergehende Regionalreform vorangetrieben – aber vom Volke in einem Referendum abgelehnt, 61,6 % der Abstimmenden waren gegen die Schaffung von Regionen, 59,7 % waren mit der Zuschneidung der Regionen nicht einverstanden. Die Wahlbeteiligung lag bei 48 %. Die Volksabstimmung führte zu einer umfassenden Mobilisierung der Zivilgesellschaft (Freire/Baum 2003: 135ff.). Die regionenkompatible Strategie der Regierung geriet in Konflikt mit Interessengruppen, die eine – recht abstrakte – Bedrohung der Nation konstruierten und damit obsiegten. Trotz der Ablehnung der Reform gab die Regierung das Ziel einer Dezentralisierung nicht auf. Statt einer wirklichen Dezentralisierung mit einer demokratischen Flankierung (gewählte Körperschaften auf regionaler Ebene) wird mittlerweile die Methode einer Verwaltungsreform angewendet, sukzessiver Wandel im Gewande einer langsamen Dekonzentrierung.

Auch mittel- und osteuropäische Staaten weisen unterschiedliche Parameter auf, auch wenn durchaus mehr Gemeinsamkeiten zu erkennen sind als in alten EU-Mitgliedstaaten. Polens Reform ist bisher am nachhaltigsten. 16 *Wojewodschaften*, mit einem *Wojewoden* als Repräsentanten der Staatsverwaltung, einem Marschall als Verwaltungschef und dem *Seimik* als Legislativ- und Kontrollorgan gesellschaftlicher Selbstverwaltung agieren in Koexistenz. Zwar wird kritisiert, die Reform sei zu »flach« geraten (Yoder 2003: 282). Allerdings wird unter den neuen Mitgliedstaaten ausschließlich in Polen die europäische Regionalpolitik von den NUTS 2-Regionen umgesetzt; und der Marschall gewinnt gegenüber dem *Wojewoden* die Überhand. Geographische Einteilung von NUTS 2-Regionen und die Staatsverwaltung in den 16 *Wojewodschaften* harmonieren.

Erst unter massivem Druck der EU konnte in Tschechien die Institutionalisierung der regionalen Ebene mit gewählten Körperschaften erreicht werden. Hier war die Reform stellenweise konsequent – den Regionen wurde sogar das Gesetzesinitiativrecht zugestanden – stellenweise inkonsequent: der *Hejtman*, der Vorsitzende der Region, bleibt schwach. Exekutivfunktionen sind Kollektivorganen vorbehalten. Noch unglücklicher: Die Zahl der *Kraje* (14) harmoniert nicht mit den acht NUTS 2-Regionen, die in einem zweiten Schritt durch die Gruppierung der *Kraje* geschaffen wurden. In Bezug auf die »Regional Operative Programs« (ROP) setzte sich mit Unterstützung der Kommission die nationalisierte Variante (1 ROP, gemanaged vom zuständigen Ministerium) gegenüber der von den Regionen präferierten regionenbasierten Variante »7 plus 1« (sieben Regionen und die Hauptstadt Prag) durch (Marek/Baun 2002: 912).

In der Slowakei führte die unter dem Autokraten Mečiar eingeleitete, übers Knie gebrochene, lediglich parteipolitischen Interessen geschuldete Abgrenzung von acht Selbstverwaltungsregionen auf NUTS 3-Ebene zu einer Ausweitung der Staatsverwaltung, die unter hierarchischer Kontrolle blieb (Bitusikova 2002: 49). Mangels politischem Konsens zwischen den einzelnen Gruppen einer recht heterogenen Koalition wurde diese Verwaltungsstruktur unter der Nachfolgeregierung zunächst aufrechterhalten. Der Versuch, zwölf Regionen einzuführen, fand keine Mehrheit. Gleiches gilt für einen Anlauf, die 79 Distrikte abzuschaffen. Gleichwohl wurden Staats- und Selbstverwaltung von der Regierung Dzurinda grundlegend reformiert. Für die Zwecke der europäischen Regionalpolitik entstanden vier Entwicklungsregionen. Der Selbstverwaltung werden sukzessive Kompetenzen überschrieben. Gleichwohl wird in Bratislava seit jeher darauf geachtet, dass das Zustandekommen einer von ethnischen Ungarn dominierten Region vermieden wird.

In Ungarn wird eine Reform des vertikalen Staatsaufbaus seitens der maßgeblichen politischen Akteuren seit jeher als notwendig angesehen (Dieringer 2000). Gleichwohl verhindern parteipolitische Geplänkel zwischen den beiden politischen Lagern auf zentralstaatlicher Ebene die Konsensbildung. Dies hat zur Folge, dass Staats- und Selbstverwaltung in den Kommunen, Kleingebieten und den 19 Komitaten angesiedelt bleibt und die für den Zweck der Umsetzung der europäischen Regionalpolitik ausgewiesenen sieben Entwicklungsregionen (NUTS 2) embryonal, institutionell unterentwickelt und weitgehend symbolisch bleiben. Die Komitate (NUTS 3) weisen trotz mangelnder Kompetenzzuweisung eine erstaunliche Beharrungsfähigkeit auf. Dies mag auch daran liegen, dass sie in der tausendjährigen Geschichte des Landes stets ein wichtiger Teil der Staatsverwaltung waren und als – formale – Institutionen stark im Bewusstsein der Bevölkerung verankert sind. Die europäische Regionalpolitik wird maßgeblich von zentralstaatlichen Stellen umgesetzt. Es besteht lediglich ein nationales ROP. Dies wird sich mit der neuen Planungsperiode aller Wahrscheinlichkeit nach aber ändern. Gleichwohl schließt sich mit dem EU-Beitritt auch langsam das Gelegenheitsfenster für eine umfassende Reform (Dieringer/Pogátsa 2005).

In allen Flächenstaaten der Region Mittel- und Osteuropas kam es zu

Widerstand gegen die von verschiedenen Seiten, insbesondere aber der Europäischen Kommission propagierte Dezentralisierung. Gleichwohl fanden überall Regionalreformen statt, die in einem Fall, in Polen, die Regionen zu einflussreichen politischen Akteuren machten. In Bezug auf Erklärungen für diese im ostmitteleuropäischen Vergleich nachhaltigste Regionalisierung kommt man um die »Funktionslogik« nicht herum. Auch die Größe des Staates darf nicht übersehen werden. Die anderen, mittelgroßen Staaten sind auf halbem Wege stehen geblieben. Nationale Akteure waren Sperrriegel, Vetospieler gegen das Ansinnen lokaler und regionaler Akteure, bei der nationalstaatlichen Präferenzbildung regionale Belange zu berücksichtigen. Nirgendwo konnte eine wirkliche innenpolitische Mitwirkung an gesamtstaatlichen Aufgaben festgeschrieben werden, die größte formale Ressource ist das Initiativrecht der tschechischen Regionen. Dies spricht für weitgehende Konvergenz in der Abwehrfront. Einzelne Hoffnungsschimmer für die Regionen, speziell für die von der EU eingeforderte NUTS 2-Ebene, leuchten aus der Zivilgesellschaft heraus oder sind Resultat einer Politisierung. Zu nennen wäre das Entstehen von *epistemic communities*, die sich einer funktionalen Reform verschreiben, die Herausbildung von funktionalen Zentren in den neu gebildeten Regionen, wie dies in der Diskussion um die »Hauptstadt« der Region »Westungarn« geschieht, einer höchst politisierten Debatte, oder dem Ansinnen der regionalen Ausrichtung der regionalen operativen Programme im Rahmen der europäischen Strukturpolitik.

6. Ausblick

Die westeuropäischen Erfahrungen zeigen divergente Muster. Es hängt oft von dem Bestehen einer regionalen Kultur, einer »Regionalgeschichte«, von rechtlichen Ressourcen (Gesetzgebungsbefugnis), dem Vorhandensein von Vetopunkten ab, ob Regionen sich auch auf europäischer Ebene »konstituieren« können. Für Mittel- und Osteuropa muss man auf den ersten Blick zu einem negativen Ergebnis kommen. Institutionen bleiben formal, der Zentralstaat beherrscht die Regionalpolitik und die Kommission als Propagandistin einer Dezentralisierung verlor Teile ihrer Gestaltungshoheit. Gleichwohl zeigen einige jüngere Entwicklungen, dass das bisher dysfunktionale Geflecht der NUTS 2-Regionen langsam Leben eingehaucht bekommt. Verstärkt werden dürfte der Trend, wenn die operativen Programme der Regionalpolitik regionenbasiert sind, und die gegenwärtigen Tendenzen weg von den Ministerien bestätigt werden. Erste Entwicklungen in dieser Hinsicht sind sichtbar, vor allem, weil in den Institutionen funktionale Notwendigkeiten der europäischen Regionalpolitik *pro regio* arbeiten, sondern auch weil in der Zivilgesellschaft eine gewisse Reaktionsleistung erfolgt, die neuen Regionen langsam zivilgesellschaftlich »angereichert« werden (Dieringer/Sturm 2005).

Die osteuropäische Entwicklung findet quasi im Reagenzglas und im Zeitraffertempo statt und bestätigt die Diskussionen, wie sie aufgrund westlicher Entwicklungen zwischen Vertretern des liberalen Intergouvernementalismus und des MLG-Ansatzes geführt wurden. Entwicklungen, die anderswo Jahrzehnte dauerten, fanden in diesem Teil Europas in Jahren statt. Und dies in einer institutionellen Umgebung, die allenfalls als embryonal zu bezeichnen ist. Die »Blueprint-Basiertheit« der Institutionen war immer ein Hindernis, weil sie nationale Befindlichkeiten und Besonderheiten ignorierte. Die »Weichheit« institutioneller Strukturen ist hingegen auch eine Chance, weil die Beharrungskräfte noch nicht so stark ausgeprägt sind, als dass sie in Vetopositionen gelangen könnten. Dass die nationalen Regierungen sich in neuen Mitgliedstaaten als *master* des Prozesses erwiesen haben, selbst im sonst regionenintensiven Bereich der Regionalpolitik, kann nicht bestritten werden. Dies hängt auch damit zusammen, dass die Regierungen den Beitrittsprozess dominierten, ungeachtet der starken Stellung der Kommission. Im Zweifel kamen die Regierungen den Forderungen der Kommission nur auf dem Papier nach. Allerdings sind gerade diese embryonalen Institutionen, die nur mit zentralstaatlichem Sorgerecht agieren können, die Keimzelle für spätere Dezentralisierung. Im Hintergrund stehen hierbei funktionale Erfordernisse, die Logik der Regionalpolitik, die eben auf die Regionen setzt und für die nationale Regierungen als »Partner« nicht ausreichen. Chancen auf Nachhaltigkeit haben die jüngsten Regionalisierungstendenzen, wenn regionale Arenen entstehen, in denen sich verschiedene Akteure und Akteursgruppen um knappe Ressourcen streiten.

Einschränkend muss festgestellt werden, dass die hier angesprochenen prospektiven Dezentralisierungsprozesse lediglich geeignet sind, die unnatürliche, auf dem sozialistischen Erbe, der Natur des Transformationsprozesses und der Logik des Beitrittsprozesses beruhende Überzentralisierung abzubauen. Die weitgehende Abstinenz regionaler Identitäten macht eine Regionalisierung *à la* Italien oder Spanien unwahrscheinlich. Zu erwarten ist eher eine Konvergenz mit Mustern, wie sie sich in Portugal, den Niederlanden oder Schweden herausbilden. Funktionale Dezentralisierung und Dekonzentrierung ist möglich, eine umfassende Regionalisierung eher nicht.

Literatur

Aldecoa, Francisco/Keating, Michael (1999): Paradiplomacy in Action: The Foreign Relations of Subnational Governments. London.

Aspinwall, Mark D./Schneider, Gerald (1998): Same Menu, Separate Tables: The Institutionalist Turn in Political Science and the Study of European Integration. Paper to the Joint Sessions of the Europea Consortium for Political Research. University of Warwick.

Bitusikova, Alexandra (2002): Slovakia: An Anthropological Perspective on Regional Reform. In: Batt, Judy/Wolczuk, Kataryna (Hrsg.) (2002): Region, State and Identity in Central and Eastern Europe, London and Portland: 41–64.

Börzel, Tanja A. (1999): Towards Convergence in Europe? Institutional Adaption to Europeanization in Germany and Spain. In: Journal of Common Market Studies 37 (4): 573–596.

Bulmer, Simon/Burch, Martin (1998): Organizing for Europe: Whitehall, the British State and European Union. In: Public Administration 76 (4): 601–628.

Bulmer, Simon/Burch, Martin (2000): Die »Europäisierung« von Regierungsinstitutionen: Deutschland und das Vereinigte Königreich im Vergleich. In: Knodt, Michèle/Kohler-Koch, Beate (Hrsg.) (2000): Deutschland zwischen Europäisierung und Selbstbehauptung, Frankfurt/New York: 265–292.

Dieringer, Jürgen (2000): Vom »demokratischen Zentralismus« zur dezentralisierten Demokratie? In: Europäisches Zentrum für Föderalismus-Forschung Tübingen (Hrsg.) (2000): Jahrbuch des Föderalismus 2000. Baden-Baden: 370–383.

Dieringer, Jürgen (2005): Demokratisierung, Ökonomisierung und Europäisierung: Dezentralisierungsprozesse in Ostmitteleuropa. In: Südosteuropa 53 (4): 483–499.

Dieringer, Jürgen/Kleis, Johannes (2005): Europäisierungsprozesse in föderativen Staaten. Deutschland, Österreich und Belgien in vergleichender Perspektive. In: Dieringer, Jürgen/Okruch, Stefan (Hrsg.) (2005): Von der Idee zum Konvent. Eine interdisziplinäre Betrachtung des europäischen Integrationsprozesses. Budapest: 229–245

Dieringer, Jürgen/Pogátsa, Zoltán (2005): Ungarn – Das Gelegenheitsfenster schließt sich. In: Europäisches Zentrum für Föderalismus-Forschung (Hrsg.) (2005): Jahrbuch des Föderalismus 2005. Baden-Baden: 489–498.

Dieringer, Jürgen/Sturm, Roland (2005): Gesellschaftliche Regionalisierung? Zur Nachhaltigkeit EU-induzierter Dezentralisierungsprozesse in Mittel- und Osteuropa. In: Europäisches Zentrum für Föderalismus-Forschung (Hrsg.) (2005): Jahrbuch des Föderalismus 2005. Baden-Baden: 50–70.

Dudek, Carolyn Marie (2000): Can the European Union Influence the functioning of Regional Governments? EUI Working Papers 2000/49.

European Commission (2001): European Government. A White Paper, COM (2001) 428 final.

Featherstone, Kevin (2002): Introduction: In the Name of ›Europe‹. In: Featherstone, Kevin/Radaelli, Claudio (Hrsg.) (2002): The Politics of Europeanization. Oxford: 1–26.

Freire, André/Baum, Michael A. (2003): Referenda voting in Portugal, 1998: The effects of party sympathies, social structure and pressure groups. In: European Journal of Political Research. 42 (1): 135–161.

Große Hüttmann, Martin/Knodt, Michèle (2005): Der Multi-Level Governance-Ansatz. In: Bieling, Hans-Jürgen/Lerch, Marika (Hrsg.) (2005): Theorien der europäischen Integration. Wiesbaden: 223–247.

Gualini, Enrico (2004): Multi-level Governance and Institutional Change. The Europeanization of Regional Policy in Italy. Aldershot.

Hall, Peter A. (1986): Governing the Economy: The Politics of State Intervention in Britain and France. Cambridge.

Haas, Ernst B. (1958): The Uniting of Europe. Political, Social and Economic Forces 1950–1957. Stanford.

Hoffmann, Stanley (1964): The European Process at Atlantic Crosspurposes. In: Journal of Common Market Studies 3 (2): 85–101.

Hoffmann, Stanley (1966): Obstinate or Obsolete? The Fate of the Nation State and the Case of Western Europe. Daedalus 95 (3): 862–915.

Hooghe, Liesbet/Marks, Gary (2001): Multi-Level Governance and European Integration. Lanham.

Hughes, James/Sasse, Gwendolyn/Gordon, Claire (2003): EU-Enlargement, Europeanisation and the Dynamics of Regionalisation in the CEECs. In: Keating, Michael/Hughes, James (Hrsg.) (2003): The Regional Challenge in Central and Eastern Europe. Territorial Restructuring and European Integration, Bruxelles et.al.: 69–88.

Hughes, James/Sasse, Gwendolyn/Gordon, Claire (2003a): EU Enlargement and Power Asymmetries: Conditionality and the Commission's Role in Regionalisation in Central and Eastern Europe. ESCR »One Europe or Several« Working Papers 49.

Illner, Michael (2002): Devolution of Government in the Ex-Communist Countries: Some Explanatory Frameworks. In: Baldersheim, Harald/Illner, Michael/Wollmann, Hellmut (Hrsg.) (2002): Local Democracy in Post-Communist Europe. Opladen: 9–28.

Jachtenfuchs, Markus/Kohler-Koch (2004): Governance in der Europäischen Union. In: Benz, Arthur (Hrsg.) (2004): Governance – Regieren in komplexen Regelsystemen. Wiesbaden: 77–101.

Mair, Peter (2004): The Europeanization Dimension. In: Journal of European Public Policy 11 (2): 337–348

Marek, Dan/Baun, Michael (2002): The EU as a Regional Actor: The Case of the Czech Republic. In: Journal of Common Market Studies 40 (5): 895–919.

Marks, Gary/Nielsen, Francois/Ray, Leonard/Salk, Jane (1996): Competencies,

Cracks and Conflicts: Regional Mobilization in the European Union. In: Marks, Gary/Scharpf, Fritz W./Schmitter, Philippe C./Streeck, Wolfgang (Hrsg.) (1996): Governance in the European Union. London.

Moravcsik, Andrew (1993): Preferences and power in the European Community: a liberal intergovernmentalist approach. In: Journal of Common Market Studies 34 (4): 473–524.

Moreno, Luis (2003): Europeanisation, mesogovernments and ›safety nets‹. In: European Journal of Political Research 42 (2): 271–285.

Peterson, John (1995): Decision-Making in the European Union: Towards a Framework for Analysis. In: Journal of European Public Policy (2): 1.

Rosamond, Ben (2000): Theories of European Integration. Houndmills et.al.

Putnam, Robert D. (1988): Diplomacy and Domestic Politics: The Logic of Two-Level Games. In: International Organization 42 (3): 427–460.

Schimmelfennig, Frank/Sedelmeier, Ulrich (2004): Governance by conditionality: EU rule transfer to the candidate countries of Central and Eastern Europe. In: Journal of European Public Policy 11 (4): 661–679.

Sturm, Roland/Dieringer, Jürgen (2004): Theoretische Perspektiven der Europäisierung von Regionen im Ost-West-Vergleich. In: Europäisches Zentrum für Föderalismus-Forschung Tübingen (2004): Jahrbuch des Föderalismus 2004. Föderalismus, Subsidiarität und Regionen in Europa. Baden-Baden: 21–35.

Yoder, Jennifer (2003): Decentralisation and Regionalisation after Communism: Administrative and Territorial Reform in Poland and the Czech Republic. In: Europe-Asia Studies 55 (2): 263–286.

Zimmermann-Steinhart, Petra (2006): Die Beziehungen der regionalen Ebene zur nationalen Ebene in Frankreich. In: Zimmermann, Steinhart, Petra (Hrsg.) (2006): Regionale Wege in Europa. Föderalismus – Devolution – Dezentralisierung. München.

Karl-Heinz Lambertz
Die Beziehungen der regionalen zur nationalen Ebene in Belgien

1. Grundlagen

Die Beziehungen der regionalen zur nationalen Ebene in Belgien unterscheiden sich fundamental von der Situation in den klassischen europäischen Bundesstaaten, denn es gibt keine Bundesparteien mehr. In der Realität ist die nationale Ebene nichts anderes als ein Ort, wo Vertreter der regionalen Ebene zusammentreffen, um gewisse Zuständigkeiten gemeinsam zu regeln. Der belgische Föderalismus besitzt einen von starken zentrifugalen Kräften geprägten Charakter und nimmt somit konföderale Züge an.

Im Zuge der Regionalisierung beziehungsweise der Föderalisierung des Landes haben sich einerseits Regionalparteien in allen Landesteilen gebildet und anderseits alle bestehenden nationalen Parteien aufgelöst.[1] Heute gibt es keine einzige bedeutende nationale Partei in Belgien und die einzelnen ideologisch verwandten Regionalparteien verfügen über keinerlei gemeinsame Dachstruktur. Insbesondere in Fragen der Weiterentwicklung des belgischen Staatsaufbaus sind die verschiedenen Parteien einer Sprachgruppe näher beieinander als die jeweils französischsprachige und niederländischsprachige Partei einer selben Parteifamilie. Dies erklärt, warum oftmals in den Augen außenstehender Betrachter unbedeutende Ereignisse zu Konflikten zwischen Norden und Süden des Landes führen, die den gesamten Staatsbetrieb lähmen.

Kein belgischer Politiker kann oder muss sich somit jemals der gesamten Bevölkerung zur Wahl stellen, sondern immer nur in einem Landesteil. Ohne diese Erkenntnis kann nicht verstanden werden, wie die Zusammenarbeit zwischen der regionalen und der föderalen Ebene in Belgien konkret funktioniert, sowohl im Bundesparlament (2) als auch auf intergouvernementaler Ebene (3). Die bipolare Konfliktlinie zwischen Flamen einerseits und Wallonen beziehungsweise Französischsprachigen anderseits ist das zentrale Element der belgischen Verfassungswirklichkeit. Auf die besondere Situation der Deutschsprachigen Gemeinschaft wird ebenfalls kurz eingegangen (4).

Zum besseren Verständnis ist die Erwähnung dreier zentraler Merkmale des belgischen Föderalismus hilfreich. Erstens ist Belgien ein junger Bundesstaat, der im Jahre 2005 sein 25jähriges Jubiläum feierte. Die Umwandlung vom dezentralen Einheitsstaat zum Regional- und später dann zum Föderalstaat begann aber bereits in den 1960er Jahren. Der Grund war die Erkenntnis, dass ein Zusammenleben der beiden großen Volksgruppen in der bestehenden Staatsform nicht mehr möglich war. Während für die flämische Bevölkerungsmehrheit das Streben nach sprachlich-kultureller Autonomie im Vordergrund stand, lag die Priorität der wallonischen Bevölkerungsminderheit in der Möglichkeit, eine eigene Wirtschaftspolitik für den südlichen Landesteil zu gestalten, der sich zu dieser Zeit in einer schweren Strukturkrise befand und sich zum Teil immer noch befindet. Das Fehlen von Landesverfassungen ist ein äußeres Zeichen dafür, dass in Belgien der Bund vor den Gliedstaaten bestand und nicht umgekehrt, wie beispielsweise in Deutschland, Österreich, der Schweiz oder den Vereinten Staaten von Amerika.

Zweitens – und dies ist weltweit einmalig – gibt es eine doppelte Teilstaatenebene. In Belgien gibt es mit den Gemeinschaften und Regionen gleich zwei Arten von Gliedstaaten, die jede für sich das belgische Territorium vollständig umfassen, aber nicht völlig deckungsgleich sind. Sie unterscheiden sich dadurch, dass sie für andere Sachbereiche zuständig sind. Die Gemeinschaften sind u. a. zuständig für die kulturellen und personenbezogenen Angelegenheiten sowie für das Unterrichtswesen. Die Zuständigkeit der Regionen erstreckt sich u. a. auf die Umwelt-, Beschäftigungs- und Wirtschaftspolitik sowie auf die lokalen Behörden und die Raumordnungs-, Energie- und Infrastrukturpolitik. Die örtliche Zuständigkeit der Regionen und Gemeinschaften ergibt sich aus der Einteilung des belgischen Staatsgebietes in vier Sprachgebiete: das niederländische, das französische, das deutsche und das zweisprachige Gebiet Brüssel-Hauptstadt. Die Flämische Gemeinschaft ist zuständig für das niederländische Sprachgebiet und die niederländischsprachigen Bewohner Brüssels (ca. 15 %), die Flämische Region dagegen nur für das niederländische Sprachgebiet. Die Französische Gemeinschaft ist analog dazu zuständig für das französische Sprachgebiet und die französischsprachigen Bewohner Brüssels (ca. 85 %). Die Wallonische Region umfasst das französische und das deutsche Sprachgebiet. Die Zuständigkeit der Brüsseler Region erstreckt sich auf das zweisprachige Gebiet Brüssel-Hauptstadt und die der Deutschsprachigen Gemeinschaft auf das deutsche Sprachgebiet. Die Realität ist noch komplexer, da die belgische Verfassung eine flexible Entwicklung ermöglicht, die zu einem asymmetrischen Staatsaufbau geführt hat. So haben im nördlichen Landesteil Flämische Gemeinschaft und Flämische Region ein gemeinsames Parlament, eine gemeinsame Regierung und eine gemeinsame Verwaltung. Im südlichen Landesteil verfügen Wallonische Region und Französische Gemeinschaft über getrennte Parlamente und Regierungen, die aber zum Teil in Personalunion besetzt sind. Die Parlamentarier der Wallonischen Region sind gleichzeitig gemeinsam mit gewissen Parlamentariern der Region Brüssel Mitglied des Parlamentes der Französischen Gemeinschaft und gewisse Minister gehören gleichzeitig den Regierungen der Wallonischen Region und der Französischen Gemeinschaft an. Außerdem sind eine Reihe von Zuständigkeiten der Französischen Gemeinschaft an die Wallonische Region übertragen worden. Die kleine Deutschsprachige Gemeinschaft im Osten des Landes verfügt über ein eigenes Parlament und eine eigene Regierung und ihr sind gewisse Zuständigkeiten der Wallonischen Region (Denkmalschutz, Beschäftigung, Gemeindeaufsicht) übertragen worden. Verkomplizierend kommt noch die besondere Situation in Brüssel hinzu, auf die hier nicht eingegangen werden kann (vgl. hierzu Deschouwer 2002). Mittel- und langfristig ist es durchaus möglich, dass sich die belgische Staatsstruktur vereinfacht und aus vier Gliedstaaten zusammensetzt. Grundvoraussetzung hierfür ist aber der Wille, eine Lösung für die Problematik der zweisprachigen Hauptstadt Brüssel zu finden. Derzeit sind die diesbezüglichen Standpunkte von Flamen und Wallonen unvereinbar.

Drittens sind in Belgien im Gegensatz zu vielen anderen Bundesstaaten die Kompetenzen jeweils exklusiv einer der drei staatlichen Ebenen (Bund, Gemeinschaften oder Regionen) zugeordnet. Es existieren weder Rahmengesetzgebung noch konkurrierende Gesetzgebung. Dies wiederum führt dazu, dass es keine Normenhierarchie (»Bundesrecht bricht Landesrecht«) gibt und eine solche auch nicht erforderlich ist. Jede Ebene ist in ihren Zuständigkeitsbereichen sowohl für die Gesetzgebung als auch für den Vollzug verantwortlich. Auch der Bund vollzieht seine Kompetenzen selbst und ist im ganzen Staatsgebiet mit eigenen Verwaltungsbehörden präsent. Nichtsdestotrotz besteht ein vielfältiger Bedarf an Kooperation zwischen den verschiedenen Ebenen, wenn zueinander komplementäre Bereiche unterschiedlichen staatlichen Ebenen zugeordnet sind. So sind beispielsweise die Regionen (und die Deutschsprachige Gemeinschaft) für die Beschäftigungspolitik verantwortlich und der Bund für die Ersatzeinkommen bei Arbeitslosigkeit. Bei der Wahrnehmung der europäischen und internationalen Zuständigkeiten, für die jeder Bestandteil des belgischen Bundesstaates parallel zu seinen Sachzuständigkeiten verantwortlich ist, besteht ebenfalls ein großer Koordinations- und Abstimmungsbedarf. Außerdem besteht eine intensive Zusammenarbeit zwischen den Gliedstaaten, die jedoch hier nicht behandelt wird.

2. Die Parlamentarische Ebene

Das Bundesparlament funktioniert gemäß einer bipolaren Logik. Insofern sie nicht in der Verfassung festgeschrieben sind, werden die Staatsstruktur betreffende Entscheidungen in so genannten »besonderen« Gesetzen geregelt, deren Verabschiedung eine allgemeine Zweidrittel-Mehrheit in beiden Kammern sowie eine Mehrheit in der französischen und niederländischen Sprachgruppe in den beiden Kammern des Parlaments erfordert.[2] Auch bei »normalen« Gesetzesvorhaben kann eine Sprachgruppe immer die »Alarmglocke« läuten, womit sie zum Ausdruck bringt, dass sie ihre Interessen bedroht oder nicht berücksichtigt sieht. Dadurch wird ein Verfahren in Gang gesetzt, das das Problem auf die Ebene der Bundesregierung verlagert. Da diese paritätisch von Flamen und Wallonen besetzt ist, kann man aus politologischer Sicht sagen, dass das Läuten der »Alarmglocke« eine Regierungskrise auslöst, da die jeweiligen Minister sich gezwungen sehen, solidarisch mit ihrer Sprachgruppe zu sein und sie bei Wahlen nur der Bevölkerung im jeweiligen Landesteil Rede und Antwort stehen müssen.

Im Kern einer Analyse der Beziehungen zwischen gliedstaatlicher und Bundesebene steht in der Föderalismusforschung natürlich die Zweite Kammer. Bis zur vierten Staatsreform von 1993 existierte in Belgien ein echtes Zwei-Kammer-Parlament, in dem der Senat (Zweite Kammer) beinahe die gleichen Befugnisse wie die Kammer der Abgeordneten (Erste Kammer) besaß. Der Senat wirkt heute in erster Linie[3] an der Bundesgesetzgebung mit. Hierbei gibt es verschiedene Arten der Beteiligung. In einigen wenigen enumerierten Bereichen besitzt der Senat keinerlei Befugnisse. Hierbei handelt es sich um den so genannten monokameralen Bereich (Artikel 75 belgische Verfassung), der die Verleihung der Einbürgerung, Gesetze über die zivil- und strafrechtliche Verantwortung der Minister, die Haushaltspläne und Rechnungen sowie die Festlegung des Armeekontingentes umfasst.

In allen anderen Angelegenheiten wirkt der Senat an der Gesetzgebung mit. Bei den Gesetzen, die in den bikameralen Bereich fallen, muss dann noch einmal unterschieden werden zwischen den Bereichen, in denen Kammer und Senat gleichermaßen zuständig sind, und denjenigen, in denen die Kammer der Abgeordneten das letzte Wort hat. Die in beiden Kammern zustimmungspflichtigen Gesetze listet Artikel 77 der belgischen Verfassung abschließend auf. Hierunter fallen u. a. Verfassungsänderungen, die

»besonderen« Gesetze und die internationalen Verträge. Wichtig ist, dass alle Gesetze, welche die bundesstaatliche Struktur Belgiens betreffen, die Zustimmung des Senats benötigen. Die notwendigen Mehrheiten sind identisch mit denjenigen in der Kammer der Abgeordneten. In allen nicht in Artikel 77 der belgischen Verfassung enumerierten Bereichen obliegt der Kammer der Abgeordneten die entscheidende Abstimmung. Sie kann sich mit einfacher Mehrheit gegen den Willen des Senats durchsetzen. Im gesamten bikameralen Bereich steht dem Senat das Gesetzesinitiativrecht zu. Die gesetzgeberische Befugnis des Senats wirkt sehr eingeschränkt, doch darf nicht außer Acht gelassen werden, dass es in Belgien – wie bereits oben erwähnt – keinen Vollzugsföderalismus gibt. Gerade dieser führt ja in Deutschland dazu, dass ein Großteil der Bundesgesetzgebung auch einer Zustimmung im Bundesrat bedarf.

Bei Kompetenzkonflikten zwischen der Kammer der Abgeordneten und dem Senat tritt laut Artikel 82 der belgischen Verfassung ein paritätisch mit Mitgliedern beider Kammern besetzter Ausschuss zusammen. Dieser Ausschuss befasst sich jedoch ausschließlich mit Prozedurfragen. Eine besondere bundesstaatliche Bedeutung kommt dem Senat bei Interessenkonflikten zwischen der Bundesebene und den Regionen und Gemeinschaften zu. Hier kann der Senat vermitteln und einen Standpunkt zum Konflikt festlegen, der allerdings nicht bindend ist.

Der belgische Senat wird nach einem »Mischsystem« bestellt. Die Senatoren werden gemäß Artikel 67 der belgischen Verfassung durch Volkswahl (Senatsprinzip), Wahl durch die Gliedstaatenparlamente (Repräsentationsprinzip) und Ergänzungswahl (Kooptationsprinzip) bestimmt. Hinzu kommt noch ein monarchisches Element. 40 Senatoren werden in direkter Volkswahl gewählt, 25 Senatoren durch das niederländische Wahlkollegium und 15 durch das französische Wahlkollegium. Das niederländische Wahlkollegium besteht aus der wahlberechtigten Bevölkerung des niederländischen Sprachgebietes und den Wählern des Wahlbezirks Brüssel-Halle-Vilvoorde, die für eine beim niederländischen Wahlkollegium eingereichte Liste stimmen. Das französische Wahlkollegium besteht aus der wahlberechtigten Bevölkerung des französischen und des deutschen Sprachgebietes und den Wählern des Wahlbezirks Brüssel-Halle-Vilvoorde, die für eine beim französischen Wahlkollegium eingereichte Liste stimmen. 21 Gemeinschaftssenatoren werden von den drei Gemeinschaftsparlamenten gewählt: jeweils zehn vom Parlament der Flämischen Gemeinschaft und vom Parlament der Französischen Gemeinschaft sowie einer vom Parlament der Deutschsprachigen Gemeinschaft. Die gleiche Anzahl Gemeinschaftssenatoren bei unterschiedlicher Bevölkerungszahl symbolisiert die Gleichwertigkeit der beiden großen Gemeinschaften des Landes. Sechs Senatoren werden von den vom niederländischen Wahlkollegium direkt gewählten und den zehn vom Flämischen Parlament gewählten Senatoren kooptiert. Mindestens einer der insgesamt 41 flämischen Senatoren muss im zweisprachigen Gebiet der Region Brüssel-Hauptstadt leben. Vier Senatoren werden von den vom französischen Wahlkollegium direkt gewählten und den zehn vom Parlament der Französischen Gemeinschaft gewählten Senatoren kooptiert. Mindestens sieben der insgesamt 29 »frankophonen«[4] Senatoren müssen im zweisprachigen Gebiet der Region Brüssel-Hauptstadt leben. Wenn nicht mindestens vier der 15 vom französischen Wahlkollegium gewählten Senatoren in diesem Gebiet leben, dann müssen laut Artikel 67 der belgischen Verfassung mindestens zwei der zehn vom Parlament der Französischen Gemeinschaft gewählten Senatoren dort ihren Wohnsitz haben. Der deutschsprachige Gemeinschaftssenator nimmt an der gesamten Kooptationsprozedur nicht teil. Dass die Gruppe der kooptierten Senatoren im Zuge der Staatsreform von 1993 nicht abgeschafft wurde, bedauert u.a. Uyttendaele, der die Ergänzungswahl zusätzlicher Senatoren als »Rettungsboje für Wahlverlierer« (Uyttendaele 2001: 625, Übersetzung des Verfassers) ansieht. Der vollständige Senat besteht demnach aus 71 Senatoren. Hinzu kommen noch die so genannten Senatoren von Rechts wegen, die stimmberechtigt sind, aber nicht für das Quorum berücksichtigt werden (Artikel 72 belgische Verfassung): Die Kinder des Königs oder in deren Ermangelung die belgischen Nachkommen des zur Herrschaft berufenen Zweiges der Königlichen Familie sind von Rechts wegen mit achtzehn Jahren Senatoren. Sie sind erst mit einundzwanzig Jahren stimmberechtigt. In der Praxis nehmen die Senatoren von Rechts wegen nicht an Mehrheitsabstimmungen teil. Der belgische Senat wird alle vier Jahre vollständig erneuert. Allerdings bringt die Auflösung der Kammer der Abgeordneten automatisch die Auflösung des Senats mit sich.

Im Folgenden soll nun untersucht werden, inwieweit der belgische Senat als föderatives Organ bezeichnet werden kann. Die Verfassung erschwert bereits die Bewertung des Senats als Vertretung der Teilstaaten: Die Mitglieder der beiden Kammern vertreten die gesamte Nation und nicht allein diejenigen, von denen sie gewählt worden sind (Artikel 42 belgische Verfassung). Kein Senator verfügt über ein imperatives Mandat, auch nicht die Gemeinschaftssenatoren. Diese werden zwar von den Gemeinschaftsparlamenten gewählt und bleiben dort auch Mitglied, jedoch können diese keine Weisungen erteilen. Auch können die Gemeinschaftsparlamente die Gemeinschaftssenatoren nicht ersetzen. Trotzdem können diese 21 Senatoren als Vertreter der Gemeinschaften angesehen werden, durch die diese an der

Bundesgesetzgebung mitwirken. Deshalb wird der Senat auch gelegentlich als »Haus der Gemeinschaften« (Bundschuh 2000: 36) bezeichnet. Die 40 von den beiden Wahlkollegien direkt gewählten sowie die kooptierten Senatoren vertreten weder eine Gemeinschaft noch eine Region. Vielmehr vertreten sie eine der beiden großen Sprachgruppen des Landes. Somit findet erst einmal keine Beteiligung der Regionen an der Willensbildung des Bundes im Senat statt. Doch erlaubt die institutionelle Asymmetrie in Belgien eine Hilfskonstruktion. Da Flämische Region und Flämische Gemeinschaft »fusioniert« haben, vertreten die Flämischen Gemeinschaftssenatoren auch die Flämische Region oder – falls einer der sechs dem Flämischen Rat angehörigen Brüsseler Flamen zum Gemeinschaftssenator gewählt wurde – die Region Brüssel-Hauptstadt. Im südlichen Landesteil scheint diese Möglichkeit erst einmal nicht gegeben, da Französische Gemeinschaft und Wallonische Region weiterhin nebeneinander bestehen. Doch besteht in der Praxis das Parlament der Französischen Gemeinschaft, das zehn Gemeinschaftssenatoren wählt, aus allen Mitgliedern des Wallonischen Regionalparlaments (außer denjenigen aus dem deutschen Sprachgebiet) und 19 französischsprachigen Mitgliedern des Parlaments der Region Brüssel-Hauptstadt. Somit sitzen diese zehn Gemeinschaftssenatoren auch in einem der beiden Regionalparlamente. Trotz dieser Konstruktion vertreten immer nur 21 von 71 Senatoren eindeutig eine der drei Gemeinschaften beziehungsweise zusätzlich eine der drei Regionen.

Obwohl die Sprachgebiete lediglich eine territoriale Grundlage für die Teilstaaten sind, ist folgender Aspekt interessant: Das Parlament der Deutschsprachigen Gemeinschaft entsendet einen Gemeinschaftssenator.[5] Laut Artikel 67 der belgischen Verfassung müssen mindestens sieben Senatoren ihren Wohnsitz im zweisprachigen Gebiet Brüssel-Hauptstadt haben. Nach Abzug der Mindestzahl an Brüsseler Senatoren entstammen noch 40 Senatoren dem niederländischen Sprachgebiet. Analog entstammen dann noch 23 Senatoren dem französischen Sprachgebiet. Diese Verteilung der Senatoren auf die vier Sprachgebiete ist beinahe vollständig proportional zur Bevölkerung der einzelnen Sprachgebiete. Lediglich das deutsche Sprachgebiet ist leicht überrepräsentiert, was bei einem einzigen gesicherten Senator ja auch nicht anders möglich ist. Zu dieser Erkenntnis schreibt Zink: »Es entbehrt nicht einer gewissen künstlerischen Raffinesse, dass die Vielzahl an Einzelregelungen am Ende sogar dazu führt, dass die Zusammensetzung des Senats ganz in einheitsstaatlicher Logik die demographische Verhältnismäßigkeit wahrt.« (Zink 2000: 173).

Die Senatoren sind gemäß der dualistischen oder bipolaren Logik auf der Bundesebene in zwei Sprachgruppen eingeteilt, wodurch die Deutschsprachige Gemeinschaft[6] und die Region Brüssel-Hauptstadt in eine nachrangige Situation gedrängt werden. Hier wird deutlich, dass der Dualismus auf gesamtstaatlicher Ebene, d.h. in den beiden Kammern des Parlamentes und in der Bundesregierung, zu einer echten föderalistischen Logik in einem gewissen Widerspruch steht. Das Land ist zwar in Regionen und Gemeinschaften eingeteilt, doch bei der Beteiligung an der Bundesgesetzgebung stehen weiterhin in einheitsstaatlicher Manier die zwei Sprachgruppen im Mittelpunkt. Koecke formuliert treffend: »Ein regionales Identitätsbewusstsein kann sich im Senat auf diese Weise nicht entwickeln.« (Koecke 1994: 24). Dieser Widerspruch wird allerdings durch die Tatsache abgeschwächt, dass die Sprachgruppen in den beiden Kammern eng an die politischen Strukturen der Gliedstaaten angebunden sind. Innerhalb dieser Sprachgruppen sind die Senatoren in politische Fraktionen eingeteilt. Der deutschsprachige Gemeinschaftssenator kann sich einer Fraktion seiner Wahl anschließen. Die drei bisherigen deutschsprachigen Gemeinschaftssenatoren haben sich der Fraktion ihrer jeweiligen wallonischen Schwesterpartei angeschlossen. Die Einteilung in politische Fraktionen führt natürlich dazu, dass der Parteiwille im Widerspruch zum Interesse eines Teilstaates stehen kann (vgl. Mörsdorf 1996: 233f.).

Schlussfolgernd kann der belgische Senat von der Zusammensetzung her keinesfalls als vollständiges oder echtes föderatives Organ bezeichnet werden.[7] Alen sieht in der »[...] unangebrachten Reform des Senates [...]« (Alen 1995: 37) einen Rückschritt, da nicht alle Teilstaaten, weder direkt noch indirekt, im Senat vertreten sind. Im internationalen Bundesstaats-Vergleich ist der belgische Senat sogar durch die geringste regionale Repräsentation gekennzeichnet (vgl. Watts 1999: 93). Über die Zukunft des Senats gibt es verschiedene Vorstellungen. Wirklich sinnvoll wäre natürlich nur ein Senat, der nach föderalistischer Logik konstruiert wird und nicht nach demselben Prinzip wie die Erste Kammer.

3. Die Regierungsebene

Auf der Ebene der Regierungsarbeit kommt das föderale Element viel deutlicher zum Tragen als auf der durch die Bipolarität geprägten parlamentarischen Ebene. Das »Herz« der Zusammenarbeit zwischen Bund und Gliedstaaten in Belgien ist der so genannte Konzertierungsausschuss.[8] Hier kommen in regelmäßiger und strukturierter Form Mitglieder der Bundesregierung (Premierminister und fünf weitere Minister der Bundesregierung) und die Ministerpräsidenten der Regionen und Gemeinschaften zusammen (Flämische Gemeinschaft, Deutschsprachige Gemeinschaft,

Französische Gemeinschaft, Wallonische Region, Region Brüssel-Hauptstadt). Der Premierminister hat den Vorsitz inne und seine Kanzlei besorgt das Sekretariat.

Das Gremium dient zum einen der Lösung von Konflikten zwischen den einzelnen Bestandteilen des belgischen Bundesstaates, bevor es zum Rechtsstreit kommt, der bei fehlender Einigung für legislative Akten vor dem Schiedshof und für Verwaltungsakten vor dem Staatsrat landet. Zum anderen bemüht sich der Konzertierungsausschuss um die Koordinierung der Zusammenarbeit zwischen der bundes- und der gliedstaatlichen Ebene. Darüber hinaus ist der Konzertierungsausschuss aber auch ein »Ort der Begegnung«. Dies ist im zentrifugalen belgischen Föderalismus von großer Bedeutung. Das Zusammentreffen von Regierungsvertretern der einzelnen Gliedstaaten erinnert ansatzweise an den deutschen Bundesrat. Allerdings ist der Konzertierungsausschuss keine parlamentarische Kammer.

Um ein effizientes Arbeiten zu ermöglichen, hat der Konzertierungsausschuss sechzehn so genannte Interministerielle Konferenzen[9] gegründet, in denen die verschiedenen Fachminister zusammentreffen und dem Konzertierungsausschuss zuarbeiten. Eine besonders wichtige Interministerielle Konferenz ist diejenige für Außenpolitik. Als einzige ist ihre Gründung durch das Gesetz[10] vorgeschrieben. Ihre zentrale Bedeutung rührt daher, dass ohne sie gar keine kohärente belgische Außenpolitik möglich wäre. Die belgische Verfassung besagt in Artikel 167, dass jeder Gliedstaat innerhalb seiner Zuständigkeiten eine eigene Außenpolitik betreiben kann. Da das Völkerrecht aber nur Belgien als Staat anerkennt und insbesondere die Funktionsweise der Europäischen Union eine einzige belgische Position erfordert, wurde ein komplexer Mechanismus der innerbelgischen Entscheidungsfindung und Koordination entwickelt.[11] Im Prinzip hat jeder Gliedstaat hier ein Vetorecht in den Angelegenheiten, für die er zuständig ist. Dieses System hat sich – für manche sicherlich überraschend – als durchaus erfolgreich und effizient herausgestellt und wirkt sogar integrierend.

Somit steht einer nur schwer sichtbaren föderalen Mitwirkung im Bundesparlament eine weitgehende und intensive Regierungszusammenarbeit gegenüber. Die in der Regel monatlichen Treffen des Konzertierungsausschusses erweisen sich über ihre formelle Bedeutung hinaus als ein wichtiger Ort des Dialogs, wo auf oder am Rande der Sitzungen direkte Gespräche und informelle Kontakte zustande kommen, deren Bedeutung gerade in einem so stark von zentrifugalen Kräften geprägten Bundesstaat wie Belgien nicht zu unterschätzen ist.

4. Die Situation der Deutschsprachigen Gemeinschaft[12]

Die Deutschsprachige Gemeinschaft ist mit ihren 73.000 Einwohnern und einer Fläche von 854 km² nicht nur der kleinste Bestandteil des belgischen Bundesstaates (0,7 % der Gesamtbevölkerung, 2,8 % der Gesamtfläche), sondern auch der kleinste Gliedstaat beziehungsweise die kleinste Region mit Gesetzgebungsbefugnis in der Europäischen Union. Sie besitzt ein eigenes Parlament, eine eigene Regierung und eine eigene Verwaltung, die für zahlreiche Bereiche gesetzgeberisch und vollziehend tätig sind. Ihr Alleinstellungsmerkmal ist die Tatsache, dass sie gleichzeitig eine nationale Minderheit in Belgien, ein Kleingliedstaat und eine Grenzregion ist (vgl. Förster/Lambertz 2004 und Förster/Lambertz/Neycken 2004).

Die Deutschsprachige Gemeinschaft ist zwar durch einen einzigen Senator in der Zweiten Kammer vertreten, doch befindet sich dieser aufgrund der bipolaren Logik des belgischen Staatsmodells in einer Sondersituation. In der Ersten Kammer besteht keine gesetzlich garantierte Vertretung für die deutschsprachigen Belgier. Während früher aufgrund günstiger Listenplätze regelmäßig Deutschsprachige in die Kammer einzogen, gelang dies seit der 1999 vollzogenen Wahlkreisreform keinem Kandidaten mehr. Im Bereich der Regierungszusammenarbeit ist die Deutschsprachige Gemeinschaft sowohl im Konzertierungsausschuss als auch in den verschiedenen ihre Befugnisse betreffenden Interministeriellen Konferenzen vertreten und demnach auch am Informationsaustausch und an der Entscheidungsfindung beteiligt. Sie ist kein dominierender Akteur und auch nicht der Architekt des belgischen Staatsaufbaus. In realistischer Einschätzung ihrer Handlungsmöglichkeiten muss sie sich darum bemühen, nicht vergessen zu werden und die eigene Position zu behaupten. Hierbei kommt es häufig auf ein »Gefühl für den richtigen Zeitpunkt« an. Bei Konflikten zwischen den beiden großen Volksgruppen (Flamen und Wallonen) und anstehenden Veränderungen des belgischen Bundesstaatsmodells verhält sich die Deutschsprachige Gemeinschaft in der Regel neutral und wartet auf den geeigneten Augenblick, ihre eigenen Interessen anzumelden und möglichst auch durchzusetzen. Dies ist ihr in ihrer 33jährigen Geschichte bisher gar nicht so schlecht gelungen.

Anmerkungen

[117] Einen guten Überblick über die Teilungsgeschichte liefert Siegemund 1989.
[118] Diese ist eine höhere Hürde als bei Verfassungsänderungen.

[119] Er besitzt noch einige weitere Befugnisse, beispielsweise gewisse Ernennungsrechte.

[120] Hier kann nicht von wallonischen Senatoren die Rede sein, da die französischsprachigen Brüsseler keine Wallonen sind, im Gegensatz zu den niederländischsprachigen Brüsselern, die als Flamen bezeichnet werden können. Außerdem besteht die theoretische Möglichkeit, dass ein vom französischen Wahlkollegium direkt gewählter Senator in der Deutschsprachigen Gemeinschaft lebt und somit kein Wallone, allerdings auch kein Frankophoner ist.

[121] Hinzu könnten theoretisch noch ein (oder mehrere) direkt gewählte oder auch kooptierte Senatoren kommen, was aber unwahrscheinlich ist.

[122] Der Gemeinschaftssenator der Deutschsprachigen Gemeinschaft gehört keiner Sprachgruppe an. Dasselbe gilt für die Senatoren von Rechts wegen (vgl. Delpérée/Depré 1998: 227). Demnach kommt diesen Senatoren im Alarmglockenverfahren und beim »zweiten Teil« der Abstimmungen über »besondere Gesetze« kein Stimmrecht zu.

[123] Zu diesem Schluss kommen u.a. auch Hanf, Mörsdorf und Uyttendaele (vgl. Hanf 1999: 123; Mörsdorf 1996: 232; Uyttendaele 2001: 626).

[124] Die rechtliche Grundlage ist das Gesetz über die institutionellen Reformen vom 9. August 1980.

[125] Institutionelle Reformen; Wirtschaft und Energie; Mobilität, Infrastruktur und Telekommunikation; Wissenschaftspolitik und Kultur; Außenbeziehungen; Außenhandel; Finanzen und Haushalt; Innere Angelegenheiten; Beschäftigung, Ausbildung und Sozialwirtschaft; Öffentlicher Dienst und Verwaltungsvereinfachung; Landwirtschaft; Volksgesundheit; Umwelt; Gesellschaftliche Integration; Städtepolitik und Wohnungswesen; Gesundheit, Sport und Familie.

[126] Gesetz über die institutionellen Reformen vom 9. August 1980.

[127] Vgl. hierzu Förster/Meys 2005: 526–531. Rechtliche Grundlage ist das Kooperationsabkommen vom 8. März 1994.

[128] Ein umfassender Überblick über die verschiedenen Aspekte der Rechtsstellung der Deutschsprachigen Gemeinschaft findet sich in Stangherlin 2005.

Literatur

Alen, André (1995): Der Föderalstaat Belgien. Nationalismus-Föderalismus-Demokratie. Baden-Baden.

Bundschuh, Peter (2000): Vergleichende Untersuchung der Organisation und Funktion der 2. Kammer im föderalen System. Wien.

Delpérée, Francis/Depré, Sébastien (1998): Le système constitutionnel de la Belgique. Bruxelles.

Deschouwer, Kris (2002): Getrennt zusammenleben in Belgien und Brüssel. In: Europäisches Zentrum für Föderalismus-Forschung (Hrsg.) (2002): Jahrbuch des Föderalismus 2002. Baden-Baden: 275–287.

Förster, Stephan/Lambertz, Karl-Heinz (Hrsg.) (2004): Small is beautiful, isn't it? Herausforderungen und Perspektiven kleiner (glied)staatlicher Einheiten. Tübingen.

Förster, Stephan/Lambertz, Karl-Heinz/Neycken, Leonhard (2004): Die Deutschsprachige Gemeinschaft Belgiens – das kleinste Bundesland in der Europäischen Union. In: Europäisches Zentrum für Föderalismus-Forschung (Hrsg.) (2004): Jahrbuch des Föderalismus 2004. Baden-Baden: 207–219.

Förster, Stephan/Meys, Armand (2005): Die Deutschsprachige Gemeinschaft in Europa. In: Stangherlin, Katrin (Hrsg.) (2005): La Communauté germanophone de Belgique – Die Deutschsprachige Gemeinschaft Belgiens. Brügge: 522–537.

Hanf, Dominik (1999): Bundesstaat ohne Bundesrat? Die Mitwirkung der Glieder und die Rolle zweiter Kammern in evolutiven und devolutiven Bundesstaaten. Eine rechtsvergleichende Untersuchung. Baden-Baden.

Mörsdorf, Roland (1996): Das belgische Bundesstaatsmodell im Vergleich zum deutschen Bundesstaat des Grundgesetzes. Frankfurt/M. u. a.

Siegemund, Horst (1989): Parteipolitik und »Sprachenstreit« in Belgien. Die Auswirkungen der Gegensätze zwischen der niederländischen und der französischen Sprachgemeinschaft in Belgien auf die traditionellen Regierungsparteien des Landes. Frankfurt/M. u. a.

Stangherlin, Katrin (Hrsg.) (2005): La Communauté germanophone de Belgique Die Deutschsprachige Gemeinschaft Belgiens. Brügge.

Uyttendaele, Marc (1997): Institutions fondamentales de la Belgique. Bruxelles.

Uyttendaele, Marc (^{2}2001): Précis de droit constitutionnel belge. Regard sur un système institutionnel paradoxal. Bruxelles.

Watts, Ronald L. (^{2}1999): Comparing Federal Systems. Kingston (Canada).

Zink, Wolfgang (2000): Der belgische Senat – Tradition mit Zukunft? In: Riescher, Gisela/Ruß, Sabine/Haas, Christoph M. (Hrsg.) (2000): Zweite Kammern. München: 163–183.

Martin Große Hüttmann
»Der deutsche Föderalismus schläft wie Dornröschen«: Die Bundesstaatsreform der zweiten Großen Koalition und ihre lange Vorgeschichte[1]

1. Einleitung

Die Reform des deutschen Föderalismus erinnert an das Bohren dicker Bretter. Die immer wieder gescheiterten Reformanläufe haben manche Beobachter an den prinzipiellen Möglichkeiten einer Neuordnung des föderalen Systems zweifeln lassen. So beschreibt die *Süddeutsche Zeitung* die Lage des Föderalismus so: »Das Haus der deutschen Länder sieht aus wie das Schloss von Dornröschen nach hundert Jahren: Es ist zugewachsen vom Kompetenzgestrüpp. Und alle Prinzen, die den Föderalismus bisher wach küssen und zu neuem Leben erwecken wollten, sind gescheitert.« (Prantl 2005). Im Dezember 2004 mussten auch Franz Müntefering (SPD) und Edmund Stoiber (CSU) das vorläufige Scheitern eines weiteren Reformanlaufs eingestehen. Die beiden Parteichefs hatten es als Vorsitzende der im Oktober 2003 eingesetzten »Kommission zur Reform der bundesstaatlichen Ordnung« (KombO) nicht geschafft, die letzte Klippe der weit vorangeschrittenen Verhandlungen zu umschiffen; gescheitert ist das Vorhaben an den unüberwindlich erscheinenden Gegensätzen zwischen Bund und Ländern in der Frage, welche Rolle die Bundesregierung in der Bildungspolitik spielen solle.

Ich möchte in diesem Beitrag klären, weshalb Reformen des Föderalismus in Deutschland generell auf große Hürden stoßen und die Frage diskutieren, welche Umstände und Bedingungen zusammenkommen müssen, damit Reformen – wie sie von der Großen Koalition im Frühjahr 2006 beschlossen worden sind – dennoch möglich scheinen. Dabei werde ich auf den *multiple streams*-Ansatz zurückgreifen und seine Erklärungskraft an diesem Fall hier untersuchen (Kingdon 1995; Zahariadis 1999, 2003). Dieser Ansatz geht von der Prämisse aus, dass Entscheidungen in komplexen politischen Systemen unter den Bedingungen von Unsicherheit (*ambiguity*) getroffen werden, Veränderungen im System gemäß dem *garbage can*-Modell nur begrenzt planbar sind und Reformen darüber hinaus vom

»Zusammentreffen von voneinander unabhängigen Prozessströmen« abhängig sind (Sturm 2003: 57). Erst wenn diese unterschiedlichen Ströme zusammenfließen und sich so genannte »politische Unternehmer« (*policy entrepreneurs*) finden, die sich eines Themas annehmen, öffnet sich ein *window of opportunity*, welches dann einen Politikwandel ermöglicht (vgl. Münter 2005: 45). Eine entscheidende Rolle kommt in diesem Ansatz also Akteuren zu. John Kingdon beschreibt diese »politischen Unternehmer« so: »people willing to invest their resources in return for future policies they favour« (Kingdon 1995: 204). Erklärungskräftig wird dieser akteursorientierte Ansatz aber erst durch seine institutionelle Ergänzung, wonach »Zeitfenster«, die sich der Disposition politischer Akteure weitgehend entziehen, von diesen genutzt werden müssen (Münter 2005: 51f.).

Im so genannten *problem stream* werden Probleme als solche erstmals thematisiert, als solche wahrgenommen und kommuniziert (*framing*). Der *policy stream* umfasst die gesamte Bandbreite von politischen Ideen und Vorschlägen, die in einer Art »Ursuppe« schwimmen (Zahariadis 1999: 76); diese Ideen implizieren unterschiedliche Lösungen und werden von politischen Akteuren oder auch Wissenschaftlern und Journalisten öffentlich vertreten und propagiert. Im dritten Strom, dem *politics stream*, spielen die an den Entscheidungsprozessen beteiligten Akteure wie Regierungsvertreter, Beamte, Parlamentarier oder Lobbygruppen die entscheidende Rolle; hinzu kommt Kingdon zufolge aber auch noch eine allgemeine politische Stimmung im Land (*national mood*), die mit dazu beiträgt oder verhindert, dass Probleme und Lösungsvorschläge auf die politische Agenda gesetzt werden. Erst wenn diese Ströme von politischen Akteuren kunstvoll miteinander verknüpft werden und sich ein entsprechendes *window of opportunity* öffnet, sind Reformen und Veränderungen nach diesem Modell möglich: »Windows of opportunity are critical moments when advocates of new policies have opportunities to draw attention to their problems or to find new solutions or have policies accepted and adopted.« (Meijerink 2005: 1064).

Auf der Basis des *multiple streams*-Ansatzes will ich zeigen, dass die im Frühjahr 2006 von der Großen Koalition aus CDU/CSU und SPD und den Ländern beschlossene Föderalismusreform das Ergebnis eines komplexen Zusammenspiels von unterschiedlichen Faktoren und »Strömen« war. Dazu gehören konkurrierende Problemdefinitionen, Leitbilder und *frames* einer Reform (z. B. »Wettbewerbsföderalismus«), eine allgemeine politische Stimmung im Land, in der die Reform des Bundesstaates als Ausweg aus der Reformblockade und damit zur »Mutter aller Reformen« erhoben werden konnte, und schließlich waren, so meine These, *policy entrepreneurs* vonnöten, um den Sinn und Zweck einer Reform in der Öffentlichkeit und in einer politischen Kultur zu kommunizieren, in der ein »gelebter« und verinnerlichter Föderalismus in weiten Teilen der Bevölkerung keine breite Unterstützung findet (Grube 2004). »Politische Unternehmer« in diesem Sinnen können einzelne Politiker im Bund und auf Länderebene sein, aber ebenso auch das Bundesverfassungsgericht. Denn das Karlsruher Gericht hat durch einschlägige Urteile in den letzten Jahren eine nachhaltige »Neujustierung des Bund-Länder-Verhältnisses« (Schmahl 2006) bewirkt und damit die Föderalismusreform stärker beeinflusst, als das zunächst auch innerhalb der Bundesstaatskommission wahrgenommen worden ist (Scharpf 2005).

Ich werde im Folgenden die *longue durée* der Reform aufzeigen und dabei deutlich machen, dass erst durch die breite öffentliche Debatte um den »Standortfaktor« Föderalismus und die öffentliche Kritik am bestehenden System in den 1990er Jahren der Boden bereitet wurde, auf dem eine Reform im Jahrzehnt darauf umgesetzt werden konnte. Danach will ich die Arbeit der 2003 eingesetzten Bundesstaatskommission anhand der Debatte um die Bildungspolitik analysieren und den Kompromiss der 2005 ins Amt gewählten Großen Koalition unter der Bundeskanzlerin Merkel untersuchen. In den Schlussfolgerungen sollen dann die über den aktuellen Anlass hinausgehenden Fragen über die Schwierigkeiten von grundlegenden Reformen diskutiert werden.

2. Föderalismusreformen in der Vergangenheit – immer wiederkehrende Versuche der Neujustierung des Bund-Länder-Verhältnisses

Der (west-)deutsche Bundesstaat, so wie er im Grundgesetz 1949 festgeschrieben wurde, ist geprägt durch »strukturelle Spannungen und den Druck historisch-kontingenter Problemlagen« (Scharpf 2005: 2). Die Entwicklung der letzten Jahrzehnte hat gezeigt, dass auch der Föderalismus in Deutschland als *Prozess* zu verstehen ist und nicht als eine in Harz gegossene Struktur (Benz 1985; Friedrich 1964). Der deutsche Bundesstaat zeigte vielmehr »Pendelschläge der institutionellen Entwicklung« (Scharpf 2005: 2) und hat sich nach und nach in Richtung eines »kooperativen Föderalismus« bewegt. Die damit verbundenen politischen Machtverschiebungen sind zum einen das »quasi-evolutionäre Ergebnis interessenorientierter Strategien« (Scharpf 2005: 2) politischer Akteure im bestehenden verfassungsrechtlichen Rahmen (*game within rules*); zum anderen ergaben sich Abweichungen vom ursprünglichen Modell durch konkrete und politisch intendierte Verfassungsänderungen (*game about rules*) mit Zweidrittelmehrheiten in Bundestag und Bundesrat, etwa zu Zeiten der ersten Großen Koalition Ende der 1960er Jahre. In beiden Fällen, sowohl im *game within rules* als auch im *game about rules* (Ostrom et al. 1994), spielte, wie Fritz Scharpf (2005: 2) zu Recht betont, das Bundesverfassungsgericht eine wichtige Rolle, weil es dem praktizierten Zusammenspiel zwischen Bund und Ländern nachträglich eine verfassungsrechtliche Legitimation vermittelte oder aber, weil das oberste Gericht in Karlsruhe die politische Praxis beanstandete und den Bund in die verfassungsrechtlichen Schranken verwies.

Die Entwicklung des (west-)deutschen Nachkriegsföderalismus und sein Wandel in Richtung eines stärker kooperativ angelegten Bundesstaates ist hinlänglich und differenziert beschrieben worden, weshalb ich mich hier auf wenige Sätze zur Erklärung dieses Prozesses beschränken kann (vgl. Benz 1999; Hrbek 2001; Laufer/Münch 1997; Sturm 2001). Die Folgen des Zweiten Weltkrieges, die politische Riesenaufgabe des Wiederaufbaus des moralisch und physisch zerstörten Landes und die Integration von Millionen von Flüchtlingen stärkten den Bund im westdeutschen Teilstaat – und zwar unabhängig von der starken legislativen Rolle, die den Ländern im Grundgesetz zugeschrieben wurde. Hinzu kam ein in der politischen Kultur Deutschlands fest verankerter Sinn für Einheitlichkeit und die Ablehnung von politischen und sozialen Unterschieden, wie sie etwa im US-amerikanischen oder auch im Schweizer Föderalismus als akzeptabel und als Teil der föderalen Vielfalt gelten. Auf der Grundlage dieses Mangels einer fest verankerten Kultur des Föderalismus und der faktischen politischen Dominanz des Bundes, die sich schon bald herausgebildet hatte, war in den 1960er Jahren dann eine Neudefinition des föderalen Leitbildes möglich. Wesentlich dazu beigetragen hat der Staatsrechtslehrer Konrad Hesse mit seiner 1962 veröffentlichten Schrift über den »unitarischen Bundesstaat« (Hesse 1962). Diese Neudefinition führte zu einem »technokratischen Föderalismus, der nicht mehr aus historischen, sondern aus Rationalitäts- und Funktionserwägungen gespeist wurde« (Metzler 2005: 328). Aber auch die Länder selbst haben zu dieser Unitarisierung maßgeblich beigetragen; sie haben auch in den Bereichen, die zu ihren »inneren Angelegenheiten« gehören, die länderübergreifende Koordinierung in einer Weise ausgedehnt, wie sie von den Vätern und Müttern des Grundgesetzes nicht vorhergesehen wurde. 1960 hatte die Kultusministerkonferenz (KMK) bereits etwa 500 Beschlüsse gefasst und über 300 Staatsverträge und Verwaltungsabkommen zwischen den Ländern begleitet (vgl. Metzler 2005: 328). Diese Koordination der so genannten »dritten Ebene« war zwar darauf ausgerichtet, den Bund daran zu hindern, mit dem Verweis auf die Erforderlichkeit einer Bundeskompetenz zur Herstellung gleichwertiger Lebensverhältnisse Kompetenzen »an sich zu ziehen« (Laufer/Münch 1997: 193). Der bayerische Ministerpräsident Hans Ehard erklärte die Wiederbelebung der Ministerpräsidentenkonferenz, die ja schon vor der Gründung der Bundesrepublik eine zentrale Rolle gespielt hatte und 1949 ihre Aufgabe erfüllt zu haben schien, Anfang der 1950er Jahre in diesem Sinne:

> »Die zu behandelnden Länder-Fragen stehen nur insofern mit der Bundespolitik in einem gewissen Zusammenhang, als es sich um Fragen handelt, die nach dem Willen der Länder nicht zu Bundesangelegenheiten heranwachsen sollen, um nicht eines Tages in den Bereich der Bundesgesetzgebung gezogen zu werden. Ich möchte sie als Fragen bezeichnen, die eine gewisse Versuchung zur zentralen gesetzlichen Regelung in sich bergen, wenn es die Länder nicht fertig bringen, sie im gegenseitigen Benehmen auf vernünftige und verständige Weise unter sich zu regeln« (zitiert nach Laufer/Münch 1997: 193).

Paradoxerweise haben die Länder aber durch die horizontale Koordinierung und Abstimmung in immer neuen Gremien von »Fachbruderschaften« mit dazu beigetragen, ihren nach dem Grundgesetz noch bestehenden Handlungsspielraum nach und nach einzuschränken. Hinzu kam als weiterer unitarisierender Faktor die mit Auflagen verbundene finanzielle Unterstützung der Länder durch den Bund; diese »Politik des goldenen Zügels« ließen sich die Länder auch in den Bereichen gefallen (z. B. Bildung), in denen der Bund im strengen Sinne des Grundgesetzes keinen Regelungsanspruch reklamieren konnte (vgl. Kunze 1978).

Das Mitte der 1960er Jahre vorgelegte Troeger-Gutachten trug ebenfalls dazu bei, aus dem bereits bei Konrad Hesse diskutierten US-amerikanischen Modell eines kooperativen Föderalismus die »politische Zauberformel« (Metzler 2005: 328) der damaligen Zeit der Planungseuphorie zu machen. Die Troeger-Kommission stellte angesichts des Wandels »der politischen, ökonomischen und sozialen Verhältnisse« die Funktionsfähigkeit des bestehenden Föderalismusmodells in Frage, da es »eine zeitgemäße und zweckmäßige Erfüllung der staatlichen Aufgaben« behindere und sogar »als störendes Element der politisch-wirtschaftlichen Ordnung empfunden« werde. Anstelle eines dauerhaft fixierten Bund-Länder-Verhältnisses schlägt das Gutachten eine flexible und den dynamischen Herausforderungen angemessene Form des Föderalismus vor; notwendig sei »ein ausgewogenes und bewegliches System der Zusammenordnung und Zusammenarbeit zwischen dem Bund und den Ländern und unter den Ländern.« Der

Schlüsselsatz des Gutachtens lautete deshalb: »Der Föderalismus unserer Zeit kann deshalb nur ein kooperativer Föderalismus sein« (zitiert nach Metzler 2005: 329). Wenn auch damals Kritik laut wurde, ob eine Übertragung des US-amerikanischen Modells eines *cooperative federalism* auf den deutschen Bundesstaat möglich und sinnvoll sei, gab es von Seiten der Wissenschaft breite Unterstützung für dieses Modell, demzufolge »Sachaufgaben eine einheitliche und planend abgestimmte Zusammenarbeit aller Ebenen und Träger der öffentlichen Verwaltung« (Scheuner 1978: 449) erforderlich machten. Dieser Paradigmenwechsel wurde darüber hinaus erleichtert, da die Debatte um eine Reform des deutschen Bundesstaates in einen »umfassenderen Diskurs der Verwestlichung« (Metzler 2005: 332) und des allgemeinen Planungsoptimismus eingebettet war; ein »deutscher Sonderweg« und die Betonung der historischen Föderalismustraditionen und ihre traditionelle »Kleinstaaterei« haben dadurch deutlich an Gewicht verloren (Metzler 2005: 332).

Diese Umorientierung und »soziale Konstruktion« eines alternativen Föderalismusmodells ermöglichte die Grundgesetzänderungen der ersten Großen Koalition 1969. Im Mittelpunkt steht das neu eingeführte Instrument der »Gemeinschaftsaufgaben« (Art. 91a GG), wonach Bund und Länder in drei Bereichen, die eigentlich in den Kompetenzbereich der Länder fallen, aber von gesamtstaatlichem Interesse sind, zusammenarbeiten sollen. Dazu gehören der Ausbau und Neubau von Hochschulen bzw. Hochschulkliniken, die Verbesserung der regionalen Wirtschaftsstruktur und die Verbesserung der Agrarstruktur und des Küstenschutzes (Art. 91a GG). Die Aufstellung von Rahmenplänen und die Einsetzung von Planungsausschüssen, die mit der Ausführung der Gemeinschaftsaufgaben verbunden waren, die Einsetzung einer Bund-Länder-Kommission für Bildungsplanung (BLK) auf der Basis von Art. 91b GG (Bildungsplanung und Förderung der Forschung) und vor allem die Neuerungen im Finanzsystem (Renzsch 1991) waren die konkreten politischen Folgen der Umsetzung des neuen Föderalismusmodells in Deutschland.

Aber schon wenige Jahre nach der großen Reform wurde diese enge Form der horizontalen und vertikalen Vermischung von Entscheidungsebenen im deutschen Föderalstaat als »Politikverflechtung« (Scharpf/Reissert/Schnabel 1976) kritisiert. Seither gerät der kooperative Föderalismus vor allem als »Reformschranke ins Blickfeld« (Wachendorfer-Schmidt 2003: 18).

In den 1970er Jahren erschwerten unterschiedliche parteipolitische Mehrheiten in Bundestag und Bundesrat die Zusammenarbeit zwischen Bund und Ländern. In seiner 1976 veröffentlichten Studie vertrat Gerhard Lehmbruch die These, dass das politische System der Bundesrepublik Deutschland durch einen historisch bedingten Strukturbruch gekennzeichnet sei. Diesen Strukturbruch sieht Lehmbruch in den tendenziell sich ausschließenden Entscheidungsregeln, die im Bundesstaat einerseits und im Parteiensystem andererseits vorherrschen: Während im Parteiensystem der politische Wettbewerb und die Mehrheitsregel von zentraler Bedeutung seien, führten im Föderalismus die wechselseitigen Vetomöglichkeiten zu Kooperation und Kompromiss. Die Konsequenz dieses »Strukturbruchs« sei, so Gerhard Lehmbruch, dass sich die unterschiedlichen Entscheidungsprämissen aufgrund des Zwangs zu einer faktischen »Großen Koalition« zwischen der Regierung im Bund und der Opposition im Bundesrat gegenseitig neutralisierten: »Entweder läuft der Parteienwettbewerb infolge der zunehmend erforderlich werdenden ›Politikverflechtung‹ leer, oder aber er blockiert das Funktionieren der bundesstaatlichen Institutionen« (Lehmbruch 1976: 124).

In einem viel beachteten Beitrag, in dem die Reformfähigkeit der Europäischen Gemeinschaft (EG) und des deutschen Bundesstaates im Vergleich untersucht wurden, entwickelte Fritz Scharpf (1985) seinen in den 1970er Jahren entwickelten Ansatz zur These von der »Politikverflechtungs-Falle« weiter. Die Beobachtung, dass beide Systeme häufig suboptimale Politikergebnisse hervorbringen, erklärt Scharpf mit der institutionellen Politikverflechtung, derzufolge erstens die Entscheidungen der höheren Ebene, also die EG auf der einen Seite und der Bund auf der anderen, von der Zustimmung der unteren Ebenen abhängig sind und zweitens, diese Zustimmung einstimmig bzw. im Konsens getroffen werden muss. Aufgrund dieser wechselseitigen Abhängigkeit befinden sich, so die zentrale These Scharpfs, die politischen Akteure in einer »Politikverflechtungs-Falle«, die sich auszeichnet durch »eine zwei oder mehr Ebenen verbindende Entscheidungsstruktur, die aus ihrer institutionellen Logik heraus systematisch [...] ineffiziente und problem-unangemessene Entscheidungen erzeugt, und die gleichzeitig unfähig ist, die institutionellen Bedingungen ihrer Entscheidungslogik zu verändern« (Scharpf 1985: 350). Dies lässt den Schluss zu, dass im Rahmen dieses Theorieansatzes ein »politikverflochtenes System aus sich selbst heraus nicht reformierbar ist« (Wachendorfer-Schmidt 2003: 28).

Es zeigt sich aber auch, dass die politischen Akteure vom bestehenden System der Verflechtung profitieren und deshalb Reformen in der Vergangenheit auch immer am Mangel an »politischen Unternehmern« scheiterten: »Denn an irgendeiner Stelle sind sie zumindest mittelbar Nutznießer der Politikverflechtung, und sei es über den Bundesrat als Regierender

Bürgermeister, Ministerpräsident oder führender Oppositionspolitiker« (Wachendorfer-Schmidt 2003: 28).

Trotz der hohen Hürden für eine Reform gab es seit der Unitarisierungsdebatte in den 1950er Jahren und der Reform Ende der 1960er schon in den 1970er Jahren verschiedene Versuche, den Föderalismus zu modernisieren. Schon im Februar 1973, also gerade mal vier Jahre nach der großen Reform von 1969, setzte der Deutsche Bundestag eine Enquête-Kommission zur Verfassungsreform ein. Sie sollte »prüfen, ob und inwieweit es erforderlich ist, das Grundgesetz den gegenwärtigen und voraussehbaren zukünftigen Erfordernissen – unter Wahrung seiner Grundprinzipien – anzupassen« (zitiert nach Hrbek 2004: 149). Obwohl der nach drei Jahren vorgelegte Schlussbericht der Kommission auch heute noch als ein »sehr informatives und lesenswertes Dokument« (Hrbek 2004: 149) gilt, verschwanden die Vorschläge schnell wieder von der politischen Agenda. Weitere Anläufe in den 1980er Jahren verliefen ebenfalls im Sande und scheinen die These der Verflechtungsfalle zu bestätigen. Erst mit der deutschen Vereinigung und dem Vertrag von Maastricht (1991) und den dadurch notwendig gewordenen Grundgesetzänderungen, brachte die Gemeinsame Verfassungskommission von Bundestag und Bundesrat kleinere Veränderungen, welche auch das Bund-Länder-Verhältnis betrafen. Dazu gehörten die Neufassung der Bedürfnisklausel in Art. 72, Abs. 2 GG, wonach der Bund im Bereich der konkurrierenden Gesetzgebung erst dann tätig werden darf, »wenn und soweit die Herstellung gleichwertiger Lebensverhältnisse [früherer Wortlaut: »Einheitlichkeit der Lebensverhältnisse«] im Bundesgebiet oder die Wahrung der Rechts- und Wirtschaftseinheit im gesamtstaatlichen Interesse eine bundesgesetzliche Regelung erforderlich« mache. Zweitens ist die in Art. 72, Abs. 3 GG aufgeführte Rückholklausel zu nennen, die es den Ländern – mit Zustimmung des Bundes – erlaubt, bundesgesetzliche Regelungen durch Landesrecht zu ersetzen und der Neugliederungsartikel 118a GG, der die Fusion der Länder Berlin und Brandenburg ermöglichen sollte.

Zusammenfassend kann festgehalten werden, dass die von einigen Ländern der »Südschiene« geforderten sehr viel weiter reichenden Veränderungen des Bund-Länder-Verhältnisses aufgrund der Mehrheitsverhältnisse nicht möglich waren, und die von manchen Beobachtern behauptete »Neugründung des Bundesstaates« (Hennis 1993) auf Kosten des Bundes in der Praxis nicht stattgefunden hat. Die schwierigen Verhandlungen zwischen Bund und Ländern bzw. zwischen Opposition und Regierung haben vielmehr dazu beigetragen, dass die politischen Akteure zunächst in ihrem Reformeifer gebremst wurden. Das Beispiel zeigte, dass auch in Ausnahmesituationen, wie sie die deutsche Vereinigung zweifellos darstellte, die »Pfadabhängigkeit« des deutschen Föderalismus offensichtlich stärker wirkt als außergewöhnliche Ereignisse (»externe Schocks«). Hier haben die politischen Akteure nach allgemeiner Überzeugung eine Chance verpasst, in »eine zukunftsorientierte Verfassungsdiskussion über die Modernisierung des Staates einzutreten« (Batt 1996: 169).

Eine solche breiter angelegte öffentliche Diskussion setzte erst Mitte der 1990er Jahre ein. Da die Gemeinsame Verfassungskommission nur marginale Änderungen – eine wichtige Ausnahme bildet der neu geschaffene »Europaartikel« (Art. 23 GG) und die damit geschaffenen europapolitischen Beteiligungsrechte der Länder – durchsetzen konnte, war es nur eine Frage der Zeit, wann die Reformdebatte wieder aufleben würde.

Viele Beiträge zur Föderalismusdebatte, die seit Mitte der 1990er Jahre die öffentliche Diskussion bestimmte, gehen von einer »Krise« des Bundesstaates aus. Auch hier zeigte sich, wie schon in den 1960er Jahren, dass die Debatte begleitet wurde von einer Neudefinition der föderalen Leitbilder (vgl. Große Hüttmann 2004; Sturm 1999). An die Stelle des in den 1960er Jahre als Lösung propagierten »kooperativen Föderalismus« sollte nach Überzeugung der Reformbefürworter die »Entflechtung« der Kompetenzen von Bund und Ländern sowie ein »Wettbewerbsföderalismus« treten. Vor allem das Modell des Bundesfinanzausgleichs geriet in den Blick und wurde auf den Prüfstand gestellt. Das Leitbild »Wettbewerbsföderalismus« impliziert, dass im »Bund-Länder-Verhältnis sowie im Verhältnis der Länder untereinander grundsätzlich bei der Wahrnehmung öffentlicher Aufgaben und der Lösung von Problemen Konkurrenz und Wettbewerb gelten« (Klatt 1982: 22). Die Umsetzung dieses Leitbilds würde zu einer Entflechtung der Aufgaben und Entscheidungsebenen führen und vor allem auch zu einer Reduzierung des Transfersystems, wie es im Finanzausgleich angelegt ist. Anstelle eines weit verstandenen solidarischen Miteinanders sollen die Länder mehr Autonomie in finanzieller als auch in gesetzgeberischer Hinsicht erhalten. In diese Richtung hatte schon Anfang der 1990er Jahre der Sachverständigenrat zur Begutachtung der gesamtwirtschaftlichen Lage argumentiert. In seinem Gutachten 1990/91 hatten die Experten eine Überprüfung des Finanzausgleichs angemahnt – und zwar »mit deutlicher Betonung der allokativen Aspekte und der diesen eigenen Effizienzgesichtspunkten« (Korioth 1997: 439). Damit war ein zentrales Argument der folgenden öffentlichen Debatte gefunden worden: Das System des solidarischen Ausgleichs soll nicht primär der Umverteilung zwischen finanzstarken und finanzschwachen Ländern dienen, sondern es sollen angesichts eines europäischen bzw. globalen Wettbewerbs, in dem die deutschen Ländern mit anderen Regionen stehen, größere politische und finanzielle Handlungsspielräume bleiben, um in diesem Konkurrenzkampf bestehen zu können – und dies, so die Argumentation der Reformer, zum Wohle des gesamten Landes. Spätestens im Herbst 1996 fand diese Diskussion heraus aus den Expertenkreisen und gelangte in die politische Öffentlichkeit.

Der routinemäßige Wechsel im Amt des Bundesratspräsidenten vom bayerischen Ministerpräsidenten Edmund Stoiber (CSU) zu seinem baden-württembergischen Amtskollegen Erwin Teufel (CDU) wurde von beiden genutzt, um ein Plädoyer für mehr föderalen Wettbewerb abzugeben. Gleichzeitig wurde aber – eine zu erwartende Kritik antizipierend – von beiden darauf hingewiesen, dass ein solcher Wettbewerb in der Bildung, Forschung und auch Kultur nicht als »Absage an Gemeinsamkeit, an Chancengleichheit, an Gleichwertigkeit der Lebensverhältnisse, an einen gerechten Finanzausgleich«[2] zu verstehen sei. Nichtsdestotrotz drängten Stoiber und Teufel in der Folgezeit darauf, den bestehenden Finanzausgleich zu reformieren und ihn – aus Sicht der Südländer – dadurch gerechter zu machen, wenn den Geberländern ein größerer Teil der ihren erwirtschafteten Einnahmen verbleibe. Der Finanzausgleich sei, so Edmund Stoiber, als »Hilfe zur Selbsthilfe« gedacht und nicht als »Beihilfe zur Konkursverschleppung«.[3] Die Länder Bayern und Baden-Württemberg gaben dann Ende 1996 ein Gutachten in Auftrag, um die Verfassungsmäßigkeit des bestehenden Finanzausgleichs prüfen zu lassen. Die im Oktober 1997 vom Mannheimer Professor Hans-Wolfgang Arndt vorgelegte Expertise kam zu dem Ergebnis, dass die Umkehr der Finanzkraftreihenfolge der Länder, die sich im Rahmen der Ausgleichszahlungen durch den Bund und die Geberländer ergibt, verfassungswidrig sei. Auf der Basis dieses Gutachten legten die beiden Südländer im Sommer 1998 beim Bundesverfassungsgericht gemeinsam Klage ein. Zu diesem Zeitpunkt war die öffentliche Debatte um den Bundesstaat und die Notwendigkeit eines radikalen Umbaus in vollem Gange. Der Föderalismus war nach Überzeugung vieler Wirtschaftsvertreter und öffentlicher Meinungsführer zu einem negativen Standortfaktor und zur Hauptursache für den »Reformstau« geworden. Der Präsident des Bundesverbandes der Deutschen Industrie (BDI), Hans-Olaf Henkel, stellte den Föderalismus in unzähligen Beiträgen und Interviews als Reformhindernis dar und forderte gar eine »Systemdebatte«: »[...] wenn andere schneller auf die Herausforderungen der Globalisierung reagieren als wir, dann müssen wir uns fragen, ob unser politisches System überhaupt noch wettbewerbsfähig ist« (Henkel 1997: 89f.). Wenn auch massive Kritik an diesen Vorstellungen aufkam, wurde in der Folgezeit diese Perspektive (*frame*) von immer breiteren Kreisen in der Öffentlichkeit aufgegriffen und dadurch weiter verstärkt. Eine empirische Untersuchung zur öffentlichen Debatte in dieser Zeit zeigt, dass sich das Stichwort »Wettbewerbsföderalismus« zum »politischen Streitbegriff« (Schatz u. a. 2000) entwickeln konnte. Vor allem die *Frankfurter Allgemeine Zeitung* und das *Handelsblatt* als meinungsbildende Leitmedien unterstützten die Argumentation der Befürworter einer Finanzausgleichsreform (Schatz u. a. 2000: 39).

Diese Debatte um einen Wettbewerbsföderalismus in Deutschland greife jedoch, so die Gegenkritik, häufig auf einen »teils modelltheoretisch, teils ideologisch verfügten Bundesstaatsbegriff« (Korioth 1997: 444) zurück, der die bereits im Grundgesetz angelegte Unitarisierung ignoriere und Hoffnungen auf eine weit reichende Reform wecke, die aufgrund der »Pfadabhängigkeit« als unrealistisch erscheinen müsse (Lehmbruch 2000).

Das Urteil des Bundesverfassungsgerichts im November 1999 läutete dann eine neue Etappe in der Föderalismusdebatte ein. Das Karlsruher Gericht erteilte dem Gesetzgeber den Auftrag, das bestehende Finanzausgleichssystem in einem zweistufigen Verfahren zu korrigieren (vgl. Kirchhof 2001). Damit zeigte sich, dass das Bundesverfassungsgericht einen wichtigen politischen Akteur in der Reformdebatte darstellt – wenngleich die Vorgaben aus Karlsruhe vom Gesetzgeber nicht eins zu eins umgesetzt wurden und die Vorstellung, Bund und Länder würden sich in einem ersten Schritt hinter einem »Schleier des Nichtwissens« (Rawls) auf allgemeine Gerechtigkeitsregeln verständigen, ehe sie in einem zweiten Schritt die Details regeln würden, als unrealistisch gelten musste.

Trotzdem hat das Urteil, zusammen mit der anhaltenden öffentlichen Debatte und den Erfahrungen, die die Bundesregierung unter Helmut Kohl mit dem Bundesrat Mitte der 1990er Jahre als »Blockadeinstrument« – im Mittelpunkt steht hier das Scheitern der großen Steuerreform 1997 – machen musste, wesentlich dazu beigetragen, den Weg für den neuen Anlauf zu einer Reform und Modernisierung des Bundesstaates zu bereiten.[4]

3. Ein neuer Anlauf der rot-grünen Bundesregierung: Die Reform-Kommission 2003/04

Der hessische Ministerpräsident Eichel (SPD) nutzte im November 1998 ebenfalls den Bundesrat als Forum, um die Reformdebatte anzustoßen – also zu einem Zeitpunkt, als die eben ins Amt gekommene neue rot-grüne Bundesregierung noch eine Mehrheit im Bundesrat hinter sich wusste. Vor allem die bayerische Staatsregierung setzte sich in der Folgezeit für eine Reform des bestehenden Föderalsystems ein und wirkte als *policy entre-*

preneur – misstrauisch verfolgt von den finanzschwachen westdeutschen und ostdeutschen Ländern. Als interne Gespräche zwischen der Bundesjustizministerin Zypries (SPD) und den Ländern über eine Reform des Bundesstaates keine Ergebnisse brachten, wählte man einen anderen Ansatz und verständigte sich auf Initiative des SPD-Fraktionsvorsitzenden Müntefering im Juli 2003 darauf, eine Kommission einzusetzen, die sich aus je 16 Mitgliedern von Bundestag und Bundesrat zusammensetzen sollte. Dieses am Modell des Vermittlungsausschusses angelehnte Gremium sollte die Elemente des Föderalismus bearbeiten, die in den Jahren davor als reformbedürftig diskutiert worden sind. Dazu gehörten, so der gemeinsame Einsetzungsbeschluss von Bundestag und Bundesrat, die Überprüfung der »Zuordnung von Gesetzgebungszuständigkeiten auf Bund und Länder, die Zuständigkeiten und Mitwirkungsrechte der Länder in der Bundesgesetzgebung und die Finanzbeziehungen (insbesondere Gemeinschaftsaufgaben und Mischfinanzierungen) zwischen Bund und Ländern« (zitiert nach Hrbek/Eppler 2003: 148). Das Wörtchen »insbesondere« in der Aufzählung des Aufgabenkatalogs, der der Kommission übertragen wurde, deutete an, dass andere Themen ausgespart werden mussten, um nicht von vornherein den Widerstand der finanzschwachen Länder zu provozieren – zu diesen Themen gehörten eine Reform des Finanzsystems und die Frage einer Neugliederung der Länder. Auch das vereinbarte Verfahren, wonach die Kommission in den oben genannten Bereichen mit Zweidrittelmehrheit zu entscheiden habe, machte von Anfang an klar, dass das Gremium nur dann zu einem Ergebnis kommen konnte, wenn Bund und Länder sich auf eine »Paketlösung« verständigen konnten. Der im föderalen *bargaining* übliche Ansatz des *package deal*, auf den sich beide Seiten vor Aufnahme der Gespräche verständigt hatten, sah vereinfacht ausgedrückt, so aus: Die Länder verzichten auf Mitwirkungsrechte und damit verbundene Vetopositionen im Bundesrat und bekommen im Gegenzug eigenständige regionale Handlungsmöglichkeiten in ausgewählten Politikbereichen vom Bund zurück übertragen. Diese als »Masterplan für die Föderalismusreform entworfene und bestechend einfach sowie plausibel anmutende Formel« (Lhotta/Höffken/Ketelhut 2005: 20) war jedoch angesichts der institutionellen Eigeninteressen der Akteure der Komplexität und Verflechtungsstruktur im real existierenden Föderalismus nicht angemessen (vgl. Lhotta/Höffken/Ketelhut 2005: 20).

Die Ministerpräsidenten und die Bundesregierung hatten im Vorfeld jeweils eigene Positionspapiere vorgelegt, die die Grundlage der späteren Verhandlungen bildeten.[5] In beiden Papieren waren die Konsenslinien, aber auch die späteren Bruchlinien schon angelegt, etwa in dem Vorschlag der

Länder, im Rahmen der allgemeinen Grundsätze des Hochschulwesens die Rahmengesetzgebung zu streichen. Vor allem die Themen Bildungspolitik, Innere Sicherheit und Europafähigkeit des deutschen Föderalismus prägten die breitere öffentliche Debatte, welche die Beratungen der Kommission begleitete.

Gerade an diesen Themen zeigte sich, dass eine Debatte um eine Reform des Föderalismus immer auch eine Diskussion um Staatsaufgaben und die Handlungsfähigkeit des Gesamtstaates nach innen wie nach außen sein muss. Der seit den schlechten Pisa-Ergebnissen unter Dauerkritik stehende deutsche Bildungsföderalismus, die durch die terroristischen Anschläge in Madrid und London in den Jahren 2004 und 2005 veränderte Sicherheitslage wie auch die mangelnde Durchsetzungsfähigkeit des Bundes in EU-Verhandlungen hoben die Frage nach der Angemessenheit der bestehenden Kompetenzverteilung auf die Agenda. Diese kontrovers diskutierten Fragen sind zudem in der Öffentlichkeit von den Medien sowie von politischer Seite leichter zu kommunizieren als politisch weniger »spannende« Fragen, wer für die Bekämpfung des lokalen Freizeitlärms oder das Notariatswesen zuständig sein soll.

Im Folgenden will ich exemplarisch das Thema Bildungspolitik und seine Behandlung in und im Umfeld der Föderalismuskommission bis zu ihrem vorläufigen Scheitern im Dezember 2004 darstellen und analysieren.[6]

Wenige Tage nach dem Scheitern der Föderalismuskommission im Dezember 2004 griff der hessische Ministerpräsident Roland Koch (CDU), der in der Öffentlichkeit als einer der »Blockierer« dargestellt worden ist, die Bundesbildungsministerin scharf an. Frau Bulmahn (SPD), so Koch, betreibe eine »aggressive Auseinandersetzung«; sie wolle bildungspolitische »Gestaltungskompetenzen, so schnell und so viele wie möglich«. Die von ihr angebotenen vier Millionen Euro zur finanziellen Unterstützung der Umstellung auf die neuen Bachelor- und Master-Studiengänge nannte der hessische Ministerpräsident eine »Provokation«: »Wir wollen nicht fremdbestimmt werden durch die goldenen Zügel des Geldes«.[7] Die angegriffene Ministerin machte am selben Tag in einem Interview deutlich, dass der Bund – unabhängig davon, wie die Bildungspolitik zwischen Bund und Ländern bei einer späteren Einigung neu verteilt werden könnte – vor allem für die Umsetzung des so genannten »Bologna-Prozesses«, also die Einführung neuer, gestufter Studiengänge, die Verantwortung tragen müsse. Edelgard Bulmahn machte die Länder für die zu langsame Umsetzung verantwortlich: »In einem zentralistischen Staat gehen solche Umstellungen deutlich schneller.« Daraus ziehe sie jedoch nicht den Schluss, »unseren Föderalismus abzuschaffen«; sie verweist aber – an die Adresse ihrer Kritiker gerichtet – darauf, dass sich Umfragen zufolge eine deutliche Mehrheit der Bevölkerung von 82 % für »bundeseinheitliche Regelungen für Schulen und Hochschulen« aussprächen.[8]

Die Kompetenzordnung in den Bereichen Bildung und Forschung gehört, darauf hat Armin Dittmann in einem Gutachten hingewiesen, zum »besonders sensiblen Teilbereich der grundsätzlichen Frage nach der Verteilung der Zuständigkeiten zwischen Bund und Ländern« (Dittmann 2004: 1). Im Folgenden soll kursorisch aufgezeigt werden, dass, ähnlich wie im Bereich der Inneren Sicherheit, die Bundesregierung mit einigem Erfolg in der Öffentlichkeit mehr Kompetenzen für den Bund auf dem Feld der Bildungs- und Forschungspolitik reklamieren konnte. Die These der Bundesbildungsministerin Bulmahn, die Länder verfolgten eine Politik des »Bildungsprovinzialismus«, hatte in der Medienöffentlichkeit ein sehr breites Echo gefunden und zeigte die Tendenz in der Bevölkerung, dem Bund hier eine weit reichende Regelungskompetenz zuzugestehen.[9]

Das Thema Bildung erlebt in regelmäßigen Abständen eine größere öffentliche Aufmerksamkeit – dies war in den 1960er Jahren, als die »deutsche Bildungskatastrophe« (Georg Picht) ausgerufen wurde, nicht anders als im Jahr 2000, als mit »PISA« ein neues Stichwort gefunden war. Interessant ist zu sehen, dass es in beiden Fällen internationale Studien waren, die als »externe Schocks« die ideologisch und parteipolitisch festgefahrene Diskussion teilweise aufbrechen konnten. Während es in den 1960er Jahren in der Folge einer OECD-Studie darum ging, den finanziellen Rückstand im Bereich der deutschen Bildungspolitik im Vergleich zu anderen OECD-Staaten aufzuholen und dem Bund über das neue Instrument der »Gemeinschaftsaufgabe« eine Handlungsgrundlage zu geben, zielten einige Bundesländer in der PISA-Diskussion darauf, die 1969 vorgenommene Verfassungsreform wieder zurückzunehmen und den Bund aus seiner Verantwortung in diesem Bereich zu entlassen (Richter 2005). Der Bund wiederum leitete aus dem insgesamt schlechten Abschneiden in der ersten PISA-Studie die Forderung ab, bundeseinheitliche Regelungen zu vereinbaren und die Kompetenzen des Bundes in der Bildungspolitik zu stärken. Da jedoch in der von den Ländern selbst durchgeführten PISA-Ergänzungsstudie (»PISA-E«) deutlich wurde, dass einige der Länder bildungs- und schulpolitisch sehr wohl international konkurrenzfähig sind, relativierte dies die Argumentation der Bundesbildungsministerin. Aufgrund des breiten Widerstandes, der von den Ländern – unabhängig von ihrer parteipolitischen Ausrichtung – dem Bund entgegengebracht wird, zeigte sich die Bundesregierung in ihren offiziellen Positionspapieren, die der Föderalismuskommission vorgelegt wurden, im Bereich von

Bildung und Forschung vergleichsweise zurückhaltend. Die Forderung nach einer nationalen Rahmengesetzgebung nahm die Bundesregierung in ihrem Papier vom April 2003 gar nicht erst auf. Der Bund schlug in seinem Papier vielmehr vor, die Gemeinschaftsaufgabe Hochschulbau (Art. 91a, Abs. 1 GG) den Ländern zu überlassen. Der Bund strebe stattdessen »eine modifizierte, leistungsabhängige Hochschulförderung«, die ihm auch »ein inhaltliches Gestaltungsrecht« ermögliche, an: »Damit will der Bund gezielte Maßnahmen zur Verbesserung der Konkurrenzfähigkeit der Hochschulen im internationalen Wettbewerb initiieren.« Aus den Ergebnissen der PISA-Studie leitete die Bundesregierung eine Reform der gemeinsamen Bildungsplanung von Bund und Ländern (Art. 91 b GG) ab: »Zur Erzielung insbesondere bundesweiter verbindlicher Standards soll die Bildungsplanung in einen verpflichtenden Verfassungsauftrag umgestaltet werden.« Und im Bereich der Forschungsförderung schlägt der Bund eine Aufteilung vor, wonach große Forschungsorganisationen wie etwa die Max-Planck-Gesellschaft und die Deutsche Forschungsgemeinschaft (DFG) in die »alleinige Zuständigkeit des Bundes, die so genannten »Blaue-Liste-Einrichtungen« in die alleinige Zuständigkeit der Länder überführt werden« sollen.[10]

Die Länder hatten in ihren Positionspapieren deutlich gemacht, dass sie im Bereich der Bildungs- und Forschungspolitik ganz andere Ziele verfolgten. Nachdem es zunächst im Länderkreis noch unterschiedliche Vorstellungen dazu gegeben hatte, einigte man sich in dem Papier von 6. Mai 2004 auf folgende Ziele (vgl. Dittmann 2004: 12f.): (1) Streichung der Rahmenkompetenz des Bundes für das Hochschulwesen (Art. 75, Abs. 1 Nr. 1a GG) – bundeseinheitliche Regelungen der Hochschulzulassung, der Abschlüsse und der Rechtsverhältnisse des wissenschaftlichen Personals könnten davon ausgenommen werden; als Alternative dazu wurde von Länderseite vorgeschlagen, die konkurrierende Rahmenkompetenz in die Gesetzgebungszuständigkeit des Bundes zu überführen. (2) Streichung der konkurrierenden Gesetzgebungszuständigkeit des Bundes für die Förderung der wissenschaftlichen Forschung nach Art. 74, Abs. 1 Nr. 13 GG. (3) Beibehaltung der Forschungsförderung (Art. 91b GG) und Erweiterung um die Ressortforschung. (4) Abschaffung der Gemeinschaftsaufgabe Hochschulbau (Art. 91a, Abs. 1 Nr. 1 GG) und Übertragung der finanziellen Mittel auf die Länder und schließlich (5) ersatzlose Streichung der Gemeinschaftsaufgabe Bildungsplanung (Art. 91b GG).

Vor allem in der Schlussphase der Beratungen der Föderalismuskommission wurde das Thema Bildung und Forschung von den beteiligten Akteuren und den Medien zum zentralen Streitpunkt aufgebaut.[11] In der

Berichterstattung und in Kommentaren entwickelte sich der Bildungsstreit zum Top-Thema; dabei folgte eine große Zahl der Kommentare in überregionalen Tageszeitungen der Argumentation der Bundesbildungsministerin: »In einer Zeit, in der Schüler, Studenten und Forscher im internationalen Wettbewerb bestehen müssen, gebärden Ministerpräsidenten sich wie machtsüchtige Provinzfürsten. Die Welt globalisiert sich, allein Deutschland beharrt auf Kleinstaaterei.«[12] Das Stichwort »Kleinstaaterei« hatte die Bildungsministerin Bulmahn schon im September 2004 in Umlauf gebracht, um die in der Föderalismuskommission diskutierten Vorschläge, bundeseinheitliche Regelungen durch Staatsverträge zu vereinbaren, zurückzuweisen.[13] Schon zu diesem Zeitpunkt war klar geworden, dass die Länder das Thema Bildungspolitik gegenüber den Einmischungen des Bundes hart verteidigen würden.

Mit der Diskussion wiederholte und verschärfte sich die Debatte, die in der Folge der verschiedenen PISA-Studien geführt worden war, und bezog die Bereiche Forschung und Universitäten mit ein. Als die PISA-Länderstudie deutliche Unterschiede in der Performanz der Bildungssysteme oder etwa auch in der Förderung von Schülern mit Migrationshintergrund in den Ergebnissen aufgedeckt hatte, nahm die Bundesbildungsministerin dies damals schon zum Anlass, vor einer »Bildungspolitik nach Schrebergartenmanier« zu warnen und eine »gemeinsame Anstrengung aller Beteiligten« zu fordern.[14] Der politische Widerstand, der gegen verschiedene Pläne aus dem Bildungsministerium gegen die Einrichtung von »Elite-Universitäten« oder das im Hochschulrahmengesetz festgeschriebene Recht auf ein gebührenfreies Erststudium aufgeboten wurde, prägte die öffentliche Debatte im Umfeld der Föderalismusreform-Kommission.[15] Mit dem Urteil des Bundesverfassungsgerichts gegen die im Hochschulrahmengesetz (HRG) festgeschriebene »Juniorprofessur« zeigte sich erneut, dass das Gericht in Karlsruhe die Länder gegenüber dem Bund stärkte. Es hat in seinen Urteilen etwa zur Altenpflege, zu Kampfhunden, zum Ladenschluss wie auch zu den Studiengebühren den Spielraum der Länder erweitert und damit die föderale Balance zugunsten der Länder verändert (vgl. Schmahl 2006).

Zusammenfassend kann gesagt werden, dass auch die öffentliche Debatte um die Bildungspolitik im Umfeld der Föderalismuskommission sehr stark von den Einlassungen der Bundesbildungsministerin geprägt wurde. Durch gezielte Vorstöße in einem von ganz unterschiedlichen »ideologischen« und lebensweltlichen Grundüberzeugungen geprägten Politikfeld hat Edelgard Bulmahn durch gezielte Themensetzung (*agenda building*) und ein »Wildern« in Themenbereichen der konservativen

Parteien (»Eliteförderung«) über weite Strecken die öffentliche Debatte maßgeblich geprägt. Auch gezielte Provokationen des politischen Gegners – etwa Bulmahns Forderung, die Hauptschule abzuschaffen – dienten dem Zweck, um von außen und über den Umweg der Mobilisierung der Öffentlichkeit und einer Strategie des *going public*[16] Einfluss zu nehmen auf die Arbeit der Föderalismuskommission.[17] Dies hat mit zum Scheitern des Reformanlaufs beigetragen und die Fronten auf dem Feld der Bildungspolitik auch über das Scheitern im Dezember 2004 hinaus verhärtet. Der politische Erfolg – aus der Sicht des Bundes – liegt darin, dass in der Öffentlichkeit und auch bei den finanzschwachen Ländern die föderale »Grundsatztreue« durch eine Politik des »goldenen Zügels« durch den Bund zurückgestellt wird.[18]

Angesichts der zentralen Bedeutung des Bildungsthemas musste jeder neue Anlauf einer Föderalismusreform hier ansetzen.

4. Der Anlauf zu einer Reform unter der zweiten Großen Koalition 2005

Schon bald nach dem Scheitern der Föderalismuskommission zum Jahresende 2004 liefen im Hintergrund und ohne breite Medienberichterstattung die Gespräche über eine Reform im Bund-Länder-Kreis weiter und waren bis zum Frühjahr 2005 weit vorangeschritten. Die Landtagswahlen in Nordrhein-Westfalen im Mai 2005 und die sich daran anschließende Ankündigung von Neuwahlen durchkreuzten einen in Greifweite liegenden Kompromiss. Die erreichte Zwischenlösung wurde dann auf Eis gelegt (vgl. Hrbek 2006). Im Rahmen der Koalitionsverhandlungen im Oktober und November 2005 konnten Union und SPD auf dieses Papier zurückgreifen und vor Abschluss der Koalitionsverhandlungen legten Rainer Holtschneider für die SPD-Seite und Walter Schön für die Union, welche schon für die beiden Vorsitzenden Franz Müntefering und Edmund Stoiber die Hauptarbeiten verrichteten und die Verhandlungslinien sehr gut kannten, ein neues Papier vor. Das war in weiten Teilen identisch mit dem, auf das man sich im Frühsommer 2005 bereits geeinigt hatte. Bemerkenswert ist die neue und bescheidenere Perspektive, die die Gespräche auf Expertenebene offensichtlich leiteten: »Von der Staats- und Verfassungsreform über den Ansatz der Optimierung der Staatsverwaltung hatte sich die Ausgangslage der Föderalismusreform auf die Machbarkeitsüberlegungen der juristisch geschulten Beamtenebene verengt« (Sturm 2006: 116).

Das Kompromisspapier, das dann später dem Koalitionsvertrag als Anhang beigelegt wurde, sah weit reichende Änderungen des Grundgesetzes in mehreren Bereichen vor: (1) Mitwirkungsrechte des Bundesrates; (2) Reform der Gesetzgebungskompetenzen; (3) Neuordnung der Finanzverantwortung; (4) Europatauglichkeit und (5) Hauptstadt Berlin (vgl. Sturm 2006: 117).[19] Die neue Regierung legte ein »beträchtliches politisches Kapital« (Sturm 2006: 116) in die Föderalismusreform und wollte mit dem Gelingen den Beweis der Handlungs- und Reformfähigkeit der zweiten Großen Koalition erbringen. Entsprechend groß waren auch die Erwartungen der Öffentlichkeit und der Medien. Das Reformpapier knüpfte die Reduktion der Beteiligung des Bundesrates an die Reform der Artikel 84 und 85 des Grundgesetzes, welche die Ausführung der Bundesgesetze durch die Länder regelt. Die prognostizierte quantitative Reduzierung der Mitwirkung des Bundesrates löst jedoch nicht das eigentliche politische Problem: »brisante Streitfälle« (Sturm 2006: 118), wie etwa das Zuwanderungsgesetz, würden durch die neue Regelungen, wie sie die Große Koalition vorsieht, nicht entschärft.[20]

Die Abweichungsgesetzgebung und die Streichung der Gemeinschaftsaufgabe Hochschulbau zugunsten der Länder und das damit verknüpfte Verbot einer Kooperation zwischen beiden Ebenen kann als eindeutige Stärkung der reichen Länder gesehen werden. So konnte es nicht überraschen, dass bei den Anhörungen im Bundestag im Mai 2006, die gegen den Widerstand der Regierung durchgesetzt werden mussten, gerade diese Aspekte von Seiten der schwächeren Länder und auch von weiten Teilen der Sachverständigen breit kritisiert worden sind. Ebenso kritisiert wurden die geplanten Veränderungen in den Bereichen Umweltrecht – die Abweichungsmöglichkeiten würden, so die Befürchtung bei Verbänden und Unternehmen zu einer »Pingpong-Gesetzgebung« zwischen Bund und Ländern und einer Rechtsunsicherheit führen –, aber auch im Strafrecht und bei der Beamtenbesoldung.[21]

5. Analyse und Zusammenfassung

Als die Sachverständigenanhörungen zu den Gesetzesvorschlägen der Großen Koalition Anfang Juni 2006 abgeschlossen waren, war wieder die Stunde des *bargaining* zwischen Bund und Ländern und zwischen den Spitzenpolitikern der Großen Koalition gekommen; wobei es im Juni 2006 dann auch zu kleineren Änderungen des so genannten »Kooperationsgebots« im Hochschulbereich gekommen ist.[22] Wenn zum Zeitpunkt des Schreibens der Gesetzgebungsprozess auch noch nicht endgültig abgeschlossen ist, lassen sich einige vorläufige Schlussfolgerungen auf der Basis des *multiple streams*-Ansatzes ziehen, die das erwartete Gelingen und – im negativen Falle – das abermalige Scheitern einer Reform des Bundesstaates erklären können. Die Analyse hat gezeigt, dass Reformen, die zu einer echten Umverteilung politischer Macht führen, nur dann möglich sind, wenn eine Reihe von Faktoren und »Ströme« im politischen Prozess zusammenkommen – dies ist die zentrale These des *multiple streams*-Ansatzes. In der zweiten Hälfte der 1990er Jahre fand das Thema Föderalismusreform heraus aus den Expertenzirkeln in die breite politische Öffentlichkeit; eine Reihe von Akteuren haben diese Art des *going public* unterstützt und forciert; eine wichtige Rolle spielten hier auch eine Reihe von Stiftungen, wie die Bertelsmann Stiftung und auch die großen parteinahen Stiftungen, die zahlreiche Studien zu Einzelfragen unterstützt und erfolgreich in die Öffentlichkeit und in die Politik hineingewirkt haben. Zu den wichtigsten politischen Akteuren gehörten die Ministerpräsidenten der großen und ökonomisch starken Länder wie Bayern und Baden-Württemberg. Aber auch zentrale und meinungsbildende Medien wie »Der Spiegel« und die »Frankfurter Allgemeine Zeitung« haben wesentlich dazu beigetragen, die Virulenz des Problems zu verdeutlichen und einen Konsens in Bezug auf das Problem als solches herzustellen (»Problem-Strom«).[23]

Aus der Vielzahl der möglichen Reformansätze haben sich die Konzepte eines stärker auf Wettbewerb hin ausgerichteten Föderalismus und die Stärkung der Länderautonomie als realisierbare Optionen – trotz des Widerstands der möglichen »Verlierer« eines Konkurrenzföderalismus – nach und nach durchsetzen können (»Policy-Strom«). Möglich war dieser schleichende und stillschweigende Wandel des föderalen Leitbildes aber nur, da wichtige, jedoch politisch sensible Themen wie Länderneugliederung und ein Umbau des Finanzausgleichs und des Steuersystems ausgespart wurden. Und schließlich waren politische Akteure (*policy entrepreneurs*) wie Bayerns Ministerpräsident Stoiber (CSU) und SPD-Fraktionschef Müntefering, die beiden Vorsitzenden der Föderalismuskommission, nötig, um eine parteiübergreifende Reformkoalition (*advocacy coalition*) zu organisieren. Ohne dieses politische Engagement und den Einsatz dieser und anderer Spitzenpolitiker wäre die Reform nicht so weit vorangekommen. Denn trotz der allgemeinen und auch in der Öffentlichkeit verbreiteten Überzeugung eines generellen Reformbedarfs, war und ist die »nationale Stimmung« (*national mood*) in der Bevölkerung gegen einen echten Wettbewerbsföderalismus eingestellt.[24] Die »Föderalisten« müssen und mussten deshalb immer in zwei Richtungen vermitteln – gegenüber einer skeptischen Öffentlichkeit einerseits und gegenüber den möglichen politischen

Verlierern eines weit reichenden Umbaus andererseits; zu den Verlierern gehören die Bundesministerien, die bei einer Übertragung von Kompetenzen auf die Ländern an Bedeutung und politischer Gestaltungsmacht einbüßen würden (Darnstädt 2006: 58); ebenso die ökonomisch schwachen ost- und westdeutschen Länder sehen in einem Wettbewerbsföderalismus eine Bedrohung ihrer Existenz, da sie erheblich vom Finanzausgleich abhängig sind.

Darüber hinaus lässt sich an der aktuellen Reformdebatte zeigen, dass auch in einer Großen Koalition die Regierung und die Bundeskanzlerin nicht »durchregieren« können, sondern *de facto* von der politischen Unterstützung der Länderministerpräsidenten abhängig sind; nur so ist zu erklären, dass große Reformprojekte wie die Gesundheitsreform in Gremien und Bund-Länder-Fachbruderschaften vorbereitet werden, in denen die zuständige Bundesministerin nur eine Art Moderatorenrolle spielt. Deutlich wurde in der Reformdebatte auch, dass zwischen Bund und Ländern ein generelles politisches Misstrauen vorherrscht, sich ein *federal spirit* selten zeigt. Die Länder hängen häufig einem »Kantönligeist« an und zeigen eine Prinzipienreiterei, welche die gesamtstaatliche Verantwortung des Bundes etwa in der Bildungs- und Forschungspolitik ignoriert; der Bund unterstellt auf der anderen Seite den Ländern generell, dass sie zu einer verantwortlichen und effizienten Problemlösung nicht in der Lage seien.

Und schließlich hat auch die jüngste Föderalismusreformdebatte gezeigt, dass – entgegen der weit fortgeschrittenen »Europäisierung« der Politik in Deutschland – die europäische Dimension und die Einbindung in das europäische Mehrebenensystem die Diskussionen kaum geprägt haben. Die Debatten um eine angemessene Vertretung der Länder in EU-Angelegenheiten ersetzt diese noch ausstehende Grundsatzdebatte nicht; die »Europablindheit« der bisherigen Reformdiskussion sollte bei künftigen Diskussionen verhindert werden, denn die Bundesrepublik Deutschland stellt längst ein »europäisiertes Regierungssystem« (Sturm/Pehle 2005: 5) dar.

Aus heutiger Sicht ist zu sagen, dass die von der zweiten Großen Koalition in Angriff genommene Reform des Föderalismus nicht die letzte ihrer Art gewesen sein wird. Die zweite Stufe dieser Reform, in der dann das föderale Finanzsystem auf den Prüfstand gestellt werden soll, wird, wenn überhaupt, unter sehr viel größeren Mühen umgesetzt werden können. Auch wenn das Rosendickicht, das sich in den vergangenen Jahrzehnten um den deutschen Bundesstaat geschlungen hat, an einigen Stellen gelichtet werden kann, so wachsen fast ebenso schnell neue Rosen nach.

Fließrichtung der Ströme im multiple streams-Ansatz[25]

	Positiv	Negativ
Problem-Strom	Das Thema »Föderalismusreform« ist aktuell; es besteht eine weitgehende Einigkeit über die Virulenz des Problems	Das Thema »Föderalismusreform« wird nur in Expertenkreisen diskutiert; über die prinzipielle Notwendigkeit einer Reform besteht keine Einigkeit
Policy-Strom	Es existieren politische Konzepte und Strategien (z. B. »Wettbewerbsföderalismus« oder Stärkung der regionalen Autonomie einerseits und der Handlungsfähigkeit des Bundes andererseits), die politisch und technisch realisierbar erscheinen und künftige Entwicklungen antizipieren	Es existieren keine Konzepte und Strategien, die eine Reform technisch und politisch als möglich erscheinen lassen
Politics-Strom	Politische Akteure engagieren sich glaubwürdig für die Föderalismusreform und machen eine Umsetzung wahrscheinlich	Es gibt keine politischen Akteure, die sich das Thema zu eigen machen und sich für eine Reform einsetzen

Anmerkungen

[1] Das Zitat ist der Überschrift eines Beitrags von Heribert Prantl (2005) entnommen.
[2] Bulletin des Presse- und Informationsamtes der Bundesregierung, Nr. 91 vom 14.11.1996: 991–992.
[3] Frankfurter Allgemeine Zeitung vom 29.11.1996: 5.
[4] Zur öffentlichen Debatte um die Reformblockade vgl. stellvertretend den Titel des Nachrichtenmagazins »Der Spiegel« Nr. 35/1997: »Bonn, Sommer '97: Nichts geht mehr«.
[5] Beide Papiere sind abgedruckt in Hrbek/Eppler (2003: 26–35).
[6] Zu den Themen Innere Sicherheit vgl. Große Hüttmann (2005c) und zur Europafähigkeit des Föderalismus den Beitrag von Roland Sturm in diesem Band sowie Chardon (2005), Eppler (2006), Große Hüttmann (2005a, 2005b) und Hrbek (2005). Vgl. dazu auch allgemein Hesse (2005) und Schubert (2005).
[7] Interview mit Roland Koch in der Süddeutschen Zeitung vom 23.12.2004 (»Bulmahn will Kompetenzen – so viele wie möglich«). Die hessische Regierung hat in dieser Frage beim Bundesverfassungsgericht Klage eingereicht, weil es hier einen Eingriff des Bundes in originäre Länderkompetenzen sieht, vgl. Frankfurter Rundschau vom 07.04.2005: 2 (»Warum Hessen klagt«).
[8] Interview der Frankfurter Allgemeinen Zeitung mit Edelgard Bulmahn vom 23.12.2004 (»40 Prozent Studierende erreichen wir in meiner Amtszeit«).

9 Zu den Einzelheiten der Kompetenzverteilung in der Bildungspolitik vgl. Richter (2005) und Dittmann (2004), mit weiteren Nachweisen.
10 Bundesregierung (2003): »Modernisierung der bundesstaatlichen Ordnung. Position des Bundes« vom 09.04.2003, zit. nach Hrbek/Eppler (2004: 34).
11 Vgl. stellvertretend Süddeutsche Zeitung vom 06.12.2004: 6 (»Kriegserklärung des Bundes«).
12 Süddeutsche Zeitung vom 15.12.2004: 4 (»Universitäten als Manövriermasse: Die Hochschulen sind zu wichtig, als dass man sie allein den Ländern überlassen dürfte«).
13 Frankfurter Allgemeine Zeitung vom 02.09.2004 (»Bulmahn: Bei Bildung keine Kleinstaaterei«).
14 Süddeutsche Zeitung vom 19./20.06.2004 (»Schilys Pläne chancenlos«) und Die Welt vom 26.06.2002 (»Kritik am föderalen Bildungssystem wächst«).
15 Vgl. Frankfurter Allgemeine Zeitung vom 09.01.2004 (»Bulmahn will Spitzenuniversitäten gezielt fördern«); Die Zeit vom 08.01.2004 (»Elite: Die SPD möchte deutsche Spitzenuniversitäten schaffen«) und Frankfurter Allgemeine Zeitung vom 12.05.2004 (Wieviel ist den Länder der Föderalismus wert?«).
16 Die Strategie des *going public* ist bekannt aus der US-amerikanischen Politik, derzufolge der Präsident durch Mobilisierungskampagnen Unterstützung in der Öffentlichkeit zu gewinnen versucht und dadurch – eine hohe öffentliche Unterstützung für sein Vorhaben vorausgesetzt – den Kongress unter Druck setzen kann (vgl. Kernell 1993).
17 Frankfurter Allgemeine Zeitung vom 18.12.2004 (»Alles schien schon fertig«) und Die Zeit vom 22.12.2004 (»Hauptfach: Eifersucht«).
18 Der hessische Ministerpräsident Roland Koch (CDU) erläuterte seine Ablehnung der vom Bundesbildungsministerium vorgeschlagenen Forschungsförderung – alle anderen 15 Wissenschaftsminister einigten sich mit dem Bund – so: »Ich bin [...] nicht bereit, für ein paar Millionen Euro die Prinzipien aufzugeben, für die ich ins Amt gewählt worden bin [...]. Da entscheide ich mich im Zweifel für die Grundsatztreue«; Interview in Der Spiegel, Nr. 15/2005, 11.04.2005: 21.
19 Vgl. Gemeinsam für Deutschland. Mit Mut und Menschlichkeit. Koalitionsvertrag von CDU, CSU und SPD, 11. November 2005.
20 In diesem Sinne muss auch die allein auf eine quantitative Reduzierung der Zustimmungsgesetze und Mitwirkung des Bundesrates angelegte Studie des Wissenschaftlichen Dienstes des Deutschen Bundestages in ihrer Aussagekraft relativiert werden; vgl. Harald Georgii/Sarab Borhanian 2006: Zustimmungsgesetze nach der Föderalismusreform; Studie des Wissenschaftlichen Dienstes des Deutschen Bundestages (Mai 2006). Berlin.
21 Vgl. dazu stellvertretend Das Parlament, 13.03.2006: 1, 3 (»Zündstoff auf der Zielgeraden«) sowie Das Parlament, 22./29.05.2006: 1 (»Das Paket ist noch nicht geschnürt«) und Die Zeit vom 01.02.2006 (»Pingpong mit Paragrafen«). Vgl. ausführlich zu den Regelungen im Umweltrecht den Beitrag von Eppler (2006).

[22] Vgl. Frankfurter Allgemeine Zeitung, 20.06.2006: 1 (»Der Ball liegt auf dem Elfmeterpunkt«).
[23] Vgl. dazu auch Sturm (2005).
[24] Vgl. auch Frankfurter Allgemeine Zeitung, 18.11.2004: 1 (»Unentschiedene Föderalisten«).
[25] Tabelle auf der Basis von Münter (2005: 57).

Literatur

Batt, Helge-Lothar 1996: Die Grundgesetzreform nach der deutschen Einheit. Akteure, politischer Prozeß und Ergebnisse. Opladen.

Benz, Arthur 1985: Föderalismus als dynamisches System. Opladen.

Benz, Arthur 1999: Der deutsche Föderalismus. In: Ellwein, Thomas/Holtmann, Everhardt (Hrsg.) (1999): 50 Jahre Bundesrepublik. Opladen: 135–153.

Benz, Arthur 2005: Kein Ausweg aus der Politikverflechtung? – Warum die Bundesstaatskommission scheiterte, aber nicht scheitern musste. In: PVS, 46 (2): 204–214.

Borchard, Michael/Margedant, Udo (Hrsg.) 2006: Der deutsche Föderalismus im Reformprozess. Zukunftsforum Politik, Nr. 69. Konrad-Adenauer-Stiftung. Sankt Augustin.

Chardon, Matthias 2005: Art. 23 GG als »institutionalisiertes Misstrauen«: Zur Reform der europapolitischen Beteiligung der Länder in den Beratungen der Bundesstaatsreform. In: Europäisches Zentrum für Föderalismus-Forschung (Hrsg.) (2005): Jahrbuch des Föderalismus 2005. Baden-Baden: 135–149.

Chardon, Matthias/Göth, Ursula/Große Hüttmann, Martin/Probst-Dobler, Christine (Hrsg.) 2003: Regieren unter neuen Herausforderungen: Deutschland und Europa im 21.Jahrhundert. Festschrift für Rudolf Hrbek zum 65. Geburtstag. Baden-Baden.

Darnstädt, Thomas 2006: Konsens ist Nonsens. Wie die Republik regierbar wird. München.

Deutscher Bundestag/Bundesrat (Hrsg.) 2005: Dokumentation von Bundestag und Bundesrat zur Modernisierung der bundesstaatlichen Ordnung. Zur Sache 1/2005. Berlin.

Dittmann, Armin 2004: Bildung und Wissenschaft in der bundesstaatlichen Kompetenzordnung. Bestandsaufnahme und Analyse der Entwicklung von Verfassungsrecht und Staatspraxis unter dem Grundgesetz; Rechtsgutachten erstattet im Auftrag des Stifterverbands für die Deutsche Wissenschaft. Juni 2004. Stuttgart.

Eppler, Annegret 2006: Die geplante Reform der Kompetenzverteilung in der Umweltpolitik. In: Europäisches Zentrum für Föderalismus-Forschung (Hrsg.) (2006): Jahrbuch des Föderalismus 2006. Baden-Baden (im Erscheinen).

Eppler, Annegret 2006: Föderalismus-Reform und Europäischer Verfassungsvertrag in Deutschland: Verhandlungspositionen und Kompromissfindung in Fragen der Mitwirkungsrechte der Länder in Europaangelegenheiten. In: Bußjäger, Peter/Gamper, Anna (Hrsg.) (2006): Subsidiarität anwenden: Regionen, Staaten, Europäische Union. Innsbruck: 86–108.

Fischer, Thomas 2003: Zur Europatauglichkeit des deutschen Föderalismus – Anspruch und Wirklichkeit der aktuellen Modernisierungsdebatte. In: Chardon, Matthias/Göth, Ursula/Große Hüttmann, Martin/Probst-Dobler, Christine (Hrsg.) 2003: Regieren unter neuen Herausforderungen: Deutschland und Europa im 21.Jahrhundert. Festschrift für Rudolf Hrbek zum 65. Geburtstag. Baden-Baden: 83–96.

Friedrich, Carl J. 1964: Nationaler und internationaler Föderalismus in Theorie und Praxis. In: Politische Vierteljahresschrift 5 (2): 154–187.

Große Hüttmann, Martin 2004: Der Föderalismus auf dem Prüfstand. Von der öffentlichen Reform-Debatte in den 1990er Jahren zur Bundesstaats-Kommission 2003/04. In: Wehling, Hans-Georg (Hrsg.) (^{3}2004): Die deutschen Länder. Opladen: 311–335.

Große Hüttmann, Martin 2005a: »Wir müssen aus dem Mischmasch raus«: Die Europafähigkeit des deutschen Föderalismus. In: Decker, Frank (Hrsg.) (2005): Föderalismus an der Wegscheide? Optionen und Perspektiven einer Reform der bundesstaatlichen Ordnung, Wiesbaden: 203–222.

Große Hüttmann, Martin 2005b: Wie europafähig ist der deutsche Föderalismus?. In: Aus Politik und Zeitgeschichte 13–14/2005: 27–32.

Große Hüttmann, Martin 2005c: »Der Terrorismus bedroht das ganze Land«: Die Debatte um eine Reform des Sicherheitsföderalismus. In: Europäisches Zentrum für Föderalismus-Forschung (Hrsg.) (2005): Jahrbuch des Föderalismus 2005. Baden-Baden: 174–186.

Grube, Norbert 2004: Unverzichtbares Korrektiv oder ineffektive Reformbremse? Wahrnehmungen föderaler Strukturen und Institutionen in Deutschland. In: Europäisches Jahrbuch des Föderalismus (Hrsg.) (2004): Jahrbuch des Föderalismus 2004. Baden-Baden: 163–175.

Henkel, Hans-Olaf 1997: Für eine Reform des politischen Systems. In: Manfred Bissinger (Hrsg.) (1997): Stimmen gegen den Stillstand. Roman Herzogs »Berliner Rede« und 33 Antworten. Hamburg: 87–90.

Hennis, Wilhelm 1993: Auf dem Weg in eine ganz andere Republik. Die geplante Verfassungsreform verschiebt die Statik des Grundgesetzes. In: Frankfurter Allgemeine Zeitung vom 26.02.1993: 35.

Hesse, Jens Joachim 2005: Das Scheitern der Föderalismuskommission – Ist der deutsche ‚Bundesstaat reformierbar? In: Zeitschrift für Staats- und Europawissenschaften, H. 1: 109–123.

Hesse, Konrad 1962: Der unitarische Bundesstaat. Karlsruhe.

Hrbek, Rudolf 2001: Die föderale Ordnung – Anspruch und Wirklichkeit. In: Marie-Luise Recker u. a. (Hrsg.) (2001): Bilanz – 50 Jahre Bundesrepublik Deutschland. St. Ingbert: 53–68.

Hrbek, Rudolf 2004: Auf dem Weg zur Föderalismus-Reform: die Kommission zur Modernisierung der bundesstaatlichen Ordnung. In: Europäisches Zentrum für Föderalismus-Forschung (Hrsg.) (2004): Jahrbuch des Föderalismus 2004. Baden-Baden: 147–162.

Hrbek, Rudolf 2005: Der deutsche Bundesstaat in der EU. Die Mitwirkungsrechte der deutschen Länder in EU-Angelegenheiten als Gegenstand der Föderalismus-Reform. In: Gaitanides, Charlotte u. a. (Hrsg.) (2005): Europa und seine Verfassung. Festschrift für Manfred Zuleeg. Baden-Baden: 256–273.

Hrbek, Rudolf 2006: Ein neuer Anlauf zur Föderalismus-Reform: Das Kompromisspaket der Großen Koalition. In: Europäisches Zentrum für Föderalismus-Forschung (Hrsg.) (2006): Jahrbuch des Föderalismus 2006. Baden-Baden (im Erscheinen).

Hrbek, Rudolf/Eppler, Annegret (Hrsg.) 2003: Deutschland vor der Föderalismus-Reform. Eine Dokumentation. Europäisches Zentrum für Föderalismus-Forschung, Occasional Papers Nr. 28. Tübingen.

Hrbek, Rudolf/Eppler, Annegret (Hrsg.) 2005: Die unvollendete Föderalismus-Reform. Eine Zwischenbilanz nach dem Scheitern der Kommission zur Modernisierung der bundesstaatlichen Ordnung im Dezember 2004. Europäisches Zentrum für Föderalismus-Forschung, Occasional Papers Nr. 31, Tübingen.

Kernell, Samuel ^{2}1993: Going Public. New Strategies of Presidential Leadership. Washington.

Kingdon, John W. ^{2}1995: Agendas, Alternatives, and Public Policies. New York.

Kirchhof, Ferdinand 2001: Neue Wege durch ein Maßstäbegesetz? Die Entscheidungen des Bundesverfassungsgerichts zum Finanzausgleich zwischen Bund und Ländern. In: Europäisches Zentrum für Föderalismus-Forschung (Hrsg.) (2001): Jahrbuch des Föderalismus 2001. Baden-Baden: 143–153.

Klatt, Hartmut 1982: Parlamentarisches System und bundesstaatliche Ordnung: Konkurrenzföderalismus als Alternative zum kooperativen Bundesstaat. In: Aus Politik und Zeitgeschichte. B31/82: 3–24.

Korioth, Stefan 1997: Der Finanzausgleich zwischen Bund und Ländern. Tübingen.

Krockow, Christian Graf von 1976: Reform als politisches Prinzip. München.

Kunze, Renate 1968: Kooperativer Föderalismus in der Bundesrepublik. Zur Staatspraxis der Koordinierung von Bund und Ländern. Stuttgart.

Laufer, Heinz/Münch, Ursula 1997: Das föderative System der Bundesrepublik Deutschland. Bundeszentrale für politische Bildung. Bonn.

Lehmbruch, Gerhard 1976: Parteienwettbewerb im Bundesstaat. Stuttgart u. a.

Lehmbruch, Gerhard 2000: Bundesstaatsreform als Sozialtechnologie? Pfadabhängigkeit und Verhandlungsspielräume im deutschen Föderalismus. In: Europäisches Zentrum für Föderalismus-Forschung (Hrsg.) (2000): Jahrbuch des Föderalismus 2000. Baden-Baden: 71–93.

Lhotta, Roland/Höffken, Heinz-Werner/Ketelhut, Jörn 2005: Von Fröschen, Sümpfen und Tauschgeschäften: Zur Logik des Scheiterns bundesstaatlicher Reformen im Beteiligungsföderalismus am Beispiel von Gesetzgebung und Gemeinschaftsaufgaben. In: Hrbek, Rudolf/Eppler, Annegret (Hrsg.) 2005: Die unvollendete Föderalismus-Reform. Eine Zwischenbilanz nach dem Scheitern der Kommission zur Modernisierung der bundesstaatlichen Ordnung im Dezember 2004. Europäisches Zentrum für Föderalismus-Forschung, Occasional Papers Nr. 31. Tübingen: 15–42.

Meijerink, Sander 2005: Understanding policy stability and change. The interplay of advocacy coalitions and epistemic communities, windows of opportunity, and Dutch coastal flooding policy 1945–2003. In: Journal of European Public Policy, 12 (6): 1060–1077.

Metzler, Gabriele 2005: Konzeptionen politischen Handelns von Adenauer bis Brandt. Politische Planung in der pluralistischen Gesellschaft. Paderborn u. a.

Münter, Michael, 2005: Verfassungsreform im Einheitsstaat. Die Politik der Dezentralisierung in Großbritannien. Wiesbaden.

Ostrom, Elinor/Garner, Roy/Walker, James 1994: Rules, Games, Common-Pool Resources. An Arbor.

Prantl, Heribert 2005: Der deutsche Föderalismus schläft wie Dornröschen und er wird von Dornen und Gestrüpp erstickt: Die Neuorganisation der deutschen Staatlichkeit ist wichtiger als jede andere Reform. In: Süddeutsche Zeitung vom 06./07.08.2005: 10.

Renzsch, Wolfgang 1991: Finanzverfassung und Finanzausgleich. Die Auseinandersetzungen um ihre politische Gestaltung in der Bundesrepublik Deutschland zwischen Währungsreform und deutscher Vereinigung (1948–1990). Bonn.

Richter, Ingo 2005: Das Bildungswesen im Föderalismusstreit. In: Hrbek, Rudolf/Eppler, Annegret (Hrsg.) 2005: Die unvollendete Föderalismus-Reform. Eine Zwischenbilanz nach dem Scheitern der Kommission zur Modernisierung der bundesstaatlichen Ordnung im Dezember 2004. Europäisches Zentrum für Föderalismus-Forschung, Occasional Papers Nr. 31. Tübingen: 43–57.

Scharpf, Fritz W. 1985: Die Politikverflechtungs-Falle: Europäische Integration und deutscher Föderalismus im Vergleich. In: Politische Vierteljahresschrift, 26 (4): 323–356.

Scharpf, Fritz W. 2005: Recht und Politik in der Reform des deutschen Föderalismus. MPIfG Working Paper 05/06. Juni 2005. Köln.

Scharpf, Fritz W. 2006: Nicht genutzte Chancen der Föderalismusreform. MPIfG Working Paper 06/2, April 2006. Köln.

Scharpf, Fritz W./Reissert, Bernd/Schnabel, Fritz 1976: Politikverflechtung: Theorie und Empirie des kooperativen Bundesstaates in der Bundesrepublik. Kronberg/Ts.

Schatz, Heribert/van Ooyen, Robert Chr./Werthes, Sascha 2000: Wettbewerbsföderalismus. Aufstieg und Fall eines politischen Streitbegriffs. Baden-Baden.

Scheuner, Ulrich 1978: Wandlungen im Föderalismus der Bundesrepublik. in: Ulrich Scheuner (1978): Staatstheorie und Staatsrecht. Gesammelte Schriften. hrsgg. von Joseph Listl und Wolfgang Rüfner. Berlin: 435–452.

Schmahl, Stefanie 2006: Bundesverfassungsgerichtliche Neujustierung des Bund-Länder-Verhältnisses im Bereich der Gesetzgebung. In: Europäisches Zentrum für Föderalismus-Forschung (Hrsg.) (2006): Jahrbuch des Föderalismus 2006. Baden-Baden (im Erscheinen).

Schubert, Simon 2005: Die »Kommission zur Modernisierung der bundesstaatlichen Ordnung«: Auftrag, Arbeitsweise, erkennbare Kompromisslinien. In: Zeitschrift für Staats- und Europawissenschaften. H. 1: 124–146.

Sturm, Roland 1999: Das Selbstverständnis des deutschen Föderalismus im Wandel: Eine Betrachtung in vergleichender Perspektive. In: Reinhard C. Meier-Walser und Gerhard Hirscher (Hrsg.) (1999): Krise und Reform des Föderalismus. München: 111–118.

Sturm, Roland 2001: Föderalismus in Deutschland. Berlin.

Sturm, Roland 2003: Die »europäische Konstellation« – Zur Europäisierung politischen Entscheidens. In: Chardon, Matthias/Göth, Ursula/Große Hüttmann, Martin/Probst-Dobler, Christine (Hrsg.) 2003: Regieren unter neuen Herausforderungen: Deutschland und Europa im 21. Jahrhundert. Festschrift für Rudolf Hrbek zum 65. Geburtstag. Baden-Baden: 47–58.

Sturm, Roland 2005: Föderalismusreform: Kein Erkenntnisproblem, warum aber ein Gestaltungs- und Entscheidungsproblem? In: PVS, 46 (2): 195–203.

Sturm, Roland 2006: Die Föderalismusreform: Gelingt der große Wurf? In: Sturm, Roland/Pehle, Heinrich (Hrsg.) 2006: Wege aus der Krise? Die Agenda der zweiten Großen Koalition. Opladen und Farmington Hills: 113–132.

Sturm, Roland/Pehle, Heinrich (Hrsg.) 2006: Wege aus der Krise? Die Agenda der zweiten Großen Koalition. Opladen und Farmington Hills.

Sturm, Roland/Zimmermann-Steinhart Petra 2005: Föderalismus – Eine Einführung. Baden-Baden.

Wachendorfer-Schmidt, Ute 2003: Politikverflechtung im vereinigten Deutschland. Wiesbaden.

Zahariadis, Nikolaos 1999: Ambiguity, time, and multiple streams. In: Paul A. Sabatier (Hrsg.) (1999): Theories of the Policy Process. Boulder: 73–93.

Zahariadis, Nikolaos 2003: Ambiguity and Choice in Public Policy. Political Decision-Making in Modern Democracies. Washington.

Petra Zimmermann-Steinhart
Die Beziehungen der regionalen Ebene zur nationalen Ebene in Frankreich

1. Einleitung

Im häufig als solchen bezeichneten Klassiker des Zentralismus, in Frankreich, wäre ein Beitrag mit der Thematik der Beziehungen der regionalen zur nationalen Ebene vor nicht allzulanger Zeit mit einem Fragezeichen zu versehen gewesen. Dies hat sich seit den ersten ernsthaften Dezentralisierungsschritten in den achtziger Jahren des letzten Jahrhunderts grundlegend verändert. Obwohl wir in Bezug auf Frankreich nach wie vor von einem Zentralstaat sprechen, sind eine Reihe von Entscheidungen getroffen worden, die dazu geführt haben, die subnationalen politischen Ebenen Frankreichs zu stärken.

Um der Frage der Beziehungen der regionalen zur nationalen Ebene nachgehen zu können, ist es zunächst sinnvoll, sich mit den Systemprinzipien Frankreichs zu beschäftigen (2). In einem weiteren Schritt werden die Konsequenzen der Systemprinzipien auf die Beziehungen der politischen Ebenen zueinander diskutiert. An diese Diskussion schließt sich ein Ausblick an.

2. Systemprinzipien in Frankreich

Das politische System Frankreichs ist durch drei Prinzipien geprägt, die für die Beziehungen der regionalen zur nationalen Ebene von entscheidender Bedeutung sind. Erstens handelt es sich hierbei um den bereits erwähnten Zentralismus, der sich durch den Jakobinismus begründen lässt. Zweitens wird das System durch eine intensiv betriebene Ämterhäufung und drittens durch die Art und Weise der Rekrutierung des politischen Personals geprägt.

Jakobinismus und Zentralismus

Im Gegensatz zu anderen, beispielsweise den ehemals kommunistisch regierten Staaten Mittel- und Osteuropas, ist der Zentralismus in Frankreich Ausdruck der Demokratie. Ein in allen Teilen der Republik präsenter starker Staat galt nach der Französischen Revolution als Garant der Demokratie gegen restaurative Bestrebungen regionaler Adliger.

Nach der Französischen Revolution wurden Dezentralisierung oder Föderalismus mit dem *ancien régime* verbunden, während die Existenz eines starken Zentralstaates als Gewährleistung der Volkssouveränität und der Demokratie angesehen wurde (Neumann/Uterwedde 1997: 14f.; Münch 2005). Um dem Zentralstaat auch vor Ort eine stärkere Präsenz zu verleihen und um lokalen restaurativen Kräften die Grundlage zu entziehen, wurde das Staatsgebiet mit Wirkung zum Jahr 1790 in die noch heute bestehenden *départements* aufgeteilt. Auf allen kommunalen Ebenen Frankreichs wurden Vertreter des Staates, die so genannten Präfekten, eingesetzt, die bis in die Achtzigerjahre des letzten Jahrhunderts neben ihrer Repräsentationsfunktion vor allem eine Kontrollfunktion innehatten. Die Gebietskörperschaften unterlagen der Vorabkontrolle, der so genannten *tutelle* des jeweiligen Präfekten (vgl. Uterwedde 2001). Das heißt die vom Volk gewählten Vertreter der kommunalen oder *départementalen* Ebene konnten sich nicht auf ein Recht der kommunalen Selbstverwaltung berufen, sondern mussten ihre Aktivitäten vom jeweils zuständigen Präfekten genehmigen lassen. Darüber hinaus war der Präfekt bis zum Jahr 1982 gleichzeitig der Verwaltungschef der Selbstverwaltungsorgane.

Durch die Einrichtung der *départements* und der Präfekturen wurden Verwaltungsaufgaben von Paris in die einzelnen *départements* verlagert. Hierbei handelt es sich jedoch nicht um Dezentralisierung im engen Wortsinn, sondern um eine dezentrale Erledigung von Aufgaben unter der Zuständigkeit der nationalen Ebene.[1] Neben der Absicherung gegen absolutistische Kräfte war es Ziel dieser Umstrukturierung, eine moderne und effiziente Verwaltungsstruktur zu schaffen. Diese Vorstellungen haben das Bewusstsein der Franzosen stark geprägt, sodass die Stärkung subnationaler politischer Ebenen zunächst nicht positiv besetzt ist. Der Jakobinismus wirkt nach wie vor und findet sich quer durch alle Parteien.

Während die Kommunen traditioneller Bestandteil des französischen Staatsaufbaus sind und die *départements* wie erwähnt von Napoleon eingerichtet wurden, entstanden die Regionen in den Fünfzigerjahren als reine Instrumente der für Frankreich typischen Art der Wirtschaftspolitik, der *planification*[2], und hatten ursprünglich keinen gebietskörperschaftlichen Charakter und keine demokratisch legitimierten Vertretungsorgane.

Die ersten signifikanten Dezentralisierungsschritte erfolgten im Rahmen der so genannten Deferre-Reform zwischen 1982 und 1984. Diese Schritte wurden durch das Zusammenspiel von drei Ereignissen möglich: Erstens hatte die zu Beginn der 1970er Jahre neugegründete *Parti Socia-*

liste in ihrem Programm das Schlagwort *autogestion* eingeführt. Im Zusammenhang mit der *autogestion* wurde die Dezentralisierungsdebatte mit Selbstverwaltungsaspekten verknüpft und in einen breiteren Zusammenhang sozialer Gerechtigkeit gestellt, was im französischen Kontext eine substanzielle Veränderung darstellte. Das zweite Ereignis bildete die Wahl von François Mitterrand zum ersten sozialistischen Staatspräsidenten. Die nach Mitterrands Wahl erfolgte Parlamentsauflösung und die anschließende Neuwahl der Nationalversammlung erbrachte drittens eine komfortable Mehrheit für die Sozialisten in dieser Parlamentskammer. Damit konnte Mitterrand sein Versprechen, eine Dezentralisierung durchzuführen, umsetzen (Nakano 2000: 101f.).

Die Dezentralisierungsgesetze umfassen die folgenden Elemente:

1. Die bereits in den 1950er-Jahren als Planungsinstrumente geschaffenen Regionen ohne Volksvertretung und ohne eigene Kompetenzen wurden in den Status einer Gebietskörperschaft erhoben. Für die regionale Versammlung (*conseil régional*) wurde die Direktwahl durch das Volk eingeführt.[3] Der Präsident derselben wurde zum regionalen Verwaltungschef.
2. Auf der Ebene des *départements* wurde der Präfekt als Verwaltungschef durch den Präsidenten der Volksvertretung (*conseil général*) abgelöst. Damit ging die Verantwortung für die Verwaltung des *départements* von der staatlichen Ebene auf die Gebietskörperschaft über.
3. Die *tutelle*, die oben erwähnte staatliche Vorabkontrolle, wurde abgeschafft und durch eine nachträgliche Legalitätskontrolle ersetzt.
4. Es wurde eine Reihe von Kompetenzen auf die Gebietskörperschaften übertragen, begleitet durch einen Transfer von Finanzen.[4]

Das Verhältnis der Gebietskörperschaften zueinander änderte sich durch die Dezentralisierungsgesetze nicht. Die horizontale Anordnung der drei Gebietskörperschaften – Kommune, *département* und Region – blieb davon unberührt. Eine Bestandsgarantie durch die Verfassung hatten bis zum Jahr 2003 außerdem nur die Kommunen und die *départements*, nicht aber die Region. Durch die Dezentralisierungspolitik der Regierung Raffarin erhielten die Regionen im Jahr 2003 Verfassungsrang, die dezentrale Organisation des französischen Staates wurde in der Verfassung verankert.

Dennoch prägt der traditionelle Zentralismus Frankreichs das politische System auch heute noch. So übt Paris beispielsweise eine enorme Anziehungskraft auf politische und administrative Akteure aus. Politische Parteien waren lange Zeit eindeutig von Paris aus gesteuert. Diese Ausprägung hat sich in den letzten Jahren etwas abgeschwächt und die regionalen Parteiebenen haben eine gewisse, allerdings geringe Eigenständigkeit entwickelt, die sich jedoch eher an Personalfragen und über einzelne politische Akteure definiert als entlang programmatischer Fragen. Regionalparteien finden sich in Frankreich nicht. Es gibt zwar in einzelnen Regionen, wie etwa in Rhône-Alpes Parteien, die mit einem regionalen Bezug an Regionalwahlen teilnehmen und bis 2004 auch in den Regionalversammlungen mit vereinzelten Sitzen vertreten waren, diese spielen jedoch eine sehr untergeordnete Rolle und sind in ihrer Betätigung durch die Änderung des Regionalwahlsystems hin zu einem stärker durch die Mehrheitswahllogik geprägten Modell zusätzlich eingeschränkt worden. Das neue Wahlsystem verlangt von den Parteien, dass sie sich in Vorwahlkoalitionen zusammenschließen, was *single-issue*-Parteien nicht immer leicht fällt. Parteien, die sich darüber definieren, exklusiv für »ihre« Region einzutreten, wie beispielsweise die *Indépendants Savoyards* in den *départements* Savoie und Haute Savoie, riskieren über eine solche Vorwahlkoalition ihr Profil zu verlieren. Ohne das Eingehen einer Listenverbindung ist wiederum die Gefahr groß, keine Mandate zu erringen (vgl. Zimmermann-Steinhart 2005).

Auch nach den Dezentralisierungsschritten der 1980er Jahre verfügten die Regionen über keine legislativen Kompetenzen. Außerdem führte die Dezentralisierung zu einer sehr intransparenten Verteilung der Kompetenzen zwischen den einzelnen Gebietskörperschaften, die in Frankreich nicht in einem hierarchischen Verhältnis zueinander stehen, sondern horizontal angeordnet sind. Das heißt, dass die Region keinesfalls über den Kommunen oder den *départements* steht.

Die intransparente Verteilung der Kompetenzen barg Vor- und Nachteile für die Gebietskörperschaften im Allgemeinen und für die Regionen im Besonderen. Die Nachteile lagen darin, dass dieses System äußerst ineffizient ist, da Aufgaben aneinander vorbei erfüllt wurden (und werden). Die Regionen als neueste und finanziell am schlechtesten ausgestattete Gebietskörperschaft litten darunter am stärksten. Die Intransparenz und die unklare Aufgabendefinition bargen vor allem für die Regionen jedoch auch einen entscheidenden Vorteil. Dadurch, dass die Kompetenzen eben nicht klar verteilt waren, konnten die Regionen diese ausdehnen, ohne Gefahr zu laufen, den rechtlichen Rahmen völlig zu sprengen. So hat die Intransparenz letztlich zu einer Stärkung, zumindest der politisch und wirtschaftlich erfolgreichen Regionen, beigetragen.

Die Dezentralisierungsschritte der Regierung Raffarin hatten zum Ziel, zu einer Effizienz- und Transparenzsteigerung und gleichzeitig zu einer Stärkung der Regionen zu führen. Formal gesehen, haben die Gebietskörperschaften zwar dadurch an Kompetenzen gewonnen, allerdings wurden im Verlauf des Gesetzgebungsprozesses eher die *départements* als die Regionen gestärkt. Die Stärkung der Regionen fiel deshalb wesentlich schwächer aus als im ersten Entwurf der Regierung vorgesehen, weil sich die Regionen einerseits bereits als Sieger des Dezentralisierungsprozesses gesehen hatten und ihre Lobbyarbeit vernachlässigten, während die anderen beiden Ebenen hier intensiv tätig blieben. Zweitens sank das Interesse der konservativen Mehrheit im Senat und auch der konservativen Regierungsmehrheit an einer Stärkung der Regionen merklich, nachdem diese durch die Regionalwahlen im Jahr 2003 erstmals mehrheitlich von den Sozialisten regiert werden.

Ämterhäufung

Ein zweites, für Frankreich typisches Phänomen, bildet die Kombination mehrerer politischer Mandate, die sich auch auf der regionalen Ebene zeigt. Gleichzeitig Ämter auf den unterschiedlichsten politischen Ebenen auszuüben, gilt als völlig normal und erfüllt wichtige Funktionen. Allerdings wurde der *cumul des mandats* derart exzessiv betrieben, dass die Regierung Jospin sich genötigt sah, Einschränkungen gesetzlich zu verankern.

Die Einschränkungen betreffen die Kombination von einem Mandat in der Nationalversammlung oder im Senat mit weiteren Ämtern. Senatoren und Abgeordnete dürfen ihr Mandat nur noch mit einem der folgenden Ämter kombinieren: Regionalrat, Generalrat oder Gemeinderat einer Gemeinde mit mehr als 3.500 Einwohnern. Ein Parlamentssitz (Senat oder Nationalversammlung) ist nicht vereinbar mit einem Mandat im Europäischen Parlament. Grundsätzlich dürfen nicht mehr als zwei der folgenden Ämter miteinander kombiniert werden: Regionalrat, Mitglied der korsischen Versammlung, Generalrat, Rat in Paris, Gemeinderat in Gemeinden mit mehr als 3.500 Einwohnern (Artikel L 46-1, L 46-2, LO 137-1 Code électoral). In einem politischen System, in dem Regionen keine Gesetzgebungskompetenz haben und ihre Möglichkeiten zur Mitwirkung an der zentralstaatlichen Gesetzgebung äußerst begrenzt und auch lediglich indirekt über persönliche Einflussnahme auf den unterschiedlichen Ebenen vorhanden sind, bildet die Ämterhäufung unter Umständen eine Strategie, die nicht nur für den einzelnen Abgeordneten, sondern auch für die Region nützlich sein kann.

Der indirekte Einfluss vollzieht sich über institutionalisierte und informelle Kanäle. Institutionalisiert wird der indirekte Einfluss der Gebietskörperschaften (der Einfluss beschränkt sich nicht auf Regionen) durch die Ämterhäufung (*cumul des mandats*). Zu informellen Einflussmöglichkeiten gehören Gesprächsrunden beim Präsidenten oder Premierminister sowie informelle Kontakte von Regionalpräsidenten zur Regierung (vgl. Neunreither 2001: 113).

Die für Frankreich typische Ämterhäufung wurde zwar durch die Regierung Jospin eingeschränkt, aber nicht völlig abgeschafft, sodass diese Art der Beteiligung nach wie vor wirksam ist. Obwohl der *cumul des mandats* auf regionaler Ebene generell niedriger ausfällt als auf den anderen politischen Ebenen, findet er sich auch hier in signifikantem Umfang. Mit der Einführung der Direktwahl des Regionalrates im Jahr 1986 verschwanden die Mitglieder des Senats, der Nationalversammlung und der Generalräte fast völlig von der Bildfläche, die Bürgermeister der großen Städte vollkommen. Nach der ersten Direktwahl des Regionalrats hatten mehr als 30 % kein weiteres Mandat inne und kamen aus der so genannten Zivilgesellschaft (Jouve 1999: 84).

Als Beispiel für die Ämterhäufung von regionalen politischen Abgeordneten mag die Regionalversammlung Rhône-Alpes dienen: In der Amtsperiode 1998–2004 hatten von 157 Abgeordneten mindestens 100 ein weiteres Mandat, wovon wiederum 29 Abgeordnete zwei oder mehr weitere Mandate innehatten.[5] 47 Regionalräte waren gleichzeitig Gemeinderat, 41 Bürgermeister oder stellvertretende Bürgermeister. Hinzu kommen Vertreter in Distrikt- oder *Arrondissement*-Räten oder in Gremien der *inter-communalité*.[6] Die größte Zahl der Ämterhäufung erfolgte also auf kommunaler bis regionaler Ebene. Ein Mandat auf einer höheren Ebene, also zum Beispiel im Senat, in der *Assemblée Nationale* oder dem Europäischen Parlament übten nur wenige Regionalräte aus: Drei Regionalräte waren Mitglied des Europaparlaments, zwei Regionalräte Mitglieder der *Assemblée Nationale* und einer Mitglied des Senats.[7] Im Vergleich zur vorangegangenen Legislaturperiode hat die Kumulation von Ämtern leicht abgenommen, was auf die gesetzlichen Beschränkungen zurückzuführen ist (vgl. zur Ämterhäufung zwischen 1992 und 1998 Große/Kempf/Michna 1998: 86). Sowohl die damalige Regionalpräsidentin als auch ihr Vorgänger haben sich um Mandate auf nationaler Ebene bemüht. Anne-Marie Comparini war Mitglied der Nationalversammlung, Charles Millon war während seiner Amtszeit als Präsident der Region gleichzeitig Senator. Zwischen 1995 und 1997 war er Verteidigungsminister. Millon hatte damit einen direkten Draht nach Paris, verlor jedoch an Präsenz in der Region.[8] Der derzeitige Präsident dieser Region, Jean-Jack Queyranne ist gleichzeitig Mitglied in der Nationalversammlung.

Die Motivation für die Verknüpfung eines Mandats im Regionalrat mit Mandaten auf kommunaler Ebene und die Verknüpfung mit einem Mandat auf nationaler Ebene unterscheiden sich wesentlich. Die Verweildauer in kommunalen Ämtern ist in Frankreich außerordentlich hoch, wodurch der Bekanntheitsgrad der Amtsinhaber im Laufe der Zeit deutlich ansteigt. Das Verhältniswahlrecht mit Listenwahl auf Départementsebene begünstigt Listen mit möglichst vielen bekannten Persönlichkeiten. Dadurch »landen« viele kommunale und *départementale* Amtsinhaber im Regionalrat (Nay 1997: 180). Das heißt, die Motivation enthält parteistrategische Überlegungen. In der Regel behalten die gewählten Regionalräte ihr lokales oder *départementales* Amt, weil dies als das wichtigere eingestuft wird. Oder die Regionalräte bewerben sich nach ihrer Wahl in den Regionalrat für ein »starkes« lokales Mandat, um so ihre Position innerhalb des Regionalrats zu verstärken. Beide Wirkungsrichtungen sind nachgewiesen (vgl. Séverac/Jouve/Vanier 2001: 235). Die Verknüpfung von lokalen und regionalen Ämtern führt auch dazu, dass die oben aufgezeigten Schwierigkeiten bezüglich der Vertretung regionaler Interessen weiter verstärkt werden: Die Regionalräte, die gleichzeitig ein Amt auf Départements- oder Gemeindeebene ausüben, sind noch stärkere Interessenvertreter dieser Ebene als diejenigen ohne kommunale Ämter (Nay 1997: 176f.).

Die Motivation zur Verknüpfung des regionalen Mandats mit einem nationalen unterscheidet sich hiervon maßgeblich. Erstens ist die Region ein Sprungbrett zur nationalen Ebene. Persönliche Karrierepläne der Abgeordneten spielen folglich eine Rolle. Zweitens wird die personelle Präsenz der maßgeblichen regionalen Akteure auf der nationalen Ebene als vorteilhaft für die Interessenvertretung der Region angesehen und von regionalen Repräsentanten erwartet. In der Regel ist es für eine Region vorteilhaft, wenn die Region über gute Kontakte nach Paris verfügt und nicht auf die Kommunikation mit dem Präfekten angewiesen ist, dessen Einfluss ebenfalls begrenzt ist.[9]

Tabelle 1: Funktionen und Mandate von Jacques Chirac

Zeitraum	Funktion/Mandat
1957–1959	Student an der Ecole nationale d'Administration (ENA)
März 1965–März 1977	Stadtrat der Gemeinde Sainte-Féréole (im Département Corrèze)
März–Mai 1967	Abgeordneter des Départements Corrèze in der Nationalversammlung
1967–1968	Staatssekretär für soziale Angelegenheiten, zuständig für Beschäftigungsprobleme (Regierung Pompidou)
1968–1982	Generalrat des Kantons Meymac. Wiederwahl 1970 und 1976
1968–1971	Staatssekretär für Wirtschaft und Finanzen (Regierungen Pompidou, Couve de Murville und Chaban-Delmas)

Juni 1968–August 1968	Abgeordneter (Union pour la Défense de la République, UDR – Union zur Verteidigung der Republik) des Départements Corrèze
1970–März 1979	Präsident des Generalrats des Départements Corrèze
1971–1972	Staatsminister für Beziehungen zum Parlament beim Premierminister (Regierung Chaban-Delmas)
1972–1973	Minister für Landwirtschaft und Entwicklung ländlicher Gebiete (Regierung Messmer)
März 1973–Mai 1973	Abgeordneter des Départements Corrèze (wiedergewählt)
1973–1974	Minister für Landwirtschaft und Entwicklung ländlicher Gebiete (Regierung Messmer)
1974	Innenminister (Regierung Messmer)
Mai 1974–August 1976	Premierminister
1976	Wiederwahl zum Abgeordneten des Départements Corrèze
1977–1995	Bürgermeister von Paris
März 1978	Wiederwahl zum Abgeordneten des Départements Corrèze
Mai 1979	Wahl zum Vorsitzenden der internationalen Vereinigung der Bürgermeister und Verantwortlichen der ganz oder teilweise frankophonen Hauptstädte und Metropolen (AIMF)
Juni 1979	Wahl zum Abgeordneten des Europaparlamentes (Liste Verteidigung der Interessen Frankreichs in Europa) Mandat 1980 niedergelegt
März 1986–Mai 1988	Premierminister
seit Mai 1995	Staatspräsident

Personalrekrutierung

Das dritte Systemprinzip Frankreichs liegt in der Rekrutierungsweise des politischen Personals. Dieses wird in der Regel nicht über die Mitarbeit in einer Partei rekrutiert, sondern über den Besuch einer Eliteschule, insbesondere der ENA (*Ecole nationale d'Administration*). Das hat zur Konsequenz, dass Politiker einerseits einen ähnlichen Hintergrund haben und andererseits unabhängig ihrer (späteren) Parteizugehörigkeit über gemeinsame Netzwerke verfügen. Neben dem Vorteil gemeinsamer Netzwerke bietet diese Art der Personalrekrutierung aber auch einen entscheidenden Nachteil, der sich in der französischen Politik immer wieder zeigt. Die Inhaber von Mandaten oder hohen Ämtern sind nicht in die Mühlen einer programmatischen Parteiarbeit eingebunden. Dies erlaubt zwar ein höheres Maß an Flexibilität, führt in Frankreich aber auch dazu, dass die Politiker als bürgerfern und abgehoben gelten (vgl. Uterwedde 2003).

3. Schlussfolgerungen aus den Systemprinzipien für die Beziehungen der politischen Ebenen

Aus den oben genannten Systemprinzipien lassen sich zwei wesentliche Schlussfolgerungen ziehen:
1. Die Beziehungen zwischen der regionalen Ebene und der nationalen Ebene ist traditionell durch informelle Kontakte geprägt und stark von den Netzwerken der einzelnen regionalen Akteure abhängig. Je nach Beziehung der maßgeblichen regionalen Akteure zur nationalen Ebene und abhängig vom Verhandlungsgeschick der regionalen Hauptakteure, können Verbesserungen für die Region erzielt werden.
2. Veränderungen durch wechselnde Mehrheiten

Bis zu den Regionalwahlen im Jahr 2003 dominierten die Konservativen die meisten Regionen. Seither werden bis auf das Elsass und Korsika alle Regionen von den Sozialisten regiert. Durch diese Regionalwahlen wurden somit zwar die traditionellen Mehrheitsverhältnisse in den Regionen umgedreht, das bisherige Muster, dass die Regierungspartei in den Regionen die Opposition bildet, wurde jedoch wieder hergestellt. Tabelle 2 verdeutlicht, dass sich die Mehrheiten in den meisten Regionen über weite Zeiträume nicht mit den Mehrheiten in der Nationalversammlung deckten.

Tabelle 2: Mehrheiten auf nationaler und regionaler Ebene

Zeitspanne	Mehrheit auf nationaler Ebene	Mehrheit der Regionen	Präsident
1981–1986	Sozialisten (Mauroy, Fabius)	Konservative	François Mitterrand
1986–1988	Konservative (Chirac)	Konservative	François Mitterrand
1988–1993	Sozialisten (Rockard, Cresson, Bérégovoy)	Konservative	François Mitterrand
1993–1995	Konservative (Balladur)	Konservative	François Mitterrand
1995–1997	Konservative (Juppé)	Konservative	Jacques Chirac
1997–2002	Sozialisten (Jospin)	Konservative	Jacques Chirac
2002–2003	Konservative (Raffarin)	Konservative	Jacques Chirac
Seit 2003	Konservative (Raffarin, de Villepin)	Sozialisten	Jacques Chirac

Quelle: eigene Darstellung

Anders sieht das Verhältnis zu den Mehrheiten im Senat aus. Der Senat ist traditionell konservativ geprägt und dominiert. Das heißt, dass die in der Regel konservativen Regionalräte über gute Beziehungen in den Senat verfügten. Seit der Regionalwahl 2003 hat sich jedoch auch hier eine Veränderung vollzogen. Während der Senat nach wie vor durch eine konservative Mehrheit geprägt wird, stellen die Sozialisten inzwischen die meisten Regionalpräsidenten.

Eine Folge dieser veränderten Mehrheitsverhältnisse ist an den Dezentralisierungsgesetzen der Regierung Raffarin zu sehen: Der Senat verhinderte eine signifikante Ausweitung der wirtschaftspolitischen Kompetenzen der Regionen, nachdem die Konservativen die Regionalwahlen verloren hatten.

Während der Beratungen des Gesetzes über die lokalen Kompetenzen *(loi sur les libertés et responsabilités locales)*,[10] die nach den Regionalwahlen stattfanden, beschloss die konservative Senats-Mehrheit Änderungen am Entwurf der Regierung Raffarin, die die Kompetenzen der Regionen vor allem im für sie wichtigsten Bereich, der regionalen Wirtschaftspolitik, im Vergleich zur ursprünglichen Fassung deutlich einschränken.

Die vorherige Kompetenzausweitung der Region hinsichtlich der Wirtschaftspolitik stellte eines der wenigen Politikfelder dar, in denen die Dezentralisierung seitens der Bevölkerung nicht abgelehnt wurde. Das Gesetz, gegen das in der Nationalversammlung eine Vielzahl von Änderungsanträgen eingebracht wurden – allein die Linke brachte 5000 Anträge ein –, wurde schließlich durch das Verfahren der *vote bloquée* beschlossen. Dieses Verfahren erlaubt es dem Premierminister erstens, sämtliche bislang eingebrachten Änderungen beider Kammern rückgängig zu machen und zweitens, das Gesetz ohne Diskussion zu verabschieden. Obwohl dieses Verfahren es ermöglicht, im Parlament bereits beschlossene Änderungen zu ignorieren und die ursprüngliche Vorlage noch einmal vorzulegen, hat Raffarin diese Änderung des Senats beibehalten und das Gesetz damit in einer Form vorgelegt, die seiner eigenen Konzeption nicht mehr gerecht wurde. Dieser Positionswandel lässt sich nur damit erklären, dass die Regionen seit der Regionalwahl im März 2004 nicht mehr von den Konservativen, sondern erstmals von den Sozialisten dominiert werden und die neuen Regionalpräsidenten lautstark Kompetenzen eingefordert hatten, die ihnen die konservative Regierung nicht zugestehen wollte.[11] Raffarins Position war nicht gefestigt genug, dass er deswegen den Konflikt mit wichtigen Akteuren innerhalb der eigenen Partei hätte riskieren können.

4. Ausblick

Angesichts der diskutierten Prinzipien, die das politische System Frankreichs dominieren, stellt sich die Frage, wie sich die Beziehung der regionalen Ebene zur nationalen Ebene in Zukunft weiter entwickeln wird. Die

Dezentralisierung kann nicht als abgeschlossen betrachtet werden, sondern ist vielmehr als Prozess zu verstehen, da die Gebietskörperschaften einerseits nicht mit dem Ergebnis einverstanden sind und eine andere Ausgestaltung fordern. Der Vergleich mit Dezentralisierungsprozessen anderer politischer Systeme (vgl. z. B. Münter in diesem Band) zeigt andererseits, dass sich aus solchen Prozessen Eigendynamiken entwickeln, die nicht oder nur schwer wieder zu bremsen oder gar zu stoppen sind. Hier scheint sich die Annahme der institutionalistischen Theorie zu bestätigen, dass ein einmal eingeschlagener Pfad nicht ohne weiteres verlassen werden kann und dass einmal geschaffene Institutionen die in ihnen handelnden Akteure in ihrem Denken und Handeln beeinflussen.

Einem schnellen Fortschreiten der Dezentralisierung in Frankreich steht aber eine Reihe von Punkten entgegen. Erstens wird die derzeitige Regierung angesichts der Mehrheitsverhältnisse auf regionaler Ebene keine weiteren Kompetenzen an die Regionen abgeben – zumindest keine solchen, die deren Gestaltungsspielräume erweitern könnten. Dass die Regionen weitere unliebsame Kompetenzen erhalten werden, ist ebenfalls nicht absehbar, da diese Regierung zu schwach ist, um so kurz vor der Präsidentschaftswahl weitere Konflikte bestreiten zu können. Zweitens ist die Dezentralisierung, die in allen politischen Lagern umstritten war und ist, so sehr in Misskredit geraten, dass die Regierung vor den Wahlen auch aus diesem Grund keine weiteren Schritte einleiten wird. Die sozialistischen Regionalpräsidenten fordern zwar in schöner Regelmäßigkeit weitere Kompetenzen, doch zumindest bis zur Präsidentschaftswahl im Jahr 2007 kann auch dies als Oppositionsrhetorik eingeordnet werden. In welcher Form die Dezentralisierung weiter geführt werden wird, hängt damit in erster Linie vom Ausgang der Präsidentschafts- und der Parlamentswahl im Jahr 2007 ab. Sollte es Ségolène Royal gelingen, Präsidentin zu werden und mit einer entsprechenden Mehrheit in der Nationalversammlung ausgestattet zu werden, wird es interessant sein, zu beobachten, ob sie ihre Erfahrungen als Regionalpräsidentin dafür einsetzen wird, den Regionen mehr Gewicht zu verleihen. Auch eine sozialistische Regierung wird dies nicht ohne weiteres tun, da auch sie damit rechnen muss, für ihre Politik bei den nächsten Regionalwahlen abgestraft zu werden und sich damit in der gleichen Konstellation wie 1986 wiederzufinden. Schnelle und sehr weitreichende Veränderungen werden durch die Systemprinzipien verhindert werden, unabhängig davon, welche Partei die nächsten Wahlen gewinnen wird.

Anmerkungen

1. Es lassen sich drei Arten von Dezentralisierung unterscheiden: administrative Dezentralisierung, exekutive Dezentralisierung und legislative Dezentralisierung. Im Fall der administrativen Dezentralisierung werden Verwaltungsaufgaben dezentral erledigt, ohne dass die Zuständigkeit von der nationalen Ebene auf eine regionale Ebene übertragen wird. Konkreter bedeutet dies, dass die Verwaltungsaufgaben durch dezentral angesiedelte Abteilungen nationaler Ministerien erfüllt werden. Diese Form der Dezentralisierung wird daher auch als Dekonzentration bezeichnet. Bei der exekutiven Dezentralisierung handelt es sich ebenfalls um eine dezentrale Erledigung von Verwaltungsaufgaben. Im Unterschied zur administrativen Dezentralisierung werden die Aufgaben in diesem Fall aber zur eigenständigen Erledigung auf die Gebietskörperschaften übertragen. Die dritte Stufe der Dezentralisierung bildet die legislative Dezentralisierung. Sie beinhaltet die Übertragung von Gesetzgebungskompetenzen auf ein regionales Parlament. Im Unterschied zum Föderalismus liegt die allgemeine Zuständigkeitsvermutung jedoch nach wie vor beim nationalen Parlament, das heißt, Gesetzgebungskompetenzen werden zwar vom nationalen Parlament auf regionale Parlamente übertragen, können aber zumindest theoretisch wieder zurückverlagert werden (vgl. Sturm/Zimmermann-Steinhart 2005).
2. Vgl. nächster Abschnitt.
3. Die Wahlen finden für alle Regionen gleichzeitig und nach dem gleichen Wahlsystem statt. Die ersten direkten Wahlen wurden im Jahr 1986 abgehalten.
4. Vgl. zur Dezentralisierungsgeschichte Frankreichs insbesondere (Neumann/ Uterwedde 1997; Uterwedde 2000).
5. Von vier Regionalräten liegen keine Angaben vor.
6. Die *inter-communalité* sind Zweckverbände mehrerer Kommunen. Diese haben in Frankreich auf Grund der häufig viel zu geringen Größe der Kommunen beziehungsweise der nicht erfolgten Gemeindereform eine wachsende Bedeutung. Vor allem in Ballungsgebieten, in denen das Zentrum längst weit über die Gemeindegrenzen hinausgewachsen ist, aber nie eine Anpassung der kommunalen Strukturen erfolgte, ist die interkommunale Zusammenarbeit unumgänglich, um zum Beispiel die Müllentsorgung oder die Finanzierung von Krankenhäusern zu bewältigen (zur Entwicklung der *inter-communalité*: Scargill 1996).
7. Hinzu kommen noch zwei potenzielle Nachrücker für die Nationalversammlung und ein potenzieller Nachrücker für den Senat.
8. Nach heutigen Regelungen wäre diese Ämterkombination nicht mehr möglich.
9. Diese Einschätzung wird von allen Gesprächspartnern in der Region bestätigt.
10. Loi n° 2004-809 du 13 août 2004 relative aux libertés et responsabilités locales (JO du 17 août 2004 : 14545).
11. Vgl. (Van Eeckhout 2004) http://abonnes.lemonde.fr/cgi-bin/ACHATS/ARCHIVES/archives.cgi?ID=0721c67f7e2990bb1121b4c4144066a7bcea1c461c5c23 78&print=1).

Literatur

Große, Ernst Udo/Kempf, Udo/Michna, Rodolf (1998): Rhône-Alpes: Eine europäische Region im Umbruch. Berlin.

Jouve, Bernard (1999): L'action internationale et la production du territoire: les stratégies de légitimation du conseil régional Rhône-Alpes entre 1986 et 1998. In: Albert, Jean-Luc/Journés, Claude (Hrsg.) (1999): Le gouvernement des régions. Lyon: 79–100.

Münch, Richard (2005): Grundzüge und Grundkategorien der staatlichen und gesellschaftlichen Entwicklung Frankreichs. In: Kimmel, Adolf/Uterwedde, Henrik (Hrsg.) (^{2}2005): Länderbericht Frankreich. Bonn: 19–44.

Nakano, Koichi (2000): The Role of Ideology and Elite Networks in the Decentralisation Reforms in 1980s France. In: West European Politics, Jg. 23 (3): 97–114.

Nay, Olivier (1997): La région, une institution. La représentation, le pouvoir et la règle dans l'espace régional. Paris.

Neumann, Wolfgang/Uterwedde, Henrik (1997): Abschied vom Zentralismus? Neue regionale Modernisierungspolitiken in Frankreich. Stuttgart.

Neunreither, Esther Bettina (2001): Die Interessenvertretung der Regionen bei der Europäischen Union: Deutsche Länder, spanische Autonome Gemeinschaften und französische Regionen. Frankfurt a.M. u. a.

Scargill, Ian (1996): French Administration: The Slow Path to Reform. In: Regional Studies, Jg. 30 (2): 189–193.

Séverac, Claire de/Jouve, Bernard/Vanier, Martin (2001): Les contrats globaux de développement: aménagement et construction du territoire régional. In: Jouve, Bernard/Spenlehauer, Vincent/Warin, Philippe (Hrsg.) (2001): La région, laboratoire politique: Une radioscopie de Rhône-Alpes. Paris: 227–244.

Sturm, Roland/Zimmermann-Steinhart, Petra (2005): Föderalismus. Eine Einführung. Baden-Baden.

Uterwedde, Henrik (2000): Frankreichs gezähmter Jakobinismus: Regionen im zentralisierten Staat. In: Europäisches Zentrum für Föderalismusforschung Tübingen (Hrsg.) (2000): Jahrbuch des Föderalismus. Baden-Baden: 158–175.

Uterwedde, Henrik (2001): Frankreich – Die Ambivalenz der Dezentralisierung. In: Europäisches Zentrum für Föderalismus-Forschung Tübingen (Hrsg.) (2001): Jahrbuch des Föderalismus 2001. Baden-Baden: 217–225.

Uterwedde, Henrik (2003): Dezentralisierungsreform in Frankreich: Auf dem Weg zur bürgernahen Republik? In: Europäisches Zentrum für Föderalismus-Forschung Tübingen (Hrsg.) (2003): Jahrbuch des Föderalismus 2003. Baden-Baden: 174–185.

Van Eeckhout, Laetitia (2004). Le Sénat réduit les compétences des régions. In: Le Monde (http://abonnes.lemonde.fr/cgi-bin/ACHATS/ARCHIVES/archives.cgi?ID=0721c67f7e2990bb1121b4c4144066a7bcea1c461c5c2378&print=1).

Zimmermann-Steinhart, Petra (2005): Frankreich im Jahr 2004: auf dem Weg zu mehr Dezentralisierung? In: Europäisches Zentrum für Föderalismus-Forschung Tübingen (Hrsg.) (2005): Jahrbuch des Föderalismus 2005. Baden-Baden: 363–373.

Die Autorinnen und Autoren

DR. SIEGFRIED BALLEIS, Oberbürgermeister der Stadt Erlangen

DR. PETER BUSSJÄGER, Universitätsdozent, Direktor des Instituts für Föderalismus, Innsbruck

DR. JÜRGEN DIERINGER, Universitätsdozent, Leiter der Professur für Politikwissenschaft, Andrássy Universität Budapest

DR. MARTIN GROSSE HÜTTMANN, Akademischer Rat, Institut für Politikwissenschaft, Universität Tübingen

DR. JÜRGEN HENKEL, Hanns-Seidel-Stiftung, Bukarest

DR. GERHARD HIRSCHER, Akademie für Politik und Zeitgeschehen der Hanns-Seidel-Stiftung e.V.

KARL-HEINZ LAMBERTZ, Ministerpräsident der Deutschsprachigen Gemeinschaft Belgiens und Gastdozent der Université Catholique de Louvain

UDO MARGEDANT, Koordinator Föderalismus in der Hauptabteilung Politik und Beratung der Konrad-Adenauer-Stiftung (2000–2005)

DR. PETER MÄRZ, Bayerische Landeszentrale für politische Bildungsarbeit

DR. MICHAEL MÜNTER, Wissenschaftlicher Mitarbeiter, Institut für Politische Wissenschaft, Universität Erlangen-Nürnberg

PROF. DR. DR. GÜNTHER PALLAVER, Institut für Politikwissenschaft, Universität Bozen

PROF. DR. ROLAND STURM, Ordinarius Institut für Politische Wissenschaft, Universität Erlangen-Nürnberg

PROF. DR. HANS-GEORG WEHLING, Universität Tübingen

STEPHANIE WEISS, Lehrbeauftragte, Institut für Politische Wissenschaft, Universität Erlangen-Nürnberg

DR. PETRA ZIMMERMANN-STEINHART, Beraterin des Sprechers des *House of Federation*, 2. Kammer des äthiopischen Parlaments